数字文化的崛起
生产、传播和实践

马晓悦 张窈 著

科学出版社

北京

内 容 简 介

本书从传播社会学视角出发，依托传播链条中的传播主体、传播内容、传播媒介、传播受众四个关键要素充分阐释数字文化的社会属性与经济属性，并从数字文化事业、数字文化产业两类重要的数字文化应用场域梳理、探析数字文化的传播路径及实践模式，完整地呈现了数字文化的内涵及外延。面向国际传播这一数字文化的重要应用情境，本书探究了数字文化在传播中华优秀文化、树立文化自信、促进对外文化交流等多维度的理论价值与实践意义。本书是对数字文化的多学科全面阐释，具有较高的理论创新价值和实践延展潜力。

本书主要面向研究数字文化的专家学者、从事数字文化实践的企事业单位人员、文旅部门管理人员等。

图书在版编目（CIP）数据

数字文化的崛起：生产、传播和实践 / 马晓悦，张窈著. —北京：科学出版社，2024.3
ISBN 978-7-03-076927-5

Ⅰ. ①数… Ⅱ. ①马… ②张… Ⅲ. ①数字技术-应用-文化产业-研究 Ⅳ. ①G114-39

中国国家版本馆 CIP 数据核字（2023）第 215097 号

责任编辑：杨 英 贾雪玲 / 责任校对：贾伟娟
责任印制：徐晓晨 / 封面设计：蓝正设计

科 学 出 版 社 出版
北京东黄城根北街 16 号
邮政编码：100717
http://www.sciencep.com

北京市金木堂数码科技有限公司印刷
科学出版社发行　各地新华书店经销

*

2024 年 3 月第 一 版　开本：720×1000　1/16
2025 年 3 月第三次印刷　印张：18 1/4
字数：350 000
定价：108.00 元
（如有印装质量问题，我社负责调换）

序　一

2024年年初，Sora出现，它生成视觉作品的震撼效果让资本世界再一次狂推人工智能产业，直接对影视文化产业产生了重要影响，对其他文化领域的潜在影响也十分深远。

目前，数字技术正对文化作品或服务的"创造、开发、可能制造和分发或传播"等一系列步骤产生重大和深远的影响。文化本身内涵丰富、博大精深，在人类漫长的发展历史中，人永远是文化的主体，文化一直和人文社会密切融合，在伟大的文化作品中个人或族群的身影更为清晰。所以，文化的传统分类有多重标准，一般都是从文化的内在属性进行的，比如不同民族的文化，或者人类层面上的器物文化、观念文化、制度文化、思想文化等宏大类型。外在的技术作为潜在的主体介入到文化生命中，时间并不长，但其登堂入室欲取代传统主体人的崇高地位的架势却非常强劲，数字文化的现象和概念就是这样出现的。互联网诞生后，技术成为文化发展的重要推动力量，短短几十年，数字技术支持下所创造的文化产品服务的数量和影响力直追人类非数字文化产品的数量和影响力的高度，尤其是只有数字技术才能带来的以游戏产业为典型的新型文化产品等，更是让数字文化成为不可忽视的显学。

数字文化的前景无疑是广阔的。数字文化可以使不同地域、种族的人群在网络空间里分享和体验各种文化，使得文化交流变得更加便捷，促进了全球文化的相互理解和融合。数字文化的兴起，改变了人类的社会关系。在数字空间中，人与人之间、人与机器之间的交往互动，塑造了新的交往规范，形成新的交往伦理，这些新兴的文化形态正在逐渐影响着人们的行为和思维模式，甚至丰富了人类的本质。另外，作为产品，数字文化新业态成为文化企业乃至国家经济社会发展的重要力量；作为手段，可以保护和传播传统文化，将文化遗产以多元的方式呈现和传播，使其更容易被公众接触和理解，从而提升了文化遗产的价值和影响力，等等。

是时候从技术的视角重新对人类文化进行研究，对数字文化现象和本质进行系统的学术性呈现和探索，让数字文化的知识框架体系更加清晰，让其生成发展的内在逻辑和分发传播的外在勾连都清晰地呈现出来，从而指导数字文化实现健康可持续发展。

西安交通大学新闻与新媒体学院的马晓悦教授、张窈副教授合作的《数字文化的崛起：生产、传播和实践》就是系统构建数字文化知识体系的一本力作，有很好的学理性和学术深度。该著作从传播社会学的视角出发，用传播逻辑研究数字文化的创造开发或制造主体、文化内容、传播分发路径媒介，以及接受主体——即受众主体等，分层次阐述了数字文化从生产到接受的全过程，对传播视角下数字文化全流程体系进行了重要梳理和呈现，提出了很多重要的理念，引人深思。比如，数字文化创作的平台组织集群性发展特征，在创作、传播和接受的过程中，技术贯通了三者之间的壁垒和界限，使得数字艺术的创作过程更具有与传统文化显著不同的特征。如果说传统文化在生产、传播和接受全过程呈现的是美的哲学，那数字文化的生命周期更增加了数字技术编码暗箱的神秘性。

马晓悦和张窈两位青年才俊，有丰富的学术底蕴和跨学科的学术视野，著作中常常闪现出传播学、社会学、信息学、美学等学科的智慧，其运用大量数字文化生产、传播、扩散等全过程中的典型案例，兼顾了用户需求和传播效果评估等问题，同时对目前中国文化国际传播实践中的难点和堵点进行了深入的分析，提出了对策建议，更增强了研究的实践价值和生动性。

相信并期待该著作能更好地推进数字文化的研究。

于北京阅园
2024 年 3 月

序 二

近年来，随着数字技术的应用普及，社会经济的数字化转型大戏愈演愈烈。与其他领域的数字化转型相比，文化领域的数字化转型较为迅速，由此产生了一种新颖的文化形态——数字文化。一般来说，数字文化是指以数字技术为生产手段、电子设备为存储载体、数字网络为传播渠道、数字媒介为展示形式的文化制品和文化表现形式。随着"数字中国"和"文化强国"战略的实施，打造自信繁荣的数字文化成为中国文化领域高质量发展的核心要义。随着数字文化形式的丰富与繁荣，借助数字文化全景展示中华优秀传统文化，推动传统文化创造性转化与创新性发展也日渐成为学术研究的热点与产业实践的前沿。

长期以来，我一直研究信息资源管理理论、信息组织方法和数字出版技术及其在文化和科技领域的应用。自主持武汉大学文化遗产智能计算实验室的工作以来，我把更多的精力投入到文化遗产的数智化保护与活化利用上，对数字文化的关注也逐渐增多。在日常的科研工作过程中，我接触到了很多新兴的数字文化类企业，并与之进行了深入的交流，深深地感受到数字文化的繁荣趋势和专业人才的稀缺之憾。2022年，我所在的武汉大学信息管理学院开办了"数字文化"本硕博贯通制培养实验班，致力于培养国家急需的数字文化高层次人才。在与同事讨论培养方案的过程中，我们集体陷入了苦恼，那就是国内的数字文化融合性课程与教材十分稀缺。如何培养跨学科性的、理论水平高的、动手能力强的数字文化专业高级人才，实在是个挑战。

今年暑假，马晓悦教授与张窈博士告知我，她们联合撰写了一本数字文化类著作《数字文化的崛起：生产、传播和实践》。听闻以后，我十分欣喜。马晓悦教授与张窈博士均来自科研与教学一线，分别具有信息管理、传播学和出版学的专业背景，且长期从事数字文化相关研究，具备扎实的学术功底和丰富的科研经验，所以两人的大作自然令人期待。

随着移动互联网和数字终端的全面应用，数字文化已经成为席卷全球的时代浪潮。传统的图书期刊报纸、音乐电影、剧场展演等文化业态在新型的数智技术加持下，正在快速迭代，其生产方式不断进行技术升级，包装表现形式也日益丰富。作者从传播社会学视角入手，认为数字媒体时代的传播者与受众的角色相较于传统媒体时代已发生重大变化，今天我们必须以全新的视角认识这两者的角色，尤其是受众角色的变化。为了更好地研究受众，作者引入了信息管理领域常见的"用户"这一概念，并着重研究了数字文化传播过程中的用户行为特征、认知与传播效果评价。遵循数字技术变革传统文化的基本逻辑，作者深入挖掘了信息扩散中不同主题、不同主体与民族文化内容的交互传播机理，提出了颇为新颖的观点，为细粒度研读文化传播提供了新的观点和切入视角，对于激发数字文化研究活力具有重要的借鉴意义。

从整体上看，该书结构清晰、逻辑严谨。作者从基础理论探讨出发，再落脚到实践问题上，显示出作者鲜明的实事求是的态度。依托传播链条中的传播主体、传播内容、传播媒介、传播受众四个关键要素，作者深入阐释了数字文化传播的基本特征，并从数字文化事业和数字文化产业两类重要的场域分析数字文化的传播路径及实践模式。面向国际传播这一数字文化的重要传播情境，作者给予了颇多笔墨。众所周知，短视频 APP 是 5G 时代的杀手级应用。在跨文化传播的背景下，短视频与社交媒体的深度融合正凭借其在触发情感共鸣层面的绝佳优势成为跨文化传播的有效途径。身处不同文化背景的国际用户在观看同一视频时的情感反应是否相同？哪些因素会影响中外用户的情感反应差异？这些因素如何影响本土受众与非本土受众的情感路径？对于这样的一系列问题，作者都通过深入的理论探讨与实证研究予以回答。这既有助于构建自主的数字文化知识体系，也契合了文化产业数字化和国家文化走出去战略实施的现实需要。

还应指出的是，该书在数字文化知识脉络梳理和研究视角拓展上也有较为重要的创新和突破。纵览以往关于数字文化的研究，公共数字文化建设和数字文化产业是两个研究焦点。公共数字文化建设研究聚焦于文化事业的数字化转型，尤为关注公共文化数字资源的整合、检索和再利用。数字文化产业研究则将文化产业作为主体，多以产业经济学的视角来探讨文化产业的数字化转型和发展路径。实际上，数字文化的研究视角十分多样，深入而全面地理解数字文化的政治、经济、人文与社会影响，离不开传播学的介入和解读。该书致力于传播社会学视角下的数字文化传播规律研究，视角新颖而独特，对于丰富数字文化理论具有非常重要的意义和价值。

总的来说，该书在广泛的文献调研和深入的理论分析基础上，对数字文化的内涵外延、传播路径及实践模式进行了多学科视角的解读，阐释了数字文化的传播社会学本质。除了严谨的理论探讨外，该书也包含丰富的案例分析，并面向我国数字文化业发展现状和问题提出了可靠的建议与对策，所以实践指导价值也相当显著。

马晓悦教授和张窈博士是新媒体、数字文化与信息管理交叉领域优秀的青年学人，我与她们也相识已久，深知两人踏实拼搏、敢为人先的学术态度。该书经过反复打磨才付梓出版，也体现了两位作者孜孜以求、精益求精的学术追求，相信该书的出版在给读者带来启发和思考的同时，也能推动我国的数字文化业进一步繁荣发展。

王晓光
2023 年 10 月于武汉珞珈山

前　言

在新的起点上继续推动文化繁荣、建设文化强国、建设中华民族现代文明，牢牢把握中国式现代化的中国特色、本质要求和重大原则，是我们在新时代新的文化使命。在以人工智能（artificial intelligence，AI）、大数据、虚拟现实（virtual reality，VR）为代表的数字信息技术飞速发展的当下，文化呈现与传播的数字化转型成为推动中华优秀传统文化创造性转化与创新性发展、推进中国特色社会主义文化建设的新思路。数字文化以互联网为载体，突出技术革命引发的文化传播范式与文化消费的变迁，作为一种新的文化生产与传播方式，能够推动文化在移动互联网中进行个性化、社交化、智能化传播，为受众带来沉浸式的文化体验，并逐渐应用于文学、艺术、科学、教育等领域。作为一个跨学科的交叉研究领域，数字文化的一些基础概念在已有研究中已然得到了不少讨论，不同学者基于不同视角对数字文化产业与数字文化事业的发展现状、特征与现存问题等进行了梳理，但立足于传播学视角的概念阐释、传播过程剖析、用户认知分析等系统研究仍然较为缺乏。

本书基于一种全新视角，着力探索数字文化的生产、传播和实践。第一，对数字文化的概念进行界定，明确数字文化的类别以及我国数字文化建设的背景意义和面临的问题，进而从理论研究和实践探索两个层面分别阐述国内外数字文化的发展现状。第二，聚焦数字文化的生产与传播，分析数字文化内容的价值链、生产机制以及开发环节，明确数字文化传播的媒介技术基础、过程以及传播模式。第三，聚焦数字文化传播中的用户，在用户范围界定与画像描述的基础上分析用户的认知，对传播效果加以测量、评价。第四，探讨数字文化的应用前沿，立足于数字文化事业和数字文化产业两方面的典型案例，分析其应用场景、受众与传播效果、内外部管理机制。第五，明确国际传播的数字文化转向，对国际传播背景下我国数字文化的传播特征、具体实践路径以及困境进行讨论。通过本书对数字文化生产、传播和实践三大环节的梳理与分析，笔者期望能够提供一个更好理解数字文化概念与内涵的学科视角，丰富这一领域的理论研究；同时，能够为未来数字文化的实践发展与宏观管理提供一些有益参考。

在本书撰写过程中，孙雯、张耘、孙铭菲、樊旭、李月、王静茹、管敏、霍振响等多位教师、研究生积极参与其中，同时上海交通大学薛可教授，武汉大学王晓光教授，西安交通大学杨琳教授、王志教授、孙少龙教授也对本书所涉及的研究提出了宝贵意见，在此表示感谢。本书所涉及的研究获得了国家社会科学基金重大项目（项目编号：21&ZD320）、国家自然科学基金面上项目（项目编号：72174164）、上海交大-南加州大学文化创意产业学院所属紫竹中美网络视听传媒管理联合研究中心及国际文化创意产业研究学会专项研究基金以及西安交通大学中央高校基本科研业务费（出版项目）等多项基金项目的资助。

马晓悦　张　窈
2023 年 6 月 3 日于西安

目　　录

序一
序二
前言

第一章　数字文化概述 ··· 1

第一节　数字文化的概念界定 ··· 2
一、文化与文化产业 ·· 2
二、文化数字化与数字文化 ·· 6

第二节　数字文化的类别 ··· 10
一、文化的类别 ·· 10
二、数字文化事业 ·· 12
三、数字文化产业 ·· 16

第三节　数字文化建设的背景与意义 ·································· 20
一、数字文化建设背景 ·· 20
二、数字文化建设意义 ·· 23

第四节　我国数字文化建设面临的问题 ······························· 24
一、部分核心技术创新能力有限 ··································· 25
二、数字文化内容供给不足 ··· 25
三、数字文化产业管理亟待加强 ··································· 26

第二章　数字文化的发展现状 27

第一节　数字文化理论研究现状 27
一、文化数字化转型研究 27
二、数字文化中的用户认知研究 29
三、数字文化传播特征研究 31

第二节　数字文化实践研究现状 33
一、数字文化事业实践研究现状 33
二、数字文化产业实践研究现状 36

第三章　数字文化的内容开发 41

第一节　数字文化内容的类型与发展趋势 41
一、数字文化内容的内涵 41
二、数字文化内容的分类 42
三、数字文化内容的开发趋势 43

第二节　数字文化内容的价值链 44
一、基本价值链 45
二、辅助价值链 45
三、拓展价值链 46

第三节　数字文化内容的生产机制 47
一、生产主体 47
二、生产路径 51
二、数字内容生产平台 55

第四节　数字文化内容的开发环节 63
一、数字文化内容的创造 63
二、文化内容的数字化转化 64
三、数字文化内容资源的整合 68

第四章　数字文化的传播方式 73

第一节　数字文化传播中的媒介技术基础 74

一、数字文化传播的媒介技术类型 74
　　二、数字媒介技术在文化传播中的作用 92

第二节　数字文化的传播过程 95
　　一、基本传播模式 95
　　二、数字文化传播构成要素 97
　　三、数字文化传播中的重要环节 104

第三节　数字文化的扩散规律——以民族文化的社交媒体传播为例 107
　　一、研究背景 107
　　二、研究设计 109
　　三、研究结果 113
　　四、讨论 118

第四节　数字文化传播中的环境影响 120
　　一、政治环境 120
　　二、经济环境 123
　　三、社会环境 125
　　四、技术环境 127

第五章　数字文化传播中的用户认知与传播效果评价 130

第一节　数字文化传播中用户的界定 130
　　一、作为数字文化生产者的用户 131
　　二、作为数字文化消费者的用户 134
　　三、数字文化传播中的用户特征 136

第二节　数字文化传播中的用户认知 138
　　一、用户的数字文化需求 139
　　二、用户的数字文化认知影响因素 142

第三节　数字文化传播效果评价 145
　　一、数字文化传播效果的内涵与评价意义 145
　　二、数字文化的传播效果 147

三、数字文化传播效果的评价实证探索 ………………………………… 149

第六章　数字文化的应用前沿——数字文化事业 ………………… 161

第一节　数字政务与党建 …………………………………………… 161

一、概述及政策支撑 ………………………………………………… 162
二、应用场景 ………………………………………………………… 165
三、受众与传播效果 ………………………………………………… 167
四、典型案例 ………………………………………………………… 168

第二节　数字文化遗产 ……………………………………………… 171

一、概述及政策支撑 ………………………………………………… 171
二、应用场景 ………………………………………………………… 173
三、受众与传播效果 ………………………………………………… 174
四、典型案例 ………………………………………………………… 176

第三节　数字教育 …………………………………………………… 180

一、概述及政策支撑 ………………………………………………… 180
二、应用场景 ………………………………………………………… 181
三、受众与传播效果 ………………………………………………… 182
四、典型案例 ………………………………………………………… 183

第七章　数字文化的应用前沿——数字文化产业 ………………… 188

第一节　数字游戏 …………………………………………………… 188

一、概述 ……………………………………………………………… 188
二、应用场景 ………………………………………………………… 190
三、受众与传播效果 ………………………………………………… 192
四、典型案例 ………………………………………………………… 193
五、管理机制 ………………………………………………………… 196

第二节　数字影视 …………………………………………………… 197

一、概述 ……………………………………………………………… 197
二、应用场景 ………………………………………………………… 199

三、受众与传播效果 202
　　　四、典型案例 204
　　　五、管理机制 206

　第三节　数字文旅 207
　　　一、概述 208
　　　二、应用场景 209
　　　三、受众与传播效果 211
　　　四、典型案例 211
　　　五、管理机制 214

　第四节　数字会展 215
　　　一、概述 215
　　　二、应用场景 216
　　　三、受众与传播效果 218
　　　四、典型案例 219
　　　五、管理机制 222

第八章　国际传播中的数字文化实践 224

　第一节　数字文化视野下的国际传播特征 225
　　　一、传播主体 225
　　　二、传播内容 228

　第二节　我国数字文化传播中的海外受众情感实证研究 233
　　　一、研究背景 234
　　　二、理论基础与假设 234
　　　三、研究方法 239
　　　四、结果与分析 241
　　　五、结论 245

　第三节　我国国际传播中的数字文化实践挑战 248
　　　一、文化壁垒影响数字文化传播效果 248
　　　二、算法歧视导致西方垄断传播话语权 249

三、复合人才稀缺阻碍文化对外传播 ………………………………… 250

第四节　我国国际传播中的数字文化实践路径 ……………………… 251

一、差异化内容生产体现文化特色 …………………………………… 251

二、创新话语方式探索海外受众共鸣点 ……………………………… 252

三、智能技术丰富海外传播形态 ……………………………………… 254

参考文献 ………………………………………………………………… 256

附录 ……………………………………………………………………… 274

第一章

数字文化概述

　　党的十八大以来，以习近平同志为核心的党中央高度重视文化数字化建设，作出了一系列重大决策部署。习近平总书记多次就宣传思想文化战线如何应对新一轮科技革命、推动全媒体时代媒体融合发展、加强网络强国建设等作出一系列重要论述，为推动文化数字化发展提供了根本遵循[①]。

　　近年来，中国文化产业发生了巨大的结构变迁，并步入以数字文化产业为主要特征的新时代，这离不了政策的引领和驱动。党的二十大报告就"实施国家文化数字化战略"作出部署，包括推进文化产品数字化、推进文化场馆数字化、推进文化服务数字化、推进文化产业数字化、推进文化传播数字化等。2022年5月，中共中央办公厅、国务院办公厅印发的《关于推进实施国家文化数字化战略的意见》明确，到"十四五"时期末，基本建成文化数字化基础设施和服务平台，形成线上线下融合互动、立体覆盖的文化服务供给体系；到2035年，建成物理分布、逻辑关联、快速链接、高效搜索、全面共享、重点集成的国家文化大数据体系，中华文化全景呈现，中华文化数字化成果全民共享。

　　由此可见，数字文化已经成为建设社会主义文化强国、实现文化高质量发展的战略选择，并且在促进我国文化发展、提升我国文化产业国际竞争力、维护我国文化安全等方面发挥着不可替代的重要作用。在多次全国性文化资源普查的基础上，海量文化资源数据得到了一定程度的转化与积累，为中华文化全景的呈现搭建起了基础框架。但如何关联不同领域、不同形态的数据，关联文化数据源和

---

① 杨雪.为文化发展插上"科技"的翅膀——全国政协"实施国家文化数字化战略，推动数字文化产业高质量发展"专题调研综述[EB/OL]. (2023-06-14)[2023-06-28]. http://www.cppcc.gov.cn/zxww/2023/06/14/ARTI1686711061673152.shtml.

文化实体,打通"数据孤岛",让文化数字化成果得到更好的应用,则是接下来需要解决的主要问题。一方面,数字技术的突破和应用培育了新型文化业态和文化消费模式,不断激发着文化自身的创新潜能;另一方面,文化的蓬勃发展反过来又会对数字技术提出新的要求,进而带动数字技术持续迭代创新。因此,数字文化是一个伴随着技术进步而不断发展的概念,在具体的生产、传播与消费过程中更迭着自己的生命力。

第一节 数字文化的概念界定

一、文化与文化产业

人们现实的经济和社会生活本身是在既定的场景和氛围中发生的,两者之间彼此映照、影响。从某种程度上讲,制度化本身的这种场景和氛围就是广义的文化或文化传统。关于文化本身是什么,也是人类学家、哲学家等学术研究者永远在谈论但又永远道不明的一个问题。

(一)文化概念的东西方演变

根据剑桥大学唐·库比特(Don Cupitt)教授的考证,英文 culture(文化)一词源于拉丁文的动词 colo、colere、colui、cultum 等词,意为 "to till the ground, to tend and care for",包含着培养、驯养、耕种、栽培、照管等含义(韦森,2020)。换句话讲,其是指通过人工劳作,将自然界的野生动植物加以驯化和培养,使之成为符合人类需要的品种。随着这个词在西方人思想与语境中的不断使用,其含义也得到了扩展。文化从原先的客观对象延展至关于人自身的方面,也开始有了高低之分,如植物的栽培、宠物的驯化、个人技能的培养、品德与心灵的修炼、人际关系的培养被称为 low culture,对诸神祇的照料、供奉、膜拜,以及涉及艺术和科学的内容则被称为 high culture(威廉斯,2018)。

在中文的语境里,"文"与"化"二字相关联作为一个正式词语使用,可追溯到西汉刘向《说苑·指武》的"圣人之治天下也,先文德而后武力。凡武之兴,为不服也,文化不改,然后加诛"(刘向,1992:650)。这里的"文"作为一个名词代指社会伦理道德和社会规范,"化"则作为动词,重在教化,即通过教育引导使人接受规范而有所改变,使其无论是思想观念,还是言行举止都能够符合当时特定的道德、礼仪要求。不难发现，中国文化背景下的"文化"一词偏重人们的精神活动，而不似西方文化中将一些客观活动本身（农耕、驯化、养殖等）作为文化活动的内在构成。

随着历史的发展和世界范围内文化实践的东西交融，culture 与"文化"成为互译的概念，也在人们的实际使用中有着越来越广阔的含义。英国文化社会学家雷蒙·威廉斯（Raymond Williams）在《漫长的革命》（*The Long Revolution*）中提出了关于文化的三种定义方式：一是"社会"定义，文化是对一种特殊生活方式的描述；二是文献式定义，文化作为知性和想象性作品的总称，相应的文化分析是对这些作品和思想的研究；三是观念式定义，文化成为艺术活动及其产品的整体（罗钢和刘象愚，2000）。沿着"社会定义"的进路，文化可以被视为某一时期的某一特殊社会生活方式的整体称谓，如"玛雅文化""华夏文化"等，不仅包括人们的生产活动、社会交往方式、政治组织形式、宗教信仰、家庭与社群结构，还包括一系列风俗礼仪、道德伦理、价值规范、习惯法律、人文艺术等。就这样，威廉斯将文化的定义一直扩大到人类日常生活方式的本身，这就给当代的文化研究提供了理论基础。

《2009 年联合国教科文组织文化统计框架》（The 2009 UNESCO Framework for Cultural Statistics）将文化界定为"某一社会或社会群体"所具有的一整套独特的精神、物质、智力和情感特征，除了艺术和文学以外，还包括生活方式、聚居方式、价值体系、传统信仰。"文化"作为一个复杂系统，本质上是一个很宽泛的概念，既是人类发展过程中精神与物质要素融合的结果，也是一种象征和表达形式。据不完全统计，已有的关于文化的概念达到了 200 多个，在学术研究领域也因学者视角的不同而各有侧重，并没有一个严格、精确并得到共识的定义出现。我们知道，概念的界定关乎我们对事物内涵和外延的把握，进而影响我们对其发展规律的认知与判断。定义过于宽泛会失去特性，一切皆可为"文化"，"非文化"便失去了区分的意义和存留空间；定义过于狭窄则不能包容到位，如将文化界定为"意识形态所创造的精神财富"，那么那些承载文化内容的物质财富又以什么方式存在呢？

在综合多种观点的基础上，本章试图从学者给出的定义的共性来明确本书中的文化概念。文化是指人类在发展过程中所创造的精神生活与物质载体的总和，以及与之相匹配的制度文化。其中，精神文化是文化的核心与根本，物质文化是文化的基础与前提，制度文化是文化的保障与前提，三者相互作用，共同构成一个文化整体系统。

（二）文化产业的概念与构成

目前已有的文化相关论著多将文化与文化产业紧密结合，合并而述之。作为一种文化发展形态和文化现象，文化产业的概念也同文化一样，在世界发展的浪潮中不断嬗变，至今也没有统一的定义，甚至没有形成统一的称谓。不同国家出于不同的发展目标和资源优势，对其有不同的概念延展与表述，如"创意产业""内容产业""休闲文化产业""版权产业"等。这个时候，文化产业更像一个政策性词语，作为国际组织和各国政府在文化方面的政策关键词使用。如英国和澳大利亚较多使用"创意产业"的表述，美国则倾向于"版权产业"，日本则习惯称其为"内容产业"。

文化产业及与文化产业相关的名词表述的出现，不仅仅是文化发展过程中简单的词汇更替，更代表着当时的社会现实与科技水平、文化的前进方向。随着第二次工业革命的发生，以电力的发明与应用为标志，自然科学与工业生产前所未有地紧密联系起来，全世界的工业化水平被提升到一个新的阶段，资本主义经济和社会秩序也发生了重大变化。规模化批量生产的实现使得过去被视为身份象征的文化艺术品成为普通大众的新兴消费品，大众文化因此产生。文化生产、文化消费和文化市场的急剧变化迫使理论学家将研究、讨论聚焦于此，文化产业也以"文化工业"（culture industry）这一术语登上历史舞台。法兰克福学派批判理论的代表人物马克斯·霍克海默（Max Horkheimer）和西奥多·阿多诺（Theodor Adorno），先后在《启蒙辩证法》（*Dialectic of Enlightenment*）和《文化工业的再思考》（*Culture Industry Reconsidered*）中使用这一术语，意在批判"发达资本主义社会像一般商品生产那样生产文化产品，并建立起一整套凭借现代科技手段大规模复制、传播文化商品的娱乐工业体系"（胡惠林和单世联，2006：24）。虽然他们在这里并未给文化工业做出一个概念界定，但可以确定的是他们对此持否定的态度，认为"文化工业总体的作用是反启蒙的"（斯特里纳蒂，2001：72），本质上就是一种意识形态的操纵。1973年，美国社会学家丹尼尔·贝尔（Daniel Bell）在《后工业社会的来临：对社会预测的一项探索》（*The Coming of Post-Industrial Society: A Venture in Social Forecasting*）一书中，明确将文化生产的消费和市场相连接，开始注意缓解产业机制与文化艺术之间的对立，倡导大众的文化消费权利。随后，不少学者关注到文化工业的双重属性，即"文化价值"与"商业价值"，而对于后者而言，普通大众才是文化消费的广阔主体。与此同时，也出现了越来越多要求开放文化产业内涵的声音。这一认知的转向表明，文化工业在各国文化产业的理论研究与管理实践中正逐步走向文化产业，标志着人们对文化产业认识的深入化、丰富化、立体化。在此后的发展中，文化产业逐渐开始作为一个新兴的产业部门在人类发展历史中绽放光芒，发挥着重要作用。

联合国教科文组织曾从文化产业的生产流程入手，给出了一个概念界定，即文化产业是按照工业标准，生产、再生产、储存以及分配文化产品和服务的一系列活动的行业，包括报刊业、影视音像业、出版发行业、旅游观光业、演出娱乐业、工艺美术业、会议展览业、竞技体育业和教育培训业等诸多方面（刘玉珠和柳士法，2002）。在我国，对文化产业的权威定义和类别划分则来自政府相关政策文件。2003年出台的《文化部关于支持和促进文化产业发展的若干意见》（文产发〔2003〕38号）明确"文化产业是指从事文化产品生产和提供文化服务的经营性行业"，其与文化事业的概念相对，两者都是社会主义文化建设的重要组成部分。

大卫·索斯比（David Throsby）认为"文化产业是在生产过程中包含创造性、凝结一定程度的知识产权并传递象征性意义的知识文化产品与服务"（转引自宋晓明等，2020：2），并在众多他人定义的基础上，从共性出发，给文化产业下了一个描述式的定义，将文化产业拆解成由三个环环相扣的层面结成的同心圆体系（图1.1）（Throsby，2001）。在这个体系中，最重要的内核就是"创意"本身，一切产品均在此基础之上形成。核心层是直接承载精神文化内涵的产品，如音乐、舞蹈、戏剧、文艺、视觉工艺、博物馆、展览馆等；第二层是基于核心创意形成的"文化内涵的产品"，包括电影、电视剧、广播、报刊和书籍等；第三层则属于相关层，是具有文化内容的其他产业，涵盖旅游、广告、建筑等文化内容产品。这个划分同时兼顾了创意这个核心内容和在此基础上扩展的广泛产业链，在理论界和产业界有相对较高的认同度。

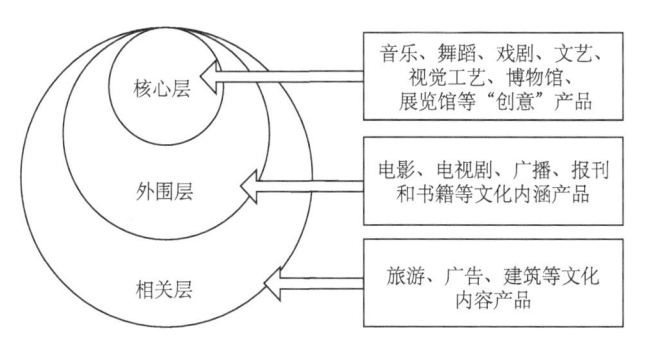

图1.1 文化产业同心圆体系

二、文化数字化与数字文化

20世纪90年代，美国学者尼古拉斯·尼葛洛庞帝（Nicholas Negroponte）就曾在《数字化生存》（*Being Digital*）一书中做出预测，"数字时代已势不可挡，无法逆转。人类无法阻止数字时代的前进，就像无法对抗大自然的力量。数字化的未来将超越人们最大胆的预测，数字化生存是人类要面临的最重要现实"[①]。纵览人类文明历程，文化的发展总是和科技进步保持着密切的协同关系，其中文化内容承载方式的技术迭代往往意味着文化发展的重大变革。随着数字化时代的来临，各个层面、诸多行业的社会变革悄然而至，文化数字化自然是其中不可或缺的一部分。

（一）技术与文化的耦合

技术是人类社会物质和精神文明演进的重要推动力。工业革命以来，技术进步产生的巨大力量推动着经济、社会、文化各个领域的快速发展。文化是人类文明的智慧结晶，既是技术发展的知识支撑和价值标准，也日益成为技术进步的重要驱动要素和应用场景。

回看历史，在20世纪之前的很长一段时间内，出于学者对文化产业效率的判断，文化领域不是技术创新作用发生的首选场域。诸如制造业、运输业等许多产业借助新技术、新商业模式的普遍应用极大地释放出产业效能，呈现出蓬勃发展的姿态，而文化与技术的交融较少，这也导致文化产业整体发展滞后。此时的文化产业更多是作为技术影响较弱的"非进步部门"（non-progressive sector），主要原因在于其继承了传统服务业的一些固有特征，如服务过程不直接产生结果、产销同步、无法被复制等，类似于制造业通过设备革新所带来的劳动效率大幅提升无法在服务业实现，规模经济也无法产生。以信息技术为代表的第三次工业革命则更加广泛且深刻地触及了文化产业，储存技术、复制技术让文化产品的同步呈现、批量生产得以实现，技术逐渐渗透到文化创作、生产、传播、消费的各个方面，而整个社会结构和消费端结构的变化又为文化产业提供了最重要的现实背景与市场基础。2020年，为了表彰帕特里克·M. 汉拉恩（Patrick M. Hanrahan）和艾德温·E. 卡特姆（Edwin E. Catmull）在3D计算机图形学领域所做出的贡献，

---

① 王学斌. 文化数字化任重而道远[EB/OL]. (2022-05-27)[2023-07-11]. http://theory.people.com.cn/n1/2022/0527/c40531-32431690.html.

国际计算机学会授予了他们 2019 年图灵奖荣誉。值得关注的是，他们不仅是著名的科研工作者，同时拥有自己在文化行业内的身份——皮克斯动画工作室（Pixar Animation Studios）的创始人。这似乎也在传递着一个信号，文化产业或许是数字技术渗透最广泛、创新迭代最快、效益最显著的应用领域，二者有着高度的适配性与耦合性。

在钱学森提出的建立现代科学体系的整体构想中，文艺理论占据很大一部分，从某种程度上来看，科学技术是文化的重要组成部分，既会影响文化中的其他要素，也会受到文化中其他任何要素的制约与选择；既能推动生产力的发展，也能提升精神（刘小青，2020）。科学技术与文化互相交融、彼此渗透，为文化的发展提供方法论启示，激发文化的内在生命力和影响力，助推文化推陈出新，走向产业化和现代化。

（二）文化数字化

文化数字化战略的提出并不是一蹴而就的，相反，经过了相当长时间的布局与基础建设。2012 年，中共中央办公厅、国务院办公厅印发的《国家"十二五"时期文化改革发展规划纲要》明确提出"文化数字化建设工程"，涵盖从文化资源数字化到文化生产数字化再到文化传播数字化一整个流程（表 1.1）。在此指导下，我国的文化数字化建设也取得了一定成效。

表 1.1 文化数字化建设工程

具体工程	内容
文化资源数字化	完成红色历史文化资源的数字化修复与整理；完成广播电台存留音频资料、新闻纪录片、电影档案影片、国产影片的数字化修复和保存；完成中华字库工程；加快建设国家知识资源数据库、全国文化遗产数据库、老唱片数字资源库；加快数字图书馆、数字博物馆、数字美术馆、少数民族文化资源数字化建设
文化生产数字化	发展数字影视制作，加快电视节目制播高清化；发展数字出版；完成数字复合出版系统和数字版权保护技术研发工程；建立数字内容生产、转换、加工平台，形成覆盖网络、手机以及适用于各种终端的数字出版内容供给体系；发展动漫、网络游戏，实施国产动漫振兴工程；发展电子阅读及有声阅读，开展电子书包试验；培育以 3D 立体显示技术为核心的立体视觉产业；重视印刷复制装备制造业的自主研发，发展数字印刷
文化传播数字化	加快有线电视网络数字化、双向化改造，加强下一代广播电视网（NGB）建设，加快移动多媒体广播电视覆盖和地面数字电视覆盖；加快电信宽带网络建设，完善国家数字图书馆建设和推广；加快推进出版物发行数字化改造，建设规模化数字出版物投送平台

从文化资源数字化方面来看，2011~2014年，中央财政分3次拨付资金支持中国唱片总公司对老唱片进行数字化修复，对20世纪20年代到90年代的约13万面唱片金属模板、4.5万盘磁带母版的录音及相关的大量文字资料进行数字化处理；2013年，中央财政用文化产业发展专项资金支持中央新闻纪录电影制片厂（集团）完成了9000分钟的胶片转数字[1]。

从文化生产数字化方面来看，中央财政为支持中央文化企业做大做强，在2011~2013年已累计安排国有资本经营预算资金18.9亿元，共支持了65家企业实施107个项目，切实发挥了财政资金的引导和撬动作用[2]。资金重点支持的三个方向中就包括支持中央文化企业进行数字化转型升级、网络传播平台、移动多媒体等项目建设，研发拥有自主知识产权、有利于推动企业产业结构调整或升级的关键技术。除此之外，财政资金还支持数据库建设、行业平台建设，并通过文化产业发展专项资金渠道，支持新闻出版业数字化转型升级的各类项目的实施。

从文化传播数字化方面来看，2012年，中央财政支持北京歌华开展"电视图书馆"试验，至2017年试验成果已推广到9个省市，覆盖高清互动电视用户近5000万户[3]。与此同时，国家长期以来对有线电视基本收视维护费这项收费项目给予了减免税收的扶持，以加快有线电视网络数字化、双向化改造。2018年，习近平总书记提出全面实施国家大数据战略；次年，中华人民共和国科学技术部（简称科技部）、中国共产党中央委员会宣传部（简称中宣部）等发布了《关于促进文化和科技深度融合的指导意见》，明确贯彻国家大数据战略，加强顶层设计，加快国家文化大数据体系建设。

2020年，党的十九届五中全会明确提出了文化的两个数字化，一个是推进公共文化数字化建设，另一个是实施文化产业数字化战略。文化事业加上文化产业，我们把它们统称为大文化。两个数字化的提出标志着文化数字化已从一种"工程项目"上升为"国家战略"。2022年，《关于推进实施国家文化数字化战略的意见》出台，进一步对维护国家文化安全能力、提高公共文化服务水平、完善现代

---

[1] 高书生丨文化数字化：从工程项目到国家战略[EB/OL]. (2021-08-08)[2023-07-12]. https://baijiahao.baidu.com/s?id=1707535694848672132&wfr=spider&for=pc.

[2] 中央财政安排8.3亿国有资本经营预算支持中央文企[EB/OL]. (2013-10-11)[2023-07-12]. http://politics.people.com.cn/n/2013/1011/c70731-23167727.html.

[3] 高书生. 文化数字化：从工程项目到国家战略[EB/OL]. (2021-08-08)[2023-07-12]. https://baijiahao.baidu.com/s?id=1707535694848672132&wfr=spider&for=pc.

文化产业体系建设等重大问题做出了分清阶段、全面覆盖、彼此关联的部署。总体而言，文化数字化上升为国家战略，是坚定不移推动文化体制改革、促进文化事业繁荣和文化产业高质量发展的必然结果，也是实现社会主义文化强国目标的重要途径。

（三）数字文化

从数字技术的发展阶段来看，网络文化的概念要先于数字文化产生，有学者认为其囊括了当下数字文化的所有现象和特征。因此，在回答数字文化是什么的问题之前，不妨先从网络文化说起。我国的相关研究始于20世纪末，从对网络文化影响好坏的探讨到对网络文化主体与本体的关注，再到包括互联网叙事、网络安全、界面视觉设计等多种多样的内容延伸，其逐渐成为社会学、哲学、教育学、新闻与传播学等多学科关注的交叉研究领域，而基于不同的理论和研究视角，学者也对网络文化的概念给出了自己的理解，如表1.2所示。

表1.2 代表学者对网络文化的概念界定

学者	网络文化的界定
匡文波（1999）	以计算机技术和通信技术融合为物质基础、以发送和接收信息为核心的一种崭新文化，是一种与现实社会文化具有不同特点的文化
范晓红（1999）	是一种新型媒介文化，是人们以计算机网络为媒介所进行的特殊方式的传播活动及其产物
高云和黄理稳（2007）	指随着科学技术发展和电脑的普及与应用，人们借助于计算机和互联网进行各种活动时所形成的具有自身鲜明特征的信息文化
王一川（2001）	指国际数字网络传播的各种人类符号表意系统，包括在互联网传播中生成的文化和在互联网中传输的现成文化
冯鹏志（1999）	以网络技术为基础、以网上生存为核心内容的新文化形式，造成人们对以往传统占主流地位的文化价值规范的反思、扩充现代社会人们文化生活的深度和范围，并正塑造着全新的文化价值规范体系
欧阳友权（2007）	广义上是指借助计算机网络所发生的政治、经济、军事、社会、学术、文学艺术、娱乐等广泛的社会文化活动；狭义上包括在计算机互联网上进行的教育、宣传、文学艺术、娱乐等侧重人文精神性的文化活动

通过以上对一些代表性定义的罗列，可以发现网络文化至少具备了以下几个基本特征：一是鲜明的技术特征，必须依赖于计算机、通信和网络技术；二是全新的表意系统，在虚拟世界中通过数字形式储存、传播和交流信息；三是具有复杂性和伴生性，集中反映着网络时代下社会结构、政治、经济、人类心态和价值观念的变化。

数字文化在本质上与网络文化相似，都是技术发展到一定阶段的产物，前者强调"比特"（binary digit，bit）这一信息储存与传输的形式，后者则突出作为信息传播媒介的互联网。从网络文化的定义出发，我们可以从这些共有的特质尝试理解数字文化的概念。从广义上看，数字文化是以数字技术为基本技术手段、以计算机技术为物质载体、以信息技术为传播载体、网络空间为平台产生的数字社会的特有文化（郑建明和王锰，2015）。物质文化、行为文化、制度文化、精神文化等是数字化社会、政治、经济与社会心态的集中反映，是对现有文化成果的继承及改造。从狭义上看，数字文化则是存在于数字空间的人类精神文化的集合，包括知识信息、价值观念、心理意识、思维行动方式等。

第二节　数字文化的类别

一、文化的类别

文化的发展经历了一个相当长的历史阶段，属于从低级向高级递进式的发展，人们在不同阶段对文化有不同的感知体验，并在这种渐进式积累中不断丰富着文化的内涵与体量。根据前文的分析可知，学术界关于文化定义本身并没有达到统一，研究的切入视角广泛，这也导致文化分类呈现出多样的特征，如认为文化包括宗教和精神实践以及政治意识形态和进程。然而，在实际操作中一些无法为统计目的服务的表述就被排除在官方统计框架之外。

（一）学术领域的文化分类

文化的概念、分类因其关注目标的不同而有所差异。从文化基本范畴角度，可以将文化分为物质文化和精神文化，这也是一种最常用的分类方法（张宝元和王锟，2017）。前者指人们在物质生产活动中所创造的全部物质产品，以及创造这些物品的手段、工艺、方法等，是一种显性文化；后者指以心理、观念、理论形态存在的文化，属于不可见的隐形文化。

从文化递进式的发展过程看，文化可以分为器物文化、制度文化和观念文化，依次反映了人们对文化的不同感知程度（唐志龙，2012）。器物文化是最表象也是最为直观的文化形态，民族之间的相互认识了解以器物文化为伊始，它是人们判断一种文化形态先进与否最为直接的依据。制度是人们在生产生活中所制定的行为关系的总和，它是人类社会得以有效运行的制度保障。制度文化作为精神文化的产物和物质文化的工具，构成了人类行为与活动的习惯、规则。我们日常生活交往中所涉及的文化形态一般指文化的核心，即观念文化，特指人类精神活动的结晶。不同于器物文化和制度文化，观念文化侧重于人们对价值理性的追求。

也有学者基于社会实践导向角度，将文化分为思想文化和行为文化（田学军和熊毅，2017）。思想文化包括人的思想观念、价值观念和道德观念。相比于思想文化，行为文化是更为复杂的社会实践，即"凡是超越本能的、人类有意识地作用于自然界和社会的一切活动及其结果，都属于文化"（张岱年和方克立，2004：3）。

（二）实践领域的文化统计

加拿大统计局在综合已有文化界定的基础上制定本土的文化统计框架，将文化定义为"创造、开发、可能制造和分发或传播文化产品或服务的一系列步骤"，并提供给最终用户。其文化统计框架也使用自己独特的类别进行概念描述和测量，分别用域和子域来表达。

该框架总共包含遗产与图书馆（heritage and libraries）、直播（live performance）、视觉与应用艺术（visual and applied arts）、写作与出版（written and published works）、视听和交互媒体（audio-visual and interactive media）、录音（sound recordings）六个文化领域，并将子域进一步分解为核心文化和辅助文化。核心文化子域生产商品和服务，此类商品和服务是创造性艺术活动（例如书籍、艺术品和手工艺品）的结果，其主要目的是传播知识或文化概念；辅助文化子域是生产商品的创造性艺术活动（例如设计、建筑计划）的结果，但其主要目的并非传播知识或文化概念。该框架还提供两个横向领域：教育和培训以及治理、资金和专业支持。横向领域支持所有文化领域，并允许沿着创意链移动。横向领域内的产业和产品在根本上是文化不可或缺的一部分。此外，出于实践考量，该框架添加了第三个横向领域即多领域。这一横向领域包括五个产业。目前有两类文化产业不与任何文化领域和子领域相关联：一个是会议和贸易展览组织者的文化产业，另一个是互联网出版和广播以及网络搜索门户产业。这些文化产业都影响了一个以上的文化领域，但又不能轻易归于一个领域，因此被聚合在一起成为"多领域"。

与此同时，该统计框架还包括两个基础设施领域：中介产品领域和物理基础设施领域。中介产品领域包括软件、计算机、MP3 播放器和电子书阅读器等产品，这些产品虽不属于文化产品，但可帮助用户体验和消费文化。物理基础设施领域涵盖物理场所，如音乐厅或建筑物、录音室或电影制片厂以及能够创建或使用文化产品的培训中心。其虽然与文化产品的创造没有直接关系,但却是支撑文化产业的坚实基础,没有它们就没有文化的生产和消费。

从我国来看,关于文化分类的官方信息主要来源于国家统计局发布的《文化及相关产业分类(2018)》,但也仅指文化产业的内容,并不涉及事业部分。其中,以文化为核心内容,为直接满足人们的精神需要而进行的创作、制造、传播、展示等文化产品(包括货物和服务)的生产活动,被称为文化核心领域,是文化产业的主体部分。该领域具体包括新闻信息服务、内容创作生产、创意设计服务、文化传播渠道、文化投资运营、文化娱乐休闲服务,此内容在前章已有涉及,这里不做赘述。

二、数字文化事业

数字文化事业服务于中国式现代化的建设要求,因此要准确把握数字文化事业的内涵,就需要了解公共数字文化的本质和理论来源。

数字文化事业是现代公共文化服务体系的重要标志,是最能体现标准化、均等化内涵与特征的现代服务方式和表现形态。随着国内公共文化服务日渐普及,数字文化事业的发展也随之进入快车道。各地相继推进的"现代公共文化服务体系"建设实践,使数字文化事业这一概念的内涵得到前所未有的拓展,为数字文化事业体系建设提供了重要的保障,而且以势不可挡的发展趋势,成为一种新的方向航标。分析数字文化事业的概念及演变,将有利于数字文化事业的理论创新与实践发展,有利于提升数字文化事业的绩效和竞争力。在推进国家文化治理的数字文化事业整体性治理体系当中,合理界定数字文化事业服务形态及功能特征,能促使政府及其文化部门在实际工作中认识到面向公众需求的导向性作用,使得数字文化事业成为现代公共文化服务体系的重要组成部分及核心内容。

(一)概念的演变与界定

我国的数字文化事业受到西方新公共治理理论和新公共服务理论的影响,很多专家学者从计算社会学、经济学、管理学的角度探究公共数字文化资源服务及体制机制创新等理论问题,并直接影响到公众切实的文化需求乃至国家宏观政策的出台。数字文化事业作为推进国家文化治理体系和治理能力现代化的重要领域,以提供数字文化产品为内容,凸显的是主流价值观的传承和优秀数字文化的传播和继承，以社会效益的最大化为价值取向，保障公民数字文化需求和数字文化创新。培育社会公众群体的现代公共数字文化服务体系的意识、观念和价值认同，迸发更具深层次的数字文化事业的内涵与功能，实现以制度激励为主线的数字文化事业治理，从而促进和激发内生动力。

在现代语境中，数字文化事业系"公共文化+数字化产品与服务"概念的组合。从术语学上，其是在"公共文化服务"基础上产生的新概念；从范畴上，其属于公共文化范畴。全球信息化时代，从突出信息时代公共文化服务全体公民的可参与性大众特质，从服务与科技结合的角度，以及从各领域的数字化服务发展趋向整体的态势进行整体性考虑与规划，形成用于指导各地公共文化服务数字化建设的全局性概念与思路。数字文化事业的发展在现代公共文化服务体系建设中扮演了关键角色，由此引出的一系列重要问题在尚未全面厘清的情况下，用数字文化事业这一概念来重新划分文化事业的范围和边界，重新确定其功能、结构和运行机制，不仅在实践上是一种创新，而且在理论逻辑上具有合理性。围绕这个方面去审视数字文化事业建设与发展，对其概念可获得不同角度的界定。

在数字文化事业一词广泛使用之前，已有公益性数字文化、公共数字文化、公共文化服务数字化三个概念。从公益性数字文化到数字文化事业四个概念的演变体现了中国语境中数字文化事业的内涵嬗变，标志着数字文化事业从初级阶段迈向了深入发展阶段，从逐步走向实践层面向着完全走向实践层面迈进。现就数字文化事业概念的形成和历史演变作一简要的梳理，具体如表 1.3 所示（王涛和郑建明，2016）。

表 1.3　数字文化事业相关概念演变

阶段	提法	年份	主要特质	国家层面表述	学者观点
1	公益性数字文化	2010	公益性	2013 年 1 月文化部印发《文化部"十二五"时期公共文化服务体系建设实施纲要》提出加强公益性数字文化建设的思路	胡唐明等认为，以资源数字化、传播网络化、技术智能化、服务泛在化、管理实体化为表现形式
2	公共数字文化	2011	公共性	2011 年 12 月文化部、财政部正式提出"公共数字文化建设"概念，明确公共数字文化建设包括数字化平台、数字化资源、数字化服务等基本内容	方标军等认为，这是从"公益性"向"公共性"的转变，本质上是从政府刚性供给向公众弹性需求的转变，是对服务及其体系建设转型的内在要求

续表

阶段	提法	年份	主要特质	国家层面表述	学者观点
3	公共文化服务数字化	2015	大众性	2015年1月出台的《关于加快构建现代公共文化服务体系的意见》提出"加快推进公共文化服务数字化建设",这是国家首次提出"公共文化服务数字化建设"概念。其内涵为公共文化服务内容数字化、公共文化服务方式数字化以及公共文化管理数字化	李丹阳等认为,公共文化服务数字化探索才能有效地区别于传统意义的公共文化服务
4	数字文化事业	2015	公众参与互动	以数字文化事业的概念来概括公共文化服务领域新的发展方向,更加突出其本质属性。数字文化事业至少应包括五个层次的内涵:技术装备全面覆盖、空间内容精准创造、传播创新推广服务、优质产品保障供给、数字版权法制教育	江小涓认为,数字文化事业才能更高效地为广大公众提供个性化、互动性和深入应用的数字化均等化的服务

结合上述观点,可以对数字文化事业作如下界定:以满足公众的数字文化需求为目标,借助于各级文化服务机构和社会专门力量,向全体社会公众提供的数字化网络设施、平台建设、资源整合、服务运行、产品开发、制度版权以及管理运行供给的系统总称。从散落在各文化机构服务领域的数字化服务发展趋向来看,现阶段从战略全局高度考虑与整体规划思路出发,以数字文化事业的概念来概括公共文化服务领域新的发展方向和理念,更加突出其本质属性。

(二)数字文化事业的划分

从公众需求视角来看,数字文化事业服务形态应以提供数字文化内容呈现和展示为核心。数字文化事业提供的服务内容主要是知识信息、历史文化、新闻娱乐、各类增值服务与产品信息等。因此,数字文化事业服务形态可以从类型体系、构建服务和新兴媒体三个方面来划分。

1. 按类型体系划分

随着数字文化事业的发展和公众需求的不断变化,数字文化事业类型体系有着极其丰富且范围广阔的外延性,并且日趋多样化。厘清数字文化事业类型体系,有利于把握不同机构类型、数字内容、传播载体和平台、公众对象、区域规划内容的文化服务机构所具有的特点,以便从公众需求、资源建设、服务产品、数字化时代治理等各个方面规划数字文化事业的方向和制定相关任务。数字文化事业主要涵括五个类型:从机构类型来看,图书馆包括公共图书馆、高校图书馆、研究型图书馆、专业型图书馆，博物馆则涵盖艺术博物馆、历史博物馆、儿童博物馆、天文博物馆、动植物博物馆；从数字内容来看，包括数字广播电视信息平台、数字电影放映网络系统、网上图书馆、网上博物馆、网上剧场和群众文化活动远程指导网络；从传播载体和平台来看，包括数字传媒（移动电视、数字电视、广播、电影与手机等新兴媒体）、数字文化网站（数字图书馆、数字博物馆、数字图书馆推广工程、全国文化信息资源共享工程等）；从公众对象来看，包括青少年数字文化、中老年人数字文化、妇女儿童数字文化、学生以及农民工数字文化、残障人士数字文化；从区域规划的内容来看，包括城镇社区的数字文化、农村乡镇的数字文化、行业企业的数字文化、机关学校的数字文化、工业（产业）园区的数字文化。

2. 按构建服务主体划分

我国公共文化服务机构是政府为促进社会文化事业发展而设置的，各公共文化多种机构服务领域主要指由生产、运营和保障公共文化服务的相关系统（部门）构成的有机整体，主要指收藏机构、文化活动中心机构、文化遗产机构以及具有存储功能的社会机构等，这些系统包括公共文化内容、基础设施、运营组织、人力资源、资金保障、政策理论以及充分利用新媒体技术、数字网络技术和云技术等新技术方面。其中，收藏机构具体包括公共图书馆、博物馆、群艺馆、文化馆（站）、档案馆、美术馆、艺术馆、科技馆，还涵盖科学期刊、教育机构培训实践、报刊陈列馆以及数字时代内容分享平台、社会网络平台、同行文献分享平台、数字图片代理机构、在线音乐商店等新时代网络服务。文化活动中心机构具体包括文化广场、文化中心、文化宫、青少年宫、影剧院、体育馆、健身组织。文化遗产机构具体包括纪念馆、爱国主义教育基地、历史文化遗址与建筑等。国外还包括一些文化中心、音乐演出场地、教堂、数字媒体企业、植物园、动物园、遗迹等文化遗产机构和具有存储功能的社会机构，这些机构设施主要具有公益属性和惠民等主要功能，并向"服务机构"转型，兼有收藏、保管、研究、陈列、教育、推广等具体社会功能，同时能为文化产品生产提供需求导向。

3. 按照新兴媒体划分

目前，数字文化提供机构已不仅仅局限于单一的文化事业单位，已扩大到新闻报刊出版、图书馆、博物馆、人文艺术、广播电视、哲学、社会科学等诸多领域。另外，互联网站、搜索引擎、移动新兴媒体等数字信息服务供应商也参与了公共数字文化资源的服务供给。特别是新兴媒体，目前的互联网、博客、微博、播客、QQ 交流群、微信朋友圈和自媒体等具备新媒体的特点，属于新媒体的范畴。按照传输方式，新媒体分为交互式网络电视（Internet protocol television，IPTV）、数字电视、数字交互电视视频点播（video on demand，VOD）；按照环境，分为户外大屏、楼宇电视；按照搭载工具，分为楼宇电视、公交电视、铁路电视；按照显示方式，分为手机电视、手机报纸、手机杂志；按照接收方式，分为移动电视、移动多媒体广播等。

三、数字文化产业

计算机的发明开启了数字化的进程，我国数字文化产业的起步也得益于计算机、互联网及移动互联网三次重要生产力要素的变革。作为数字经济时代的重要产业类型和服务业的核心力量，数字文化产业的发展不仅能够推动国家数字经济发展，还能有效满足人民在数字时代日益增长的精神文化需求，统一于数字化强国战略目标之内。

（一）数字文化产业的概念

目前，国际学术界对数字文化产业这一概念并未达成高度共识，也未出现一个可通用的权威定义。与文化产业的发展、划分相类似，"数字内容产业"（digital content industry）是在西方国家较早出现且有明确内涵的表述。1996 年，欧盟在"信息 2000 年"计划（European Commission 2000）中提出"数字内容产业是指将图像、文字、影像、语音等内容，运用数字化高新技术手段和信息技术进行整合运用的产品或服务"（江小涓，2021：11）。相类似的还有美国国际贸易委员会（United States International Trade Commission，USITC）关于数字贸易这一概念的界定，其中所表述的许多内容直接涉及数字文化的核心业态，有极大的关联性。在 2013 年发布的《美国和全球经济中的数字贸易Ⅰ》（Digital Trade in the U.S. and Global Economies, Part 1）[①]中，数字贸易被定义为"通过有线和无线数字网络传输产品或服务"，数字贸易被认为主要集中在能够在线交付的数字产品和服务领域中。在具体的描述中，一方面从内容上看，数字贸易包括能够数字化交付的音乐、游戏、视频和书籍，以及数字化社交媒体；另一方面从技术渠道上看，通过

---

① United States International Trade Commission. Digital Trade in the U. S. and Global Economies, Part 1[EB/OL]. [2020-12-20]. https://usitc.gov/publications/332/pub4415.pdf.

互联网交付的信息服务涵盖电子邮件、即时通信和网络语音电话等。在2014年的第二份报告中，美国国际贸易委员会吸纳了产业界对第一份报告定义的反馈意见，分析了当前美国与数字贸易特别相关的数字化密集型产业，包括出版报纸、期刊、书籍、电影、广播和新闻等，还包括软件出版、互联网出版、互联网广播及搜索引擎服务，以及媒体购买机构、旅游安排及预约服务。相应地，经济合作与发展组织（Organization for Economic Cooperation and Development，OECD）将数字贸易定义为"包括以数字方式进行的货物和服务贸易，其中也包括大量数字文化产品"[1]。由上可知，在国外的产业发展实践中，数字文化产业并不是一个界限分明的表述，常与其他相关概念存在交叉，这也说明了其外延的不确定性和当下的发展潜力，这也启示我们从动态和开放的视角去看待它的边界变化。

我国对这个概念的使用也经历了几番变动，从"数字内容产业"到"数字创意产业"，再到"数字文化产业"，且这几个概念并不是单独出现的取代关系，而是时常并行。2003年，上海市《政府工作报告》首先对数字内容产业进行了界定，即"依托先进的信息基础设施与各类信息产品行销渠道，向用户提供数字化的图像、字符、影像、语音等信息产品与服务的新兴产业类型"[2]。2009年，《文化产业振兴规划》中指出："数字内容产业是新兴文化业态发展的重点。"[3]随后，其他一些地方性文件中也沿用了数字内容产业这一表述，如2011年贵阳市人民政府出台了《关于大力发展数字内容产业的意见》，将数字内容产业定义为"包括数字动漫、电子游戏、电子游艺、移动内容、数字影音、数字出版、电子学习等领域的内容及其相关软件和衍生产品的创作、制作、交易、运营、服务所构成的新兴产业"。2008年，国务院出台的《关于进一步推进长江三角洲地区改革开放和经济社会发展的指导意见》中首次提到数字创意产业，指出其包括"电子书刊、网络出版、数字图书馆、网络游戏、电影特技制作、数字艺术设计、数字媒体、虚拟展示"等在内。2016年，国务院《政府工作报告》中明确指出要"大力发展数字创意产业"。在《战略性新兴产业分类（2018）》中，数字创意产业被分为四个子类，分别是数字创意技术设备制造、数字文化创意活动、设计服务、数字

---

[1] OECD. The Impact of Digitalisation on Trade[EB/OL]. [2023-07-12]. https://www.oecd.org/fr/echanges/sujets/commerce-numerique/.

[2] 刘钢. 数字内容产业的发展对我国现代化的贡献[EB/OL]. (2008-09-28)[2023-12-22]. https://www.cas.cn/zt/jzt/ltzt/dlqzgxdhyjltwx/dhbg/200809/t20080928_2671085.shtml.

[3] 石勇. 我国数字文化产业处于爆发式增长前夜[EB/OL]. (2021-09-26)[2023-12-22]. http://www.counsellor.gov.cn/2021-09/26/c_1211387272.htm.

创意与融合服务。"十三五"之后,数字文化产业这一表述在政府官方文件中更多地被提及。2017年,《文化部关于推动数字文化产业创新发展的指导意见》首次明确提出了数字文化产业的概念,即"以文化创意内容为核心,依托数字技术进行创作、生产、传播和服务,呈现技术更迭快、生产数字化、传播网络化、消费个性化等特点,有利于培育新供给、促进新消费"。2020年,文化和旅游部《关于推动数字文化产业高质量发展的意见》进一步提出了数字文化产业的发展目标为"数字文化产业规模持续壮大,产业结构不断优化,供给质量不断提升,成为激发消费潜力的新引擎"。

江小涓在《数字时代的技术与文化》一文中,综合了学者各种关于数字文化产业内涵的观点,对其一些突出特征给予总结:数字文化产业是以文化创意为核心、依托数字技术创新与发展的文化产业(江小涓,2021)。也就是说,数字文化产业最重要的两个方面在于,首先是以文化创意为核心,这是前提和基础,着重强调文化内涵的首要性;其次依托数字技术,这是保障,明确数字技术的赋能及其对文化创造性转化的能力。数字技术对文化的赋能体现在全流程之中,不仅仅指的是文化的生产与创作,还渗透在文化的传播与消费之中,具体产业形态也会随着技术的进步而不断更新与丰富。

(二)数字文化产业的发展阶段

顾江(2022)将数字文化产业在中国的发展划分为四个阶段:第一个阶段是以广播电视、数字出版业等为主要业态的数字文化产业起步阶段,第二个阶段是以游戏为代表的数字文化产业形态增加的发展阶段,第三个阶段为以 APP 为代表的数字文化产业扩容阶段;第四个阶段是以内容优化、国际影响力再升级为目标的数字文化产业高质量推进阶段。

1. 起步阶段:数字出版业的兴起(20 世纪 80 年代末)

随着第四代激光照排机技术的出现与推广应用,数字出版业成为早期数字文化产业的一个主要形式。20 世纪 80 年代末 90 年代初,编辑加工和印前图文加工的数字化应用标志着出版数字化时代的开端。得益于以激光照排技术的推出、普及为特点的"桌面出版时代"(desk top publishing,DTP)[①]的到来,出现了"书版""维思""飞腾"等具有代表性的数字化印前出版系统。电子化转型大大提

---

① 1986 年,美国阿尔杜斯(Aldus)公司总裁保尔·布雷纳德发售图文页面排版软件 PageMaker 时提出"桌面出版时代"的概念。

高了出版效率，使出版的内容实现以数字化的形态保存在可擦写的软磁盘与 CD 光盘中，并且可以电子出版物、CD 光盘等形态出售，进一步扩大了出版产品的范围。

2. 发展阶段：产业形态的增加（2000~2010 年）

1995 年始，互联网在中国正式商业化，并逐步催生出门户网站这一重要的互联网产品形态，以新浪、网易、搜狐、腾讯为代表，几乎占领了整个中国门户网站的市场。这一时期，互联网的普及为传统产业上网提供一个接口，文化产业类型从传统的以实物为载体的文化产品逐步扩展到网络文学（以《风姿物语》连载为开端）、网络游戏（手机内置游戏与网页游戏）、网络音乐（酷狗等音乐客户端）、网络视频（优酷、土豆等视频平台）、网页广告等。当然，受制于电脑设备，互联网使用者需要具备一定的知识与经济水平，上述文化产业形式也并未被当时的主流价值观所认可。但不可否认的是，人们接受信息的渠道被大大拓宽了，传统文化产品的营销也具备了从线下转向线上的契机。随着手机终端完成了从诺基亚到智能机的转变，数字文化产业的进一步发展又具备了新的土壤。

3. 扩容阶段：产业规模化的发展（2011~2020 年）

在移动互联网与文化产业互相交融的背景下，数字内容产业的发展也进入了快车道。一方面，随着移动互联网技术的迭代和智能手机的普及，中国网民规模逐年增加，到目前为止可以说已经是全民上网；另一方面，以支付宝、微信为代表的在线支付产品打通了互联网时代消费的最后一关，用户支付习惯完成了从线下到线上的转移培养。在这一背景下，中国数字文化产业不断推进场景、业态与模式创新，数字影视产业（以短视频创作为代表）、网络文学产业、数字游戏产业、数字教育产业、网络动漫及衍生品产业、VR 产业等业态向着规模化、成熟化的方向迈进。

4. 高质量推进阶段：优质内容的聚焦（2021 年至今）

随着第五代移动通信技术（5th Generation Mobile Communication Technology，5G）、VR、增强现实（augmented reality，AR）、区块链（blockchain）等技术的推出并逐渐成熟，其在文化产业中的应用场景不断丰富，数字藏品（non-fungible token，NFT）（即非同质化通证）、元宇宙等概念与实践逐步拉开序幕，而这些都对数字文化产品的内容提出了更高的要求。文化和旅游部在 2020 年底发布的

《关于推动数字文化产业高质量发展的意见》提出"扩大优质数字文化产品供给、促进消费升级",并明确到2025年要培育20家领军企业、5个数字文化产业集群、200个数字文化产业示范项目,突出了数字文化内容属性及原创能力建设,以动漫游戏、网络文学、网络音乐、网络表演、网络视频、数字艺术、创意设计等产业形态为基础打造中华数字文化品牌。由此,具有独创性的高质量内容是数字文化产业保持生命力的核心,而随着内容自身流通价值的凸显,围绕其也产生了一系列版权问题。作为现代经济中的重要组成部分,版权保护的水平则是数字文化产业能够持续发展的基础保障,必须动态协调好保护与运用中的利益平衡。

随着数字内容总量的快速膨胀,用户精力成为稀缺品,二者之间的矛盾将是文化市场竞争的关键所在。在新时代背景下,优质的数字文化就是要深刻把握信息化时代背景下中国特色社会主义文化建设的特点和规律,紧紧围绕更好满足人民日益增长的精神文化需求这一目标,既推动中华优秀传统文化创造性转化、创新性发展,又形成独属于这个时代的新型文化样态。

第三节 数字文化建设的背景与意义

在长期的政策布局和具体措施铺垫的背景下,文化数字化正式上升为国家战略,这既是促进文化事业繁荣和文化产业高质量发展的必然结果,也是坚定不移推动文化体制改革、实现社会主义文化强国目标的重要途径。

一、数字文化建设背景

数字经济时代,文化的创造性转化、创新性发展离不开文化内容本身和数字基础设施的建设。因此,文化数字化战略的建设背景也围绕着两大方面的内容展开。

(一)基础数据内容资源的积累

党的十八大以来,习近平总书记对文物工作作出系列重要指示,明确要求要系统梳理传统文化资源,"让文物活起来"[1]。2012~2016年,在国务院统一领导下,全国成立3600余个普查机构,投入12.45亿元经费,普查全国可移动文物

---

[1] 隋笑飞,吴晶晶,周玮. 留住历史根脉 传承中华文明——习近平总书记关心历史文物保护工作纪实[EB/OL]. (2015-01-09)[2023-07-12]. http://jhsjk.people.cn/article/26357405.

共计10 815万件/套，摸清了我国可移动文物资源总体情况，健全了国家文物资源管理机制，建立起国家文物身份证制度，还建设了全国文物资源数据库，登录文物照片5000万张，数据总量超过140TB[①]。在此基础上，继续实行"互联网+中华文明"行动计划，不断完善文物大数据体系。此外，还先后开展了全国美术馆藏品、古籍普查和"中国民族民间文艺基础资源数据库"的建设。上述对我国种类丰富、数量庞大、价值突出的历史文化资源以及各文化单位所生产和存储的文化资源的系统梳理、分类整理，极大地推动了文化资源深度挖掘转化和社会共享。

除了历史文化资源的摸底外，各类文化生产数据库的建设也是我国基础数据内容资源积累的重要方面。一方面是政府层面的数据库建设，不仅包括各级文化事业单位，如地方文化馆、博物馆、图书馆、档案馆等公共文化事业单位所建立的文化资源数据库，以及出版社、电视台、电影制片厂、杂志社、报社等媒体单位建立的媒体数据资源库，还包括基层政府和其他机关单位的数据库，如国家民族事务委员会的少数民族特色村寨数据库、住房和城乡建设部的历史文化名城名镇名村数据库；另一方面是民间自发建设的文化数据库，如理查德·西尔斯（Richard Sears）建立的古汉字数据库及汉字字源网，现在已经成为世界知名的公开汉字字源数据库之一，汇集近10万古代中文字形、6552个字源分析、31 876个甲骨文、24 223个金文、49 000多个篆文（唐琳，2021）。

（二）数字基础设施的建设

首先，是文化新基建的推进。所谓"新基建"，是相对于传统基础设施建设而言的新型基础设施建设（简称"新基建"），主要涵盖AI、工业互联网、物联网（Internet of things，IOT）等新型基础设施建设。2018年底，中央经济工作会议提出建设新型基础设施。2020年3月，为了应对新冠疫情，统筹疫情防控和经济社会发展，中央政治局常委会会议明确要加快建设新基建，包括5G和数据中心建设。2020年4月，"新基建"首次被纳入政府工作报告，其范围明确被界定为信息基础设施、融合基础设施、创新基础设施三个方面。在数字经济的蓝图下，文化企业和文化产业也将大有可为。文化领域的新基建主要包含两个内容：一是应用新一代信息技术和数字技术生成的、为文化产业服务的基础设施，如文化云、文化数据中心等；二是传统文化基础设施应用数字技术进行转型升级形成的新型

---

① 第一次全国可移动文物普查工作报告[EB/OL].(2017-04-07)[2023-07-12]. http://www.ncha.gov.cn/art/2017/4/7/art_1984_139379.html.

基础设施，如文化馆、博物馆的数字化升级改造。

其次，是国家文化专网的铺设。在《关于推进实施国家文化数字化战略的意见》中，国家文化专网无疑是一个高频词，八项重点任务之一就是要"依托现有有线电视网络设施、广电 5G 网络和互联互通平台，形成国家文化专网"。从有线电视的发展来看，作为连接上游设备、内容以及其他增值服务与下游用户之间的重要环节，其经历了从"台网分离"到"制播分离"再到"全国一网""三网融合"的变革，现已形成以数字化双向网络为主、覆盖全国的有线电视网络及规模庞大的用户群体。根据国家广播电视总局 2022 年 4 月发布的《2021 年全国广播电视行业统计公报》，截至 2021 年底，有线电视网络整合与广电 5G 建设一体化加快发展，全国高清和超高清用户 1.09 亿户，同比增长 7.92%；智能终端用户 3325 万户，同比增长 11.39%。有线电视双向数字实际用户数 9701 万户，同比增长 1.57%[1]。从 5G 网络的发展来看，自 2019 年 6 月工信部发布 5G 牌照以来，中国 5G 产业已走过逾三年商用历程。这三年多来，中国 5G 网络覆盖从城市走向乡村，应用场景也实现了从"0"到"1"的突破。到 2023 年 3 月，我国已经建成了超过 254 万个 5G 基站。在应用方面，5G 移动手机用户已经超过了 5.75 亿[2]。在行业应用方面，国民经济有九十几个大类，一半以上都已经用了 5G。

最后，是文化大数据体系的架构。作为文化数字化战略的重要抓手，国家文化大数据体系能够有效推动文化数字化成果走向网络化、智能化，是新时代文化建设的重大基础性工程。内容方面，中华文化遗产标本库、中华民族文化基因库、中华文化素材库三库建设并行，成为当下数字文化内容生产的重要供给；标准方面，国家文化大数据体系建设的 11 项相关标准于 2021 年正式发布，涵盖国家文化大数据标准体系、文化数据服务、文化体验设施、技术及装备、文化遗产数字化采集技术等多个环节，后续标准宣贯和标准化应用工作也在持续推进中；技术平台方面，以腾讯、阿里巴巴集团（简称阿里）、百度、字节跳动等互联网巨头为主，互联网内容、技术与用户等中台逐步被搭建起来，为广大的用户提供了及时、多样、个性化十足的文化服务；场景方面，随着行业和区域壁垒被技术逐个攻破，以教育、文博、旅游为代表的产业有越来越多的落地场景，结合 AI、VR、AR、扩展现实（extended reality，XR）等技术助力文化消费的体验创新。

---

[1] 2021 年全国广播电视行业统计公报[EB/OL]. (2022-04-25)[2023-07-12]. http://www.nrta.gov.cn/art/2022/4/25/art_113_60195.html.

[2] 温璐，金壮龙：我国 5G 移动电话用户已经超过 5.75 亿[EB/OL]. (2023-03-05)[2023-07-12]. http://lianghui.people.com.cn/2023/n1/2023/0305/c452580-32637115.html.

二、数字文化建设意义

党的十八大以来，以习近平同志为核心的党中央高度重视发展数字经济，相继出台多项战略发展纲要等，多角度、全方位引导我国数字经济健康发展。文化数字化正是数字经济与文化产业融合的重要成果。与此同时，现代文化产业体系的不断完善本质上要求顺应时代发展需求，变革生产力要素并匹配与之相适应的生产关系，进一步释放数字时代的文化精神动力与产业效能。文化数字化战略作为国家数字经济建设的重要组成部分，也是实现文化强国的重要举措，尤其在百年未有之大变局的当下有着更加深远的意义。

（一）有利于中华传统文化的传承创新

一是有利于优秀传统文化资源的保存。作为不可再生资源，许多优秀的历史文化资源往往容易受到自然与非自然因素的影响与破坏，另外其研究价值也不便以实物形态示人，这限制了其文化功能的发挥。数字化储存能够打破这一局限掣肘，借助现代数字信息技术，实现完整科学地记录文化遗产信息，将实物形态转化为数字信息进行存储，构建相应的数字化档案，还能通过拍照、扫描、录音、录像、情景还原再现等方式，让收藏在博物馆里的文物、书写在古籍里的文字"活起来"。二是有利于传统文化资源的创造性转化。文化不仅要保护，也要被充分地感知和体验，数字技术就提供了这样的转化和创新发展的契机与可行性。通过利用数字化信息技术，在传统讲故事之中融入声音、图片、文字、动画、影视等多种现代媒体元素，从而革新传统优秀文化演绎的呈现方式，增强人们的感知与认同。这个过程不仅是对文物、非物质文化遗产等传统文化资源的数字化转化过程，更是对中华优秀传统文化进行内容再阐释的过程，打破时间与空间的限制，全方位、多角度展现优秀传统文化的精髓和魅力。

（二）有利于我国文化产业国际竞争力的提升

数字文化产业具有文化和技术的双重属性，在技术属性包裹下，文化属性的传播方式更加隐蔽，潜移默化的审美规训更深、更远。数字时代的对外文化贸易与大数据、互联网的结合也更加紧密，一方面，互联网使得文化市场规模迅速扩大，我国庞大的互联网用户群有利于文化产品影响力迅速扩大；另一方面，网络新兴文化业态迸发出强大的国际竞争力，通过充分发挥科技力量，大数据、VR

等新技术将艺术品、博物馆、旅游产品等以更新颖的形式呈现，从而在中华文化出海、增强文化软实力和国家竞争力等方面发挥了重要作用。据统计，2021年，中国对外文化贸易额首次突破2000亿美元[①]，其中数字文化贸易成为"出海"先锋。以短视频为例，"强调视觉刺激、弱化语言表达"成了短视频跨越语言障碍被广泛传播的重要原因。与此同时，得益于中国文化的独特魅力，大量短视频内容的创作者在海内外收获了自己的粉丝群体。例如"滇西小哥""阿木爷爷""郭杰瑞（Jerry Kowal）"等，从不同的维度展现了当代中国人民的日常生活，成为许多外国人了解中华传统文化的重要窗口。

（三）有利于我国文化安全的保障

文化安全主要指一个国家文化的生存和发展免于威胁和危险的状态，以及保持持续安全状态的能力。习近平总书记曾强调，"我们必须既积极主动阐释好中国道路、中国特色，又有效维护我国政治安全和文化安全"[②]。在数字化潮涌之下，社会结构、价值观念、生活方式等都面临着一定程度的解构与重构，其中难免会有一些冲突与对抗，文化领域表现得尤为明显。一是技术在大幅提升主流意识形态的传播效率和效果的同时，也会由于其开放性的特征带来海量的多渠道信息内容，不可避免地会强化不同的价值观念、意识形态之间的矛盾。二是文化数据安全的问题，如文化基因数据，其地位同生物基因数据一样重要，如果被盗取，民族的历史文化也随之面临被改写的风险。文化数字化能够为我国文化数据安全提供技术支持，如国家文化大数据省域中心对入库数据中心互联（data center interconnect，DCI）数据信息与确权、确价和交易、结算体系共享，已从技术上实现了数据库的多源数据同步搜索和产权（版权）保护。正在建设中的国家文化专网则可通过文化生产闭环和数据资源分布式存储，大大降低文化内容创作、传输中产生的泄露风险。

第四节 我国数字文化建设面临的问题

随着文化数字化战略的持续推进，近年来针对文化数字化的研究也成为学术

---

① 韩佳诺．"千帆出海"行动计划：推动对外文化贸易扬帆远航[EB/OL]. (2023-05-24)[2023-07-12]. https://baijiahao.baidu.com/s?id=1766705492595102009&wfr=spider&for=pc.

② 习近平．举旗帜聚民心育新人兴文化展形象 更好完成新形势下宣传思想工作使命任务[EB/OL]. (2018-08-22)[2023-07-12]. http://jhsjk.people.cn/article/30244975.

领域的一大热点。就现有成果而言，数字化在文化遗产中的保护传承利用在21世纪初便是学者关注的主要面向，如文化遗产的数字化保存、文化遗产的数字化展示等。与其相关的其他关键词，诸如文化产业、VR、新媒体、数字技术、传播等则出现较晚，一些文化新业态逐渐得到更多的关注。2020年以后，关于文化数字化战略的讨论不断增多，围绕其价值内涵、演进脉络、基础逻辑等关键问题展开，同时也出现了关于数字技术伦理讨论的声音。综合已有研究，可以发现在提及我国当前数字文化建设中的问题时，普遍存在几点共识（范周和孙巍，2023）。

一、部分核心技术创新能力有限

技术创新能力是文化数字化战略的底层逻辑与根基，掌握核心技术就是掌握竞争力与主动权。核心产品和关键技术受制于人，是我国文化数字化进程中亟须直面的重要问题。一是数字基础设施差距较大。早在2000年，美国的中央处理器（central processing unit, CPU）和系统软件的产量在世界范围内的占比就分别达到了92%和86%，微软公司的Windows系统全球应用量高达95%（黄凤志，2003）。在全球整个芯片市场，美国也以54%的市场份额稳居第一，中国大陆仅占4%[①]。为进一步推进数字基础设施建设，拜登政府于2022年12月设立基础设施高级研究计划局（Advanced Research Projects Agency-Infrastructure，ARPA-I）。以美国为首的发达国家凭借其经济实力与技术优势，主导着世界数字经济的"话语体系"，我国距离成长为互联网强国仍有一定距离。二是技术与产业之间的壁垒仍然存在。由于不同文化产业细分门类的行业界定、统计口径、技术标准等仍处于分割状态，不同行业、不同部门之间存在技术流通壁垒，无法实现技术共享，这对文化数字化的全行业、全门类发展存在一定的制约。三是技术人才队伍短缺，这反过来既制约了我国核心技术的研发，也无法充分整合行业内外优质资源形成合力。

二、数字文化内容供给不足

虽然我国优秀传统文化资源丰厚，但高质量的文化内容仍然短缺，并未形成

[①] 美国占据全球芯片市场54%份额 中国大陆占比仅4%[EB/OL]. (2022-04-24)[2023-09-25]. http://www.mbahome.com/shichang/2022/0407/47120.html.

在国际上有明显优势的原创文化品牌，没有核心内容的数字文化产业就是空中楼阁。尤其是近年来，平台规模的快速发展与文化内容质量不高的矛盾越发突出，文化产品出现了同质化、碎片化、庸俗化的倾向，制约产业发展再上新台阶。在文化产业链方面，存在明显的薄弱环节，一些数字文化创意由于缺乏技术和生产体系支撑而只能转移到海外完成制作，或者干脆放弃；在文化输出方面，具有独立知识产权和中国文化风格的国产文化产品常常缺乏国际影响力，而具有中国文化风格的国外开发制作的文化产品反而在国内市场蓬勃发展，如美国、日本等国打造的功夫熊猫、花木兰、三国游戏等文化消费精品。

三、数字文化产业管理亟待加强

文化数字化的发展与高新科技密切相关，科技的急速发展带来了与产业结合的无限可能，同时也加大了互联网空间内的监管难度。由于法律及政策的制定需要一定时间及流程，所以法律及政策很难及时跟进这些高新科技带来的新业态、新模式。一方面，文化数字化进程中，仍然缺乏统一的标准体系，对于部分新兴产业门类的监管政策存在较多空白；另一方面，"时间差"问题导致法律法规不具有前瞻性和预见性，多为"事后补救"，法规政策滞后于产业、技术发展的问题也日益凸显，导致法律政策对文化数字化"保驾护航"的作用不能充分发挥。此外，文化数字化过程涉及众多部门、监管主体，不同主管部门管理角度的差异将对立法的科学性和协调性造成一定影响，也将对未来监管产生一定的消极影响。

第二章

数字文化的发展现状

第一节　数字文化理论研究现状

一、文化数字化转型研究

计算机工具和互联网、大数据、AI等新技术的大规模应用改变了受众的沟通、认知和行为。网络空间时代，受众间的信息流通基于非物理的、虚拟现实的互动空间，虚拟空间通过使用在线系统、计算机硬件和软件工具虚拟地收集、归档和共享信息，创建图形、声音文件以及用户身份等。以技术为媒介的环境将受众物理身体与存在融合，使得在虚拟物理空间内受众通过符号表征的线上接触交流而伴随的即时性感官体验得以加强（García-López & Martínez-Cardama，2020）。文化与数字社会的变革相联系，移动技术时代，文化也发生数字化转型。数字文化的概念与特征研究呈现宏观层面与微观层面两大走向。

宏观层面，数字文化被视为综合计算机技术整合与适应环境下的价值观变革（Carlton，2014）。Deuze（2006）认为，互联网信息技术改变了受众的生活方式，赋予了受众永久连接、永久在线的环境。因此，数字文化可被视为人们在网络社会实践交互中产生的系列价值观、实践、期望，基于在线新闻生产、开放媒体平台与博客实践，数字文化主要由参与、补救、拼凑三元素构成。文化数字化源于个体对现实生活的抽象化，获取数字身份并在媒介中强化个人身份。个人在现实生活中的身份被创造的数字身份所改变，现实生活的文化被共同创造的数字文化所引领。数字文化具备以下特征：数字文化塑造的世界面向个人；数字文化将时间视为可逆，可重复地进行操作访问；数字文化为受众提供无中介的体验；数字文化通过抑制异质性，在绝对水平上恢复了空间和时间；数字文化具有模糊性、不确定性。数字技术的出现为公众的消费行为增添了新的维度。数字文化是社会计算机化和数字化背景下人与机器交互中产生的。碎片化、编辑化、网络化的世界观的出现成为数字文化的一部分。Levin 和 Mamlok（2021）建立了文化的一般模型，认为个体化、透明化和智能化等现象是数字文化发展的突出趋势。数字技术被视为"将权力回馈给个人"，围绕这一核心假设，Guy（2019）对数字文化的概念进行论证。其认为，数字文化不是技术的自然表达或延伸，而是对技术产生影响的社会选择。数字文化与社会组织或社会环境相关，在社会组织或社会环境中，人际互动被"放松管制"，个人行为由个人意愿决定，因此个人行为呈现较低的群体价值，集体身份对个人行为的约束力降低。Dey 等（2020）定义了数字消费文化，阐明了数字消费文化的三个内在特征：消费者赋权、线上和线下世界之间的互惠以及身份的分解。他们认为，数字消费文化和数字文化适应之间交互、迭代和动态的相互关系造就了数字文化适应的三种结果：数字融合、数字分离和数字剥夺。

  微观层面，数字文化被视为博物馆、艺术馆、图书馆、音乐等文化产品以及文化遗产等具象文化内容的数字化呈现。微观数字文化研究多聚焦于数字文化产品的用户接受意愿影响因素、数字文化传播以及传播不平等现象等。用户接受意愿影响因素层面，新冠疫情加速了博物馆、艺术馆等物理文化场所的数字化转型（Giannini & Bowen，2022）。Meng 等（2022）针对当前数字博物馆建设中的网站质量与用户体验进行了探究，通过分析 20 个数字博物馆的构成要素，基于实验对用户体验进行了评估。研究表明，网站内容和用户身份的差异将影响网站质量、用户态度和用户意图，丰富的情境信息有助于提升用户体验。Selen 等（2023）对新冠疫情暴发后以艺术品为代表的文化数字化转变过程中受众的接受度进行了探究。问卷调查结果表明，受众存在在线艺术内容参与意愿，但虚拟文化体验无法取代物理体验。在数字媒体平台中，过滤算法与用户偏好的存在产生技术—社会反馈循环。Airoldi（2021）对 YouTube 平台中 202 509 个用户对 14 865 个音乐视频的自动推荐和偏好的调查结果表明，大部分用户在与音乐内容的互动中未突破音乐类型，推荐系统也多涉及同一音乐类型，两者的互动加强了文化数字流通中现有的艺术分类。

  在文化数字化转型中不平等现象的研究中，Leguina 等（2021）聚焦于公共数字文化中的数字不平等现象，对数字图书馆中的用户文化资本和社会分层之间的关系进行了探究。他们使用两步聚类分析与多元回归模型探讨当代图书馆使用者的特征。结果表明，图书馆用户可划分为四类群体：传统型、活跃型、家庭型和技术访问型。不同用户群体呈现不同的文化资本及人口结构，以不同的方式受益于数字图书馆。Weingartner（2021）基于个人决策模型对数字文化消费中的"杂食"现象进行了分析。结果表明，数字媒体虽然扩大了受众的文化产品接触面积，但受个人偏好、文化资本差异等因素的影响，加剧了文化消费中的社会不平等现象。Mihelj 等（2019）的研究结论与此相同，基于博物馆与艺术馆的用户参与数据表明，数字媒体提供了吸引新观众的重要手段，但线上展览并未增加受众的多样性，反而加剧了现有的不平等。

二、数字文化中的用户认知研究

以博物馆、公共数字文化、网络游戏等为代表的数字文化用户接受意愿影响因素研究引发广泛关注。其中，博物馆的用户接受意愿影响因素研究多聚焦于博物馆环境、展品等因素的影响。如郑淞尹等（2022）基于用户在线评论数据，使用 BERT-wwm-ext 模型对用户博物馆数字化服务满意度影响因素进行了计算。结果表明，门票价格、预约方式、验票方式、管理服务、系统功能、讲解方式、讲解内容、设施设备、内容形式、门票数量、网络设施、设计规划等 12 项影响因素显著影响用户满意度。成汝霞和黄安民（2021）的研究则表明，旅游吸引力、营销刺激、个体认知、环境压力和共情程度显著影响博物馆的用户满意度。公共数字文化用户接受意愿影响因素研究则多以不同用户群体的感知服务价值、信任、供需适配性为核心。如陶成煦等（2021）构建了公共数字文化供需适配评价模型，研究表明，现有公共数字文化服务供需适配相关性、可及性、质量性、相适性满意度较低，仍存在较大提升空间。冯献等（2022）的研究聚焦于农村居民的公共数字文化采纳意愿影响因素，研究结果表明，信息人、信息技术、信息环境、信息等因素均显著影响农村居民公共数字文化服务的使用态度及其采纳意愿。王锰等（2021）以感知价值为主线，基于半结构化访谈，总结得出用户归因、服务归因、环境归因是影响乡村用户公共数字文化服务满意度和忠诚度的主要因素。华钰文等（2022）聚焦于老年用户群体的公共数字文化服务使用，提出并构建了基于声誉信任、供给信任和信任交换的公共数字文化使用影响因素模型。

大量学者聚焦于数字文化的细分对象——网络游戏，对其用户使用或购买意愿的影响因素进行实证检验。不同学生用户的网络游戏消费行为影响因素不同，娱乐社交性、游戏产品创新、易用价值感知、营销方式对高校学生群体的网络游戏消费行为的影响因性别、年龄、学历的不同而产生差异（张春华和温卢，2018）。段菲菲等（2017）融合心流理论和技术接受模型（technology acceptance model，TAM），从游戏设计、内容以及玩家自身因素出发对用户游戏黏性的影响因素进行了研究。结果表明，游戏设计层面的互动性和远程感知、内容层面的实用性、用户层面的感知控制力将对用户的心流体验产生正向影响，进而影响用户黏性。Lee 等（2019）将感知到的快乐、社会互动和社会联系的强度添加到 TAM 中。在 VR 娱乐产业应用中，对用户接受意愿进行实证研究，结果表明社会互动和社会联系的强度会增加感知享受，且感知享受对使用意愿的影响比感知有用性的影响更显著，而感知有用性是 TAM 的主要因素。Lee 等（2018）对 AR 游戏《宝可梦 GO》（Pokémon GO）中的用户黏性影响因素进行了概念模型构建。研究结果表明，远程临场感、挑战、感知控制、好奇和专注将对心流体验产生作用。感知流行与响应将作用于用户满意度。心流、满意度与年龄、性别、游戏经验等人口统计特征将对游戏黏性产生直接影响。Baabdullah（2020）基于技术接受与使用整合理论对移动社交游戏使用意愿影响因素进行了探究。研究表明，绩效预期、努力预期、享乐动机、社会影响、便利条件和价格价值对用户行为意愿产生显著影响。Sepehr 和 Head（2018）基于自我决定理论与心理理论提出并验证了情境竞争力和性格竞争力对游戏体验影响的结构模型。结果表明，电子游戏竞争力感知对心流体验和满意度有较强的影响。虽然用户个性会影响对游戏竞争力的看法，但这种看法也会受到竞争模式的影响。Ghazali 等（2019）对《宝可梦 GO》游戏中的用户持续使用行为与购买意愿的影响因素进行了分析。研究表明，在个人心理、社会以及游戏层面的激励因素中，享乐、网络外部性、社群参与、收集需求显著影响用户的持续性使用意愿，心流、怀旧将间接影响用户的持续使用意愿，并对用户购买意愿产生显著影响。Kosa 和 Uysal（2021）以《宝可梦 GO》为例，对 AR 游戏中的用户使用与购买意愿进行了分析。结果显示，亲和满意度、自主性和能力满意度能够预测玩家的游戏意愿，并与参与者的年龄、性别和收入有关。此外，玩家的先前体验将调节相关性和购买意愿以及自主性和游戏意愿之间的关系。

Kim 和 Ko（2019）对 VR 运动媒介消费中的用户满意度进行了实证分析。结果表明，VR 增强技术在运用卷入的调节作用下通过感知生动、交互、远程临场显著增强了心流体验，进而作用于用户满意度。Huang 等（2019）基于心流理论与自我决定理论，对在线运动游戏对用户的影响进行了验证。结果表明，在热情的调节下，在线运动游戏引发了积极的幸福感、感知能量与放松。Han 等（2020）

基于心流理论与 TAM，对虚拟现实环境下的用户购买行为影响因素进行了实证分析。研究发现，远程呈现、挑战、身体归属感、控制等增强消费者心理的因素与技术感知趣味性、有用性正相关。技术成熟度和时间扭曲将调节远程呈现对感知趣味性的影响。Kang 等（2020）对多人在线竞技游戏的用户持续性使用意愿进行了实证研究，剖析个人层面心流体验，技术层面感知控制性、感知易用性，社会交互层面在线互动、线下互动对消费者参与以及持续性使用意愿的影响。结果表明，在个人电脑游戏中，心流体验对用户黏性的影响比手游更为显著；感知易用性和线下互动对手游用户黏性的影响相对更高。Baabdullah（2020）基于 UTAUT 模型探究移动社交网络游戏（mobile social network game，MSNG）中的用户使用意愿的影响因素。结果表明，表现期望、效果期望、社会影响、便利条件、享乐动机、价值感知、认知度将对行为意愿产生正向影响。Whittaker 等（2021）探讨了用户持续性游戏行为的影响因素。实证研究表明，心流的游戏体验将增强用户的游戏化应用参与度，同时可持续的价值感知增强。林宪政（Hsien-Cheng Lin）和侯凯恩（Kai-En Hou）（Lin & Hou，2021）对移动手机游戏用户持续使用行为影响因素的实证研究表明，玩家的动机与技术能力的协同性与依恋行为呈正相关，动机与技术能力共现度高的 MSNG 玩家比共现度低的玩家有更强的依恋行为，依恋行为与 MSNG 的持续使用呈正相关。Tsai 等（2021）基于 TAM 与自我决定理论，对线上运动社交平台中用户的态度与使用意愿进行了研究。运动者和观众之间的社交互动增加了两组用户的亲缘关系，使用线上运动社交平台的关系需求也增加了用户的自主性动机。感知有用性和态度与两组用户的行为意向均存在正向关系。Chatterjee（2021）对在线社交游戏用户成瘾的影响因素进行了探究。研究表明，在线社交游戏玩家的社交影响和个体影响可能导致在线社交游戏成瘾。性别和身份（学生和非学生）对社交游戏玩家的成瘾行为没有影响，而年龄在这一过程中将产生调节作用。Ferracci 等（2022）对经济类游戏中高兴、中立、生气、厌恶四类面部表情对用户决策过程的影响进行了探究。结果表明，对回应者而言，其决策主要由出价的公平性驱动，情绪的主效应较小。对提议者而言，将根据回应者表达的情绪调整其提议。最公平的提议被给予高兴的回应者，最不公平的提议将给予生气和厌恶的回应者。

三、数字文化传播特征研究

在基于数字媒体技术的文化传播特征研究中，有学者引入"符号学""模因论"等概念，对智能媒体时代的文化传播逻辑变迁、文化传播框架、传播影响因素等内容进行探索。徐圣龙（2022）认为，区别于传统文化传播的整体宣传模式，智能媒体时代的文化传播逻辑以社会成员普遍的文化参与为基础特征。其中，文化特征挖掘与文化符号设计、传播轨迹描述与符号体系建设成为智能媒体时代文化传播计算逻辑的重点。智能媒体时代的文化传播融合了主体文化行为和文化传播整体图景。文化符号是文化特质阐释的描绘，是文化传播内容的重要构成。郑科和黄敏（2019）基于皮尔斯的符号理论，对《国家宝藏》中如何借助文字、影像活化历史文物进行了剖析。研究表明，该节目通过突出文化概念，确定意向解释项，满足受众的精神文化需求，关注效力解释项，注重互动作用下的解释项共享从而推动文化的有效传播。英颖和孟群（2022）从文化传播主体视角出发，对YouTube视频平台对外文化传播中的"出圈"网红主体力量的多元与隐匿、内容层面文化接近与差异共生、形式层面从跨文化交流到国际传播、效果特征层面情感勾连与误读并存进行了总结梳理。李勇等（2022）以李子柒在YouTube平台发布的文化类视频为例，探究文化传播效果的影响因素，并进行文化传播框架分析。传播效果层面，边缘路径中的视频时长、文案语种均显著影响视频传播深度、广度以及用户传播参与度。中心路径中内容主题对点赞、评论量产生显著影响。在文化传播框架分析中，视频的高层次框架围绕乡村日常生活、中华美食故事以及衣食住行主题；中层次框架侧重于展现完整的中华美食、非遗文化制作流程；低层次框架则借助景观符号、美食符号、服饰符号、道具符号等非语言符号对文化内容进行展现。赵宴群和杨嵘均（2020）以李子柒拍摄的文化类视频为例，对网络图像时代的文化传播特征进行分析。网络时代的文化传播是生产者形象生产与接收者意义重构的统一。生产者利用新鲜度、对比度等内在结构化因素创造了以沉浸式体验、日常生活化为特征的文化形象。接收者从普通观众到主流媒体不断升级，从美好生活、文化自信等角度进行意义重构。伊丽媛（2020）则从传播广度速度提升、传播渠道空间拓展、传播圈层与领域细化层面对融媒体时代的音乐文化传播特征进行了分析。付小颖和王志立（2020）基于视觉重构理论对红色文化传播的具体路径进行了分析，即运用技术整合红色文化资源，实施数字化保护开发，挖掘红色文化可视化元素，打造红色文化的新媒体传播矩阵，以激发受众与红色文化的情感共鸣。VR与中华古籍文本的结合则通过推动阅读载体的三维化、文本形式的富媒体化、读者的多元化、知识路径获取的多感官化以及阅读深度的横纵联合发展推动了受众文化内容记忆的深化（张宁等，2021）。董缘和魏少华（2020）结合访谈与问卷调研，以国产古风电竞《剑网3》为例对中国传统文化在电竞情节设计、版图设计、人物审美形象等层面的呈现特征进行了分析，并探究了电竞游戏在中国传统文化传播中的积极作用。滕凤宏等（2020）基于马莱茨克模式从传播者、接受者、传播媒介、传播讯息层面对地铁文化传播的影响因素进行了分析。

此外，在基于社交媒体的文化传播研究中，多有学者将"模因"这一概念引入（García-López & Martínez-Cardama，2020）。meme（模因）一词来源于希腊语 mimema（被模仿的事物），由理查德·道金斯（Richard Dawkins）创造，模因借用于遗传学以类比文化元素，如短语、行为或流行音乐等通过模仿进行传播。Shifman（2012）重新定义了适应当今数字文化的术语，认为与道金斯确定的稳定、持久的文化单位不同，数字文化快速传播并迅速消逝。Shifman（2013）也认识到模因定义和结构的复杂性，认为模因具有以下属性：模糊性和扩散性；通过模仿复制；竞争性传播原则。模因对数字文化的创作和传播产生了重要影响，可通过将不同的数字文化内容提取、混搭、重组，形成新的数字文化。Vitiuk 等（2020）运用网络模因的符号学、解释学分析等方法，探究模因在当代社会和现代数字文化的符号生产和交换过程中流行的原因。研究表明，现代符号生产和交换中信息混乱的增加促进了模因的传播。

第二节　数字文化实践研究现状

伴随着数字技术的发展和突破，数字文化在实践中衍生出更加具体的应用范畴。从我国数字文化发展的实际来看，具有中国特色的数字文化实践大致可划分为数字文化事业与数字文化产业。数字文化事业体现了中国文化治理现代化的方式和服务形态，以提供文化服务、满足公众需求为核心，主要涵盖数字政务与党建、数字文化遗产、数字教育三个重点领域。数字文化产业作为数字经济时代发展的内核，在满足人民群众日益增长的精神文化需求的同时助推社会生产力的发展，是实现数字中国建设的有力支撑，主要涵盖数字游戏、数字影视、数字文旅和数字会展四个重点领域的建设和实践应用。

一、数字文化事业实践研究现状

数字文化事业的实践和研究主要聚焦于数字文化遗产和数字教育领域。

数字文化遗产。数字化作为一种文化保护与展示手段，在文化遗产保护方面被广泛运用。我国文化遗产的数字化始于 20 世纪 90 年代初，借助于数字化建模、虚拟修复、数字化展示、数字化复制存储等关键技术，我国在文化遗产数字化方面取得了重要成就（王韶菡和李尽沙，2023）。例如，故宫博物院自 1999 年开始，通过建立影像数据库、开通"数字故宫"网站、开展数字测绘、与日本凸版印刷株式会社合作开展"文化资产数字化应用研究"等数字化建设工作，可为观众提供资讯、导览和时空漫游等全方位的信息服务；秦始皇兵马俑博物馆运用全景摄影、VR 等手段，为公众游览和学术研究提供数字信息，并利用计算机复原技术解决文物修复的难题；故宫博物院、北京大学、微软亚洲研究院联合开发了"走进清明上河图"沉浸式数字音画项目，通过创新三维布局恢复算法、虚拟环境组织方法等，对清明上河图中的 54 个场景进行了数字展示，再现了宋都汴京的风土人情和繁华市景。此外，数字化技术的发展为非物质文化遗产保护提供新的方法，中国非物质文化遗产网·中国非物质文化遗产数字博物馆利用数字化技术和网络平台展示、传播中国和世界非物质文化遗产的专业知识，为我国深厚丰富的非物质文化遗产资源建设 Web 数据库。各省市也纷纷建设地区性非物质文化遗产数据库，如山东省非物质文化遗产保护中心官方网站、山西省非物质文化遗产保护中心官方网站、浙江非物质文化遗产网等都为我国非物质文化遗产数据库建设做出积极贡献。同时，《中国文化档案：非物质文化遗产》《我在故宫修文物》《手造中国》等一系列非物质文化遗产题材的影音作品大量涌现，将传统面塑、年画、中医等非物质文化遗产以影音的形式记录，为非物质文化遗产的数字化保护提供翔实的影音档案。

与中国类似，欧洲、美洲、亚洲等国家和地区均以自身传统文化为依托，积极利用数字技术促进文化遗产的保护与开发（何金晶，2023）。欧洲各国政府和文化机构加强了文化遗产数字化工作，大量文物、档案、图书等都被数字化保存，以便更好地保护和传承。如法国国家图书馆已经将超过 200 万件文物数字化，并且这些数字化文物已经通过互联网向公众开放。英国的文化创意产业已经成为该国经济增长的重要驱动力之一，其中数字技术在文化创意领域的应用发挥了重要作用。此外，欧洲的数字遗产建设也促进了跨国合作和共享。如欧洲数字图书馆计划已经将欧洲各地的文物、档案、图书等数字化资源整合，并通过互联网向全球公众开放。美国数字遗产建设发展已经取得了令人瞩目的成就。美国政府高度重视数字遗产的保护和利用，制定了一系列政策和法规，以确保数字遗产的合法性和安全性。美国的数字遗产资源丰富，包括各种文献、图片、音视频、地图等，这些数字遗产为学术研究、历史研究、文化传承等提供了重要的资源支持。美国各大博物馆、图书馆、档案馆等机构也积极开展数字化工作，如美国国家档案馆将美国政府的历史文件数字化保存，并提供在线查询服务。该项目已成功将数百万份历史文件数字化，并提供了在线查询服务，使得历史研究者和公众可以方便地查阅和利用历史文件。泰国利用现代信息技术传播佛教三藏教义，将佛教知识翻译成各种语言通过互联网、电子书、远程教育等方式进行传播。对佛教圣地和佛教艺术的有关知识进行数字化管理和传播，为佛教圣地和艺术品的有关信息建立各种语言的数据库，为佛教圣地和艺术品建设数字化立体地图。阿联酋也已形成了以历史、考古、遗产等博物馆为特色的沙迦博物馆群，与全球领先行业品牌合作的阿布扎比博物馆群，以及以现代艺术、生活艺术博物馆为特色的迪拜博物馆群三足鼎立的局面。

数字教育。2023 年 2 月，中共中央、国务院发布《数字中国建设整体布局规划》，提出"促进数字公共服务普惠化，大力实施国家教育数字化战略行动，完善国家智慧教育平台"。以教育信息化引领教育现代化，是国家教育发展的战略抉择。21 世纪以来，我国制定了一系列的教育数字化发展规划，整体推进教育数字化发展（陈云龙和孔娜，2023）。目前，国内的数字教育发展已经取得了一定的成果，进入了快速发展期，数字教育产品和服务不断涌现。例如，上海市美兰湖中学引进了高木三维智适应学习系统、墨水屏等智能终端、数字阅读空间，探索为教师实现"课堂教学 1+1"，为学生实现"课后辅导 1 对 1"。浙江省推广应用智慧教室和实训课堂，强化教学过程全记录，推动教学精准化，为学生建立终身学习档案，提供个性化学习服务。此外，以教学创新为重点，推进优质教育资源共建共享；推出省级免费在线答疑应用"浙里问学"平台，组织各校和名师团队，面向全省义务教育阶段的学生，提供配套的作业微课、"视频讲座+在线答疑"名师辅导服务。成都市为推动民族地区教育发展，以数字治理为驱动，通过课堂实录视频传输的方式，将优质教育资源输送向民族地区。成都市以成都七中为基础，整合优质教育资源组建了网校，向民族地区免费提供高质量的教育服务。

欧洲、美洲等地区也都积极地推进本国的数字化教育。欧洲国家普遍制定了数字教育国家发展战略。德国、法国和丹麦等 18 个国家制定了专门的数字教育国家战略，旨在培养学生必要的数字素养，为教师提供专门培训，为学校提供最新的数字技术和基础设施。几乎一半的欧洲国家在更宏观的国家战略中纳入了数字教育发展规划，包括教育和终身学习战略，数字、信息社会和媒体素养战略，STEM

教育（科学、技术、工程和数学）战略，社会经济发展和产业战略，创新战略等。美国也一直在持续推进教育数字化转型。例如，美国的中佛罗里达大学近20年来一直走在数字化教育领域的前列，其在线和混合模式课程为所有学生提供了更灵活的学习方式。例如，在每周例行的混合模式课程中，一节课可能在教室里进行，其他两节课则在网上进行。此举对于想要在全职工作与学业之间取得平衡的学生，或者居所远离校园的学生尤其有用。在技术介入方面，美国积极引入谷歌、微软、苹果等国际科技巨头进入教育市场，以牢固的软硬件基础为教育数字化转型提供更好的建设条件。除此以外，如谷歌与美国"数字承诺"教育技术国家中心合作的动态学习项目、图书制作工具软件开发者与教育技术教师网站联合推出的数字学习日等项目，都为师生数字技能培训提供了良好的条件。

二、数字文化产业实践研究现状

数字文化产业的实践和研究主要聚焦于数字游戏、数字影视、数字文旅和数字会展领域。

数字游戏。数字游戏现在处于一个快速发展的阶段。随着电脑技术和智能手机技术的发展，数字游戏的画面、操作、音效等方面的表现也越来越好，这促使数字游戏行业不断壮大。另外，数字游戏的多样性也成了数字游戏发展的重要因素之一（陈天辰和张瑾怡，2023）。除了传统的游戏类型，如射击、角色扮演游戏、赛车游戏和格斗游戏等，数字游戏还不断创新，不断推出各种新型游戏类型，如VR游戏、数字游戏与真实世界结合等。此外，数字游戏还在完善社交功能，使得玩家在游戏中可以与其他玩家互动、交流，增加游戏的互动性和趣味性。中国已成为世界游戏版图中的领军市场。2020年起，米哈游旗下的开放世界冒险游戏《原神》和莉莉丝旗下的《万国觉醒》策略类手机游戏"杀出重围"。《原神》打造带有中国地域元素的游戏场景、开发具有中国民族乐器元素的游戏音乐。《万国觉醒》设计了中国历史人物的游戏角色，基于中国历史故事设计游戏关卡，让来自世界各地的玩家，可以通过游戏了解中国的人文风情和历史文化。此外，每逢中国重要传统节日如春节等，还会在游戏内举办具有浓郁节日元素的活动，并上线了丝绸之路、"三星堆"等具有中国传统文化烙印的游戏活动，引发海外玩家积极探索人物背后的中国文化背景以及历史人物故事。《原神》以游戏产品作为入口，通过场景、音乐、剧情的形式，面向全球Z世代年轻受众传播中国文化。

国外数字游戏行业也在迅猛发展。《使命召唤》（*Call of Duty*）是由全世界最大的游戏开发商和发行商动视暴雪开发的游戏。《使命召唤》是经典 FPS 系列的作品，该系列作品的特色在于给予玩家混乱、紧张而又真实的战争体验。《使命召唤》采用全新的 3D 引擎设计，不但让游戏画面更为细腻，而且在即时光影、爆炸、火光、烟雾等效果呈现上更为逼真，让玩家有亲临战场般的震撼，甚至游戏中玩家还能使用烟幕弹，或是靠烟雾来隐匿行踪。以色列在全球游戏行业中享有特殊的优势，特别是在传感器创新（如动作、情绪和身体状况检测）、大数据（网络营销、用户数据分析）、计算机视觉、视频分析、AI、物联网等领域，以色列工程师都走在行业前沿。以色列工作室 Moon Active 开发的《金币大师》（*Coin Master*）游戏设定简单，但是具有十分优秀的吸金能力，且在海外多个主要游戏市场均长期位于应用商城和谷歌商城畅销榜。欧洲议会通过关于电子竞技与数字游戏相关决议，认为数字游戏通过身临其境的体验，能够进一步促进欧洲历史、身份、遗产、价值观的多样性发展，能够为欧盟的软实力作出贡献，同时表达了"数字游戏是欧洲文化遗产的组成部分，应该得到保护和弘扬"的观点，高度认可数字游戏内容的价值，及其在价值观传播方面的独特优势。

数字影视。科技的不断进步为影视行业的发展提供了巨大的推动力。随着数字化进程加快，数字特效技术的"用武之地"不断扩大（冯瑞芬，2022）。无论是展现宏大场景，还是刻画精微细节，数字特效都增强了作品的艺术感染力。其迭代升级和深度应用，让影视创作绽放视听华彩，助推中国影视产业高质量发展。随着技术的不断革新，影视行业的制作技术也在不断升级，高清、3D、VR 等技术的应用让影视作品更加逼真、震撼，同时也为观众带来更加真实的观影体验。随着社会的不断发展，人们对于数字影视作品的需求也在不断增加。在这个信息爆炸的时代，观众对于影视作品的品质和内容要求越来越高，这也为数字影视行业提供了更大的市场需求。2023 年春节期间，电影《流浪地球 2》里的特效镜头给观众带来了视觉震撼。影片运用物理特效（特效化妆、特殊道具、微缩景观、机械仿生道具、大型灾难装置等）和数字特效（三维特效和合成特效等）创造出现实生活中没有的场景、生物；使用美国 DI4D 技术把真人的表情"复制"到数字替身上；采用 4K 技术格式放映，为观众呈现更清晰、更立体的画面。这些生动而富有质感的数字特效应用为丰富影视作品视觉效果、提升影视艺术水平提供了更多可能。电影《深海》运用了"粒子水墨"技术，用无数粒子堆积成水墨形态，单帧画面的粒子量就达数亿，实现中国水墨画流动飘逸的意境。该电影让观众沉浸式体验了深邃广阔、五彩斑斓的海底世界，绝美画面与 IMAX 大银幕完美适配。

美国影视行业在全球具有非常大的竞争力。美国影视类型非常丰富，涉及电影、电视、动漫等多个行业。《阿凡达：水之道》（Avatar: The Way of Water）创作团队借 CGI 技术、虚拟制作技术、3D 立体技术、运动捕捉技术、高动态范围成像技术、高帧率高分辨率影像技术，为观众带来了一场新的视听奇观和心灵奇景（贾云鹏和张若宸，2023）。《头号玩家》（Ready Player One）使用 expozure 虚拟电影制作、视觉预览、动作捕捉等技术，为观众带来了与众不同的沉浸式体验。日本是世界上最大的动漫制作和输出国，动画和漫画均处于全球领先地位，拥有完善的动漫产业链，题材涵盖范围广。作为全球最重要的动画制片国家之一，日本的动漫产业依然处于发展的高峰期。随着技术的不断进步，日本动画产业通过数字技术和计算机图像技术实现了许多创新，如 3D 动画、高清晰度制作和特殊效果等。以前常常需要手工描绘完整场景的每一张画面，现在可以使用计算机生成。这些新技术大大降低了动画制作成本，提高了质量，并且扩展了制作过程的可能性。动画电影《千与千寻》（千と千尋の神隠し）采用电脑数位技术来制作画面。场景画面先由手工描绘，再将完成的图稿扫描至电脑中制作成动画效果。色彩方面使用 IMAGICA 所开发的色彩管理系统（color management system），增加画面制作上的可用色数。

数字文旅。2020 年以来，文化和旅游部、国家发展和改革委员会相继发布"互联网+旅游"相关政策文件，多角度提出推动文化和旅游产业数字化、网络化、智能化转型升级。在相关政策的导向下，我国文旅数字化趋势加速。围绕数字新基建、文旅资产数字化、文旅产品数字化供给、产业全链路打通和升级，数字文旅建设步伐加快（解学芳和雷文宣，2023）。腾讯、阿里、美团、字节跳动等互联网企业入局文旅产业，基于"巨量用户+精准算法推荐"，在供给与需求层面实现更高匹配。美团在景区、目的地城市加强布局，通过对景区智慧化、数字化能力提升来寻求运营平衡，并通过加强引流等措施，加快对景区的渗透和扩张，加强平台旅游资源聚拢；拼多多在平台上开通了火车票、飞机票订购入口；滴滴关联公司成立旅行社，业务囊括境内游、入境游、票务代理、酒店管理等。此外，各地景区也多借助混合现实（mixed reality，MR）、3D 异面投影、数字影片新一代数字技术，打造旅游结合共性技术的再造场景应用，提升文旅行业的科技转化能力。如各地依托 VR、AR 技术，积极促进公共馆藏数字化和艺术展览线上化，促进文化遗产情境再现，推出"数字化展览"，360 度、全方位满足游客在线沉浸式体验需求，如数字故宫、云游敦煌；部分景区、酒店借助 AI 和机器人技术，推出智能机器人导览、穿戴式设备、无人指挥酒店（阿里）、无接触支付等智能产品和服务，丰富了旅游的现场交互式、智能化体验；大力培育云端游戏、数字娱乐、电子竞技等文旅体验模式，激发游客消费新需求；各级文旅部门积极推动文化产业和旅游产业"上云"，充分发挥互联网平台的赋能作用，鼓励各类互联网平台开发文旅功能和产品，支持有条件的文化和旅游企业平台化拓展。

国际上，在好莱坞环球影城和迪斯尼乐园两大主题游乐园，融合现代科技、舞台表演、特技于一身的各种表演惟妙惟肖。如模拟飞船飞行的 4D 电影，视听与动感结合，逼真刺激，享受全息体验，通过最大限度地将现代科技、舞台表演融入其中，充分运用声、光、机、电等各种特技，让效果逼真刺激，惊心动魄，达到了艺术与科技的和谐贯通。随着数字技术的发展，欧洲各国开始加强数字文旅建设，朝着更加智能化、个性化和互动化的方向不断发展，以提升旅游业的吸引力和竞争力。如法国的数字旅游平台不断发展壮大，该平台提供了丰富的旅游信息和线上预订服务，为游客提供了更加便捷和高效的旅游体验。荷兰的"智慧博物馆"项目利用 AI 和大数据技术，为游客提供了更加个性化和智能化的参观体验。西班牙的"虚拟现实体验中心"项目也采用了最新的 VR 技术，为游客打造了一个身临其境的旅游体验。日本和韩国在数字文旅建设方面取得了显著的成就。在数字技术的帮助下，两国的文化和旅游业得到了进一步的发展。日本推出了许多数字化产品和服务，如 AR、VR 技术应用于博物馆和历史遗迹中，以及在线预订系统和自动化酒店服务等。这些数字化产品和服务使游客能够更好地了解日本的文化和历史，并提高了旅游的便利性和舒适度。韩国推出了许多数字化的文化体验项目，如虚拟现实的韩国传统文化体验、智能导览系统等，还通过建立数字化的旅游信息平台，为游客提供更加便捷和全面的旅游信息服务。

数字会展。数字化技术的发展为会展行业创造了更多机遇，让会展不再受制于空间和距离，极大地扩大了会展的受众范围。在线展会、虚拟展会已经成为常见的数字化会展形式。随着 5G、AI、云计算等新技术的应用，数字会展建设在内容呈现、互动体验、数据分析等方面实现了质的飞跃（黄洁等，2023）。例如，2020 年中国国际服务贸易交易会采用了 5G+VR/AR 技术，实现了线上线下互动，为观众带来了更加丰富的体验。数字会展建设的规模和影响力不断扩大。随着数字经济的快速发展，越来越多的企业和机构开始重视数字会展的价值和作用。例如，2020 年中国国际数字经济博览会展示了数字经济领域的最新成果和前沿技术，成为数字经济领域的重要盛会。数字会展建设的服务质量不断提高。为了满足不同观众和参展商的需求，数字会展建设在服务方面也进行了升级和创新。例如，2020 年中国国际智能产业博览会提供了"智能导览+智能问答"服务系统，让观众可以更加便捷地获取展会信息和解决问题。

西方国家的数字会展建设也已经取得了长足的进步。在数字化浪潮的推动下，数字会展在美国得到了广泛应用和推广。美国的数字会展建设从会议策划、技术支持、平台搭建到内容制作和传播，已经形成了一整套完整的服务体系。各类企业和机构可以根据自身需求，选择适合的服务商，实现数字会展的全流程服务。美国企业在数字技术方面一直处于领先地位，不断推出新的数字会展平台技术，为数字会展发展提供了强有力的支撑。例如，VR、AR等技术的应用为数字会展带来了更加丰富的体验和更加高效的交流方式。在欧盟国家，数字会展行业已经成为展览行业的重要组成部分，得到了广泛的应用和推广。数字会展技术得到了不断的创新和发展，各种新型的数字展示技术不断涌现，为数字会展的发展提供了强有力的技术支持。数字会展的应用范围不断扩大，其不仅在商业领域得到了广泛应用，还在文化、教育、科技等领域得到了推广和应用。例如，德国是欧盟国家中数字会展较为发达的国家之一。德国的数字会展行业已经形成了完整的产业链，包括数字展示技术、数字会展平台、数字会展服务等多个领域。德国的数字会展产品和服务涵盖了各个行业和领域，包括汽车、机械、医疗、文化、旅游等。德国还拥有众多知名的数字会展品牌和平台，如CeBIT、IFA等，这些品牌和平台在全球范围内都具有较高的知名度和影响力。

第三章

数字文化的内容开发

早在 2013 年 9 月发布的《文化部信息化发展纲要》中，数字文化内容和服务开发就成为"文化信息社会化服务"建设的重要面向，也是提高文化信息供给能力的基础之一。2016 年 12 月，《"十三五"国家战略性新兴产业发展规划》发布，首次将数字创意产业纳入国家战略性新兴产业发展规划，成为与新一代信息技术、生物、高端制造、绿色低碳产业并列的五大新支柱产业。VR、AR、全息成像、裸眼三维图形显示（裸眼 3D）、交互娱乐引擎开发、文化资源数字化处理、互动影视等核心技术的发展，为数字文化创意产业内容的"星火"提供了"燎原"的"东风"。进入"十四五"时期，数字内容生产体系建设成为数字文化创意产业发展的当务之急。

第一节 数字文化内容的类型与发展趋势

一、数字文化内容的内涵

数字文化产业是数字技术应用于文化产业领域的最新实践形态，相应地，数字文化内容也融合了出版、印刷、广播电视、音像、电影、动漫、游戏、互联网等多种媒体形态。技术的应用过程理所当然地成为创造全新文化可能性的过程，正如江小涓（2021）所言，数字技术突破了大众创作能力障碍，即便文化创作专业能力不足的人群也有可能将极富创意的灵感转化为文化产品。文化经济活动从以艺术家的个性化创作为中心转向以市场需求、社会意义、大众趣味密切联动的"文化产品"为中心（金元浦，2020）。围绕着这一核心产品的转变，

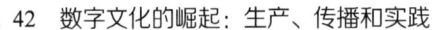

文化经济的运营方式必然也发生了变化,在数字化潮流中挖掘高附加值的产业形态进行融合则成为内容开发的指向(范周,2019)。

二、数字文化内容的分类

数字文化内容的分类有多个维度,参照中国音像与数字出版协会组织起草的《数字内容资源分类与代码》可知,分类具体涵盖六个维度。一是按照内容形态的划分,指内容的艺术表现形式,如图书、音像出版物、电影作品等;二是按照内容形式的划分,指内容的数字化技术表现形式,如文字、图像、音频、视频等;三是按照内容主题的划分,指内容的核心题材,如中华优秀传统文化、革命文化、社会主义先进文化等;四是按照体验受众的划分,指内容受众群体中的特定用户组;五是按照内容授权的划分,指内容传播与使用的授权方式;六是按照体验场景的划分,指内容的感受方式。

考虑到本书主要基于数字技术展开对文化资源的生产与传播分析,故这里主要介绍按照文化数字内容的数字化技术表现形式进行的分类。

(一)文字

即以文本为载体的文化学习资源,包括中文简体与繁体、汉语拼音、中国古文字、民族文字、外文和其他类文字资源。

(二)图像

即以图形(图像)为载体的文化学习资源,其下又包括照片、卡通、地图、绘画、设计制图、扫描图片、图形符号、创意素材等几大类。卡通、地图、绘画又涵盖若干子类,如表3.1所示。

表3.1 卡通、地图、绘画类内容细分

一级类别	二级类别
卡通	漫画成品、动画原画、绘本成品、漫画草稿、动画草稿、绘本草稿、动态漫画、其他类卡通
地图	世界地图、中国地图、外国地图、市级地图、县/乡/镇及以下地图、其他类地图
绘画	中国画、书法篆刻、西洋画、版画、其他类绘画

值得注意的是,在卡通类内容里,无论是成品图片,还是设计图、构思图和

手稿等都属于可供数字化的基础图像资源。

（三）音频

即以音频为载体的文化内容，包括音乐、环境音、人声、语音、歌曲、有声书、音频课程、语言类节目、模仿音、其他类人声、动物音、音效素材、其他类音频。

（四）视频

即以视频为载体的文化内容，包括直播、影视、录像和其他类视频。

（五）多媒体

即以影音体感方式为载体的文化学习资源，包括体感互动（通过硬件互动设备、体感互动系统软件以及三维数字内容产品）、VR、AR、触摸（通过具有触感体验能够进行交互操作的产品）、全息、HTML5 和其他类多媒体。

三、数字文化内容的开发趋势

数字技术改造了传统文化产业链。在传统文化产业中，传统产品最重要的功能是输出单向信息；在数字经济下的文化内容，信息价值下降，体验价值上升，成为整个文化行业最重要的趋势。

首先，智能化是数字经济下文化产业的最重要改变。AI、大数据、云计算等新一代信息技术与传统产业深度融合，有助于提高生产效率、降低成本、提升用户体验、推动产业发展。

其次，交互感是指人与人、人与物、人与环境之间通过数字技术进行互动交流的体验。实验心理学家赤瑞特拉（Treicher）通过大量的实验证实：人类获取信息的 83% 来自视觉，认知记忆的 70% 来自交互[1]。人与内容的跨屏交互将取代传统的单向内容呈现，使交互感成为文化数字化场景的重要特征。ChatGPT 的问世进一步强化了交互感的价值。

再次，沉浸式是文化产业数字融合方向。在信息获取的需求得到满足后，人们正在通过 5G+8K、VR、元宇宙等技术，推动寻求实体世界与数字世界的无感

---

[1] 京东方董事长陈炎顺：数字时代文化产业呈现三大发展趋势[EB/OL]. (2022-07-27)[2024-02-02]. http://bj.people.com.cn/n2/2022/0727/c388833-40056133.html.

切换的沉浸式物联网融合体验。将沉浸式体验应用于数字经济文化产业中，可以极大增强用户的参与感和体验感，提高文化产品和服务的吸引力和价值。

最后，精准性是利用大数据、AI、云计算等先进技术手段，对文化产业的生产、传播、消费等各个环节进行数据分析和精准管理，从而实现更好的用户体验、更高的市场占有率和更好的经济效益。科技手段的发展使文化产品的消费者，也就是过去的观众，可以很方便地通过对文化产品实施放大、驻留、回放等手段来欣赏作品，形成新的消费习惯。2022年国际足联世界杯和2023年澳大利亚网球公开赛电子裁判的广泛使用，极大地扩展了精准性的应用场景。

第二节　数字文化内容的价值链

价值链的概念由美国哈佛商学院教授迈克尔·波特（Michael Porter）在1985年首次提出，他将价值活动分为基本活动和辅助活动两大类，认为每一个企业都是进行设计、生产、营销、交货以及对产品起辅助作用的各种活动的集合，围绕产品的这些活动构成产品链，产品沿着产品链中的活动不断增值形成价值链。其中，基本活动包括内部物流、生产作业、外部物流、市场和销售、服务，辅助活动则包括采购、技术开发、人力资源管理和企业基础设施（刘银娣，2011）。由此，我们可以将数字文化的价值链归纳为，围绕数字文化产品生产经营或服务的创造、生产、销售、传播和消费，以及在整个利润获取过程中形成的价值传递的一种链式结构。

数字文化的产业链本质上是一个价值链的增值过程，正是由于这种价值增值效应的存在，数字文化产业中的各个市场主体追求利润的内在需求能够得到满足。任何产品的价值只有通过最终消费者才能实现，否则所有的中间产品的生产就失去了意义。对于数字文化产业来说，如果形成不了产业价值链，数字内容产品进入交易市场后，最终不能输出，这样其价值便不能实现。

具体来看，数字文化产业价值链主要可以分解为基本价值链、辅助价值链和拓展价值链三个部分。其中，基本价值链是数字内容产品和服务在创造、生产、销售、传播、消费过程中的价值生成过程，其主要功能是产生价值增值；辅助价值链是数字文化产业技术支持、人力资源支持、资金支持、政策支持以及其他商业调研机构支持等系统的综合，其功能是提高数字文化产业价值链的运行效率和能力；拓展价值链则是指产业价值链增值能力的拓展部分，增值或是来源于基本价值链上某环节能力的拓展所形成新的功能产品，或是来源于数字文化内容产品附加值深度开发而形成新的功能产品。

一、基本价值链

价值增值是数字文化产业价值链形成和发展的前提和基础，因此，承担着价值增值功能的数字文化产业基本价值链便是数字文化产业价值链的基础和核心。具体而言，数字文化产业基本价值链主要可以分为三个层面。

第一层面是数字文化内容产品提供商，处于数字文化产业基本价值链的最上游，是整个产业价值链中最核心的环节，包括数字文化内容产品创造者和数字文化内容产品应用开发商。数字文化内容产品创造者包括记者、编辑、作者、音乐家、美术家、导演、演员等，他们是数字文化产业的核心——知识产权的实际创造者，其功能类似于工业生产的研发体系。数字文化内容产品的商业化开发应用是数字文化内容企业经济学的支撑，也是数字文化产业得以形成和发展的关键所在，而数字文化内容产品应用开发商就主要承担着这一功能，包括数字电影公司、计算机游戏生产商、数据库制作公司、后期制作公司等。

第二层面是数字文化内容服务提供商，处于数字文化产业基本价值链的中游，起着承上启下的作用。他们对数字文化内容产品提供商提供的内容商品进行集成，通过数字文化内容销售平台卖给终端用户，并通过数字媒体传播数字文化内容。数字文化内容服务提供商也可以分为两大类：数字媒体和数字文化内容销售平台。数字媒体包括电信运营商和网络运营商等，他们如同大型商场的建立者；数字文化内容销售平台包括新闻网站、音乐网站、文学网站、视频点播网站等，他们类似于租用柜台的售货商，从数字文化内容产品提供商手里采购数字文化内容产品，摆放在商场中的柜台上供用户选用。

第三层面是终端设备提供商，处于数字文化产业基本价值链的下游，在数字文化产业基本价值链中的主要分工是生产支持数字文化产品消费的接收终端产品，包括电脑、手机、电视、电子书阅读器、游戏机等。

二、辅助价值链

尽管辅助价值链并不承担价值增值的任务，但是数字文化产业的形成和发展离不开数字文化产业辅助价值链的完善和发展。数字文化产业辅助价值链主要可以分为五大系统：技术支持系统、资金支持系统、政策和法律支持系统、人力资源支持系统和商业调研机构支持系统。

技术支持系统：数字文化产业的每项价值活动都包含着技术成分，数字文化产业技术支持系统包括软件开发企业、系统集成企业、工程技术咨询企业等大量技术提供商。

资金支持系统：资金是数字文化产业得以形成的必不可少的条件，同时也是数字文化产业发展的重要保障。其中，对于数字文化内容产品提供商而言，其主要的资金来自政府财政拨款和相关基金的支持；对于数字文化内容服务提供商和终端设备提供商而言，则主要是借助金融市场上市或发行债券等外源融资方式获取资金支持。

政策和法律支持系统：作为一种将信息技术与文化内容融合在一起的新的产业，数字文化产业的发展离不开政府政策的引导和支持。除了政策的支持之外，数字文化产业价值链的形成和发展还离不开知识产权保护和电子商务交易等相关法律的完善和发展。

人力资源支持系统：任何一个产业价值链的形成和发展都离不开丰富的人才资源，数字文化产业也不例外。数字文化产业的发展需要多方面的复合型高级人才，包括优秀创意人才、优秀设计人才、有经验的技术人才、市场和销售人才以及管理人才等。

商业调研机构支持系统：尽管数字文化产业本身依托于强大的网络和数据库，但是相关的产业统计和产业内容专题的调研也是数字文化产业价值链的一个重要组成部分。数字文化内容商业调研机构包括尼尔森、索福瑞等著名的媒介调查公司。

三、拓展价值链

创造性和知识产权是数字文化产业的核心，围绕着知识产权的商业化开发和应用，不仅会产生数字文化内容产品，而且还会产生数字文化内容衍生产品。数字文化内容衍生产品是指原数字文化内容产品的延伸，主要包括玩具、文具、服装、生活用品、汽车、旅游、邮票、纪念品、主题公园等，范围宽泛，种类繁多。多层次开发数字文化内容衍生产品是我国实施数字内容市场整体战略的主要措施之一，也是我国数字文化产业价值链升级的方向。

第三节 数字文化内容的生产机制

一、生产主体

（一）传统主体

按照第一章文化产业和文化事业的分类，数字文化内容的生产主体也可以分为文化产业主体和文化事业主体。文化产业主体即参与数字文化内容价值链的各方，如内容生产商、内容集成商、技术提供商、终端设备商等。此内容在第二节已做出详细分析，这里不再展开。

文化事业主体则以公共文化机构为主，包括公共图书馆、博物馆、档案馆、美术馆、文化馆等面向社会公众，提供公益性文化服务的机构。在国外，文化事业主体还包括一些文化中心、音乐演出场地、教堂等。这些公共文化机构拥有相同或相似的使命，服务于相同的社会群体，共同担负着保存人类文化遗产、提供信息获取渠道以及支持终身学习的使命，这使其成为资源整合过程中理想的合作者。公共文化机构在文化、社会、教育和经济发展中起着重要作用，通过合作能够最大化地利用现有资源为用户提供服务，有效发挥其社会职能，提高其社会地位。

除了这两大主体之外，数字技术赋予了个人和机器更多的内容生产权利。在前互联网时代，以出版社、学校、科研单位、图书情报机构等为代表的专业生产内容（professional generated content，PGC）模式是内容组织与生产的重要方式，而"知乎大学"体系和亚马逊自出版的成功将用户生成内容（user generated content，UGC）模式的价值创造能力充分激发，用户的参与式创作成为流量的代名词。与此同时，PGC 内部也出现了新的分化，即网络文化中介组织、具有粉丝基数和专业领域权威的个人成为内容生产链条上的"意见领袖"，在传统专业机构与普通大众之间开辟出一片新的知识生产地，如微信社群、小红书社区等自组织专业教育，小宇宙和喜马拉雅等平台上的多类型音频课程，社交平台上的科普知识创作分享等。AI 与自然语言处理（natural language processing，NLP）技术的发展应用则推动了人工智能生产内容（artificial intelligence generated content，AIGC）模式的应用，尤其以 ChatGPT 为代表的生成式人工智能（generative artificial intelligence）成为人类最新的知识媒介，作为一种"或然资料库"，其预示着智能机器可能会成为未来新的内容生产与传播主体、组织逻辑与建构力量（周葆华，2023）。

（二）政府

不同于直接从事文化内容创作与生产的企业、个人，政府作为主体参与数字文化内容开发的定位更多是一个保障者的角色，进而规范数字文化内容价值创造流程，促进最终价值的实现。从这个角度来看，政府作为主体可以从广泛的数字文化内容生产的角度来理解，将其看作一个完整的运作体系和生态系统。从欧美国家的实践可知（闫世刚，2011），通过法律政策的保障和推进、管理制度的建构和运作来引导、培育、协调和规范数字文化内容产业，可以有效推动产业的良好运作，提高内容生产的效率和质量，激发其他市场主体的积极性与创新能力。

例如，美国采用市场导向发展模式，通过规范市场环境、完善版权保护、创新商业模式、鼓励资金投入等方式发展数字文化产业；欧盟采用融合发展模式，通过市场融合、技术融合、内容融合来消除发展障碍，创建统一的欧洲信息空间，提高民众的生活质量和政府公共服务水平；英国采用产业集群模式，率先成立了创意产业工作组（creative industries task force），通过专门的政府机构建立行业综合服务平台，发挥民间行业协会的作用，培养适应性的人才；日本采用出口导向和海外推进模式，建立海外发展战略，成立海外市场拓展平台和海外市场开拓合作机制，支持数字内容产品推广到全球市场；韩国采用政府主导模式，通过颁布《文化产业促进法》、成立"文化产业基金"、建立专门管理机构和完善投资融资机制保障文化内容生产。

总之，政府在数字文化产业发展、数字文化内容价值实现中能够起到核心的作用：一方面，可以通过建立良好的环境来促进社会不断贡献新的数字内容，引领社会创新；另一方面，也可以通过保证高质的、已经存在的数字内容得到有效的再利用，促进数字内容的价值实现。周晓英和张秀梅（2015）在此基础之上，具体提炼和分析了政府角色与其在数字文化内容生产中的作用，具体如下。

规划者：确定数字内容产业发展的战略、任务、前景、步骤。需要提供系统性、前瞻性的战略思想和行动方针。

规则制定者：制定配套的法律、政策和规章制度，保护内容生产者、内容传输者、内容使用者的各自权益，培育、扶持市场，促进市场的繁荣。

管理者：监督管理，保证政策实施，保证市场运行。

平台建造者：建立高效、有效和可接入的政府开放数据和信息内容的基础平台和服务平台，为产业链的信息源、信息加工处理、信息提供、传播渠道、消费利用各个环节提供优化的环境，保证数字文化内容从提供到利用的各个环节均衡、健康发展。

标准制定者：异构数字文化内容整合标准、服务标准、共享交换标准、技术标准的制定者。

数字文化内容的收集者和保存者：政府信息资源海量、价值较高，且有持续不断的稳定来源。政府一方面要有意识地搜集这些信息资源，另一方面当资源有了一定程度的积累后，就需要专职人员对这些庞大的信息资源进行清洗、整理、分类、关联标注等。因此，政府是社会数字文化内容的收集者和保存者。

提供者和服务者：政府信息资源不只是政府自己的资产，也是社会的资产。政府信息资源提供给社会使用，将快速丰富数字文化内容市场的基础资源。通过政府数据和信息内容公开，政府成为最大的数字内容的提供者。作为数字内容的服务者，政府还要树立以用户为中心的思想，提倡让用户在任何时候、任何地点，以方便的形式接入政府数字内容。

示范者：市场不是万能的，数字内容产业全部留给市场去解决可能会带来落后和被动，政府要利用前瞻性的策略，引导新技术、新标准、新机制的运用，为社会数字内容产业的发展，为政府和其他领域的内容提供、内容传输和内容使用起到示范作用。

促进者：政府要建设好人口、机构法人、空间地理信息等基础数据库，鼓励和促进科技、教育、文化、健康等社会性、公益性信息资源开发，保证公益性政府信息资源得到平等、普及、广泛的应用；鼓励和促进社会对政府信息资源的专业化、市场化、商业化等多种类型的深度开发，促进增值性开发，推进整个社会的创新能力，提升创新水平。

引导者：政府、企业以及与教育科研相关单位等是最大的数字内容需求群体，政府可根据需求调研结果引导数字内容的消费，政府需要挖掘和创造有效需求，引导高质量、有序化的数字内容的开发、以用户为中心的内容展示和发布、高效合理的资源吸收使用。

合作者：在 Web2.0 时代，政府不再是单纯的数字文化内容提供者，也不是独立的政府数字内容价值的开发者，政府是企业和公众的合作者，需要建立良好的机制，与企业和公众共创数字文化内容价值。

（三）用户

数字技术降低文化内容创作者门槛的一大表现就是 UGC 模式的出现，互联网、云计算、大数据等新一代信息通信技术的飞速发展更为用户参与创新提供了便捷友好的平台与工具，使用户参与创新成为可能。一方面，个体能够同传统生产机构和专业人士一道真正地进行文化生产，实现思想与形式的统一；另一方面，"以用户为中心"是文化产品与服务提供的核心理念，能否有效改善和提升数字文化内容消费中的用户体验成为竞争的关键。其中，用户参与创新的程度也决定了企业及时响应市场需求的能力。

用户创新的实质是用户与企业的关系嵌入带来的创新模式的改变。1985年，马克·格兰诺维特（Mark Granovetter）重新对卡尔·波兰尼（Karl Polanyi）所提出的"嵌入性"进行了阐述，其反对把经济组织作独立的个体进行分析。一切经济活动是在社会网络内的互动过程中发生的，嵌入性可进一步被划分为关系嵌入性和结构嵌入性，前者是关系双方基于互惠预期而发生的双向关系，关系双方可以直接通过互惠联系的纽带获取收益。关系嵌入也在这门的研究中被证实对企业创新绩效有明确的正向影响（Dyer & Singh，1998；Dyer & Nobeoka，2000；尹俣潇等，2019）。郭雯和董孟亚（2021）根据用户参与创新的程度不同将用户关系嵌入分为浅度嵌入和深度嵌入，并通过数据处理、假设验证发现了一个用户参与数字内容生产的逻辑线，即用户关系嵌入能有效提升企业的创新绩效，关系嵌入的深浅直接影响企业吸收能力，而吸收能力又成为用户嵌入影响企业创新绩效的重要途径。

1. 用户关系嵌入能有效提升企业的创新绩效

无论是浅度嵌入还是深度嵌入都对企业创新绩效的提升产生了显著影响，这说明用户创新也正经历着从企业采用用户提交的创新产品与服务的模式到和用户共同开展创新的模式转变，而随着用户嵌入企业创新过程的阶段前移和参与创新程度的加深，企业的创新绩效也得到了有效提升。

因此，对于能够独立开发创新产品的用户而言，数字文化生产企业应更好地完善界面友好的交互平台，提供便捷易操作的创新工具使用户的创意能快速地转变为创新产品，并交付企业使用。对于有创意思想但缺乏工具和资本等创新要素，无法独立实现创新的用户而言，企业应更多地通过市场的筛选机制，识别真正有价值的创意，利用企业拥有的创新资源，将这样的用户纳入、整合到企业的创新生态系统之中，共同完成创新产品与服务的开发。

2. 浅度嵌入与深度嵌入对企业吸收能力的影响不同

一方面，浅度嵌入对企业潜在吸收能力影响更大。由于用户独立于企业之外自主开发新的产品与服务大多是基于自我的需求，因此，当用户将自主开发的创新产品交付企业使用时，便为企业带来了丰富多样的市场需求信息，提升了企业对外部信息和知识的获取能力。企业要从中识别出能真正为企业创造价值，并将其纳入企业整体发展的产品与服务中，还需要较强的对用户创新产品的消化与吸收能力。

另一方面，深度嵌入对企业实际吸收能力影响更大。所谓实际吸收能力（Zahra & George，2002），即企业对知识的转化与应用能力。深度嵌入模式是用户和企业在创意基础上就展开合作，共同开发的过程则是企业与用户不断发生信息共享、彼此信任、共同解决问题的过程，而这一过程将有效地推动企业对来源于用户等外部知识的转化和应用，从而提升企业的实际吸收能力。

3. 企业的吸收能力是用户嵌入影响企业创新绩效的重要途径

创新的过程离不开对新知识的获取、吸收和应用，无论是潜在吸收能力，还是实际吸收能力，都是用户关系嵌入提升企业创新绩效的重要途径。数字文化产业作为知识密集型服务业态，其产品和服务的更新换代非常快，技术的飞速发展与市场的瞬息万变需要企业对新知识具有快速准确的识别、获取与转化、应用能力。用户直接嵌入到生产企业内部，从创意思想开始与企业共同研发创新产品与服务，也为企业快速掌握外部需求信息，并及时地消化吸收、应用和再创造新的知识探索了高效的新型创新模式。

二、生产路径

数字文化客体多种多样，目前关于其内容体系的分类，学术界并未形成一个统一的认识。不少学者将"数据"作为数字文化生成的"最小单位"，能较为广泛地涵盖物质文化与精神文化等或实体或观念性的文化内容。当然，并不是所有的数据都能够转化为数字文化的创造性内容，还需要技术标注赋予其文化内容，这是其成为生产要素的基础。以高书生（2024）为代表的学者立足于国家文化发展的战略方向提出了数据深加工的基本路径，包括科学分类、知识图谱编目与数据方位确定、数据特征描述并进行数据标签化、分配ISLI编码四大步骤。数字人文研究领域的学者则关注跨学科热点话题，广泛借助计算机辅助"新技术"对学科"旧问题"与"新现象"展开细分研究。作为人文研究的逻辑起点，如何借助自然语言处理技术将纸质信息向数字信息进行转化，成为包括文学、历史学、艺术学等在内的多个领域研究者的关注要点，除了对字、词、句的识别外，还涉及古文字、历史手稿、乐谱等复杂内容。例如，皮特·安东尼·斯托克斯（Peter

Anthony Stokes)等建立了手写文本识别模型 Kraken,支持多语言的非拉丁文本识别,并且根据历史手稿的特征提供由上至下和由左到右的识别模式(李慧楠和王晓光,2020)。前义对数字文化内容的划分从数字化技术的表现形式入手,划分了文字、图像、音频、视频、多媒体五大类。

考虑到数字文化内容的生产并不是一项单一工程,其本身具有内容的复合性和生产过程的复杂性。因此,本节从数字文化客体的代表领域及其深处数字交往环境的大背景入手,分别从空间内容的数字化、时间内容的数字化、网络交往中的数字文化内容生成三个方面讨论数字文化内容的生产路径。

（一）空间内容的数字化

基于位置信息的互联网服务数据目前已覆盖我国大部分地区,以数据空间化和数据融合为技术路径,互联网地图数据、物联网传感数据、位置服务数据的产生构成了数智时代的城市运行"流"数据,记录着从城市空间到人类群体行为的多维城市信息。2023年3月,自然资源部发布《国土空间规划城市时空大数据应用基本规定》。该规定基于智慧规划的专业视角,在国家标准层面制定了规范统一、多维一体、切实可行的时空大数据应用标准[①]。一方面,以互联网地图数据为重要核心的城市时空大数据,已成为国土空间规划的重要支撑;另一方面,拓展测绘地理信息赋能应用,能够有效支撑经济社会的高质量发展。通过强化测绘地理信息数据要素保障,有利于打造数字中国统一的时空基底,这与数字文化产业的发展息息相关。

地理位置信息的数字化是空间内容数字化的代表,即指将地图、图像或其他数据源中的坐标转换为地理信息系统(geographic information system,GIS)中的数字格式的过程。当可用数据的格式无法立即与其他 GIS 数据集成时,数字化过程就显得至关重要,包括两种主要方法:一是手动数字化,涉及使用数字化平板电脑追踪硬拷贝地图上的点、线和多边形;二是平视数字化,涉及将地图或图像扫描到计算机中并进行数字化,然后使用数字化软件追踪特征。数字化过程涉及记录点,线,多边形要素的 x、y 坐标及其属性数据,生成的数字数据可用于各种 GIS 应用,如绘图和空间分析。数字化过程通常伴随着地理配准,这是将数字数据与现有地理参考数据对齐的过程。地理配准对于确保数字数据准确表示正确的地理位置是必要

---

① 中华人民共和国自然资源部城市时空大数据标准解读[EB/OL]. (2023-06-05)[2024-02-20]. https://www.mnr.gov.cn/zt/zh/gtkjgh/jsbz/bzjd/202306/t20230605_2790244.html.

的，这涉及将真实世界坐标分配给扫描地图或图像的像素，从而使其与其他地理空间数据集成。总之，地理位置信息的数字化是在 GIS 中创建空间数据库的基本步骤，允许将模拟地理信息转换为可用于各种分析和绘图目的的数字格式。

从世界范围来看，自 20 世纪 90 年代开始，随着 GIS 的不断发展与地理空间数据需求的增加，国外许多大学图书馆在 GIS 服务方面进行了积极探索及实践，以适应多学科地理空间信息的快速增长。例如，美国亚利桑那州立大学图书馆地图与地理空间中心已成为全球地理信息服务的典范，从提供各类地理信息资源开始，逐渐扩展到地理馆藏数字化建设项目，提供空间、教学支持、研究咨询等多层次服务内容。以地理数字资源门户——ASU GeoData 为代表，该门户全面收集该校多种形式的地理数字资源（矢量图层、地图、影像资料等），并按专题类别组织 GIS 数据集，这使得用户可以根据自身需求按数据生产机构、数据类型、要素类别、时间、标签等进行检索，其他诸如地图资料、影像资料、地理空间数据的空间索引文件也会作为辅助材料一并被提供。

（二）时间内容的数字化

无论是农业文明时代的自然时间，还是工业文明时代的机械时间，抑或数字文明时代的媒介时间，作为一种元尺度，"时间"的记录方式、呈现形态和本质结构总是随着人类文明形态的更替而变迁。如果说数字生活正在干涉我们对时间最根本的感受，那就意味着信息技术和数字媒介逐步嵌入了社会的宏观运行结构，这种嵌入过程会深刻作用于人类生活和社会行动，从而产生行动与意义的复杂交叠，包括但不限于重新划分时间的分界线、重新塑造人们的体验感、重新建构时间的参照系。

从数字文化产业的具体应用而言，时间内容的数字化可以从"大时间"和"小时间"两个角度来认知。

前者自带宏观的历史场域，有明确的专业学科或历时性方向指向。正如邓小南（2021）所言："历史学处理的材料，往往是对于有形事件、人物、制度的叙述，而这些内容背后，将方方面面勾连为一体的，事实上是无形的结构性'关系'。"这与数字文化的本质相契合，各类专题性、结构型数据库的建立就是时间内容完成数字化转化的方式之一，即将描述性文本转化为量化数据的过程。例如，由哈佛大学费正清中国研究中心、台湾"中研院"历史语言研究所与北京大学中国古代史研究中心合作建立的"中国历代人物传记资料库"（China biographical database project，CBDB）是一个包含丰富历史人物信息的数据库，传记信息的时间跨度目前主要为7世纪至19世纪。其数据来源主要包括历史文献、诸多史书、家族档案、碑铭、铜器铭文等。这些资料经过专业的整理和校对，包含人物的基本信息（姓名、字号、生卒年等）、家族背景、官职履历、著作成就以及相关传记等详尽内容。当然，数据转化的过程中也会存在历史信息衰减、叙述扁平化的风险，如何使数据库层次类型丰富适用、内容准确完善，是人文学界和信息学界面临的共同任务。

后者则指在某一项内容的数字化实践中进行具体的时间划分与标注。例如，王晓光等（2020）在参考《敦煌学大辞典》《敦煌石窟内容总录》《敦煌人物志》等敦煌学基础文献后，设计了包括五大方面的叙词表基本结构，即代理者（agent）、物件（object）、活动（activity）、时间（time）、物理特性（physical attribute）。其中，时间具体由依时代划分（classified by age）、依季节划分（classified by season）、依时辰划分（classified by time）、依节气划分（classified by solar term）和佛教时间（Buddhist time）组成基本框架。在当前火热的叙事性数字图像研究中，时间内容的数字化同样是重要内容。通过借助已有的语义技术和本体思想构建新的图像语义描述框架，进而实现图像视觉知识的文本化和数据化转化。但并不是所有的时间信息都能够推动故事情节的展示与认知，时间信息还可以划分为具体和抽象两类。针对信息标注需求而言，抽象的时间信息指时间不确定、不具体，常用在艺术创作中，如朝代、早晨、周末、季节等时间对象；具体的时间信息则是常见的时间本体建模对象，如年月日、时分秒等（徐雷和王晓光，2017）。

（三）网络交往中的数字文化内容生成

根据马克思主义哲学的观点，实践与交往密不可分。交往存在于个人之间，生产活动一定是发生在社会交往的关系之中，所以生产本身就是以这种交往为前提的，而交往的形式反过来又由生产所决定（马克思和恩格斯，2009）。作为实践的两个方面，生产与交往是一定历史条件下的产物，会随着历史运动而不断发生变化。已经成为桎梏的旧的交往关系被适用于比较发达的新的生产力，同时也被适用于更加先进的个人自主活动的新的交往形式所取代，而新的交往形式也会随着实践的发展逐渐又变成桎梏（马克思和恩格斯，2009）。简言之，生产力的发展变化推动着交往形式的新旧更替。马克思早年对交往实践的论述受限于时代环境因素，主要是建立在物质生产的基础上，以工人和农民为主的体力劳动者是最广泛的生产主体，工业文明的发展格局奠定了社会交往的基本结构。20世纪末以来，产业经济基础已经从工业文明转向以电子、信息与通信技术、海洋科技、生命科学、空间技术等新科技为轴心的后工业文明经济体系或知识经济体系（任平，2000a）。因此，不少哲学和社会学领域的学者也逐渐将马克思主义实践观延伸至网络交往中，把信息生产与信息技术的大规模应用相结合，对这一崭新的人类交往实践样态展开考察和讨论。

任平（2000b）对赛博空间中"主体际"（主体—客体—主体结构）的一系列论述，即网络交往结构的现象学分析，为后续网络交往实践研究提供了重要的学理支撑。网络交往实践是指"多个主体通过改造或变革联系彼此的网络客体而结成网络交往实践的活动"，信息网络技术是实践作用的基础，数字化符号则为作用的中介，强调主体的多极性（周成龙和邢云文，2007：22）。作为人类社会交往实践活动与形态的顶层秩序，网络人际互动创造了人类交往实践新的技术规则、人伦规则、经济化规则和习俗，也建构着人类交往实践活动新的"意义—权力"场域（吴满意和景星维，2015）。从中国网络社会的发展历史与实际来看，网络交往以认同为核心，具有脱域性、流动性和无边界性，并因此形成了传递经验，成为当代我国社会的新经验基础（刘少杰，2022）。

网络交往的本质可以看作是数字深刻参与文化生产的过程，这是当前技术源、关系域与心理场连结共构的产物，并以其自身的组织原则塑造出当下独特的文化景观。一方面，这种无法被测量和描述的精神内容产物如何参与到数字文化产业发展的共构中，需要学者从其生成逻辑、传播规律、价值形塑等方面多加探究；另一方面，网络交往实践中产生的人与人交往数据、人与物交往数据等如何被赋予文化意涵也需要在实践中继续探索。

三、数字内容生产平台

人们对平台直观的认知来源于功能视角，经济学家将平台定义为连接、匹配两个用户群的双边市场，认为其扮演了用户群体之间的中间人角色（Evans，2003；埃文斯和施马兰奇，2018）。随着信息时代的到来，平台从抽象的"市场""空间"具象为数字软件，数字平台成为信息社会新的中间人和协调人。

（一）概念界定

有形化使人们对数字平台的界定从功能视角拓展到结构视角，在本质与构成方面对平台概念进行了抽象。在软件产业的相关研究中，Tiwana 等（2010）将数字平台定义为"基于软件系统的可延伸代码库",该定义指明了数字平台的本质:Facebook或微信实质上都是几十万行计算机代码构成的数据库系统。这些代码在数字世界里构成了平台的三个结构要件:为外部用户(在软件系统里表现为外部模块)提供的核心功能(创作/消费、售卖/购买)、交互界面和交互规则。其中,核心功能代表了平台作为协调人的价值主张,是平台最主要的价值所在;交互界面是各类用户进行交互的虚拟载体;交互规则限定了交互如何进行。三者共同构成了"可延伸"的代码库,为外部用户数据的进驻提供了结构基础。

除了使平台结构有形化,数字技术对平台的影响还体现在功能方面。数字平台不仅具有协调功能,而且具备生产性(generativity)。生产性指技术平台或生态系统产出新的产品、结构或行为,而无须再对原始的系统进行投入(Zittrain,2006)。出于实用的获利目的,外部用户会自发在平台系统中持续生产和创新,产出衍生产品,而无须平台方再投入资源。生产性让平台不再局限于协调既存需求。平台可以借助外部用户的创新,将自己发展成为一个开放信息系统(Baldwin,2009)。鉴于此,生产性可以被视为构成数字平台的功能性要件。值得注意的是,生产性无法由完备的结构要件自动生成。因此,仅仅作为不同用户群的中介,而无法生成衍生产品的平台不应被视为信息系统话语下的平台。

综合上述讨论,此处将数字内容生产平台定义为:支持数字内容产业各参与方进行交互的可延伸代码库,该代码库以数字内容产品为衍生物,由核心功能、交互界面和交互规则构成(任天浩和朱多刚,2020)。其中,平台的核心功能为协调产业各方的资源差异;交互界面为分布于网络终端上的应用软件;交互规则是指限定各方如何进行连接、互动等协调活动的算法和指令。数字内容产品被界定为平台的外围衍生品,强调了平台的生产性功能,即平台须依赖于数字内容产品的持续开发来维系产业集合体的共同繁荣。

(二)形成动因

在数字环境中,平台的功能不再局限于简单的双边市场连接,它建立了更为复杂的架构体系:平台提供了一套通用的技术用于生产内容和服务,而这些衍生产品将起到补充平台核心的作用(Wareham et al.,2014)。对于数字内容生产平台而言,演化为生产机制是在产业中得以生存的必备条件。一方面,由于身处高度不确定的动态市场中,平台难以通过已有经验对用户需求进行准确判断。来自第三方生产者的异质内容有助于测试需求变化,并帮助平台快速适应变化。另一方面,第三方内容生产解决了异质用户的多样化需求问题,却无须让平台承担直接或间接的开发费用。因此，那些仅仅充当中介而无法促进内容生产的平台，最终将无法应对动态市场和异质化需求带来的挑战。环顾数字内容市场，应用商店、社交网站、短视频平台等每一类数字平台的崛起都依赖于生产机制的生成，并由此催生出大量新兴内容产品。

从更广阔的视角看，技术革新的价值收回需求成为平台由单一的中介演化为内容生产机制的深层动因。互联网技术的成熟使用户可以在任何时间和地点，使用任何终端、消费任何内容，可能性的问题逐一得到解决（黄河，2011）。然而，可能性并不代表切实的价值实现。人们往往过多强调技术作为杠杆对内容服务的改变，却忽视了二者关系的另一面：技术革新需要内容服务实现价值回收。在技术革新之前，社会系统中并不存在与之相匹配的内容生产机制，代表新技术力量的企业往往会遇到内容不足的窘境。赵镛浩（2012）认为在移动互联网商业化初期，人们知道通过手机上网的速度甚至超过了当时家用宽带的网速，但用户通过这么快的网络传输速度可以做什么呢？当时大多数网页都是为个人计算机（personal computer，PC）设计的，用移动媒体查看起来非常不便，而专门为移动媒体制作的网站和应用则寥寥无几。用户只有享受到明确、实用的内容服务，才有可能广泛使用技术并为其付费，媒介技术革新的价值才能被体现和回收。解决此问题的根本方法在于扩大内容产品规模，使其与分发、数据处理能力相适应。

大规模内容的产出有赖于建立相应的生产机制。在社会技术的背景下，价值并不仅仅由技术创造，而是由使用者、技术以及使用目的之间的相互作用共同创造的（Ghazawneh & Henfridsson，2015）。价值回收的需求促使代表新技术的力量主动对内容生产机制进行探索，而平台就是其探索的结果。这也在一定程度上解释了居于主导地位的内容平台往往由技术公司创办这一产业现象。出于价值回收动机建立起的平台，其首要目的自然是内容生产。沿着平台的架构，技术革新的成果得以应用，内容生产从专业化转向社会化、大规模化、异质化。

（三）特征

数字平台重塑（reshape）了构成内容生产活动的两类要素：生产者和生产成本。通过召集生产者和缩减生产成本，平台创建了新的内容生产体系。伴随着内容产品在这套体系中源源不断地产出，平台自身亦演化成为新的内容生产机制，呈现出新的变化特征。

1. 规模化召集内容生产者

新产品总是与其生产者相伴而生。基于平台的内容生产，首先要解决召集生产主体的问题。通过重设准入门槛和实施多样化激励，平台让带有不同背景和目标的异质主体参与到内容生产中来，并对他们的生产行为进行了组织和引导。

首先是重设准入门槛、壮大生产规模。在内容生产之初，生产者往往需要在生产设备、技能和资质方面进行资源投入，这些投入构成了内容生产的"门槛"。为了最大限度召集生产主体进入生产领域，平台采取了一系列转换策略降低"门槛"。在设备层面，数字平台依托于已经普及的智能手机进行内容采编。截至2023年6月，中国网民规模达10.79亿，互联网普及率达76.4%，其中手机网民规模达10.76亿，占比99.8%①。这意味着在中国多数人无须追加投资便能直接参与生产，数字内容至少在设备层面具备了社会化生产的可能性。

在技能层面，平台对内容生产模式进行了转换，生产活动从专业媒体机构中雇员从事的工作变为分散的个体（主播、创作人）完成的任务。雇员从事的工作意味着生产活动以月为周期、依托于组织协作，任务则包含着一次性、基于个体的含义。完成一项生产任务（录制一段音频或短视频）比从事一项生产工作（主持专栏节目）所需的技能要少得多。通过这种调整，平台显现出了良好的杠杆能力（leverage capacity）。这种能力使困难的工作变得简单，使普通人适度努力生产出一个像样的内容产品成为可能，从而降低了从事内容生产的技能门槛。

此外，平台具有追求规模生产的诉求，随着生产者规模的扩大，产出劣质产品的风险也在提高。对于承载价值观的内容产品而言，这种风险是致命的。风险的存在意味着从事内容生产需要具备一定资质，平台必须在追求生产者数量和资质之间找到一个平衡点。平台的对策是通过控制传播权限降低资质门槛。没有经验的生产者可以在注册后以"新手"名义进行生产，但会被限制产品的生产数量和传播范围。一段时间后，符合要求的"新手"将获得更大权限。在这样的策略下，平台对生产者资质的要求大幅降低，即"每个人都可以拥有一个头条号"或"轻松拥有个人电台"。

通过重设门槛，基于平台的内容生产成为一项无须追加投资、几乎不需要资质审查、大多数人都有能力参与的活动。随着规模效应的显现，传统文化产业的从业者也被吸引进来。生产者扩充的意义不仅限于数量的增加（这会带来生产的规模

---

① 中国互联网络信息中心. 第52次中国互联网络发展状况统计报告[EB/OL]. (2023-08-28)[2024-02-02]. https://cnnic.cn/NMediaFile/2023/0908/MAIN1694151810549M3LV0UWOAV.pdf.

效应），还在于异质化生产群体的形成。平台使带有非常不同背景的主体参与到内容生产中来，同时被带入的还有嵌于各个社会部门内部的专业知识和文化信息。

其次是通过多样化激励来分化生产结构。随着生产门槛的降低，拥有不同职业化程度和目标的生产者涌入平台。为了组织和引导异质主体的生产行为，平台制定了多样化激励机制。全职生产者将内容生产视为谋生的工作，追求更高的收益空间和长远发展。对于他们，平台在生产、运营、收益多方面凸显激励程度的"比较优势"。例如，今日头条允许专业媒体在微信等多个平台上同步发布内容，在头条号内发布自营广告；"大 IP"可与抖音平台协商广告分成比例。社会化生产者从事生产则大多出于爱好。为了促进其参与，平台设立了"计件式"激励机制：以内容产品（而非生产者）为激励单位，一位爱好者即便只完成过一次内容生产，也可能因产品价值获得奖励。例如，今日头条的"青云计划"每天至少奖励 100 篇内容，每篇奖励 1000 元。兼职生产者介于二者之间，希望通过发展兴趣获取经济收益。他们拥有持续生产意愿，但缺乏相应的生产能力。对此，平台采用了"培育式"激励措施，如提供创作资金和办公场所、增加推荐量等。

这些激励措施在各类生产者之间打通了转换渠道。受到"计件式"激励的社会化生产者可能由此萌生创作获利的意愿，通过争取各类培育资源转型为兼职生产者；受到平台培育的兼职生产者可能转型为全职生产者，以谋求在平台中更大的"比较优势"。

由于各类生产行为都受到激励，平台打破了"只有全职生产者才能产出有价值内容"的神话，由此生成的内容多样化十分重要。因为出于成本与收益的考量，职业化生产者不足以产出每一种有价值的内容产品。例如，介绍某个细分领域知识（如园艺、烹饪、健身）的视频显然具有价值，但全职生产者很难为了满足小部分爱好者的需求，花费长时间去学习该领域的知识。然而，基于平台的内容生产则提供了多种替代方案：社会化生产者可能因为兴趣拍摄此类视频分享，处于细分领域的兼职生产者也可能在推广相关产品时拍摄这样的视频。在记录偶发事件方面，也存在类似情况。全职生产者无法在记录自然灾害、意外事故和恐怖事件时保持时刻在场状态，此时，社会化内容生产就具有重要价值。

通过降低门槛和分化结构，平台召集了规模庞大的生产主体。大量生产者聚集于平台从事特定形式的内容生产活动（写文章、录制音频、拍摄视频），以至于这种生产形式被固定下来，形成了创作人、主播这样的新职业。与传统记者、编辑、主持人相比，由平台创建的职业扩充了内容生产者的含义：从事内容生产的主体可以是混杂的和流动的，他们可能来自各个社会部门，拥有不同背景和职业化程度，出于不同原因从事内容生产活动。恰恰是这种混杂和流动，确保了平台内容生产的规模化和多样性。

2. 通过提供辅助资源降低生产难度与成本

随着大量社会化生产者涌入平台，原本由专业人员从事的内容生产"专业工作"需要被转化为普通人经过适度努力即可完成的"日常活动"。为了填平"专业工作"与"日常活动"之间的鸿沟，平台提供了创意原型、基础设施、工具箱（toolkit）三类辅助资源。这些资源搭建了普通人与内容生产之间的"梯子"。通过使用辅助资源，内容生产的难度有所降低，在生产中投入的时间、精力等各类成本被减少到社会化生产者可以接受的范围之内。

一是提供创意原型。创意的产生依赖于生产主体对内容产品的深刻理解，以及对定位、选题、叙事技能的熟练掌握。这些能力形成于数以年计的实践经验之中，并最终凝结成为"只可意会，不可言传"的默会知识（tacit knowledge）。默会知识的存在意味着有关于"如何创意"这一问题的答案是难以言说和高度个体化的，这无疑增大了创意能力向社会化生产者转移的难度。平台对此采取的策略是知识形式转换，将创意能力中包含的默会知识转化为更加明确、清晰的范例和模板，为生产者提供可以模仿、修改和重建的对象。这些范例和模板构成了内容创意的原型（prototype），其实质是定位、选题、叙事等专业技能的打包和封装。通过提供原型，专业技能及其中蕴含的默会知识以组合的形式提供给生产者，生产者所要做的仅仅是依据不同完成程度的原型填充材料或调整模块，以此解决生产者"不知该写（拍）什么"的创意难题。例如，每个平台的官方账号中都会在"内容生产指南"中列出一些成功范例，抖音还提供了"拍同款"功能，协助生产者使用模板。尽管原型对创意的影响效果仍存在争议，但它确实降低了创意成本，使内容生产不再囿于专业群体之中。

二是提供生产基础设施。生产者驾驭数字化工具的能力决定了内容生产水平。因此，技术不仅为内容生产提供了新的工具，也带来了新的工具性限制。为了突破限制，平台提供了内容生产的基础设施——采编系统。通过将生产环境数字化，采编系统改变了先创意后数字化的生产流程，解决了数字化这一基本技术问题。作为基础设施，它为数字内容生产提供了普遍服务和基础支持，大范围地减少了生产者投入的技术成本。为了做到"普遍服务"，平台所提供的采编系统具有两种属性。其一，采编系统易于使用，生产者不必明白其中的技术原理和具体的工作处理流程就可以使用这些"创新"成果。为此，平台将采编系统制作成为封装式软件。在一定程度上,"封装式"结构实现了生产中技术与内容的分离,生产者用它们创作新的内容却无须担忧数字化技术的复杂性。其二,易于使用还意味着更少的操作技能。例如,"小红书""抖音""今日头条"等短视频的编辑、拍摄界面友好、简洁,任何使用过手机文字编辑或录音录像功能的人都有能力在略加尝试后使用它们,无须进一步习得操作知识。

此外,采编系统能够为多样化内容生产提供共同的基础支持。不同生产者可以借助它产出不同主题、创意和复杂程度的内容。这种基础设施的适应性（adaption）普遍降低了内容生产中技术成本的投入。适应性源于采编系统的半开放结构。一方面,采编系统是平台与内容产品之间的标准化接口,包含平台对内容产品的兼容标准。具体地说,"今日头条"、"喜马拉雅 FM"和"抖音"的采编系统分别用于编辑图文、音频和视频,它们无法生产不合乎平台标准的内容产品;反之,凡是由采编系统产出的内容都符合平台基本兼容要求。另一方面,平台与内容产品通过采编系统松散耦合（loose couple）在一起。采编系统赋予了生产者较大的创意空间,任何符合兼容标准的内容产品都被视为一个独立的模块,运行自身的创作规律,从而确保了基础设施对异质内容生产的适应性。

三是提供内容生产工具箱。与基础设施相比,内容生产工具箱主要用于解决具体生产环节中的特定问题。平台在内容制作、评估、修改环节提供了整套生产工具,协助生产者解决"如何做"的问题。工具箱将生产能力传递给生产者,借助它们,单独的生产者能够在分布式生产环境（专业或非专业）中进行内容模仿、初步创意或原型制作,并对内容进行评估和反复改进。由于工具箱提供了全流程辅助工具,生产者投入的成本进一步降低。

在制作环节,位于采编系统最前端的生产界面及其设置（configuration）为生产者提供了制作工具。这里的设置指置于界面上的按钮、文本框、小程序等对象组合。作为平台与内容产品的直接连接面,生产界面的设置确定了二者间连接和转化的具体规则。一方面,界面设置确定了内容产品的基本结构,例如,今日头条"文章"的生产界面包括标题和正文两个文本框,表明"文章"由这两部分组成,且标题限于 5~30 字;喜马拉雅的生产界面由录音按钮、台词框、配乐按钮和特效按钮组成,表明音频作品由脚本、声音、配乐和特效构成,后续界面中还需要确定标题、简介和专辑名,这些元素共同构成了一个音频产品的基本结构。另一方面,生产界面被设计成交互式向导模式,由此确定了内容产品的制作流程。例如,抖音的生产界面会引导生产者依次进入拍摄、编辑、发布环节,这些环节构成了短视频的制作流程。通过上述制作工具及其确定下来的生产常规（routine）,

平台为生产者提供了既定的内容框架和制作流程，生产者只需遵循这些步骤即可完成制作。

在评估和修改环节，平台也提供了相应的工具。例如，平台会在后台显示内容产品的播放量、点赞（订阅）量和转发量，协助生产者通过用户反馈评估内容质量。在修改环节，"今日头条"为创作人提供了关于段落优化、内容诊断、兴趣探索等的辅助工具，以便检测内容推荐中出现的问题，告知创作人哪些文章关键词会被用户喜欢，以及为推荐效果不理想的内容自动生成一套标题、封面组合。

通过使用创意原型、基础设施和工具箱三类资源，众多社会化生产者可以自助完成"创意—制作—评估—修正—再创意"的迭代过程，这一过程被经济学家称为"在做中学"（learning by doing）。在重复的"试错—修正"过程中，生产者的生产能力逐步提升。从这个角度看，平台缩减了内容生产成本，不仅在于它提供的辅助资源直接降低了生产难度，还在于这些资源为生产者创造了"在做中学"的条件。随着生产主体能力的提高，内容生产所需要支付的时间和精力成本就成为生产者可以接受，而非可望而不可即的。

3. 以差异化重塑生产要素的价值网络

作为生产机制，平台能够通过不同路径实现社会化内容生产。由于独特的资源结构，每个平台在使用哪种类型的资源和如何使用方面各有侧重。技术嵌入程度高的平台倾向于通过技术资源实现相应的平台功能。对于降低生产成本而言，它们提供内容模板，制作、评估、修改的全套自动化工具，以及大量可直接嵌入产品的模块数据库（音乐库、特效库）。技术嵌入不足的平台则借助社会资源予以补充。例如，在分化生产者结构方面，投入更多的培育资本或提供更高的收益分成；在创意阶段提供内容范例。在社会资源无法补充的部分，平台需要借助用户资源实现生产系统的运转。例如，在创意和制作环节更多地依赖用户的创作能力，借助用户建构的社会关系网络进行价值沟通。

总体而言，平台提供的技术和社会资源共同构成了社会化内容生产所需的辅助资源。其中，技术资源在降低生产和运营难度方面的作用更加明显。因此，拥有不同资源结构的平台创建的社会化内容生产形态也有所差异。技术嵌入程度高的平台，生产门槛更低，生产者规模更大，但受自动化和模块化工具的限制，其内容原创程度较低；与之相反，技术嵌入程度低的平台，生产门槛相对较高，偏向于较小的生产规模和较高的原创度。

第四节　数字文化内容的开发环节

一、数字文化内容的创造

人们普遍认同文化艺术是人类的精神财富，其形成离不开两个过程——创意和生产。其中，创意强调文化艺术活动的精神层面，生产则强调文化艺术活动的载体层面。无实际载体的创意无法构成可供人们体验的作品，这就要求文化艺术的创意者和生产者既要熟悉精神生产的规律，也要熟悉载体形成和传播的规律。因此，创作者如果要从事某个门类的文化艺术活动，必须对具体的技艺进行研习。在传统社会，每种创作技艺训练纯熟都需要较长的时间。

在某种程度上，20世纪初诞生的机械复制技术和当下大行其道的数字技术都大大降低了文化艺术活动对创作者技艺门槛的要求，并仍在不断降低之中。德国学者瓦尔特·本雅明（Walter Benjamin）指出了机械复制对创作权的改变，确立了文化产业的合法性，一定程度扭转了学界对其偏执固化的负面印象，使得对于文化工业的评价由"粗制滥造""向商业低头"的责骂转变为"走向大众"的正面宣传。

随着数字文化产业的快速发展，数字技术进一步降低了文化艺术的创作门槛。一个没有受过专业训练的普通人，如今可以仅仅通过简单的电脑或智能手机设备，就制作出流行于网络、广受追捧的数字文化产品。这种新的创作方式使文化艺术的生产活动不再局限于少数专业群体，而是成为普通人表现日常生活、表达即时情感的工具。正是这一技术的进步使得数字文化产品带有了浓烈的"草根""个人""日常生活"意味，甚至是社会心态的某种缩影，狭义的文化艺术概念业已无法完全涵盖当下的数字文化产品范畴。

数字文化内容创造，即通过对文化资源（素材）如历史事件、民间传说、文化习俗等的开发创造，参照一定的数字格式标准与数据，形成供人欣赏或娱乐的文字、图片、声音等多样的数字内容产品。我们现在所熟悉的音乐、影片、图片、文学就是这些原创的产品形式。从目前的发展状况来看，数字文化内容的创造也存在三方面的制约。

一是文化资源分布与开发不均的制约。文化资源是人们从事文化生活和生产所必需的前提条件，是创作的素材。它既可以精神状态的形式存在于人的大脑，如口头故事、民间传说、文化习俗、宗教礼仪等；也可以某种物质载体的形式存在，如前人的文化作品（文字的、图片的、音像的等）、古建筑、事件遗迹等。由于文化资源产生的背景、条件等不相同，不同地域的文化资源大不一样。从某种程度上说，文化资源丰厚的地方有利于文化作品的产生，而文化资源匮乏的地方制约文化作品的产生。在数字时代，这一资源不均的问题则得到了进一步加强，有先进生产技术、雄厚资金、数字人才的地方数字文化内容的创作更加繁荣，相反，经济不发达但有独特文化和发展历史的地域则越来越被边缘在创造体系之外。

二是创作人才的制约。文化资源有助于文化内容产品的创造，但文化资源不会自动转化为新的文化产品。只有人才是创作的主体，创作人才是唯一的具有能动性的供给因素。也就是说，能否产生高质量、丰富的文化作品，就看有没有一批一流的创作人才。文化实力的竞争，其实最终就是人才的竞争。数字文化内容的创作对复合型人才提出了迫切的要求，既要有知识内容的专业素养，又要具备一定的数字技术水平，还需要有敏锐的市场洞察力，能够发现满足用户需求的创作空间，并从创作之初就明确数字文化资源的开发策略。

三是创作环境的制约。如果说一个地方的文化资源是先天存在的，那么创作环境就是后天可变的。创作环境的好坏直接影响着创作人员的积极性，环境对创作具有巨大的制约或推动作用。创作环境又可分为软环境与硬环境，其中软环境包括自由创作的氛围、鼓励创作的制度或政策、社会对创作者的尊重等，硬环境则包括本地消费水平、居住环境、创作者的生活与工作条件等。就这一点而言，版权问题是当下数字文化内容创造所面临的关键性制约因素。以 ChatGPT 为例，AI 和机器生成内容的涌现让作者身份界限愈发模糊，这进一步引发了关于现有版权法律适用性的疑问。有鉴于此，国家互联网信息办公室近日发布通知，就《生成式人工智能服务管理办法（征求意见稿）》向社会公开征求意见，强调不得利用算法、数据、平台等优势实施不公平竞争。

二、文化内容的数字化转化

数字文化内容即运用现代数字化技术，结合现有文化资源，开发依托数字化媒介的文化产品和服务，强调产品和服务产出的"数字原生状态"。同时也不能舍弃其将文化内容变为数字内容的过程，这一角度突出的便是对文化内容从"非数字化"变成"数字化"的转化过程。众所周知，数字文化是技术发展到一定阶段的产物，尽管对当下的文化内容生产方式进行了源头改造，但传统文化生产机构在漫长的历史过程中所记录、积累和储存的内容资源也是我国文化的根源。因此，对文化内容的数字化转化也是数字文化内容生产的重要面向。

从出版产业来看，AIGC 趋势下内容资源的优势将进一步凸显。由于机器智能的不透明性以及其对先验性知识的强依赖度，出版行业在历史长河中所积累的内容资源既可以成为大模型的训练语料库，同时也可以在存量资源转化和增量资源开发中发挥巨大作用，进而确立竞争优势。最初出版社认为将内容资源转化为电子文档形式就是数字化管理，故在出版流程中，内容一旦被生产完成，就会以产品为单元，以手稿、电子文档等形式存档。这样往往存在着内容资源较为分散的问题，原稿、校订稿、终稿常常分散各处，且格式也不尽相同，这为以后查找某一内容或片段带来了问题，费时费力且不一定准确，给后续进一步的数字化加工造成了困难。此外，出版社的内容资源之间是有关联的，这种关联关系在数字出版中有着很重要的价值作用，是新产品开发的基础，也是增值服务实现的渠道。但目前出版社内容关联往往只停留在产品这一层次，细化到产品内部，即内容单元之间的关联并没有建立起来，使用者想要跨产品地查询一组相关联的内容单元较难实现。因此，必须首先对出版领域的存量资源进行有效盘点和标准化整理入库，做到集中存储和内部关联，将生语料加工成熟语料。既要灵活处理，又必须有一个基本的规范，做到存储有序，调用方便。与此同时，还要注重对生产过程中产生的数据进行资源挖掘，实现二次或多次的开发利用。这是数字出版区别于传统出版的重要特征，内容资源的利用将不再是一次性的，而是多次、多形式和多组合的。

在以敦煌项目为代表的石窟艺术文物数字化过程中，具体转化工作又有不一样的内容呈现（韩春平，2009），一是基于保存和后续展示的目的，将壁画、石窟等有具体物理形态的文物进行数字化转化，赋予其数字生命；二是对相关文献的数字化，以纸质记录材料为主，具有精神文化的特征。

（一）物理形态的数字化转化

首先是数据采集。数字化的前提是对信息数据进行采集，因此关于数据采集的探索工作很早就得以开展。早在 20 世纪 80 年代，武汉测绘科技大学航测系和敦煌研究院考古研究所即共同进行近景摄影测量试验，其成果后来形成《敦煌莫高窟近景摄影测量试验工作报告》，报告中涉及利用计算机制作石窟建筑与艺术文物的透视图和轮廓图，以及获得具有透视效果的立体匹配相对的问题。此后，关于数据采集的技术、方法也一直在探讨和探索中。其次是图像处理，包括色彩处理、几何处理、图像分割、图像制作以及图案设计等诸多方面，主要探讨壁画计算机存储管理过程中实现颜色矫正和还原的问题。最后是辅助临摹、复原、修复及演变模拟。在数字化环境下，计算机不但可以在壁画的临摹、复原、修复等一系列密切相关的工作中发挥重要的辅助作用，而且还可以模拟壁画的演变过程。

（二）文献信息的数字化转化

文献信息的数字化转化主要涉及敦煌自身档案的数字化工作和文物档案的数字化，如敦煌遗书数据库、敦煌佛教人物数据库等，同时也包括一些基于石窟艺术文物、敦煌文献、文物档案、研究成果，以及相关人物、机构乃至旅游信息等敦煌学学术资料信息中的多种乃至所有信息的数字化。在具体的数字化转化过程中，有三个层次的数字资源建构，即数据采集层、语义描述层、数据关联层（图3.1）。

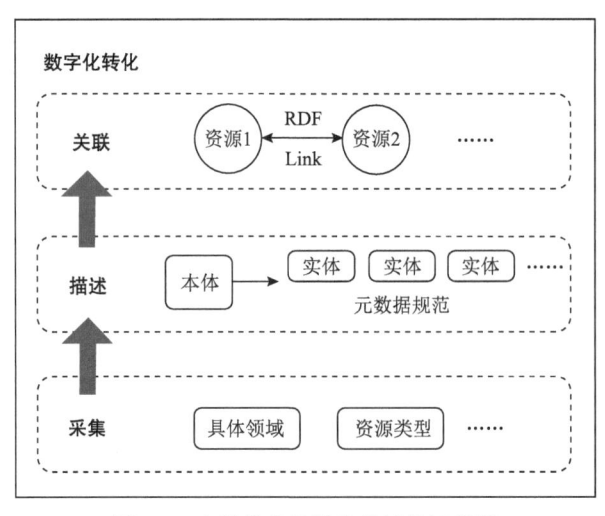

图3.1 文献信息的数字化转化流程图

数据采集层。收集数据包括通过计算机图像处理技术来获取数据形态，通过高精度的专业数码相机采用覆盖式拍摄获得高分辨率的图像数据，是敦煌文字、图像知识关联语义组织模式构建的基础工作，数据的来源多样、内容异构。对于非数字化的资源，可按照国家档案局发布的《纸质档案数字化规范》《录音录像档案数字化规范》等档案数字化领域的相关标准统一转化为数字形式。这些数据、信息和知识被收集后会出现重复的内容，所以需要对它们进行基本的分类与去重，建立初始的元数据语料库。

语义描述层。语义描述是对敦煌图像知识特征进行的描述，是关于其图像数据的数据。由敦煌图像知识属性或元素组成的一系列元数据记录，在敦煌图像知识的描述或标注中是必需的。本体是某个领域内实体概念的集合，是用来表示语义的载体，本体能对实体进行分类、确定上下位关系及所有实体的属性，还能实现实体之间跨类别的连接。即本体描述的内容包括名称、尺寸、重量、外形、文物时期、出土日期、出土地点、色彩、用途、象征意义、描述、状态、收藏和所属洞窟等元素。与此同时，为了能够对不同领域、不同类型、不同形式、不同时期的数据资源进行充分描述和处理，来自不同领域的专业人员研究并制定了应用于特定领域或特定场合的元数据规范。施艳萍和李阳（2019）通过阅读和总结国内外研究，筛选出目前在国内外应用较为广泛、较有影响力的八种元数据，具体包括 CDWA（艺术作品）、DC（都柏林核心元数据）、MARC（机读编目格式标准）、EAD（编码档案描述）、FGDC（地理空间元数据内容标准）、GILS（政府信息定位服务）、VRA（视觉资料核心类目）以及 TEI（电子文本编码与交换）。不同的元数据规范中也有着数量不等的描述元素，用以揭示资源实体的属性。其中，CDWA、EAD 等就与敦煌相关知识内容资源息息相关。由于不同行业领域有较大的差异性，为了方便使用，领域内的专业人员研究并制定了适用于特定领域或特定场合的元数据规范（许鑫和张悦悦，2014），如表3.2所示。

表 3.2　不同资源类型适用的元数据规范

资源类型/应用领域	元数据规范
网络资源	DC、IAFA Template、CDF、Web Collections
文献资料	MARC、DC
人文科学	TEI
社会科学数据集	ICPSR SGML Codebook
博物馆与艺术作品	CIMI、CDWA、RLG REACH Element Set、VRA
政府信息	GILS
地理空间信息	FGDC/CSDGM
数字图像	MOA2 Metadata、CDL Metadata、Open Archives Format、VRA、NISO/CLIR/RLG Technical Metadata for Images
档案库与资源集合	EAD
技术报告	RFC 1807
连续图像	MPEG-7

数据关联层。数据关联层是实现基于关联数据的敦煌文字、图像知识关联的语义组织模式的核心。数据关联基于关联数据发布的技术将 RDF 语义元数据相互关联，以此揭示隐含在不同文字图像之间的相互关系，并通过 RDF 链接使得图像之间能够相互访问。其最终使复杂的敦煌文字、图像资源信息重组为一个互相联系的有机整体，发掘整个敦煌文化知识网络的最大价值，提高文化元素的利用质量和服务效率。

三、数字文化内容资源的整合

数字文化内容资源的整合是指对不同类型文化机构的不同来源、相对独立的数字对象进行类聚、融合和重组，形成一个服务效能更好、效率更高的新的数字文化资源体系的过程。学界现有关于数字文化内容资源的整合多集中于公共文化领域，产业领域由于非公益性和竞争性特征很难实现行业性的统一，顶多是各企业内容资源的打通与聚合。因而，关于数字文化内容资源的整合的研究与实践也多集中在公共文化方面。

（一）整合关键

在多源数据的情况下，不同数据源的数据往往具有各自的数据结构和数据格式，这就导致了数据的异构性。例如，一份数据可能有多个来源，它们可能使用不同的数据格式，如 XML、JSON、CSV 等。此外，这些数据可能包含不同的字段和数据类型，如数值、文本、日期等。

数据异构性的难点主要表现在语法异构和语义异构上，而语义异构要比语法异构复杂得多，它往往需要破坏字段的原子性，直接处理数据内容。在当前数据整合面临的异构问题中，语义冲突是非常突出的一个，所谓的语义冲突是指不同信息之间由于语义上的差别产生的冲突，增加了异构数据集成的难度。为了保证数据集成系统的低代价、高效率，迫切需要解决语义冲突。

语义冲突主要包括概念模糊、命名冲突和域冲突三种。概念模糊是指表面上某个概念是指同一个事物，但实际上却表示了不同的对象，例如，当前的"室内温度"这个概念就分别在前一分钟和后一分钟内代表了不同的对象。命名冲突是指概念相同但含义不同或者是概念不同但含义相同，例如不同数据表中名称相同但表达了不同含义的字段。域冲突是指某个概念在不同领域中采用的衡量标准不同，例如，一个领域中某文化产品的价格用人民币表示，另一个领域中价格则用欧元表示。在解决异构数据集成中的语义冲突时，需要根据数据的不同特点，实际情况实际分析。

（二）整合流程

元数据是一种特殊的数据，它的作用是用来描述资源特征，不同数字文化资源的内部特征需要不同的元数据标准。以构建元数据仓储的方式对资源进行整合是实践中常采用的一种有效路径，即通过抽取、映射和导入等手段对分布异构资源的元数据（也可能包括对象数据）进行收集和聚合，安装在本地系统或者中心系统平台上提供统一的检索和服务。

元数据仓储承担的工作主要包括从多个数据源收集元数据，形成元数据的统一存储，之后，对多来源、多类型的元数据进行清洗、转换等数据整合，最终构建规范统一的元数据仓储。整个流程包括原始数据存储、数据整合、语义分析、制定统一元数据结构、配置文件解析器、元数据转换及清洗等。

原始数据存储。原始数据存储是指对收集到的各项目单位原有元数据的存储，因为元数据格式多样，语义也有所差异，为使系统能够智能识别文件类型和来源单位，在进行数据存储时，可以定义一个特别的目录结构，当遇到文件时，可以通过该文件的路径，分析出该文件的存储格式及来源单位。这个目录结构是可拓展的，只要符合数据录入和结构配置的规则，就可以自由地存放数据文件。

数据整合。由于资源类型多种多样，且数据库由众多机构所完成，元数据格式及著录粒度等多方面都有很大的差异，这给元数据整合工作带来了很大的难度。因此，需要对元数据进行大量整合的工作，主要包括语义分析、制定统一元数据结构、配置文件解析器、元数据转换及清洗等过程。

语义分析。语义分析是指对每个数据库的各个字段的分析，这里要确认每个字段的准确含义，即哪些字段是用于检索所必需的，哪些字段仅是用于显示的，哪些字段是数据制作单位用于资源管理的，等等。只有对每个数据库的字段进行准确的分析，明确字段的含义，才能在后期的整合中减少错误的发生。

制定统一元数据结构。制定统一元数据结构是为了能够将不同结构的元数据进行有效的整合，既能保持不同资源的共性内容，又能保留其个性化内容。统一结构制定的科学与否，直接影响着元数据仓储建设的效果。

配置文件解析器。配置文件解析器是将原始数据库结构和统一元数据结构的字段进行映射规则制定的过程，需要对每个原始数据库的每种格式的元数据单独配置解析器，以便实现元数据的转换。

元数据转换及清洗。元数据转换就是通过文件解析器将原始的元数据转换成为统一的元数据结构，清洗主要是通过一些规则对转换后的元数据的部分错误和不完整进行修正。

（三）整合技术

数字文化内容资源的整合中涉及的技术种类较多，国外学者的研究主要围绕可视化技术、关联数据技术、二维码（QR code）技术以及云计算技术的实践及应用前景展开（肖希明和刘巧园，2015）。

可视化技术是提高人机交互体验的潜在技术之一，按一般可视化过程可划分为"数据预处理""映射""绘制""显示"四步。但随着数据类型的复杂化，该解决方案已无法满足用户的需求。陈为等（2013）根据数据可视化的最新发展与需求，提出了新的可视化流程，整个过程由以下七个步骤组成：①获取。收集数据，无论是数据库的表、文字记录、网络上的源文件，还是录像记录等。②分析。根据数据的意义构造一个结构分类图，并按分类排序。③过滤。删除冗余数据，只保留感兴趣、有价值的数据。④挖掘。应用统计学或数据挖掘方法来辨析数据格式，挖掘其中规律。⑤表述。选择一个基本的视觉模型，比如条形图、列表或树状结构图。⑥修饰。改善基本的表述方法，使它变得更加清晰、视觉化、直观化。⑦交互。增加方法来操作数据或控制其可见的特性，实现交互选择性。随着信息技术的发展，数据可视化的详细流程逐渐"黑箱化"，先进的可视化工具将实现从数据获取到图形输出的"一条龙"服务，为更大范围的人们提供可视化服务。

在关联开放数据的环境下，越来越多的领域资源和数据以关联数据的方式提供开放访问服务，关联开放数据云图中的数据集逐年增加。关联数据技术的优势为文化内容管理与内容资源聚合提供了强有力的工具和技术手段，使资源互操作成为可能。关联数据的突出优势就是能够将分散、异构、跨界的数据进行链接，准确标识和定位各元素，支持不同知识层面资源的聚合、共享与发现。关联数据不仅突破了传统文本知识的组织方式，在图像研究领域也有所涉及。关联数据的基础 RDF 则可以定义数据元素，将各元素关联在一起并提供通用框架以合并不同来源的数据。因此，数字文化资源知识关联的组织内容可包括：知识关联的数据收集、知识本体的语义描述、进行 RDF 知识链接的数据关联、为用户提供深度服务的知识资源应用与服务等元素。

QR 码也可以用来连接不同的文化机构，日本上野动物园和东京国家科学博物馆采用 QR 码创造了一个跨机构的移动可视化的指南，而法国最大的科学博物馆则采用 QR 码将它的实体展览和图书馆馆藏联系起来，为用户提供了更丰富的文化体验。QR 码的使用增加了公共数字文化资源的趣味性，使资源访问更加个性化。此外，云计算技术广泛应用于信息领域，在数字文化资源整合中同样有着广阔的应用前景。一旦数字资源成功存入云端，它就可能和其他同在云端的数字资源相连接，为用户在图书馆、博物馆、档案馆等文化机构以及大学网站、维基百科等信息源中的检索提供强大的支持。

（四）整合标准

统一且完善的数据标准是实现数字文化内容资源整合的基础，石庆功等（2021）在广泛调查国外公共数字文化资源整合核心要素理论和平台建设实践探索的基础上，构建了一个数字文化资源整合标准体系，包括资源建设标准、整合技术标准、整合管理标准、整合服务标准、整合绩效评估标准，这里主要聚焦与数字文化内容开发环节紧密相关的资源建设标准和整合技术标准。

1. 资源建设标准

数字资源整合的前提是数字资源建设，制定统一的数字资源建设标准是确保数字资源能够有效整合的基础。以"数据"为核心，以公共数字资源生命周期流程为逻辑，包含对不同类型公共数字文化资源的搜集、组织及利用等通用标准规范。资源搜集标准处于整个资源整合流程的初级阶段，主要用于规范数字资源的内容创建，包括数据统计、采集、格式、筛选、内容编码、数据加工、对象标识等对象数据规范标准，如字符编码标准（如 ISO 10646）、各种对象数据格式标准（如 PDF、TIFF、MPEG）、唯一标识符标准（如 DOI）；数据组织标准包括元数据标准、数据描述规范（如 DC 元数据、SKOS 规范、关联数据流程规范、数据存储标准）以及数据分类标准，当中的数据分类标准旨在推动资源按照主题文本类型、来源机构、时期和地区等明确划分，形成一定的分类体系（唐义等，2016）；数据利用标准中，共享许可协议遵守广泛应用的《知识共享许可协议》，其共享平台标准旨在确保统一检索协议，数据互操作标准侧重于规范数据互操作框架和互操作级别，前者用于统一互操作的原则和条件，后者考虑法律、机构、语义和技术等方面的互操作问题，而数据开放共享评估标准则包括规范的评价策略、指标和方法（黄如花，2020）。

2. 整合技术标准

技术是数字文化资源整合的催化剂，统一的信息技术标准是推进公共数字文化资源高效整合的前提。技术标准是指在整合过程中采用的相关信息技术标准规范，是实现整合目标极其重要的因素，采用不同的技术标准会产生不同的整合效果。由于整合对象的类型不同、格式各异、来源机构多样，因此必须建立并严格遵守一套完整的技术标准规范才能构建出一个高效的数字资源体系，从而达到数字文化资源整合的目的。技术方面的标准主要针对公共数字文化资源整合过程中的技术硬件配置、软件应用、数字对象组织等，为公共数字文化资源整合提供广泛的技术应用标准支撑，是保证公共数字文化资源平台系统在整个网络信息环境中可被利用的基础。硬件配置标准涉及移动终端配置标准、带宽要求、虚拟网络存储与硬盘存储容量要求等；系统平台接口、APP 接口、统一访问安全以及数据集成技术等标准则包含网络环境下普遍采用的标准，如 Web service 协议、HTTPs 协议、APP 接口设计规范以及即时通信业务 HI 接口总体技术要求等；可视化技术应用标准、多语言技术应用标准和 Web2.0 技术应用标准则是数据组织阶段采用的技术标准，应结合资源特点与用户需求，充分利用现代化信息技术，推动资源高效使用。

第四章

数字文化的传播方式

　　媒介技术是信息能得以传播的载体保障。纵观整个媒介技术发展史，媒介技术是一个不断给信息增加"维度"的过程。一维媒介只能传递一种不完全的感官信息，例如，甲骨文以文字为载体进行一维度的消息存储及传递，这些抽象文字不具有具体形象，受众在得到信息后需要将其具象化；广播以声音为载体进行了另一种维度信息的传递。图像和绘画则为我们带来了二维媒介，使得信息也进一步变得具体，消除了文字的不确定性，使得信息被更加明确地接收。15世纪意大利画家莱昂·巴蒂斯塔·阿尔贝蒂（Leon Battista Alberti）的画论叙述了绘画的数学基础，合乎科学规则地再现物体的实际空间位置成为可能，至此图像和绘画媒介开始正确地传递三维信息。随着光学技术的发展，摄影、三维立体显示技术使得人的三维感知结构得以真正地实现。当我们在媒介技术中引入时间轴时，视频、电视、电影中丰富的画面细节和流畅的叙事都使得消息更加具体与特别，结合视觉、听觉达到更好的传播效果。第五维度的信息媒介技术则是在原有的基础上开放了用户反馈的接口，使得媒介不再是一个单向的输出平台，而成为具备交互性的、受众逐渐成为传播者群体或消息本身的一部分的双向交流空间，将受众从点对面的单向线性模式中解放出来，也将受众从固有的收视场所中解放出来。

　　进入五维媒介阶段，媒介技术呈现着三个特征：一是更加具体和易于感同身受。信息在传播主体端不断具象化、图像化，可以有效地统一信息在不同人脑海中的不同想象，更加精准地表达传播主体的意思与需要传播的内容。二是更具针对性的传播模式。媒介技术利用大数据计算实现对应信息的分发及投送，精准归类，免除了受众筛选信息所要付出的时间成本，使得信息接收体验更佳。三是传播主体与受众群体的逐渐统一。随着互联网传输速度的进一步提升，更多人参与了信息的存储和传递。在信息的生产、存储、传递过程中，传播主体也会接收其他主体生产并传递的信息，最终形成传播主体与受众群体统一的格局，即"人人都是内容生产者，人人都是内容接收者"。因此，本章将聚焦于数字文化传播过程的剖析，以媒介技术为线索，探寻数字文化依托于新型媒介技术进行何种传播，以及关键传播节点和传播路径是怎样被构建的。

第一节　数字文化传播中的媒介技术基础

一、数字文化传播的媒介技术类型

（一）5G

移动通信技术的每一次代际更新、技术进步都促进了经济与社会发展和产业升级换代。目前我国最先进的 5G 具有高速率、低延时、大连接等特点，是目前最新的移动通信技术。5G 通信设施是可以满足人机物互联的网络基础设施，国际电信联盟（International Telecommunication Union，ITU）定义了 5G 的三大类应用场景，即增强移动宽带（eMBB）、超高可靠低时延通信（uRLLC）和海量机器类通信（mMTC）。5G 技术的相关性能指标明确表示：峰值速率需要达到 10~20Gbit/s，以满足高清视频、VR 等大数据量传输，具备百万连接/平方公里的设备连接能力，满足物联网通信。连续广域覆盖和高移动性下，用户体验速率达到 100Mbit/s，流量密度达到 10Mbps/m^2 以上，移动性支持 500km/h 的高速移动等。这些核心指标的建设与落实为数字时代的文化建设提供了技术保障。

自 2019 年 6 月 6 日工信部正式向四家运营商颁发 5G 商用牌照以来，国内 5G 网络建设进入快速发展期，5G 应用领域百花齐放。5G 将成为中国一张响亮的名片，自此中国 5G 也正在成为全球通信技术的"排头兵"。《中华人民共和国国民经济和社会发展第十四个五年规划和 2035 年远景目标纲要》（简称国家"十四五"规划纲要）提出"构建基于 5G 的应用场景和产业生态"和"实施文化产业数字化战略，加快发展新型文化企业、文化业态、文化消费模式"。5G 技术的不断发展一定会成为数字文化产业的核心驱动力。在技术快速迭代的时代节点之中，我们一手抓住先进技术，一手抓住文化核心，做到两手并举。

随着数字技术的不断深入，数字文化呈现出"短频快"（内容短、视频化、更新快)的文化特征。5G 速度突破了 4G 时代的种种局限,人们可以在移动智能端充分领略 VR、AR、8K 等媒介技术,身临其境地享受数字文化的魅力。用户在 5G 时代享受着更高的速率、更宽的带宽,对于一些数字文化资源有了更加优质的体验,无论是速度还是质量均有显著的提高,几秒钟就可以下载一部电影,VR、AR 等数字资源的体验感更强,不断拓展着文化发展的空间,成为数字文化的重要支柱。5G 时代文化产业以网络数字化消费方式打通了文化生产和文化消费信息互动渠道,使文化产品、文化消费内容的定制成为可能,进而实现文化生产和文化消费的精准对接(唐琳,2021)。

在数字文化领域,数字视听与我们的生活发生着越来越密切的关系,成为最主要、最高效的媒介。纵观近几年的 5G 视听领域,有一大批可圈可点的项目。例如,2019 年国庆 70 周年大阅兵庆典中,首次运用 5G+8K 超高清视频全业务转播车 24 小时慢直播,为共和国留下了 8K 影像;2020 年 8 月 8 日在国家大剧院上映的"华彩秋韵"5G+8K 直播,中国传统文化艺术在"云端绽放";2021 年东京奥运会中的云体验、云视角、云助威等新技术让竞技体验更加多元。高品质、沉浸式的体验为受众带来了超真实的体验感受。由此可见,5G 不仅改变了数字视听内容的生产方式,还将影响数字视听产业的走向。5G 时代下的数字视听制作领域也发生着巨大的改变,高速率、低延时、大连接成为数字视听的有效保障。前方拍摄、实时制作、同步传输的数字视听流程会更加高效地传播数字视听内容。快速的图像识别计算、实时跟踪、动态渲染又为后期剪辑、特效制作带来了诸多便利。在未来,5G 为智能视听提供了诸多可能,它不仅改变了大众的视听体验,也在不断改变着整个数字视听生态。这就要求数字视听行业的不断转型,在文化传播的过程中把握时代机遇,创新融合发展,变道提速,换道发力。

在 5G 的时代背景下,与全息投影技术相关的文娱业态也得到了长足的发展。全息投影技术在 5G 强大的带宽与低延时背景下可以让影像数据实时传输,广泛应用于文博展示、舞台表演、社交体验等领域,成为新的业态,为大众提供了新的体验模式。河南博物院推出的"5G 智慧博物馆"项目成为其一大亮点,运用雾幕映射的"5G+全息莲鹤方壶"全方位、立体式地投射出来,让河南博物院的镇馆之宝"活起来、动起来"。这样的技术让观众可以沉浸式、多维度地观看文物,也让文物更好地流传下来。全息投影技术的不断深入与 5G 的全面发展让全息投影在很多业态均有涉猎。对于全息投影技术来说,空气成像技术也有较大的发展,空气成像需要借助成像柜的帮助,用户不仅能观赏到三维立体的影像内容,还能在此实现触摸查询、体感互动、手势互动、语音识别、多屏联动等功能,这也让空气成像的整体展示效果变得更加多样化。全息投影技术与 5G 的联姻在很多行业均有发展，如展会、游乐园、主题公园、体育馆等。这是现代技术与时代文化碰撞出的火花，也是现代科技的不断发展，创新式地让文化走出来，与时代接轨、文化交融。

5G+电影是电影产业的新走向，2022 年中国金鸡百花电影节主论坛活动"5G 数智新时代元宇宙发展论坛"指出：在 5G 数智新时代背景下，咪咕文化科技有限公司（简称"咪咕公司"）发挥内容+科技+融合创新的优势，立足与厦门市政府签订的战略合作协议和元宇宙第一岛"鼓浪屿元宇宙"新标杆场景，携手文化产业伙伴在论坛上就 5G+电影领域进行了多项成果的发布和合作签约。随着文化强国的战略推进，中国电影如何搭上 5G 这趟班车，并将中国电影及其相关文化资源传承构建，均是当下的机遇与挑战。作为金鸡百花电影节连续四年的官方合作伙伴，咪咕公司坚持将"5G+4K+XR"等领先技术与电影文化相结合，为探索电影文旅产业数智化转型共寻方向。

直播行业成为新型的消费模式，同时也呈现出新的数字文化样态。5G 技术为直播等视听场景提供了技术支持。基于 5G 边缘计算节点及云网协同技术，大众获得了新的观看视角。2020 年，中央广播电视总台央视频 5G 新媒体平台联合中国电信，推出了"珠峰 12 时辰"系列慢直播活动，中国电信运用"5G+云网"技术为全国观众带来了珠峰云体验活动，让广大网友足不出户地领略珠峰的壮美。除了大型的直播项目之外，5G 技术也为各个行业、个人的直播体验带来了更高质量、更好体验的保障。一部手机、一根自拍杆越来越成为大众的生活方式，"刷屏"越来越成为大众的休闲消费方式。5G 为做好云端场景新消费模式提供技术支撑和算力支撑，服务百姓、惠及民生。

国家"十四五"规划纲要中明确表示要建设数字中国的美好愿景，5G 技术为我国政治、经济、技术、文化、社会的数字化进程提供了有力的保障，科技感、未来感十足的数字时代正在悄然到来。数字时代，互联网与我们的生活息息相关，时空关系被重新塑造，文化形态被重新塑造。5G 的发展广度与深度存在差异，行业的数字化水平也不尽相同，推动 5G 在数字文化领域的创新性发展，必须利用好 5G 技术的阶段性成果。时至今日，5G 技术已经开启了智联万物的新时代，各行各业依托 5G 大带宽、低时延、海量连接、安全可靠等优势，对物联网应用及场景搭建有着极为重要的作用，真正做到赋能百业、智享未来。作为行业需求，5G 技术不断演进，切实做好赋能万物互联，提供 5G 解决方案。

（二）物联网

物联网起源于传媒领域，是信息科学技术产业的第三次革命。物联网是通过信息传感设备，按照约定的协议，把任何物品与互联网连接起来，进行信息交换和通信，以实现智能化识别、定位、跟踪、监控和管理的一种网络。通俗地讲，物联网就是"物物相连的互联网"，它包含两层含义：第一，物联网是互联网的延伸和扩展，其核心和基础仍然是互联网；第二，物联网的用户端不仅包括人，还包括物品，物联网实现了人与物品及物品之间信息的交换和通信。射频识别技术（radio frequency identification，RFID）是物联网的核心技术之一，是自动识别技术的一种，通过无线射频方式进行非接触双向数据通信，利用无线射频方式对记录媒体进行读写，从而达到识别目标和数据交换的目的。在第二次世界大战期间，RFID 就出现了最早的雏形。当时，英国军队利用无线电发射器加上雷达来识别敌军和友军的飞机。2000 年后，RFID 技术得到了大规模应用，基于物流和供应链管理的物联网开始构建起来。后来 RFID 技术在美术馆、博物馆、档案馆、图书馆均有应用，对于文物、书籍以及相关的珍贵资料都有很大的保护、管理作用。物联网作为新一代信息技术的高度集成和综合运用，具有渗透性强、带动作用大、综合效益好的特点，是继计算机、互联网、移动通信网之后信息产业发展的又一推动者。物联网的应用和发展有利于促进生产生活和社会管理方式向智能化、精细化、网络化方向转变，提高社会管理和公共服务水平，催生大量新技术、新产品、新应用、新模式，推动传统产业升级和经济发展方式转变，并将成为未来经济发展的增长点。

随着 5G 的不断普及，物联网迎来了一波爆发，阿里、百度、腾讯相继成立物联网事业部，均在物联网的风口中寻找突破点，开启万物互联的智能新时代。物联网深刻地影响着人们的生活，在生活的方方面面均有涉猎，比如 QR 码、手机支付、"一卡通"等。在文博领域的文物监管与保护中，敦煌莫高窟、秦始皇陵博物院也都在开展物联网的应用示范。根据文物的分布状态，安装多个传感器，其中包括温湿度、二氧化碳、崖体裂缝等多类型传感器；通过数据采集、实时监测等设备，将数据传送至数据库；并将分析结果实时传递给相关管理部门，使其采取保护措施。我国拥有 4000 多家博物馆，运用物联网技术对文物预防性保护、数字化保护均有实际意义。要依照物联网在传播形态中的作用，使物体作为媒介进入信息传播之中。物物相连的技术在思想层面让物体具备了自主性，成为传播的主体，从文化传播属性的层面来说，物体的媒介价值在新的时代价值之中得到提升。相比互联网来说，物联网是把人与万物互联的媒介技术，是拓展"人的延伸"理论的新型表现。物联网的出现将对整个社会信息传播产生新的影响。在物联网的传播过程中，有以下几个要素是不可或缺的，即用户、交互设备、知化（赋予对象认知的能力）的设备（知化的设备可以与交互设备为同一设备）、可以量化的目标以及整合化的计算机网络（黄炳蔚，2019）。客观世界中的物体拥有了主动表达的能力，越来越多的物体（信息）构建着新的传播体系。传感器作为物联网的核心技术之一，在数字时代不断发展，加之智能设备的不断优化，出现了很多可穿戴设备。这些设备共同作用以及媒介融合的趋势之下，呈现出许多新的数字文化现象。物联网根据用户需求、介质终端的相关特性，精准地投放信息，以超乎想象的智能方式影响着人们的生活方式、信息的接受方式。

物联网将个体的联结扩大到了整个物质世界的范围，极大地拓展了媒介形态与产业边界，塑造出传媒业巨型生态系统（郭全中，2019）。被物化的文化形态在数字世界中不断地被链接，产生新的传播生态。纵观整个数字文化产业链条，无论是内容的生产端，还是文化的服务端，均被赋予了新的意义。当前，数字文化产业在探索数字技术在文化领域中的应用，呈现出一场个体到社会的变革，新的数字化场景应运而生。各种各样的数字文化形态依靠前沿技术，为数字文化消费提供了优质的数字内容、构建了新颖的消费范式、提升了传统的文化生态。在沉浸式、智能化、共享型的互联网生态中，物联网技术对于万物互联时代的贡献不只是提供了强大的技术支撑，还提供了高效统一的连接语言，机器人之间、物与物之间通过数字代码交流就能轻易地实现信息编码与解码的一致性（李华君和王凯悦，2022）。这种一致性为文化传播提供了高度的准确性。作为数字文化的生产者，物联网运用文化的象征、想象、隐喻等手段，构建了空间文化表征意义的过程，是文化消费得以长足发展的核心动能（齐骥和陈思，2022）。总的来说，物联网技术以增强用户体验、提高安全保障、提高效率等作用，重新定义我们的生活方式、消费方式，以及我们和世界的关系。

互联网的发展是一部"连接"的演进史（沈鲁和乔羽，2023）。在数字文化传播的过程中，我们拥有太多的智能化设备、沉浸式体验、虚拟再现，这些物与物的连接、人与物的连接，以及信息的传递已经为我们揭开了万物互联的时代扉页。物联网在数字文化传播过程中以高度的开放性、兼容性网罗了这些信息，并不断提高这些信息的黏性，不断打破数字文化传播的边界。这些数字文化平台突破用户量的制约条件，仅一个身份就可以登录其他任意平台。大众在数字文化的体验过程中、在数字文化平台的切换过程中，拥有很强的自由度。

在数字文化的大背景下,一方面,大众更加便捷地体验了数字文化;另一方面,物联网的技术也打破了平台壁垒,让大众拥有了更好的文化体验之感。众多的数字平台也为构筑数字文化世界增添了更多的可能性,并以个性化的体验加速形成。

物联网的不断发展使我们获取信息变得更加便捷,大众可以在手机、便携设备、可穿戴设备、智能设备中体验数字文化的多元性、多样性。伴随着互联网与物联网、硬件与软件的不断进步,数字文化在内容生产、传播途径方面均会有很大的发展空间,以满足大众对未来物联网的需求。万物互联的时代,数字技术为文化传播提供了新的蓝图,它的发展深刻地影响着人们的生活方式和文化传播模式。坚持创造性转化和创新性发展,深入挖掘传统文化符号、聚焦数字文化动向,整合资源将数字文化推向新的高度,更好地惠及全民。切实处理好传统文化与数字文化、平台与内容、平台与平台、生产与传播之间的关系,更好地连接好信息与信息通道,充分发挥数字技术矩阵,在文化创新场景应用、文化传播力、文化感染力等方面给大众不一样的体验,为未来数字文化发展找准方向。

(三)区块链

狭义区块链是按照时间顺序,将数据区块以顺序相连的方式组合成链式数据结构,并以密码学的方式保证不可篡改和不可伪造的分布式账本。广义区块链是利用块链式数据结构验证与存储数据,利用分布式节点共识算法生成和更新数据,利用密码学的方式保证数据传输和访问的安全,利用由自动化脚本代码组成的智能合约,编程和操作数据的全新的分布式基础架构与计算范式。简单来说,区块链就是一个又一个区块组成的链条。每一个区块中保存了一定的信息,它们按照各自产生的时间顺序连接成链条。这个链条被保存在所有的服务器中,只要整个系统中有一台服务器可以工作,整条区块链就是安全的。这些服务器在区块链系统中被称为节点,它们为整个区块链系统提供存储空间和算力支持。如果要修改区块链中的信息,必须征得半数以上节点的同意并修改所有节点中的信息,而这些节点通常掌握在不同的主体手中,因此篡改区块链中的信息是一件极其困难的事。

相比于传统的网络,区块链技术具有以下特征:①去中心化,区块链技术不依赖额外的第三方管理机构或硬件设施,没有中心管制,除了自成一体的区块链本身,通过分布式核算和存储,各个节点实现了信息自我验证、传递和管理。去中心化是区块链技术最突出、最本质的特征。②开放性，区块链技术的基础是开源的，除了交易各方的私有信息被加密外，区块链的数据对所有人开放，任何人都可以通过公开的接口查询区块链的数据和相关开发应用。因此，整个系统信息具备高度透明。③独立性，基于协商一致的规范和协议（类似比特币采用的哈希算法等各种数学算法），整个区块链系统不依赖第三方，所有节点能够在系统内自动安全地验证、交换数据，不需要任何人为的干预。④安全性，只要不能掌控全部数据节点的51%，就无法肆意操控修改网络数据，这使区块链本身变得相对安全，避免了主观人为的数据变更。⑤匿名性，除非有法律规范要求，从技术上来讲，各区块节点的身份信息不需要公开或验证，信息传递可以匿名进行。

数字文化产业是数字经济的重要组成部分，区块链技术的不断成熟为其发展提供了诸多保障。尤其在数字文化健康向好的发展方面，区块链技术有着强大的技术支撑。去中心化、分布式共识机制、时间戳、智能合约及 Token 凭证等技术特性，对重塑产业生态乃至社会组织运行模式产生了颠覆式的影响（张立波，2021）。目前，我国数字文化产业发展迅猛，数字文化的创作主体也由相关文化机构转向大众，这一转变对整个数字文化产业产生了不可估量的作用。一是丰富了文化的创作主体，丰富了文化的样式，呈现出高参与度、多元化的发展势头。二是促进了文化多元性，但导致了文化创作的复杂化。抄袭和照搬层出不穷，严重地影响了数字文化产业的健康发展，作为大众参与的数字文化内容发展滞后、质量不高。区块链技术为内容生产机制增添了新动力。利用区块链的去中心化模式，数字文化内容生产有望形成价值共创新生态。破除传统平台垄断的集中式内容生产模式，区块链将用户集中在链上，让用户共同生产和创造内容（臧志彭和胡译文，2021）。区块链技术可以有效提高数字文化内容的监管功能，引导数字文化向好发展。

区块链分布式技术可以让大众共同参与数字文化建设，传统的数字文化平台对于内容生产具有相当的控制权，大众很难参与其中，这是一种典型的被动式接受过程。所谓分布式就是指数据和程序可以不位于一个服务器上，而是分散到多个服务器，以网络上分散分布的地理信息数据及受其影响的数据库操作为研究对象的一种理论计算模型。分布式有利于任务在整个计算机系统上进行分配与优化，克服了传统集中式系统会导致中心主机资源紧张与响应瓶颈的缺陷，解决了网络 GIS 中存在的数据异构、数据共享、运算复杂等问题。就数字文化领域来说，区块链分布式技术主要呈现出在游戏平台、音乐平台、影视新媒体平台中构建以用户为中心的新型内容生产模式。区块链技术可以将每个节点上的创作者作品连接起来，以去中心化的方式共同完成内容生产。相关用户也可以购买数字文化作品的部分版权，对作品进行二次创作，以协同方式共同参与数字文化建设。同时，区块链技术中的可溯源性也保障了创作者和用户可以得到相应的收益。

去中心化、分布式计算等技术手段让参与者共同参与到内容的审查机制中，可以充分发挥同行评审的作用。参与者和同行评审共同参与数字文化建设，有助于数字文化产业生态健康向上发展，协同推进数字文化高质量发展。区块链技术中的开放性保障了内容生产、同行评审、共创等环节的公平性。区块链技术中的分布式计算、透明自治、可溯源性和不可更改性有效地保障了数字文化生产过程中的生态环境，为众筹生产模式、数字确权等提供了诸多可能和有力的证据，促使资源利用、资源配置更为有效。

区块链技术让数字文化艺术作品更具真实性，使其方便交易，因此国外产生了具有唯一性、确权性、不可分割性特点的非同质化通证。此项技术为数字艺术市场的蓬勃发展提供了技术支持，NFT 被看作数字内容创新应用的案例。目前，我国部分博物馆也相继推出了相关文化产品——数字藏品。数字藏品品类丰富，囊括了数字图片、音乐、视频、3D 模型、电子票证、数字纪念品等多种形式。数字藏品对于盘活传统文化资源、传承传统文化有着天然的优势，数字藏品对于年轻群体有亲和力，年轻人更愿意接受。数字藏品作为新型的商品，在继承传统的同时，又产生了经济价值，大众也会不断加深对传统文化的认知。区块链技术在数字藏品的安全性上也具备相应的保障体系。区块链技术让这些数字藏品、数字资产具备线性链的特征，保障了数字藏品无法被复制、无法被删除，这些资产的销毁与转移只能经过藏品持有者的同意才能被执行。这一系列的设计保障了数字藏品的开发者与持有者的资产安全。我国出现了鲸探 APP，针对文博行业推出了一系列数字藏品，秉持低价优惠的方式传播传统文化，如敦煌飞天和九色鹿、丰子恺漫画、越王宝剑、宫廷瑞兽·龙等数字藏品。阿里影业潮玩业务品牌锦鲤拿趣联合追光动画推出数字藏品《白蛇 2：青蛇劫起》，其成为区块链技术下的国内第一部电影数字藏品。阿里文娱根据刘慈欣的小说《流浪地球》，联合国内 6 位艺术家，推出的 6 款数字藏品均是异常火爆。上海交响乐团发行了第一款 NFT 藏品——一段 2 分 21 秒的音频，源自中国最早的交响乐唱片，定价 19.9 元，限量发行一万份。

数字藏品的发展对于繁荣文化市场具有深远的意义。一是符合国家的法规政策，合乎规矩可控制，是一种新型可确权、可追溯的文化消费，降低了作品确权和侵权调查的社会成本；二是中国相关企业在自主研发方面有技术保障；三是用户规模及群体方面有相当可观的基数优势、文化认同优势；四是多方合作共赢，让传统文化的保护、数字文化传播更加高效；五是低碳环保，数字藏品能耗不到供应链 NFT 的 1%，真正做到低碳环保。数字藏品和"元宇宙"都运行在区块链上，数字藏品作为价值流通的凭证，拥有可编程的无限可能，也被称为"进入元宇宙的钥匙"。在保障文化安全和社会效益的前提下，探索推广"数字藏品"业务，繁荣数字文化消费新业态，大兴国潮经济，融入并带动文创设计、旅游休闲等相关业态的数字化转型与智慧化发展（魏鹏举等，2022）。切实利用好区块链技术赋能数字文化产业的相关价值链，构建数字信任机制、重构数字文化生态、盘活数字文化，应当是未来数字文化发展的新方向。

（四）云计算

云计算这一理念和概念起源很早，早在 20 世纪 80 年代就有日本太阳微系统（Sun Microsystems）公司提出"网络是电脑"的思想，用于描述分布式计算技术带来的新世界，今天的云计算正在将这一理念变成现实。云计算是分布式计算的一种，指的是通过网络"云"将巨大的数据计算处理程序分解成无数个小程序，然后通过多部服务器组成的系统处理和分析这些小程序得到结果并返回给用户，它基于互联网的相关服务的增加、使用和交互模式，通过互联网来提供动态易扩展，且经常是虚拟化的资源。美国国家标准与技术研究院（National Institute of Standards and Technology，NIST）对云计算的定义如下：云计算是一种按使用量付费的模式，这种模式提供可用的、便捷的、按需的网络访问，进入可配置的计算资源（资源包括网络、服务器、存储、应用软件、服务）共享池，这些资源能够被快速提供，只需投入很少的管理工作，或与服务供应商进行很少的交互。云计算平台作为基础服务平台，向下对接硬件基础设施和数据中心机房等，向上承接大数据、AI、公司业务系统、办公系统等。云计算平台虚拟化基础设施硬件，形成计算资源池、存储资源池、网络资源池和安全资源池，以资源池的形式为上层系统提供服务载体。云计算是传统数据分析（数据挖掘、统计分析、机器学习、智能算法）的升级，也是虚拟化技术、分布式计算、海量数据存储与管理技术的融合发展（葛文双等，2020）。

从系统的组成架构方面来看，其构成关键从物理底层到应用数据的参与因素有 3 个部分：①基础设施，底层物理设备包括机房、网络、存储、物理机以及操作系统等。②操作平台，系统运行时的中间件、中间设备等。③软件和数据，应用代码包和数据等内容。

从部署模型来看，云计算分为私有云、公有云、专有云以及混合云四种模式。私有云即企业内部实施部署、管理和运营的云服务，仅供企业内部各业务部门或是各个分子公司使用，具备云的基本属性；公有云为大型互联网数据中心（Internet data center，IDC）厂商或云服务商承建和运营的云服务，企业作为用户或是租户，不需要本地实施建设，仅租用其资源或服务；专有云多具备行业属性，是对某一行业进行业务系统沉淀、抽取共通，进而建设的一种主要服务于某行业的公有云服务；混合云融合了公有云和私有云，突破了私有云的硬件限制，利用公有云的可扩展性，可以随时获取更高的计算能力。企业通过把非机密功能移动到公有云区域，可以降低对内部私有云的压力和需求。这是近年来云计算的主要模式和发展方向。

云计算技术体系包括 IaaS、SaaS、PaaS 三层架构，算力更普惠。党的二十大报告提出加快发展数字经济，促进数字经济和实体经济深度融合，打造具有国际竞争力的数字产业集群。数字化转型和产业升级是大势所趋，云计算作为数字经济的基石，有望依托政策拐点，迎来新的发展机遇。

云计算拥有强大的磁盘空间和运算能力，对数字文化产业的发展起到巨大的推动作用。数字文化产业自身的数字化特征需要相应的软硬件设施。数字文化产业的数字化管理、数字化建设都离不开云计算技术。数字文化产业中的相关业态都需要对海量信息进行管理、配置、存储。依托云计算数据存储，可以提高数据的可用性、可靠性、可扩展性。云计算依托其强大的算力能力，对相关数据的整合与处理能力能够满足终端用户的多元需求。数字文化产业类目众多，形制多样，数据多呈现出量级的增长，云存储凭借其强大的数据配置能力，为海量信息的存储提供了保障。数字文化产业中的视频信息在转码、解码的过程中往往需要空间域和视频域的快速转换。云计算以开源的框架，创建多个并发子任务，实现了相关信息的高速运行。

根据云计算相关功能划分，在平台项目运行管理的主要是 OpenStack，它由美国国家航空航天局（National Aeronautics and Space Administration，NASA）和托管服务器及云计算提供商 Rackspace 合作研发并发起的，以 Apache 许可证授权的自由软件和开放源代码项目。OpenStack 支持几乎所有类型的云环境，目标是提供实施简单、可大规模扩展、标准统一的云计算管理平台。根据商业用途来分，云计算多是由主流公司发起的，它们也在开发云服务相关应用。如谷歌的 Google

App Engine、国际商业机器公司的 RC2 的弹性计算云 EC2、微软的 Azure，以及国内的华为云、阿里云、百度云、腾讯云等，在各自的业务中均对数字文化产业有一定提升。它们对于数字文化产业的管理，以及推动数字文化产业高质量发展，均起到了举足轻重的作用，为数字文化产业的高质量发展奠定了基础。

云游戏是以云计算为基础的游戏形式，追溯云游戏的本质，应当是云计算的重新分布。在云游戏的运行状态下，所有游戏都在服务器端运行，并将渲染完毕后的游戏画面压缩后通过网络传送给用户。在客户端，用户的游戏设备不需要任何高端处理器和显卡，只需要基本的视频解压能力就可以了。通过这种方式，共享的软硬件资源和信息可以按需提供给计算机和其他设备。与传统游戏模式相比，云游戏在很大程度上能减少玩家玩游戏的设备成本。对于许多需要长期更新的高品质游戏而言，云游戏也能减少游戏商发行与更新维护游戏的成本。根据中国信息通信研究院与 IDC 共同发布的《全球云游戏产业深度观察及趋势研判研究报告（2023 年）》，云游戏市场份额的持续增长主要是由于：①技术升级带动云游戏体验进一步增强，从而促使用户黏性和付费意愿双增长；②云微端技术和商业模式取得了突破性进展；③云游戏的分发和试玩提高了游戏的获客效率。云游戏的价值逐步向多维度渗透，VR、AR、数智竞技等云游戏相关的技术在体育、文化、文旅、文博等领域得到了广泛应用，打造了越来越丰富的泛娱乐场景。

云盘是一种专业的互联网存储工具，是互联网云技术的产物，通过互联网为企业和个人提供信息的储存、读取、下载等服务，具有安全稳定、海量存储的特点。

云计算技术使数字文化产业不断提升运算效率和用户体验，广泛运用于数字文化产业之中。数字文化产业在发展的过程中，需要不断提高数据存储能力、数据处理能力、数据个性化配置。云计算技术可以将物理资源映射到虚拟资源，虚拟资源的使用相互独立，从而使计算机可以在云计算的支持下实现多个独立操作系统独立运行，最终实现服务器层面的资源共享（李懿，2022）。云计算技术为其提供了优质、安全的服务体验。

（五）XR

XR 技术包含 VR 技术、AR 技术、MR 技术，指利用硬件设备结合多种技术手段，将虚拟的内容和真实的场景融合。相比于二维平面显示，XR 技术需要在一帧之内生成立体图景，即分面渲染。这一功能通常需要较为庞大的运算量和数据量，同时需要计算光照的漫反射折射等影响物体表面颜色的因素，因此越接近现实的虚拟现实表达对网络通信及数据处理能力的要求越高。

VR 技术是多种高科技的综合体，其将视觉感知技术、画面立体技术、IT 技术等综合运用在一起，打造出一个具有极强交互性的三维立体模拟空间（郑志忱，2021），可广泛应用于城市规划、室内设计、工业仿真、古迹复原、教育培训等众多领域，人们足不出户就能看到远方的景色或是文字中描写的形象，在还原现实世界和创造新的虚拟世界方面有着广泛的应用。在利用 VR 技术构建的三维空间中，用户获得较为拟真的体验感，这种身临其境且完全融入的真实感受使用户获得较好的沉浸感。基于以上沉浸感，用户将产生对 VR 空间更深度的认知和情感体验，促使自己做出相应动作及反应，回应或感受虚拟世界。为了构建 VR 中的虚拟世界，需要较为专业的图形处理识别（显卡 GPU），因而需要明确规定 VR 世界的显示范围和显示精度以降低对运算资源的消耗达到期望中的运行速度，这就要求在拟真和运行效率之间做出取舍。当虚拟世界中有物体需要做实时运动或更换时，用户端将从服务端获取数据，这便要求更高的数据传输速度以及更低的延迟，5G 的出现和发展完美地满足了 VR 技术的这一需求。

AR 是一种实时计算摄影机影像的位置及角度并加上相应图像的技术，是一种将真实世界信息和虚拟世界信息"无缝"集成的新技术，这种技术的目标是在屏幕上把虚拟世界套在现实世界并进行互动。

AR 系统具有三个突出的特点：①真实世界与虚拟世界的信息集成；②具有实时交互性；③是在三维尺度空间中增添定位虚拟物体。目前，AR 技术已经在零售、营销、医疗、文旅等行业实现了初步应用，例如：将企业产品手册、名片与简单 AR 配合使用，能够有效增强互动性；在服装零售行业，可以通过 AR 技术进行虚拟试穿试戴；室内 AR 导航可以更加生动、明晰地带领用户去往想去的目的地；医生和病人可以通过 AR 在 3D 屏幕上进行绘画和注释，来交流一些语言描述不准确的病情和处置方法；等等。

AR 技术在创造虚拟物品时一并捕捉现实世界环境的特点，使其在安全性方面相较于 VR 有所提升，但仍需注意的是 AR 生成的虚拟物品会叠加在现实环境中传入人眼，一些现实中的危险状况可能会被 AR 生成物遮挡。但相比于具有较高资源消耗的 VR，AR 设备或应用只是在显示世界中增加一些虚拟物件，相当于打开相机后仅仅增加少量运算量，所以 AR 的资源消耗不高，极适用于轻量级的设备如手机、电子眼镜等的搭载应用。目前，AR 技术的运用正逐渐摆脱随身设备的束缚，丰富艺术呈现的传播形态，将原有的物理空间扩展到任意一个终端设备当中，实现一些原本在现实世界中对原有物造成破坏性损伤的操作。在这个过程中，AR 一是将实体展览简单地搬运到网络中，二是借助穿戴设备实现馆内空间的延伸，但过程中依然要求受众在艺术欣赏中的在场性。

MR 是 AR 的进一步发展，其通过在现实场景呈现虚拟场景信息，在现实世界、虚拟世界和用户之间搭起一个交互反馈的信息回路，以增强用户体验的真实感，具有虚拟和现实结合、在虚拟的三维注册以及实时运行等特点。它将虚拟世界和真实世界合成一个无缝衔接的虚实融合世界，其中的物理实体和数字对象满足真实的三维投影关系，在 MR 中，用户难以分辨真实世界与虚拟世界的边界。

该技术需要在一个能与现实世界各事物相互交互的环境中实现，结合了 AR 和 VR 的优势，能够更好地将 AR 技术体现出来。MR 技术完全突破了场地限制，有别于传统的虚拟技术需要在专业摄影棚或者虚拟演播室里进行，其可以在有可见光的物理环境下直接使用，而且不需要对物理环境进行改变，将会成为元宇宙的重要入口，为人们带来虚实结合的显性体验及更加自然的交互方式。

XR 技术主要依托于美术中二维空间立体呈现的"透视"理论，使得计算机可以用较少的资源快速构建出一个与三维空间近乎没有差别的虚拟物品，达到"以假乱真"的目的。XR 的沉浸和交互两大特性使其在数字文化传播领域大放异彩。用户依托 XR 技术沉浸式感受文化氛围，并在感受过程中与环境交互加深联系，将陈词滥调的说教转换为自身的真实经历和体验，让用户对该文化产生极为深刻的印象，从而达到文化传播的目的。

XR 技术的应用有着庞大的市场前景和开发潜力。在博物馆的文化传播与受众拓展方面，从实体文创到数字藏品，现实的关系逐渐从纯线上虚拟化向虚拟与现实交互的状态演变，全新的形态带给人们耳目一新的文化体验。以敦煌博物馆为例，敦煌研究院 2016 年正式上线"数字敦煌"，2021 年小程序上推出"点亮莫高窟"功能，2020 年 2 月，敦煌研究院与人民日报新媒体、腾讯联合推出了"云游敦煌"小程序，2021 年 9 月，敦煌研究院与腾讯联合发布了文博行业首个公益数字藏品。在"谷歌艺术与文化"（Google Arts & Culture）平台，40 多家日本博物馆上线了基于谷歌街景技术的虚拟展览，供用户免费在线观看。这些博物馆与谷歌艺术与文化合作，利用谷歌街景技术对展厅内部进行图像采集和无缝缝合，并连接到博物馆的平面图。用户界面允许访问者通过谷歌街景虚拟"走过"展厅，并能通过显微镜视图放大展品图像，获得比肉眼可见更多的细节。长春水文化生态园"净水虚拟展"引入了计算机场景建模与数字处理技术，细致地采集了净水治安派出所、第一净水车间两座工业景观建筑及周边环境的全景高精度三维图像，观众戴上 VR 眼镜立于屏幕前，便可 360° 全方位沉浸体验。南京科举博物馆推出了 MR 博物馆智能讲解服务，游客只要佩戴上 MR 智能讲解设备，就可以在虚拟讲解员"小状元"的带领下，进行一次穿越古今的"考试文化"之旅。中共三大后中央局机关历史纪念馆通过设置"密室逃脱"的方式，让观者浸入式体验地下工作的残酷和艰辛。浙江世纪华通集团股份有限公司参与制作了坐落于上海复兴中路 118 号的"复兴·颂"红色文化体验空间，以"复兴·颂"为载体，该公司运用"AR 元宇宙"为入口，已经先后开发完成"上海特色经典步道 AR 导览系统""演艺大世界 AR 导览系统"等虚实结合的新应用。此类应用显现出了 XR 技术与红色文化融合的优势。

（六）AI

AI 是通过研究人类智能活动的规律，构造出的具有一定智能的人工系统，研究如何让计算机去完成以往需要人的智力才能胜任的工作，也就是研究如何应用计算机的软硬件来模拟人类某些智能行为的基本理论、方法和技术。

在产业应用中，AI 往往是指机器学习里面的神经网络和深度学习。机器学习的核心是"使用算法解析海量数据，从中学习，然后对新数据做出决定或预测"。深度学习是目前关注度很高的一类算法，是机器学习的一个分支，其中的深度（多层）架构用于映射输入或观测特征与输出之间的联系。这种深度架构使得深度学习特别适合处理含有大量变量的问题，同时可以把深度学习生成的特征当作学习算法整体的一部分，而不是把特征生成当作一个单独的步骤。现已证明，深度学习在图像识别（包括笔迹以及图片或者物体的识别）和自然语言处理（如语音识别）领域非常有效。

AI 使得分类型处理的多媒体数据转向跨媒体的认知、学习、推理。自然语言处理致力于令 AI 习得"遣词造句""情感分析"的能力，输入一般为文本。情感分析和图像识别一样，会提前输入标注好的句子以及它们所属的情感让计算机将人们这么标记的原因转换为函数或公式，寻找人们自己都注意不到的标注内部逻辑。当遇到新的语句时，计算机会根据这些逻辑（公式）来自行判断语句中所包含的情感。相对于"情感分析"的理解功能，"遣词造句"的创造功能对于计算机来说难度更高。首先计算机需要通过例句的学习学得该语种的语法、句式，然后再通过不断阅读扩充自己的备选词库，最后在特定的语境下利用备选词库中的词语完成特定的表达。生成式 AI ChatGPT 系列即是大语言模型下的自然语言处理方向的 AI，它能够学习人类在互联网中给出的相应问题答案，并以指定好的回答结构进行输出。

AI 在文化产业中的应用主要可以概括为两个方面：在数字文化内容生产环节，AI 技术的类智性、人工性、交互性与文化内容的创造性、文化性、审美性息息相关；卷积神经网络与循环神经网络的开源让图像、视频、文学、音乐等文化产品的制作程序更加方便，AI 可以参与到艺术创作的过程中，协助创作者实现创意和完成作品。英国艺术委员会在《试验的文化》报告中强调，AI 已经成为创意工作包的一部分，AI 和机器学习的加速进步为艺术家、表演者利用 AI 创作新作品提供了机会。从具体的文化艺术领域来看，AI 赋能的内容生产已经日渐成为文化产业创新的常态。在绘画领域，法国艺术团体 Obvious 将 AI 技术与肖像画、日本浮世绘、非洲面具等传统文化相结合，创作出全新的绘画作品，并将其投入艺术拍卖市场中（解学芳和何鸿飞，2022）；继壁纸类绘画 AI 工具"Stability"、人像类绘画 AI "Lucidpic"、创意类绘画 AI 工具"Fy！Studio"之后，"Midjourney"更是让 AI 绘画破圈，成为人人都熟知的 AI 生成类插画工具，用户只需要输入描述性内容，就可以得到 AI 快速生成的插画或者真实图像。在音乐领域，谷歌基于深度神经网络系统的机器学习算法研发出了"NSynth Super"音乐合成器，能够从四种不同的源声音中生成全新的声音，帮助音乐家创作兼具多种音色的作品。在文学领域，美国 Botnik Studios 开发了具有预测式写作能力的 AI 算法，创作出了《哈利·波特》（*Harry Potter*）系列小说的续集，美国麻省理工学院媒体实验室制作的 AI 机器人"Shelley"则在推特上与用户协同撰写恐怖故事。在新闻写作领域，得益于 5G 和 AI 的共同推动，AI 采编利用新闻机器人对相应的数据信息进行高效抓取并自动生成新闻文本，呈现精准化、即时性、规模化特征，而且在一定程度上保证了新闻的中立性、准确性、真实性。目前，新闻机器人如洛杉矶时报的 Quakebot、卫报的 Reporter Mate，国内新华社的快笔小新、腾讯的 Dream writer 等，在主流的天气、财经、体育类新闻采编中得到了广泛运用，并日渐成为主流媒体发展趋势的引领者；与此同时，AI 主播与算法新闻等智媒体形式在传媒生产领域也得到了有效应用，AI 主播是利用 AI 技术，在人脸识别与重构、唇语识别、情感迁移等方面对真人主播进行建模学习而生成的一种替代性角色创造，AI 主播已广泛运用于各种新闻报道中。不仅如此，AI 算法还可以进行综合艺术的创作，国际商业机器公司基于 AI 的计算系统 Waston 创作了全球第一部由 AI 技术剪辑而成的预告片，该系统接受了 100 多部恐怖电影的训练，学习了规范的电影创作模式。

在文化产品的分发环节，AI 技术成为企业进行受众研究和产品分销的重要工具，增强了文化产品精准营销和个性化分发的能力。大数据和 AI 让企业可以根据不同的场景和用户偏好进行个性化内容定制分发，对可用媒体资源进行更好的管理。传媒、影视平台、音乐平台、游戏等领域的数字文化公司都在 AI 实验室（AI Lab）上投入良多，研究领域包括自然语言处理、计算机视觉、机器学习、数据挖掘、计算机图形与 AR、系统与网络、安全与隐私、语音与音频等，致力于通过 AI 算法绘制用户图谱，了解用户的习惯偏好，让真正的 AI 应用落地发挥数据优势智能辅助一站式投放。近年异军突起的字节跳动正是基于 600T+ 的海量用户群体画像，对不同地区、不同种族、不同文化信仰的用户行为特征进行动态分析、深度建模，积累了丰富的定向体系，帮助准确识别目标人群，才得以在互联网红海市场中抢占先机。

（七）数字孪生

数字孪生是充分利用物理模型、传感器更新、运行历史等数据，集成多学科、多物理量、多尺度、多概率的仿真过程，在虚拟空间中完成映射，从而反映相对应的实体装备的全生命周期过程。以数字化方式创建物理实体的虚拟模型，借助数据模拟物理实体在现实环境中的行为，通过虚实交互反馈、数据融合分析、决策迭代优化等手段，为物理实体增加或扩展新的能力（陶飞等，2018）。数字孪生是一种超越现实的概念，可以被视为一个或多个重要的、彼此依赖的装备系统的数字映射系统。

物理模型是保证虚拟空间到现实空间精确映射的首要前提。在微观方面具备理学理论基础的模型较为准确，如有限元模拟、第一性原理模拟等。前者模拟物体在空间载荷下的受力反应，并较为精确地给出受力分析；后者主要模拟原子与分子间的作用力，并根据不同模式预测其平衡分布、电荷分布等。有限元分析的计算量完全取决于用户要求的精细程度，这一程度将最终确定有限元分析中"有限"的个数及数量级，而"有限"的个数越多，需要的计算量就越大。基于这些从理论上被证明正确或与现实世界仅有微小误差的模型，通过大量运算甚至可以粗略地预测未来。传感器更新是建立虚拟空间与现实空间的手段。不同的传感器可以传递不同类型的数字信号，例如，压敏传感器传递压电信号，光敏传感器传递光伏信号，温湿度传感器传递温湿度信号，等等。运行历史是计算机进行运算总结归纳的已有大数据库。通过对运行历史的机器学习，计算机可能会发现一些人类暂未发现的规律或偏好，在人类输入理论框架（公式）的基础上更好地帮助人类进行模拟和预测。

数字孪生技术主要具有现实世界的可视性、基础传感器的连接性、智能分析能力以及高精度还原能力等功能,对真实世界进行大规模、累积、实时数据的组合实现虚拟空间中的物理实体镜像。数字孪生技术目前在智能制造、智慧城市、船舶、电力等众多领域都有着广泛的应用,且前景广阔;在数字文化领域则主要应用于文化遗产领域(刘欢,2023)。数字孪生技术的应用主要体现在以下几个方面。

1. 数字孪生数据建设

数字孪生数据建设是多元化数据构建的基础,在数据采集方面,采用三维激光扫描、近景摄影测量、影像拍摄、虚拟建模等多种方法,采集博物馆各对象的空间、纹理等几何数据,采用资料、信息收集、现状勘测等方法,采集对象的属性等非几何信息;在数据加工管理方面,从时域、频域及时频域等方面进行不同时间和空间维度的特征提取,发掘物理实体的状态特征和数据关联关系,从模型组装、模型融合、模型验证、模型更新各方面,建立动态映射模型。2022年"5·18国际博物馆日",江苏省文化和旅游厅、省文物局在官网上开辟了"云上博物——江苏省博物馆数字展览空间",集中展示全省近百个精品云展览项目,让藏身于博物馆的文物活起来,更好地传播中华传统文化和江苏地域文明。

2. 虚拟复原数据建设

文物的历史、现状数据复原是多元化数据构建的一部分,通过考古、文献分析、计算机辅助等技术对文物的形制、材料、颜色等进行虚拟复原,以深度学习为代表的计算机辅助技术为虚拟复原带来了革命性改变。在虚拟复原数据构建中,可基于三维扫描、摄影测量等方法对获得的数据进行测量复原,可通过与相同、相似的结构、构件相比较进行类比复原,可通过文献资料、考古数据等采用现状趋势法和历史信息法进行推测复原,将人工数据构建复原与AI智能数据构建复原相结合,进行文物现状与历史状态复原。色彩复原是对彩色照片灰度处理,将彩色和灰度照片进行深度学习网络训练;缺损复原将原图像和加掩膜图像进行编码、特征提取、映射关系寻找的深度学习。浙江大学文化遗产研究院与云冈石窟研究院联合对云冈石窟第十二窟进行高保真三维数字化数据采集,采用融合三维激光扫描与摄影测量的方案,对十二窟进行三维激光扫描,拍摄55 680张照片,历时3个月构建三维模型,通过深度学习复原,在上海宝龙美术馆完成国内首个1∶1可拆卸3D打印数字化石窟展览。

3. 多维、多层级信息映射模型建设

数字孪生模型的信息维度、层级需求包括孪生模型构建的深度学习需求和基于文物价值链的博物馆管理、教育、研究和旅游等场景应用需求,数字孪生模型维度包括几何-非几何-行为-规则,数字孪生模型层级包括整体-区域-院落-单体建筑-部件-构件,附属文物的组-件-部件-抱件,位置、姿态及关联本体,环境与设施的空间环境,基础设施,服务设施,管理与研究设施等。多维、多层级模型建设从几何-非几何-行为-规则等方面建立数字孪生模型构建维度,从大型综合性博物馆建筑整体-区域-院落-单体建筑-部件-构件、附属文物的组-件-部件构件、环境与设施的物理系统实际特点出发,建立面向不同应用方向的存档级、研究级、应用级、展示级等多层级模型。敦煌博物院的数字敦煌、中国文化遗产研究院的布达拉宫数字模型和可视化管理系统、故宫博物院的数字多宝阁等,都通过高精度测绘、GIS、计算机科学与网络等技术实现数字化建模的全新方式的文化展示。

4. 价值挖掘呈现

数字孪生数据最终将服务于博物馆的保护、管理、展示等各方面,挖掘文物价值,将文物各方面价值呈现,这是多元化数据建设的重要一环。文物包含历史、艺术、科学等各方面价值:历史价值主要包括政治、军事、经济等社会活动,宗教信仰、风情习俗、家庭等生活活动的时代特点与风貌等;艺术价值主要包括审美、欣赏、娱乐、借鉴以及美术史料等方面;科学价值主要包括科学、技术、知识等方面。通过对文物历史与现状信息的全面搜集与整理、分析与识别、关联与提取等方式,挖掘文物的历史、艺术、科学价值,并将获得的文物价值信息在数字孪生数据构建的加工、组织、存储中进行融合展现,赋予文物时代生命力,延续其作为文化经典的示范意义。清华大学清城睿现数字科技研究院采用数字孪生并结合全息数控影像、联动720度环幕、空间定位声场等数字技术向公众呈现了北京中轴线与城市生活关系,向公众传递了北京中轴线文化遗产价值。

5. 多元化数据融合

对于空间信息,采用GIS技术,在统一的平面、高程坐标系下,将所有数据进行归一化,建立统一基准;对于时间信息,针对工作对象,厘清对象的时序,建立起时间轴,将所有时间基准信息串联于时间线;对于数据信息,对多源异构、多模多态、多维多层级数据,通过汇聚、转换、关联重组、统一存储、应用控制,从而使信息构成关联多态体;最终实现全面的数字孪生博物馆时空信息融合。人民网还借助数字孪生进行了灵境·人民艺术馆的规划,通过多点合作聚焦文化价值，注重作品确权，注重虚实融合，优化数字艺术藏品产业链；通过将数字艺术藏品纳入数字出版审核管理，优化管理模式；成立人民灵境研究院，建立行业智库，为行业发展注入活力。

二、数字媒介技术在文化传播中的作用

数字时代的来临使我们的生产、生活方式发生了巨大的变化。生活的方方面面都在悄然向着数字化转变。我们的社交、学习、信息传播等行为越来越依赖于网络和数字化应用。文化传播也在这场数字化的浪潮中发生了翻天覆地的变化。这些数字化的信息、技术不断地参与和改变着全球文化传播的游戏规则。数字媒体技术是什么呢？数字媒介技术包括数字媒体在生成、处理、存储、传播、管理、安全等领域的技术，将图文声像等元素通过数字线路转译成二进制信号 0 或 1，接收设备再把它呈现出图文声像的技术，整个传输和存储过程都是数字化的形式。伴随着计算机技术的不断进步，数字技术得到了充分的发展。

（一）拓宽文化传播广度

5G、大数据、云计算、类脑计算、AI 等先进技术的介入，以及移动互联网技术的发展，使互联网发展到了新的高度，也为文化传播拓展了广度。面对传统媒体不断向数字媒体的过渡，拓宽文化传播途径，完善文化转化机制势在必行。回顾数字文化传播过程，其大致经过了以下探索过程：文本信息数字化、声音信息数字化、图像色彩数字化、视频信息数字化等。数字媒体技术在信息处理技术上也做了很多探索，比如以二维、三维图像为基础的数字图像处理技术，以音画剪辑合成为基础的音视频处理技术，以社交媒体为基础的 Web 技术等，还有 AI 时代中的 AI 技术，这些都在不断地改写着数字媒介时代文化。数字技术、媒介技术不断赋权日益彰显的"生产技术民主化"，推动了从 PGC 到 UGC 再到 AIGC 的文化生产模式，带来了传播主体规模的空前壮大，更重要的是颠覆了以往由精英发起和主导的文化传播语境，赋予了一般民众在文化传播中的主导作用（李萌和王育济，2023）。加之移动互联网与传统互联网的合力迸发，为文化传播奠定了深厚的技术基础和广大的群众基础。数字技术的发展、传播和应用深刻影响传统的媒介传播生态，成为推动媒介变革的关键技术因子（金青梅和刘琴，2022）。技术领域的创新发展往往会导致社会结构的变化，进而产生一系列生产生活领域的变革。

喻国明（2015）认为互联网不仅仅是一个媒介，更本质的意义就在于它是一种重新构造世界的结构性力量，这是它真正的意义。正是因为这些先进技术的飞速发展，数字技术成为文化传播的强大动力。在这样的数字技术结构中，文化传播相较于广播、电视、报纸等传统媒介呈现出"中心化发散型"的趋势，互联网具备承载海量信息的能力，因此不存在信息不全和信息遗失的问题。相较于传统媒体，互联网时代数字文化传播中的时效性以及传播速度发生了巨大的改变，传播的成本也降低了。在互联网技术的助力下，在如此庞杂的信息传播过程中，数据量从 TB、PB、EB 再到 ZB 的量级转化就可以令人感受到数据量的几何倍增。对海量的数据信息可以深度挖掘、精准服务，不论从哪种角度来说均是有益的。VR、AR、MR 以及智能穿戴设备的发展又为文化传播过程中的受众，提供了更加多元的视角，也给文化传播提供了更加广阔的空间。

（二）挖掘文化传播深度

当人类进入了数字化生存的初级阶段，数字技术与文化传播的关系变得越来越密切。数字技术深刻地影响着人类的生活。互联网发布的新闻、图片、网页或者游戏，探索出人与媒介的新型关系。美国学者尼葛洛庞帝在《数字化生存》一书中认为，数字化生存是人类生存在一个虚拟的数字化空间，在这个空间中，人们运用数字技术从事信息传播、生产工作等，数字技术的发展为数字化生产建构了底层逻辑，同时也强调数字化的推动离不开各个国家的战略推动。数字技术作为一种与世界对话的媒介，有效地扩大了人与世界的互动范围。同时，数字技术也是国家作为社会治理的有效手段之一。但从整体的数字化进程来看，目前数字化的水平还是不够的，主要受限于通信技术、计算机技术以及设备的问题，人们的生活并未完全数字化，也就是数字化的初级阶段。早期的互联网系统由主机、数据库、网络三个部分构成，与之相匹配的是计算机管理系统、存储系统、网络资源管理系统，三个板块之间相互独立，形成了所谓的"烟囱式"结构。这种互联网系统有独立性强、信息不透明、资源共享率低、各部门协调性差等特征。

在互联网技术的探索过程中，出现了以公告板系统（bulletin board system，BBS）、社交网络（social network service，SNS）等形式为主的社交平台。新技术的产生使个体可以在这类平台中传播信息、发表观点，形成相对开放的传播环境。互联网在通信过程中，每一个网络节点都同等重要，为网络的生存提供了技术节点。但因当时的数字化程度不够高，参与社交网络传播的人是相对较少的，传播的局限性也是显著特征。

随着社交平台的不断深耕，其用户量也在不断激增，社交平台在文化传播中占有一席之地，制衡了传统大众传播方式。数字技术的不断提高、互联网环境的不断开放令越来越多的人参与到这场文化的盛宴之中，对文化的传播形成了积极深刻的影响。

（三）优化文化传播效度

在新的文化传播语境中，尤其是以移动互联网技术为核心的互联网技术的飞速发展，使整个传播过程发生了变化。文化在 VR、AR、MR 等多种数字技术和视听感官中被重新构建，为文化传播的效度提供了新的黏性。大众在手机以及其他无线终端，在移动状态、速率较高的移动网络下，随时随地可以获取信息、传播信息。基于此，2009 年国家开始大规模部署 3G 移动通信网络，2014 年部署 4G 通信网络，截至 2023 年 3 月底，中国累计建成 5G 基站超 264 万个，具备千兆网络服务能力的端口数超过 1793 万个，5G 移动电话用户 6.2 亿户，千兆光网用户突破 1 亿户，5G 全面融入 52 个国民经济大类[①]。受众的单向度、被动式传播已经转化成传播与接受的双向互动关系，此时的互联网技术相当于信息传播的桥梁，你来我往，互相传播，相互发展。界面、屏幕成了这一时期传播的主要特征。在这种双向互动的传播过程中，技术在每个界面和屏幕之间都是平等的，瓦解了技术对传播的绝对控制，形成了新的传播关系网络，也为文化传播提供了更为公平和宽容的传播环境。

数字技术的不断迭代为文化传播提供了更高的速率、更多的连接、更低的延时以及更高的安全属性，为文化传播提供了强有力的支撑。未来移动互联网技术的飞速发展，以及 5G 时代的到来，使文化传播过程中的传播速度、稳定性均有大幅度提升，人们可以得到更加优质的服务。智能化的硬件、VR 技术、区块链技术等新兴技术的赋能使得文化传播的应用场景、智能化体验，以及文化传播过程中的安全性、可靠性都是质的飞跃。数字技术以其数字化、智慧化的应用，将不同的社会主体纳入统一的治理网格体系中（江晓军，2023）。正是因为互联网的不断探索，世界与互联网有效地连接在了一起。未来，移动互联网将会发生更多的变化，这些变化不仅为人们带来更多的体验，也会让文化传播更加润物无声。

[①] 张辛欣，王聿昊. 我国累计建成 5G 基站超 264 万个[EB/OL]. (2023-04-20)[2023-07-12]. https://baijiahao.baidu.com/s?id=1763698838010330388&wfr=spider&for=pc.

第二节 数字文化的传播过程

数字文化传播作为一种社会性的信息传播活动，是借助数字信息技术转化、传播文化内容的过程，即利用数字媒体、网络技术、移动通信等多种形式，将文化信息传递给受众。数字文化传播包括生产、传递和接收等多个环节。在生产阶段，数字技术为文化创作者提供了更多的表达方式和创意空间，使得文化产品更加多样化和个性化。在传递阶段，数字技术使得文化信息能够以更快速、更广泛、更便捷的方式传递到全球各地。在接收阶段，数字技术为受众提供了更加个性化的体验，受众可以根据自身需求选择文化产品。

数字文化传播与信息传播紧密相关，二者存在着深刻的内在联系。作为信息传播的一种形式，数字文化传播借助数字技术手段传递、交流文化信息，这不仅是信息传播的一种延伸，更是信息传播的拓展。首先，数字媒体和网络技术的应用使得文化传播的范围和速度得到了极大扩展和提升。其次，数字技术使得文化传播形式更加多元，文化创作者、受众有了更多的表达方式和创意空间。再次，数字技术为受众提供了更加个性化的文化产品选择，受众可根据自身需求选择文化产品，并且可以根据自身喜好进行个性化的定制。最后，数字技术为文化传播提供了更具互动性的平台和工具，使得受众可以与文化创作者互动交流，促进了文化传播的双向互动和共同创造。由此，在数字文化传播中，信息传播模式要素，即信息传播媒介选择、信息源选择、信息编码和解码得到了更加精准的表达和实现。

因此，分析数字文化的传播过程，首先阐述经典的传播模式相关理论，有助于深入理解数字文化传播的本质和规律，揭示数字文化传播中存在的问题和挑战，进而为数字文化传播的发展提供指导和建议。

一、基本传播模式

传播模式是指信息在传播过程中所呈现的特定模式，包括信息源、信息传递途径、信息接收者等因素，并基于已有研究，可将其细分为线性传播模式、互动循环模式、社会系统模式等（张国良，2009）。

（一）线性传播模式

线性传播模式以哈罗德·拉斯韦尔（Harold Lasswell）的"5W模式"为代表

（图 4.1）。拉斯韦尔于 1948 年在《社会传播的结构和功能》（*The Structure and Function of Communication in Society*）一书中完整地提出这一著名模式，针对这 5 个 W 的研究确定了传播学研究的基本范围。

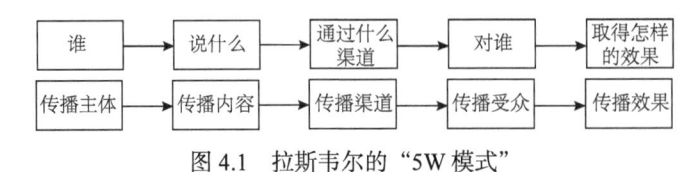

图 4.1　拉斯韦尔的"5W 模式"

5W 即谁（who）——说什么（says what）——通过什么渠道（in which channel）——对谁（to whom）——取得怎样的效果（with what effects）。谁，就是传播主体，在传播过程中担负着信息的收集、加工和传递的任务。传播主体既可以是单个的人，也可以是集体或专门的机构；说什么，是指传播的讯息内容，它是由一组有意义的符号组成的信息组合，符号包括语言符号和非语言符号；通过什么渠道，是信息传递所必须经过的中介或借助的物质载体，可以是诸如信件、电话等人与人之间的媒介，也可以是报纸、广播、电视等大众传播媒介；对谁，就是传播受众，受众是所有受传者如读者、听众、观众等的总称，它是传播的最终对象和目的地；取得怎样的效果，是信息到达受众后在其认知、情感、行为各层面所引起的反应，是检验传播活动是否成功的重要尺度。

（二）互动循环模式

1954 年，奥斯古德·施拉姆（Osgood Schramm）提出了互动循环模式。互动循环模式的基本原理是编码、释码和译码（图 4.2）。编码就是编码者把传播内容符号化（如编成语言、声音、文字或图像等），然后信号化。释码是接受者接收

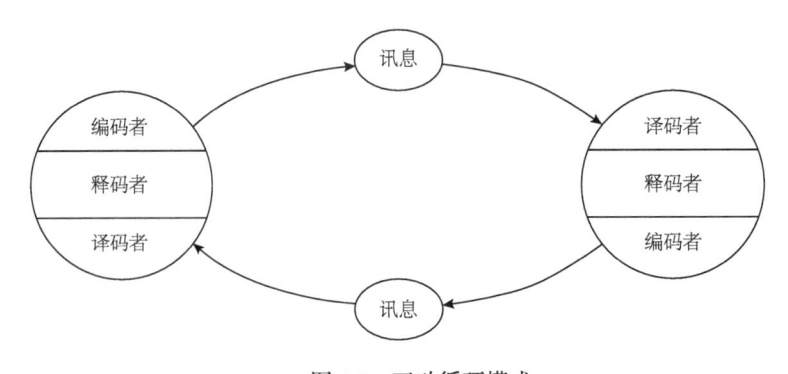

图 4.2　互动循环模式

到这些信号以后，转化为符号，然后再转化为意义和含义，把内容解释成可以理解的意义。释码后，接受者把信息返回给传播者，然后传播者重复译码和释码的过程，再将信息传达出去，又进入一次编码。

（三）社会系统模式

1959 年，美国的赖利夫妇提出了社会系统模式（图 4.3）。此模式跳出了之前的传播模式所基于的微观层面，而从社会传播系统中揭示传播的全貌。赖利夫妇指出，任何一个传播过程都是处于多重系统的共同影响和作用下进行的。微观的、中观的和宏观的系统，每个系统既相对独立，又与其他系统处于相互联系和相互作用之中。每一次传播过程不仅会受到其内部机制的影响，还会受到各种外界环境和因素的影响。

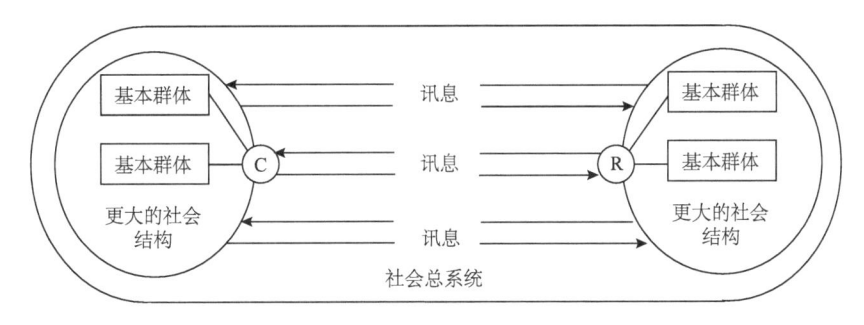

图 4.3 赖利夫妇的社会系统模式

社会系统模式从社会学的宏观角度来研究传播，相较于之前的线性传播模式和互动循环模式的视野更大。受众结构是社会的一部分，各个受众部门和机构都是社会的一部分。传媒结构在一个社会中起到了中介的作用。社会决定传播的制度和传媒的体制，然后这种制度和体制又决定媒体组织的控制、选择和制作。媒体组织做出的传播内容以各种各样的传播形式到达受众。受众通过接收到的这些信息给予媒体反馈，也会通过社会渠道向社会反馈。正是这样的一些媒介和信息的运行使受众和社会的方方面面构成了一个社会的整体。

二、数字文化传播构成要素

数字文化传播是一种复杂的文化传播现象，是现代信息技术在文化传播领域的延伸和扩散，使文化的创作、生产、展现、传播和消费具有显著的数字特征（王育济和李萌，2023）。由此，相较于传统的信息传播，数字文化传播过程及其包含要素呈现新特征。从传播要素视角来看，数字文化传播可被理解为对数字化文化产品、内容和价值观的传播。因此，传播者、传播对象、传播内容等要素作为数字文化传播的基础和核心起着至关重要的作用。从传播过程视角来看，数字文化传播可被理解为信息在数字环境中的传递与交流。这一过程既包含文化内容编码、解码，又因互动媒介的应用呈现有效反馈特征。研究数字文化传播要素及其过程，可以更好地了解数字文化传播的机制和规律。

因此，基于数字文化的学理脉络与生产实践，结合拉斯韦尔的"5W模式"理论内涵，从传播主体、传播内容、传播受众、传播渠道、传播效果层面界定数字文化传播构成要素。融合施拉姆的互动循环模式与赖利夫妇的社会系统模式，从数字文化传播过程中的编码与解码、反馈层面对数字文化传播的基本过程进行阐述。

（一）传播主体

数字时代日益彰显的"生产技术民主化"推动了从PGC到UGC再到AIGC的文化生产模式变迁（闫烁和祁述裕，2023）。其中，在数字文化生产中，专业生产机构、普通用户以及AI扮演着不同的角色。

专业生产机构是数字文化生产与传播的主要推动力量（张伟和吴晶琦，2022），其拥有丰富的资源和技术，运用专业化的工具和技能，从事数字文化内容的创作、制作、加工和传播，能够创造出高质量的数字文化产品。影视、游戏、动漫、音乐、传媒、艺术、广告、网络文学、电竞产业等数字文化专业生产者伴随着AI等技术的发展呈现出新特征。首先，数字文化专业生产机构呈现出显著的集群发展特征，数字技术的聚合效应加快不同产业间的文化创意交流，催生出新的文化创意。网络平台成为数字文化生产传播的重要组织形式。基于网络平台的中介作用，文化数据能够与其他生产要素相结合，生产、传播不同形式的数字文化产品和服务。其次，以虚拟化呈现和沉浸式体验为核心的文化专业生产机构不断涌现。在数字技术的推动下，以在线、智能、交互、跨界为基本特征的文化新业态层出不穷。

在数字技术所搭建的"大生产""大传播"的环节中，技术抹平了生产者、传播者、使用者之间的界线，普通用户不再只是被动的阅读者、接受者，而成为点赞者、转发者，乃至创意者和生产者，成为创造"集体记忆"的主体（黄永林和余召臣，2022）。以数字劳工形式海量存在的中小微用户，实现了新技术环境下广泛意义上的"创意阶层的崛起"。越来越多的平民故事呈现在用户面前，庞大的网民群体汇聚。任何人在任何时间、地点，都能接触到任何人类文化成果，消费或是参与生产任何文化产品。只要有网络，即便生活在偏远山乡，人们也能够以"生产主体"的姿态，致力于"本地特色文化资源"的数字开发。例如，一些网络红人通过短视频或网络直播，展示山乡传统美食、生活用品等的制作技艺，在中华文化海内外传播层面产生了巨大的流量效应。

继 UGC 后，AIGC 赋予数字文化传播更为强大的智能驱动（徐瀚祺，2021）。近年来，面向客户端的 AI 工具大量出现，AI 技术在文化领域的应用日益广泛，传统文化基因不断嵌入智能技术场景。越来越先进、越来越简便的智能工具进一步缩短了大众与传统文化之间的距离，为中华优秀传统文化的创造性转化和创新性发展提供了越来越完备的技术支撑和越来越完善的机制链条，赋予大众日益强大的传播主体权利。同时，AI 驱动文化传播逐渐延伸到深度学习的机器主体，或是人与影像代码共生的"数字人"。以信息技术、AI 技术、计算机声音与图像技术等高新技术集聚为基底，中国的"数字人"从虚拟偶像洛天依发展到虚拟主播和虚拟职员，这反映了相关技术在文化传播领域的应用与进展。

（二）传播内容

随着数字技术的成熟和普及，数字文化的种类越来越丰富，数字文化产业在文化产业中所占的比重也越来越大。以文化分类为标准，可将数字文化传播内容划分为文学、艺术、教育、科学等主题（闫烁和祁述裕，2023）。

1. 文学

数字技术的发展使得原有文学作品的数字化传播与新兴文学作品的数字化生产成为可能。

一方面，数字技术的应用提高了文学作品的传播效率和便捷性。依托于电子书、有声读物、文献库等形式，小说、散文、诗歌、戏剧等文学典籍通过互联网平台进行传播，吸引了大量的读者群体。数字技术的应用使得文学作品的传播范围更广，能够实现全球范围内的数字化传播和阅读。数字技术的应用也丰富了文学作品的呈现形式，如电子书的多媒体呈现、交互式阅读等方式，使得读者能够更加生动地感受到作品的魅力。

另一方面，数字技术的应用也促进了文学作品的创新和多元化发展，网络文学等新兴形式的出现为文学创作和传播带来了更多的可能性。除了传统的文学形式，网络文学还包括新兴的文学形式，如网络小说、微小说、网络诗歌等。网络文学以类型化为主要创作形态，在不同领域进行创作实践，目前的类型大致分为玄幻、奇幻、仙侠、架空、穿越、武侠、游戏、竞技、都市、言情、军事、历史、科幻、抗战、童话、明星等 60 多个大类，它们还可以进一步细分为近百种小的类型，其内容与形式各具特色。同时，类型之间的相互借鉴和混用已成为常态，形成了自己的生态系统，类似于文学流派的各种"流"（如洪荒流、无限流、民国流、技术流等）与"文"（如种田文、重生文、抗战文、总裁文、兵王文等）。

内容特征层面，第一，网络文学具有较高的时效性和互动性。由于互联网的普及，网络文学的传播速度快，作者可以在第一时间发布作品，并且读者可以通过评论、点赞等方式与作者进行互动。第二，网络文学的题材更加多样化。网络文学可以涵盖传统文学中的各种题材，同时也可以涉及新兴的科技、游戏、动漫等领域，这种多样性使得网络文学可以更好地满足读者的需求。第三，网络文学具有较强的个性化特征。由于网络文学的传播方式和读者群体的特点，网络文学作品通常具有较强的个性化特征，作者可以更加自由地表达自己的思想和观点，读者也可以更加自由地选择自己感兴趣的作品。

2. 艺术

艺术数字文化是指通过数字技术来表现和传播的艺术形式，包含数字音乐、数字影像、数字游戏、VR 等（张伟和吴晶琦，2022）。其中，数字音乐是通过数字技术创作、制作、传播的音乐作品，音色丰富，制作周期短，传播途径广，可以通过音色的丰富和制作的灵活性来表现不同的风格和情感。数字影像是利用数字技术进行录制、后期制作的影像作品，画面效果逼真，后期制作方式灵活多样，可以通过画面的表现手法和后期制作来表达出不同的主题和情感。数字游戏则是指基于计算机技术的游戏形式，互动性强，玩法多样，社交性强，可以通过玩法设计和社交互动来表现出不同的游戏体验和情感。VR 则是指通过计算机技术构建出虚拟世界，让人们在其中进行沉浸式体验，真实感强，互动性强，应用领域广泛。

具体而言，数字音乐中的电子音乐通过独特的音色和制作手法，表现出了现代都市生活的快节奏和科技感；数字影像中的动画片通过夸张的画面和富有想象力的故事情节，表现出了童话般的奇妙世界；数字游戏中的《王者荣耀》通过丰富的人物角色和多样的玩法，表现出了玩家之间的竞技和社交互动；VR 中的 VR 游戏则通过真实感强、互动性强的特点，让玩家身临其境地感受到游戏中的场景和情境。

整体而言，数字文化中的艺术形式具有多样性和创新性，利用数字技术创作、制作和传播，通过各自独特的表现手法和特点表达不同主题和情感的同时，也为人们带来了全新的艺术体验和应用场景。

3. 教育

教育作为人力资本投资的重要方式，长期以来受到人们的普遍重视。在教育领域中，数字技术和文化元素的融合呈现出一种新型的数字文化形态。教育数字文化通过多种手段和途径，为受众提供更加丰富、多样化的学习体验和教育资源（戴艳清和孙一鹤，2022）。具体而言，教育数字文化通过数字化手段，将各种教学资源进行数字化处理，包括教材、课件、多媒体资料、网络资源等，使这些资源可以更加方便地被学生和教师使用和共享。教育数字文化还可以利用VR技术，创造出更加真实、生动的学习环境。例如，通过虚拟实景模拟实验室环境，让学生在虚拟环境中进行实验操作，提高学生的实践能力。教育数字文化还可以通过网络课程的形式，为学生提供更加灵活、自由的学习方式。学生可以在任何时间、任何地点进行学习，不受时间和空间的限制；还可以通过数字化评估系统，对学生的学习成果进行科学、客观的评估，实时反馈评估结果，帮助学生及时调整学习方向，提高学习效果。

4. 科学

在数字文化中，通过VR展示、AR展示、AI展示、机器人展示、智能家居展示等方式，有效地促进了科学的传播。VR展示通过VR技术，将用户带入一个虚拟的三维环境中，让用户身临其境地感受到不同的场景和体验。AR展示将虚拟元素与现实世界相结合，通过手机或其他设备的摄像头将虚拟元素投影到现实场景中，让用户感受到真实与虚拟的融合。AI展示则是通过AI技术，展示出计算机的智能化和自主学习能力，让用户更好地理解AI技术的应用和发展。机器人展示则是通过机器人技术，展示出机器人的智能化和自主行动能力，让用户更好地了解机器人技术的应用和未来发展方向。智能家居展示则是通过智能家居技术，展示出家居设备之间的互联互通和自动化控制，让用户更好地了解智能家居技术的应用和便利性。

以上展示类型都是数字文化科技展示中常见的类型，它们通过不同的技术手段和应用场景，向用户展示数字文化科技的魅力和未来发展方向。

（三）传播渠道

XR、AI、5G、大数据、物联网等数字技术共同构成了推动文化创新的技术矩阵（师晓娟和孔少华，2022）。XR极大地提升了文化的表现力，AI促进了文化体验的交互性，5G 连接起海量的文化数据资源，大数据实现文化内容的图谱化和可视化，物联网使文化场景更具感知力。

互联网的飞速发展使得文化传播方式发生改变，数字化传播具有范围广、效率高、双向交流等特征，解决了过去受众"看不懂"和"找不到"传统文化内容的困扰。以往的传统文化艺术只能依靠图书、杂志、电视、广播等传统媒介或以演艺剧院、博物馆、传承基地等线下面对面的形式进行传播。在数字化时代，基于短视频、长视频、网络文学、游戏等数字平台，一方面，利用数字化载体表达传统文化内容与思想，如中国传统戏曲、相声等文化作品，由之前的现场观演转为新兴的音频、短视频、长视频等数字内容，并通过线上形式传递给观众；另一方面，传统文化元素为数字化产品赋能，形成独特且具有影响力的原创概念或文化符号，在网络视听、电子游戏、网络文学等相关数字内容领域延伸扩展。例如，敦煌研究院历经30多年，建立起一整套数字化摄影采集、洞窟三维重建、洞窟全景漫游等海量数字化资源。数字敦煌因而成为数字时代实现优秀传统文化创造性转化、创新性发展极具影响力的文化符号。

在线下渠道，数字沉浸场景进一步扩展了数字文化的传播空间。随着数字化程度不断加深，以往脱离大众视野的传统文化产品也开始积极与全息投影、智能穿戴设备、语音交互、VR、AI 等新科技融合，运用多种场景创新丰富用户体验（黄永林等，2023）。虚拟场景一方面通过 VR 头显/一体机、手柄、触觉手套、移动智能终端等硬件设备提高人机交互效率，打造 4K/8K 超高清视觉体验；另一方面，通过制作 VR 游戏、VR 沉浸式高清影片、VR 全景景区、虚拟分身等数字虚拟内容，为传统文化艺术创造了高沉浸感的数字场景。例如，爱奇艺"奇遇 VR"上线《墨之韵》中国书法绘画模拟游戏，以中国传统书房风格装饰虚拟空间，玩家通过手柄感应运笔力度，进行临摹书写，吸引了国内外喜爱中国风的 VR 受众付费体验。多元的场景创新重构了感知氛围，追求交互体验、感官刺激的智能场景触发了消费者的体验欲望和购买动机。

（四）传播受众

数字文化传播受众节点及触点较为分散，因用户个人的年龄、性别、地域、职业、教育水平、文化背景及审美意趣、生活方式、价值观等差异而有所不同。

1. 数字文化艺术领域传播受众

音乐、电影、电子游戏、数字文化遗产和网络文学等数字文化形式吸引了广泛的受众，每个受众群体都有其独有的特征。对于音乐而言，年轻人是主要的受众群体，其对音乐的要求较高，同时希望获得高品质的音乐视频、演唱会等体验。电影的受众群体则相对广泛，但因年龄、性别、文化水平的不同而存在差异。例如，年轻人更喜欢科幻、动作和恐怖电影，而老年人则更喜欢文艺片和传记片等。电子游戏的受众群体主要是年轻人和青少年，他们通常喜欢动作游戏、角色扮演游戏和竞技游戏等。这些游戏具有高度的互动性和社交性，能够满足年轻人和青少年的社交需求。数字文化遗产的受众群体则主要是文化爱好者和历史爱好者，如数字化的博物馆展览、数字化的历史文献等。这些数字化的文化遗产能够为其提供更加便捷和丰富的文化体验。网络文学的受众群体则青年化，他们通常喜欢玄幻、言情、武侠等类型的网络小说。这些小说具有高度的互动性和社交性，能够满足年轻人和青少年的社交需求。

2. 数字文化教育领域传播受众

教育数字文化是数字文化的一个重要分支，其受众主要包括学生、教师、家长等人群。首先，教育数字文化的受众通常是年轻人和儿童。他们对于数字技术的接受能力和应用能力相对较强，能够更好地理解和运用数字技术。其次，教育数字文化的受众通常具有一定的学习需求。他们希望通过数字技术来获得更加便捷和高效的学习方式，从而更好地掌握知识和技能。最后，教育数字文化的受众通常具有一定的教育背景和经验。他们对于教育理论和教学方法有着深入的了解和研究，能够更好地运用数字技术来促进教学效果。

整体而言，数字和网络模式等技术层面的革新催生市场覆盖范围进一步扩大。垂直传播模式将扩大的消费市场不断细化并重新聚合，传播受众也在消费格局重聚语境中进一步细分。技术层面的转型推进了数字文化目标受众的重新定位，不同人群的认知能力差异则进一步推动数字文化受众异质性构成特征的形成。作为与互联网发展结合密切的新兴文化业态，网络游戏、短视频、网络文学、音乐等数字文化内容传播已渗透到日常生活的方方面面。借助数字平台，通过受众浏览记录、个人信息等推测受众偏好，对受众进行差异化类型划分，重新聚合形成新的用户群体进行产品推荐。

（五）传播效果

数字技术在文化呈现中的应用有效地促进了文化的发展传承。数字化技术为文化的保护提供了更加全面、科学、高效的手段（陈龙和经羽伦，2023）。首先，数字化技术可以将文物、古籍、历史档案等珍贵文化资源进行数字化处理，实现数字化保护和传播，避免由时间和环境等因素而导致的文化资源的损失。其次，数字化技术为中华文化的传播提供了更加广泛、便捷、快速的渠道。通过互联网等数字化平台，人们可以随时随地获取文化知识，了解文化的内涵和价值，增强了文化的认同感和自豪感。同时，数字化平台还可以为中华文化的传播提供更加多元化、创新化的方式，例如通过短视频、直播等形式，将中华文化生动地呈现出来，吸引更多受众的关注和参与。最后，数字化技术为文化的利用提供了更加丰富、多样、个性化的方式，将中华资源进行数字化加工和创新，创造出更加丰富、多样、个性化的文化产品和体验，满足人们对中华文化的不同需求和兴趣。

数字文化传播融合文字、图片、声音、超链接等多种表现形式，从消费向生产渗透，带来全要素效率升级，打造了沉浸式、体验式、互动式的消费场景化体验（黄永林，2022）。数字时代，文化创意产品的体验包括现实场景体验和虚拟场景体验。现实场景体验具备真实的参与性与体验感，但会受到物理上的限制；虚拟场景体验为消费者提供了无限的虚拟空间和类型多样的文化服务，却减少了身临其境的参与感。AR、VR、AI 等技术的出现和应用推动了虚拟与现实的融合，在此技术上产生了第三种体验场景——现实增强性场景。数字化技术在虚拟场景内容中有效 AR 场景内容的表达强度与呈现效果，扩展了文化创意产品和服务的体验空间。随着移动互联网、新媒体和 VR 等媒体交互技术的飞速发展，互动体验式设计也渐渐融入文化产业中，良好的产品体验、耳目一新的视觉传达和简单友好的交互方式成为吸引消费者的重要手段。例如，数字展馆便是利用互动投影、全息投影、智能中控系统等高新技术，将互动体验融入展品展示环境中，全面触发人的眼、耳、鼻、舌、身、心六感，在改变观众体验模式的同时也增加了体验的深度。数字技术在文化产品（或服务）体验场景的应用创造出人与环境、主观与客观、真实与梦幻之间无数种鲜活灵动的关系，使得场景成为承载文化价值、突出文化品质、彰显文化特色的社会空间。

三、数字文化传播中的重要环节

（一）编码：文化内容的选择性媒介技术呈现

数字化时代，大规模的数据库建设显示出数字技术在存储和处理文化资源方面的强大能力，也深刻影响了文化的生产。其一，数据库本身就是新一代数字人文产品。其二，经过数据编码的文化资源广泛关联着生产要素的提取、处理和生产方式的表达。例如，数据库中的关键词检索深度影响着文化作品的产出效率。其三，随着5G、AI、区块链、云计算等技术的匹配性成熟，文化生产已经开始了"从叙事范式向数据库范式的转向"，庞大的传统文化资源数据库正在成为后续文化生产的产品要素和产业起点。

依托数据库海量资源要素的积累，传统文化基因正在不断"嵌入"智能技术场景，面向用户端的智能工具在文化生产领域的应用日趋广泛，应用场景包括以下三个方面。

一是生产要素提取、处理的高智能与高效能。如甲骨文"校重"智能工具Diviner的开发与应用。甲骨文出土时大多支离破碎，过去的拼接工作完全依靠研究者的经验。数字时代的高新技术则完成了全部18万张拓片的数据库存储，以及拓片中的文字、外形、骨质、纹理等要素的系统编码，Diviner即依据这些要素编码高效地完成相应的校重工作，大幅提升了甲骨文校重工作的效率，Diviner在学术上被定位为"全新研究范式"，它所昭示的是一种前所未有的高智能文化生产模式（郭若涵和徐拥军，2022）。

二是要素转化的高智能仿真（杨永恒，2023）。算力加持的高智能生产转化方式可以进一步升级为对传统意境、气韵等精神层面的提取和"虚拟仿真"。例如，河南卫视的《洛神水赋》等系列文化产品依托算力和数字视觉技术，通过对文化资源要素的"符号化提取"、"虚拟植入"和"仿真再现"，传达出"翩若惊鸿""流风回雪"的古典意象。高新技术赋能中华优秀传统文化"两创"并不仅止于一两个爆款产品，更重要的是塑造了一种全新的技术文化生态。

三是智能工具在文化生产中的大众化应用（秦开凤和张陈一轩，2022）。以传统文化数据库的丰富要素场景"训练"智能工具，推动了智能工具在文化生产中的适配和广泛应用。例如在Midjourney等AI绘图工具，输入一组关键词，则可以生成精美的画面。随着深度学习在机器视觉、自然语言感知、图像/视频生成等方面的广泛进展，越来越智能的技术工具将进一步缩短以"创意要素"为起点的文化生产路径，为传统文化"数据库范式"的生产新机制提供越来越完备的技术支撑和越来越完善的机制链条。

此外，依托"数据+算力"，网络视频、网络音乐、网络文学、数字藏品、网络游戏等"全新的产业业态"释放了中华优秀传统文化的内容生产力。作为重要的生产资料和灵感源泉，中华优秀传统文化以新业态为载体，在网络文学、长短视频、游戏、动漫的"循环刺激"下，大规模转化为各种文化产品，融入现代生活（表 4.1）。以网络文学和网剧为例，《甄嬛传》《斗破苍穹》《庆余年》等取材于传统文化的网络小说吸引了大批的读者，同名网剧的播放量均超百亿，创造出巨大的文化生产价值。在网络游戏领域，中华优秀传统文化的"内容产能"也非常突出。例如 2020 年，米哈游推出的横跨 PC、手机端的二次元游戏《原神》，由于融入了中国特有的自然风貌、历史典故，大量运用书法等传统元素进行融合创新，受到了全球玩家的追捧和喜爱，长期占据游戏榜首位。

表 4.1 文化内容的选择性媒介技术呈现案例

编码过程	案例
文化要素提取	甲骨文"校重"智能工具 Diviner
文化要素转化	河南卫视的《洛神水赋》
文化生产应用	Midjourney 等 AI 绘图工具
文化内容拓展	《甄嬛传》《斗破苍穹》《庆余年》 二次元游戏《原神》

（二）解码：用户的数字文化接触与认知

传统文化对于经验缺乏的受传者而言，尽管对文化内容的审美知觉具有选择性，但物质载体与受传者的意识存在审美距离和隔阂，解码权力属于具有审美经验的少部分人。数字文化用技术手段解释信息，使无论是否具有一定审美经验的受传者都被赋予了更加开放的解码权力（周敏和赵晨雨，2022）。对于文化传播而言，这一过程会伴随着对文本、表征、意义、符号的解构等。

沉浸式数字文化与传统文化的互补可以体现为辅助或进阶的关系，计算机的综合性技术手段和跨媒介特征使其能将自为世界中的意境通过现实的声、光、电等途径解码，沉浸式数字文化也因更丰富的表现形式得以表现更广泛的题材，使更多受众能接触并接受文化信息。沉浸式数字文化用动态描述协助受众解码原作的文化意蕴与价值，以提升审美水平。沉浸式数字文化体验作为文化传播民主化的催化剂，可以促进形式与内容在新语境下的再次统一，促进对文化信息解码权力的反垄断，逐渐培养越来越多审美经验丰富的受传者。

但数字文化作为文化内容的数字化呈现，受众解码受文化内容本身的限制。在杜夫海纳对审美知觉的阐述中，再现层次的理解即解码并非主观随意的，应是客观再现的过程，理解与想象相配合，理解的作用是校正想象，通过宣布一种揭示和排除幻想的必然性，以保证再现的对象的客观性，即理解要围绕审美对象的应有之义展开。尽管数字文化有着无界的界面、信息容量和创作关系等，但受众解码的界限仍会被限制在虚拟的审美对象的逻辑或规则范围内，并不会因为信息的无限容量而变得完全开放。从文化产品的角度看，如今大量的互动式数字文化作品以观众的主观随意创作为形式，完全以娱乐或消费为目的，展示技术手段便是作品的全部意义，再现的对象也没有编码者注入的"应有之义"。这种不可再现的、作为一次性文化产品的"作品"与数字文化的界限也有模糊的趋势，若编码者并未赋予作品足够的审美意蕴或价值，那么受传者解码权力的范围也无从谈起。

（三）反馈：传授双方有效互动

数字机制重新规制了消费在"传—受"机制中的前导地位，形成了以消费为起点的产销模式，使得中华优秀传统文化产品在消费需求的驱动下有了更广泛的表达（张佩豪和周雨辰，2022）。

数字文化产品在创作、展现及传播过程中呈现高度协同与沉浸式特征。从创作及展现视角来看，消费者参与产品内容讨论并与生产者互动交流，不断满足消费体验。从网络文学消费视角，互联网时代线上阅读平台的建立突破了传统出版业规则，价值链两端的读者群与作者群借助线上平台直接沟通，改变了纸媒消费形式下作者与读者的割裂关系。在公共数字文化消费领域，生产者与受传者的高度协同同样适用。以浙江舟山为代表建立的"淘文化"产品及服务平台，旨在通过"菜单式"运作方式，对接供需双方需求，以评论互动推进供给内容质量提升。

从数字文化消费传播视角，以数字技术为支撑形成了巨大的社交网络。潜在消费者通过已有评论重塑数字文化产品认知，最终作用于消费意愿。在网络游戏中，玩家以网游平台提供的邮件、公告、电子社区等为依托进行互动，扮演不同角色，享受差异化的娱乐消费体验。

第三节 数字文化的扩散规律——以民族文化的社交媒体传播为例

一、研究背景

数字时代，以文化遗产、音乐等为代表的文化内容多借助互联网渠道传播

（Navarrete，2019；谭必勇和陈艳，2018），通过满足受众的休闲娱乐、文化教育等多层次需求构筑个体对不同民族文化的包容与认同（Hernández-Mogollón et al.，2018）。伴随着社交媒体生态的迅速发展，信息传播内容更加多元（Liang，2018；范昊等，2021），热点事件的迅速扩散往往卷入民族文化内容（童清艳和刘璐，2019）。包含特色文化的社交媒体信息扩散因兼具个性化特征的群体内部沟通，形成不同主题的同时极易发生信息异化并唤醒沉睡内容的传播（Yoo et al.，2019）。同时，社交媒体作为意见领袖发挥影响力的重要平台，用户发文内容特征（娄岩等，2020）、专业类型等对整合推动民族文化内容扩散、塑造文化认知的作用愈加凸显（魏莹和李锋，2020；Wang et al.，2020）。因此，基于社交媒体信息扩散研究视角，借助数字技术变革传统文化传播研究范式，剖析热点事件中民族文化扩散过程机理，对于激发民族文化传播活力具有重要的现实意义。

基于互联网的文化传播研究多使用内容分析法（Nissenbaum & Shifman，2017；Wang & Hu，2020；周翔和程晓璇，2016），从文化信息编码、扩散媒介、信息解码等角度剖析文化艺术品内涵情感、身份构建等特征（Gal et al.，2016；Katz & Shifman，2017；Shifman，2016）。方法可扩展性有待商榷，且忽视了民族文化扩散过程中不同主题、情感与民族文化扩散间的关联关系，传播主体在民族文化扩散过程中的影响力也有待进一步探索。社交媒体中的信息扩散研究多从信息扩散特征量化视角切入（Song et al.，2021；Xu & Zhang，2018），探究信息发布文本特征、用户互动等与扩散形态、扩散结果间的相关关系，同时基于信息生命周期主题演化进行分析（Xu et al.，2017）。然而，社交媒体信息扩散多伴随民族文化的流动，信息扩散过程中民族文化内容生成也将影响信息扩散效果及个体对信息的认知。

文化扩散指思想观念、技术经验由原地向邻域空间的迁移与融合，多伴随长距离人口流动（梁晨晨和李仁杰，2020）。文化传播实质为异文化场域下个体与群体间的互动沟通。沟通过程伴随着浅表化符号的传输与解读（沈雨婕等，2020；杨懿，2020），同时互动过程也伴随着深层次心理机制的探索，这一过程更注重心理诉求，通过双方认知结构与普遍情感的融合形成不同文化间的沟通、理解、认同（薛可和李柔，2020）。

在物理空间联系逐渐弱化，基于社交媒体的弱关系网络成为社交情境的主流构建者的背景下，文化内容呈现以 AI、大数据技术为依托，基于社交媒体的文化扩散研究成为热点（White et al.，2019）。互联网情景下的文化传播呈现病毒式传播特征，且多以互联网模因形态发生（Nissenbaum & Shifman，2018）。互联网平台具有高度的参与互动特征，不仅涉及原始文化内容的传播，还包含以原始文化内容为中心衍生出的新文化符号与思想的扩散（Wiggins & Bowers，2015；Seiffert-Brockmann et al.，2018）。Gal 等（2016）将跨文化情景下的数字文化用户生成内容划分为价值、框架、情感和交流立场四大维度。Katz 和 Shifman（2017）又在上述基础上对互联网社交媒体中的荒谬语言表达进行扎根分析，进一步提炼出数字文化扩散的语言形式表达、具体化情境、模仿、混搭、中断五大维度。

已有的研究多基于内容分析法人工挖掘社交媒体文化传播过程中普遍性文化价值观差异导致其呈现的不同特征（Aharoni，2019），而尚未对社交媒体中民族文化扩散研究进一步细化。与此同时，相关研究多停留于新闻、视频、微博、Twitter 发帖等用户信息浏览、转发等既有静态数据分析（Zhu et al.，2018），无法反映民族文化动态扩散过程规律。

因此，本研究从信息扩散视角下的社交媒体热点事件出发，挖掘信息扩散中不同主题、不同主体与民族文化内容的交互传播过程机理，为人文学者细粒度研读文化传播提供新的视角。具体而言，本研究拟对以下问题进行探究。

（1）社交媒体热点事件扩散中不同事件主题、情感与民族文化扩散间有何种关联关系？

（2）信息扩散过程中不同主体如何影响民族文化的传播？

为回答上述研究问题，本研究首先依据事件整体扩散态势考察发帖主题演化，提取微博信息中内含民族文化的符号及其关联情感，构建不同维度间关联结构并绘制相互作用网络，探讨事件主题、民族文化符号与情感扩散间的关联关系。其次，在还原热点事件扩散与民族文化传播过程的基础上，本研究考察、提炼推动民族文化内容扩散过程中尤为突出的传播主体特征。

二、研究设计

（一）研究思路与流程

1. 研究思路

为实现热点事件扩散中民族文化扩散规律剖析，以社交媒体热点事件为研究对象，研究设计流程如图 4.4 所示。为考察事件主题、情感对民族文化扩散的联

110　数字文化的崛起：生产、传播和实践

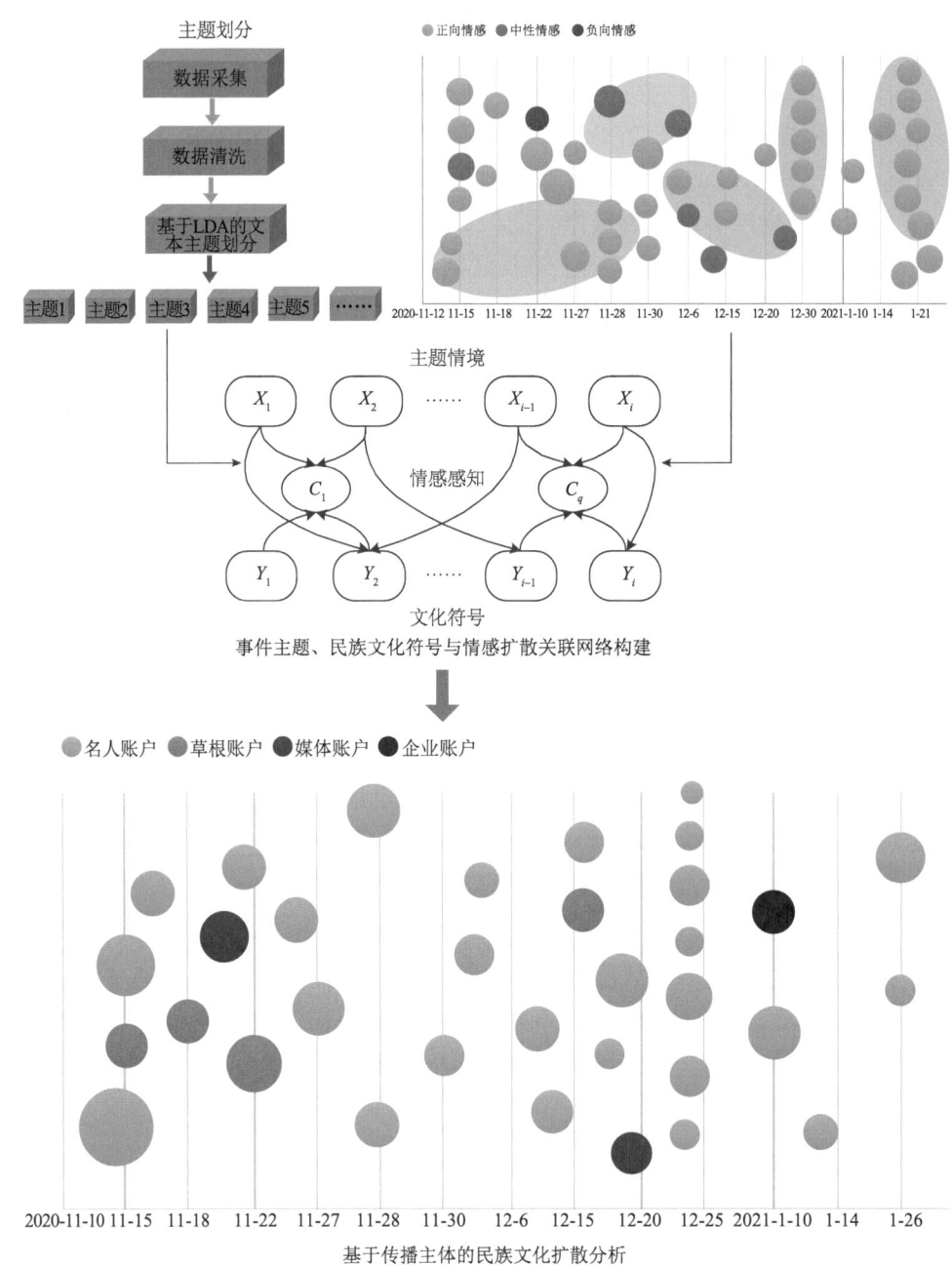

图 4.4　研究设计流程

结推动作用,使用 LDA 主题模型考量相关发文内容主题词分布以折射热点事件表征演化过程，依托文化符号词典构建考察民族文化及情感扩散特征，最后构建发

文主题-民族文化符号-情感关联网络，并进行可视化表征，探究民族文化扩散形成规律与过程。同时，筛选并明晰热点事件扩散过程中不同传播主体的接力，依据传播主体类型、影响力，将传播主体进行归类划分以展现民族文化扩散过程中传播主体的推动作用。

2. 微博发文主题提取

基于微博平台采集数据，在数据预处理与数据清洗后，使用 jieba 分词系统对微博进行分析及去停用词处理，使用 LDA 主题模型识别微博发文内涵主题信息。在主题数确定方面，将困惑和连贯分数考虑在内，以衡量主题生成质量与主题内词汇相似度，同时使用 pyLDAvis 可视化主题提取结果并基于给定主题词人工完成主题标记。

3. 民族文化符号识别及关联情感分析

结合 Shifman 的数字文化维度划分方法（Shifman，2016），本研究将民族文化感知划分为情感、符号两大维度。为使文化符号识别更加准确，参照《人类非物质文化遗产代表作名录》及地名列表构建文化符号词典，以此保证分词和文化符号识别的准确性。为识别微博用户的文化感知情感偏向，首先定位微博用户文化符号表达，调用百度地图 API 分析用户文化符号情感倾向。

4. 事件主题-民族文化符号-情感关联网络构建

事件主题-民族文化符号-情感关联网络构建旨在探索并建立推义主题与民族文化及其情感感知间的关联关系。首先，构造有向非循环图以表征民族文化感知数据间关联。突出显示文化符号以及情感状态，并考虑微博发文内容设置即主题发布对受众关注点的引导作用。因此，在民族文化感知与主题关联网络中，如图 4.5 所示，存在三种类型的节点，即主题、民族文化符号和用户情感。从节点 X_i 指向节点 Y_i 的边表示要渲染的节点 X_i 对 Y_i 的影响与关联关系。根据民族文化符号感知与主题关联网络构建原理，边缘包括从主题到民族文化符号、从民族文化符号到用户情感以及主题到用户情感。

其次，根据文本内容估计民族文化符号感知数据间的概率关系。通过条件概率 $p(Y_i|X_i)$ 来量化节点 X_i 对节点 Y_i 施加影响的能力（Yang et al.，2019）。计算公式如下：

$$p(Y_i|X_i)=\frac{|\text{sentence}(Y_i,X_i)|}{|\text{sentence}(X_i)|+1} \qquad (1)$$

其中，|sentence（Y_i，X_i）|表示同时包含 Y_i、X_i 的评论数量，|sentence（X_i）|表示 X_i 至少出现一次的评论句子数量。

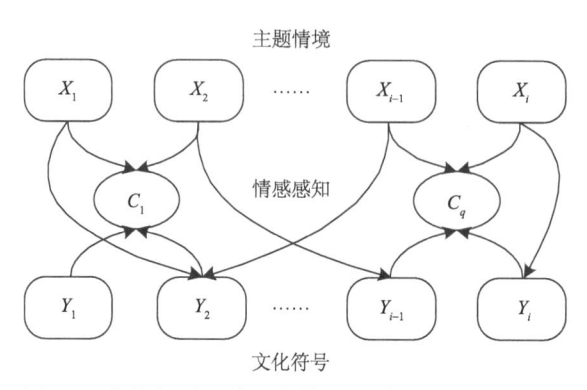

图 4.5 事件主题-民族文化符号-情感关联网络示意图

5. 传播主体的类型划分与影响力量化

为分析关键传播主体组成及其对热点事件扩散中民族文化扩散过程的影响，根据其微博主页身份认证信息进行不同专业领域关键传播主体分类，传播主体可划分为名人账户、企业账户、媒体账户、草根账户四类。名人账户指主页认证带有"大咖"标记的账户，企业账户指附属于特定企业的账户，媒体账户指身份认证信息带有媒体标记的账户，草根账户则指未经认证的账户。根据粉丝数量，将传播主体分为四类：拥有少于 500 个关注者的微博账户为普通用户，拥有 500～5000 个粉丝的账户为微型传播主体，拥有 5000～50 000 个关注者的为中型传播主体，拥有 50 000 粉丝以上的为大型传播主体。

依据文化符号出现频率进行微博发文筛选，同时根据传播等级及发文影响力进行发文主体筛选与图像绘制。

$$DE=Pu_i \cdot Ap_i \quad (2)$$

其中，DE 指不同类型主体的传播效果；Pu_i 指第 i 类主体在该类用户总体中所占比例；Ap_i 指第 i 类主体的平均参与频率，即评论、点赞与转发总量。

（二）研究对象

作为 2020 年末及 2021 年初社交媒体热点事件中最具代表性的案例之一，"丁真微笑"相关短视频发布后经大量转发、点赞、评论迅速传遍网络。百度指数显示，"丁真"事件舆论热潮中，与其密切关联的四川省甘孜藏族自治州理塘县等特色文化引发了广泛关注，民族特色文化由互联网社交媒体途径扩散。①

微博作为中国国内最受欢迎的社交网站之一，拥有庞大的用户群体以及完善的内容生态。凭借其信息扩散环节网民群体的广泛参与特征，成为信息扩散相关研究的主要数据来源。因此，选定微博平台"丁真"事件的全部用户生成内容即微博发文、评论等作为研究对象，分析热点事件扩散中民族文化扩散规律。

（三）数据收集

研究以"丁真""丁真 文化""丁真 民族""丁真 旅游"等为关键词对微博平台认证用户发帖进行搜索。使用 python 爬虫爬取上述微博内容、博主认证信息、发帖时间、评论内容及转评赞数量等，剔除与话题不相关和蹭热度的微博，最终共收集数据 37 650 条。讨论周期从 2020 年 11 月 11 日首次涉及"丁真"的微博发文开始，爬取日期截至 2021 年 1 月 31 日。

三、研究结果

（一）事件主题、民族文化符号与情感扩散关联网络分析

1. 事件主题识别

在该事件传播过程中，从丁真作为流量走红到签约国企，微博主题的铺陈推动了不同阶段网民热议主题的出现，探究这一过程可更为直观地表征信息主题的流动。使用 LDA 主题模型分别计算 3~20 个主题下的 coherence 值，选取最大 coherence 值下的主题数作为最优主题数。结果表明，推文主题数确定为 6 时，结果最优。每项主题均从 30 个显著词中筛选最具代表性的词汇。由表 4.2 可知，丁真事件中，共呈现作为流量走红、签约国企、入选十大旅游事件、丁真日常生活、助力脱贫、旅游地点感知六大热议主题。

---

① 周明,潘荣,刘赟,等. 从贫困县到"网红县",解密丁真家乡的"七年之功"[EB/OL]. (2020-12-09)[2024-03-01]. https://www.thepaper.cn/newsDetail_forward_10312261.

表 4.2　推文主题挖掘结果

编号	主题	高频特征词
1	作为流量走红	丁真　流量　推荐　背后　网红　微信　精华　直播　粉丝
2	签约国企	签约　国有　甘孜州　渠道　合法　工作人员　老百姓　为民服务　四川省
3	入选十大旅游事件	青年　全国　事件　十大　入选　博物馆　仓央嘉措　美食　照片
4	丁真日常生活	放牛　骑马　干活　可爱　纯真　生活　视频　眼睛　目标　珍珠
5	助力脱贫	视频　理塘　甘孜　旅游　家乡　西藏　努力　成都　藏族　脱贫
6	旅游地点感知	川西　稻城　亚丁　美好　提升　魅力　日常　事业　幸福

主题 1 丁真"作为流量走红"是受众对该信息扩散最初始的感知，一段"丁真微笑"的短视频经微博转发后迅速引发关注，相关企业部门也顺势借助微信、微博等平台进行宣传并吸引了大批粉丝。同时，大量的造势宣传使得部分网友对丁真的"意外"走红持怀疑态度，并认为其背后存在经纪公司或团队运营。在该主题中，丁真作为藏族男孩，其走红使得拉萨的关注度提升。主题 2 "签约国企"是丁真爆红事件为当地文旅知名度提升产生正面影响的产物，丁真与理塘县文旅体投资发展有限公司签约引发受众的两极争议。但作为主流观点，受众多认为丁真通过签约国企成为国企员工，利用自身热度为四川省旅游开发带来机遇。主题 3 是对主题 2 的进一步延伸，专注于丁真相关视频发布后为四川、西藏等地的文旅引流并入选十大旅游事件进行讨论。主题 4 聚焦于网民对丁真日常生活的关注，放牛、赛马等富含民族特色以及原生态、回归自然的生活方式引发受众对民族文化的关注与对自由生活的向往，更是受众基于自身压抑的生活以及繁忙工作的寄托与宣泄。主题 5 "助力脱贫"则是丁真事件引发的连锁反应，是回归理性将关注点转移至贫困地区发展的表征。借助丁真宣传藏族特色文化，在推动区域特色文化宣传的同时，助力当地旅游业发展。最后，主题 6 则集中于受众对四川甘孜等旅游景点的直观感知，凸显丁真事件的文旅引流作用。

2. 民族文化符号与情感扩散分析

在信息扩散过程中，用户讨论话题变迁多伴随民族文化符号的传递，在多重信息刺激下影响民族文化形象建构及受众情感认同的形成。民族文化符号与情感扩散示意图如图 4.6 所示（选取提及频率较高的文化符号进行展示）。其中，圆圈代表文化符号，圆的大小代表该文化符号出现的频率，不同颜色代表不同情感。

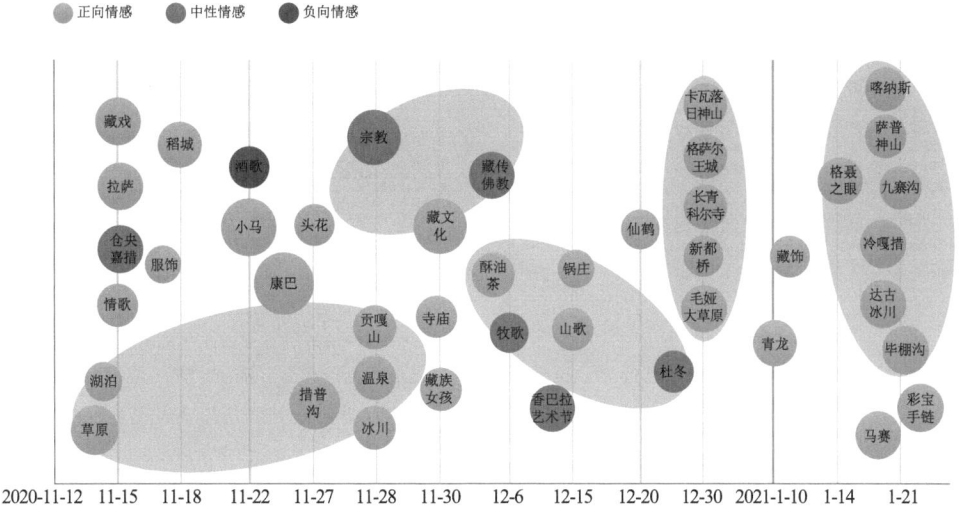

图 4.6 民族文化符号与情感扩散示意图

在丁真事件扩散过程中,与丁真爆红关联视频直接相关的风景即湖泊、草原首先引发受众讨论。同时,与藏族直接相关的地点——拉萨,以及人物——仓央嘉措引发联想。随着事件的进一步扩散,藏族服饰、头花、彩宝手链等民族特色日常饰品进入受众视野。此外,民族地区空间景观如措普沟、贡嘎山、格萨尔王城、长青科尔寺等吸引更多的关注。民族宗教文化如藏传佛教,特色民俗如锅庄、杜冬等人文景观也融入受众的民族文化认知框架。

定位文化符号关联语句并进行文本分析,如图 4.6 所示,藏族特色文化感知中正向情感占据主流,其次为中性情感且并未出现负向情感。其中,呈现正向情感表达的多为自然景象如草原、冰川,旅游景点如稻城、贡嘎山等空间景观以及藏族特色服饰、习俗等人文景观。仓央嘉措等代表性人物、藏传佛教等特色文化符号表达呈现中性情感。受众对藏族标志性文化符号正面情感表达传递出对浪漫、惬意生活的向往,更是民族文化认同的联系纽带与重要体现。

3. 事件主题、民族文化符号与情感扩散关联网络构建

在丁真事件传播中,基于微博发文不同主题表征与流动过程,民族文化扩散及认知构建呈现动态变迁特征。如图 4.7 所示,以民族文化符号为核心,识别并构建扩散主题与情感感知网络,根据关联概率进行筛选,仅选取关联概率高于 0.5 的关联网络连线进行呈现。

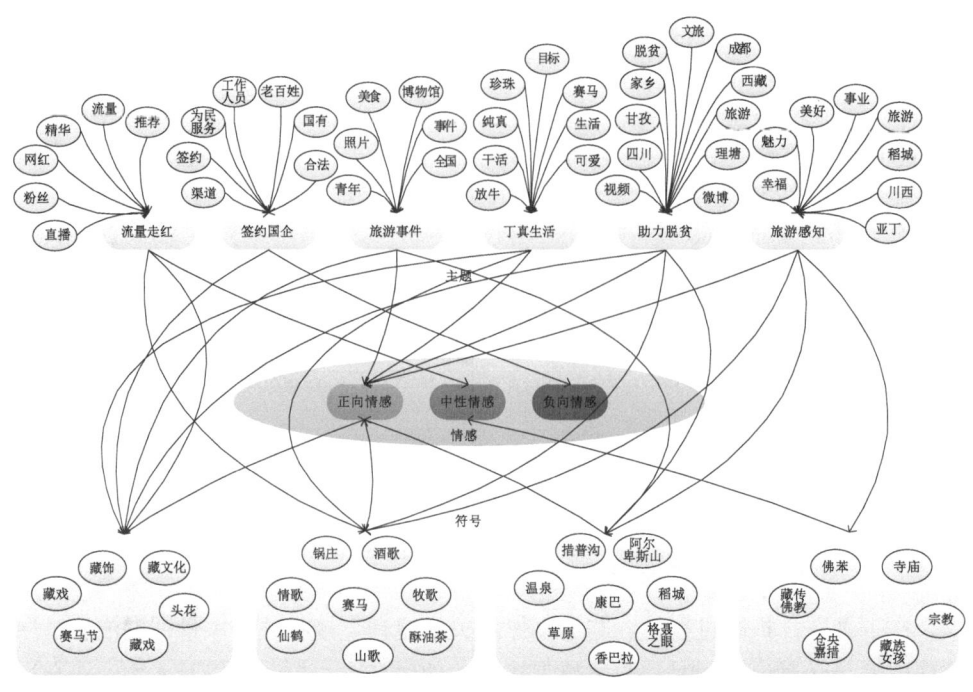

116 数字文化的崛起：生产、传播和实践

图 4.7 事件主题-民族文化符号-情感扩散关联网络图

作为流量走红（主题 1）更多地与中性情感相联结，通过微博、抖音等社交媒体平台发布日常生活相关宣传信息，无形中提升了丁真佩戴饰品、行为、生活环境及其勾连符号的传播势能，促使受众主动搜寻藏族特色文化并进一步与搜寻主体对话。此过程突破被动的文化符号传递壁垒，转变为以受众为本位的文化感知渗透过程。签约国企（主题 2）将重点聚焦于流量本身对当地旅游业发展的助力，即便存在国企员工破格录取的负面争议，但也将受众视野引流至稻城、康巴等空间旅游景观以及藏戏、赛马节等藏族民俗景观。入选十大旅游事件（主题 3）整体与正面情感勾连，主题中涉及的美食、博物馆等内容引发酥油茶、稻城等藏族内部文化符号联想。受众对丁真日常生活（主题 4）整体产生正向情感偏向，同时涉及民族文化扩散层面较广，外部空间景观如香巴拉、格聂之眼等与锅庄、牧歌等内部景观符号扩散并存。助力脱贫（主题5）与丁真日常生活（主题4）在受众情感、民族文化认知关联相似，文旅、脱贫等内部主题词设置更多地将受众注意力引至特色民族文旅景观层面。旅游地点感知（主题 6）多涉及甘孜、稻城等民族文化信息扩散，并引发与之相似的文化符号如藏传佛教等符号的联想，主题扩散与民族文化符号的融合消除了传播者与受众之间的认知束缚和文化隔离，

推动受众主动解读民族文化符号内涵。

（二）基于传播主体的民族文化扩散分析

为深入剖析民族文化扩散过程及助力因素，提炼推动民族文化扩散过程中影响尤为突出的传播主体。

根据粉丝数量对传播主体进行分类并计算不同等级、不同类型的传播主体影响力。如图4.8所示，基于不同等级的传播主体分类，在普通用户、微型传播主体、中型传播主体中，草根账户的影响力占据绝对优势。在大型传播主体中，名人账户的影响力爆发超越草根账户由边缘地带移动至核心位置。企业账户多因业务宣传的需要，例如旅游公司多借助该事件进行川藏旅游线路宣传，而较为活跃，参与互动频率较高。媒体账户在四类账户中参与互动频率较低，在民族文化扩散过程中影响力有限。

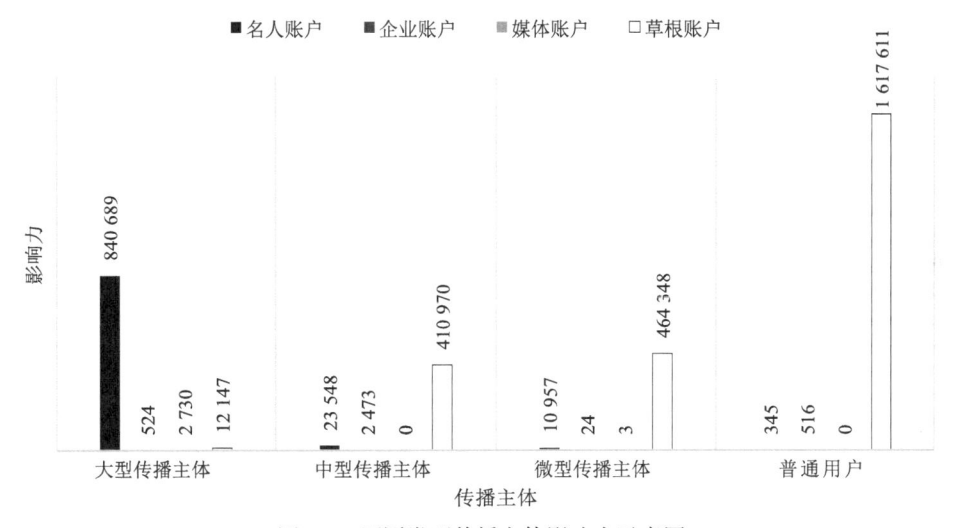

图4.8　不同类型传播主体影响力示意图

为进一步凸显大型传播主体在丁真事件扩散中对民族文化传播的推动作用，对大型传播主体的影响力与身份进一步细分。如图4.9所示，不同灰度圆圈代表不同类型的用户节点，圆的大小差异代表传播主体的影响力差异。在推动丁真事件民族文化符号传播主体中，名人账户所占比重较大，草根账户与媒体账户其次，企业账户助力较小。在事件扩散初期，文化符号传播主体较为稀疏，但影响力普遍高于扩散中期。在扩散中期，传播主体数量增多，但影响力相对降低。

藏族特色文化传播首先受名人账户推动，丁真日常账号发文则贯穿事件始终。

同时，一些影响力较大的草根账户等接力助推民族文化扩散。媒体账户与企业账户助力较小，丁真所在省份的四川广播电台为提升本省文旅影响力也参与到信息扩散过程中，企业账户则与丁真所处地相关。

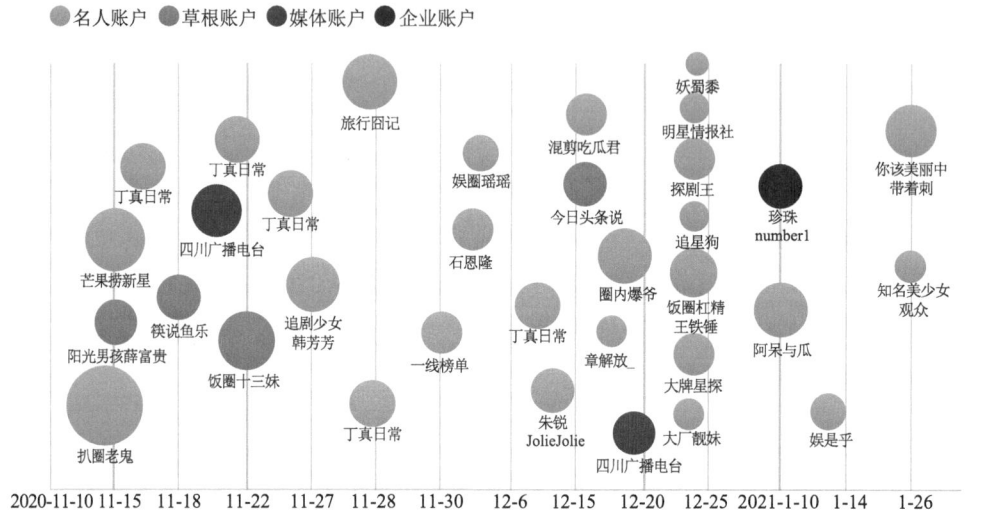

图 4.9　大型传播主体的影响力示意图

四、讨论

本研究从信息扩散研究视角出发，对微博平台热点事件扩散背景下民族文化扩散进行实证分析。大量文本数据分析突破了传统的文化传播研究范式，从人工访谈、问卷收集等小样本数据的阐释、归纳过渡到以问题为导向的"鸟瞰"式大数据挖掘方法，进而驱使民族文化传播研究从表层现象深入到话题联想、情感认知等潜在的本质研究。以社交媒体平台丁真事件扩散为研究对象，引入 LDA 主题模型和情感分析等方法，从事件主题-民族文化符号-情感扩散关联网络建构以及传播主体在民族文化扩散中的影响力分析两个维度出发，发掘热点事件扩散背后隐含的民族文化传播现象及其本质规律。

（一）信息扩散主题的演变与民族文化扩散及不同情感相勾连

使用 LDA 主题模型提取丁真事件扩散过程中讨论主题发现，网红、扶贫、文旅等多主题相互交织，从颜值崇拜吸粉到批判丁真背后的资本博弈，受众的关注点由盲目追随主题框架逐渐回归理性，关注视角从以丁真为核心逐渐发散至所在的空间与人文景观，并产生品牌效应。以往关注度较低的藏族服饰、赛马、草原、温泉、理塘、酥油茶等文化符号开始进入受众视野。该事件扩散伴随民族地区文化设施、活动信息传播并与之勾连，受众以不同的逻辑与情感建构文化符号并初步形成目的地形象感知，同时进一步引发旅游地点感知这一热议主题。这进一步验证了 Hernández-Mogollón 等（2018）的结论，即结构元素和地点品牌对目的地认知和情感形象产生积极影响。

同时，事件扩散中民族文化符号识别与关联情感扩散分析不仅是文化符号的生产传播，更是对受众藏族文化感知基本框架的梳理。受众的文化符号关注点涵盖自然景观、人文景观等内外部空间的方方面面：如以温泉、冰川为代表的自然景观，以牧歌为代表的文化习俗；以彩宝手链、头花为代表的服饰文化，以藏传佛教为代表的宗教文化。受众对自然景观、文化习俗表现出强烈的正面情感倾向，自然、人文景观融合共同构成特色藏族文化扩散过程框架。

此外，基于丁真事件扩散主题与民族文化感知及形象建构关联网络，在"丁真作为流量走红""丁真日常生活"等主题讨论中，受众从图片、视频内容获取文化元素并产生关联符号认知扩散。"签约国企""助力脱贫"等看似与藏族文化传播并无关联的主题却与毛娅大草原等自然景观直接相关。其中，文化价值共振为文化内容进一步扩散延伸提供心理动因支撑。毛娅大草原、贡嘎山等文化符号既具有藏族特色的艺术性，又凝练着中华文明。信息接收者即解释者处于社交媒体中文化传播的核心地位，在接收丁真相关发文后探寻共同解释项的同时，主动打破特色文化的传播壁垒进而对符号传播进行延伸并丰富其对文化符号的理解。

（二）不同传播主体的民族文化扩散影响力存在差异

为理解不同传播主体对不同阶段民族文化扩散的影响，本研究对丁真事件中关键传播主体及其影响力进行还原考察。与识别信息扩散全过程的意见领袖研究不同，本研究识别定位于民族文化传播主体并进行筛选，根据微博认证信息划分传播主体的专业领域。结果表明，在信息扩散前期，名人账户如视频博主、问答博主、娱乐博主等利用自身影响力营造流行环境，将文化内容附着于娱乐化的信息表征之中，通过构建受众喜爱的话语形式调动大批粉丝关注，并在微博互动中进一步形成共情效应。这是引爆点理论的有效验证，关键用户节点作为个别人物，将主体内容包装附着于泛娱乐化的信息中，而后受众跟进形成流行风潮。在信息扩散中期，草根账户与媒体账户持续跟进，但这两类账户影响力较为稀疏，企业账户明显乏力。但多元主体结合丁真事件扩散契机，进一步调动公众对民族文化符号的感知情绪构建社会记忆，打通话题场域隔阂进而引发情感共鸣。

理解民族文化扩散及形象构建中关键传播主体的推动为民族文化数字化传播影响力提升提供依据。在信息扩散语境下，用户交流并非仅能依靠直述性浅层话语框架，源于人类本能的深层次情感可为文化内容传播提供介质。其中，关键意见领袖在文化传播路径中存在独特优势。因而，民族文化传播者应注重发挥关键意见领袖的优势，以隐性方式讲述民族文化故事，建构基于文化符号感知的叙述框架，借助意见领袖的号召力实现话语权化基础上的深层次文化扩散及影响力提升。

第四节　数字文化传播中的环境影响

一、政治环境

"文化自信是一个国家、一个民族发展中更基本、更深沉、更持久的力量。"[①]在党的二十大报告中，习近平进一步强调："坚定道路自信、理论自信、制度自信、文化自信，以更加积极的历史担当和创造精神为发展马克思主义作出新的贡献。"因此，中华民族的伟大复兴有赖于文化的繁荣兴盛，文化的繁荣兴盛有赖于高度的文化自信。文化自信是文化繁荣兴盛和民族复兴的基础和前提（邹广文，2023）。

当下是一个数字传播的时代，信息传播在空间和时间的维度上都达到了前所未有的高度。文化传播的物理空间正在被媒介技术的发展所打破，并且越来越依托数字化载体延伸时空范围，将不同国别与地域联系起来，从而促进跨文化的信息流通由以民族国家为边界的"国际传播"转向真正意义上的"全球传播"。在这样的背景下，数字文化从传统文化中脱胎，凭借数字媒体传播速率和容量的优势，突破传统"西方中心主义"的限制，同时也赋予以往难以发声的发展中国家更多话语权，促使文化传播"反向流动"，为我国文化走出去带来更多机遇与挑战（周敏和赵晨雨，2022）。

习近平在中共中央政治局第三十次集体学习时强调："讲好中国故事，传播好中国声音，展示真实、立体、全面的中国，是加强我国国际传播能力建设的重

[①] 习近平在中国共产党第十九次全国代表大会上的报告[EB/OL]. (2017-10-28)[2024-01-13]. http://jhsjk.people.cn/article/29613660.

要任务。"[①]这为中国当下的数字文化坚定不移走出去提供了坚实的基础。中国文化要走出去，就一定要在观念上进行转换，在内容上把握重点，关注数字文化超越地域界限的互联网属性，用能够传达的数字媒介"讲好中国故事"，从而提升中国文化软实力。因此，在全球数字化浪潮不断涌来之际，需要重视数字文化发展的内在叙事和外部载体，通过中国的数字文化"出海"革新，构建全新的中国文化对外传播生态。

伴随我国数字文化产业的实践发展，我国数字文化产业政策呈现出多政策主体协同、强调激励性发展和政策语力全面增强的发展趋势（陈庚和林嘉文，2022）。政策主体方面，我国数字文化产业政策表现出从少部门独立管制到多部门协同参与的特征。随着数字文化产业规模化、集约化、专业化水平的提升，官方主体逐渐意识到产业的融合特性，"技术""文化""产业"主题词三足鼎立，原有单一主体的权威性监管难以达到政策预期，需要技术领域、文化领域、经济领域等主体部门形成跨部门协作的整体性治理格局，即政府通过协同发文的治理行动，充分利用稀缺的政策资源，促使数字文化产业政策网络中的相关者团结协作，从而消解不同部门之间的政策"缝隙"。

政策取向方面，我国数字文化产业政策逐步从约束性管制转至激励性发展。1994~2002年，数字文化产业并未得到法律意义上的真正认可，考虑到产业发展实践的现实情况和未来的不确定性，该阶段政策以规范为主。但在文化产业崛起、数字技术逐渐与国际接轨后，国家对数字文化产业的认知日渐深刻，相较于片面强调内容监管与市场秩序，产业发展渐趋成为重要的政策议题。2003年后，"发展-文化""发展-技术""促进-发展""发展-创新"等词组呈现出强关联度，"加强""鼓励""培育"等话语表明对产业的扶持和激励得到政策的重点关注，产业技术、产业布局、产业融合、产业可持续发展等激励性政策逐步出台，形成推动我国数字文化产业内涵式发展的强大驱动力。

政策语力方面，我国数字文化产业的政策语力从模糊乏力逐渐到全面增强。政策语力主要取决于语言、知识和表达途径（陈开举，2012）。在政策语言网络上，伴随着数字文化产业政策文本数量的明显增多，政策语言的网络密度与链接点数量也呈正比例增加，不断更新的政策能够更好地回应不同主体的利益诉求。在政策知识水平上，产业实践的发展和政策出台数量的增加使政策制定者对政策议

[①] 习近平在中共中央政治局第三十次集体学习时强调 加强和改进国际传播工作 展示真实立体全面的中国[EB/OL].（2021-06-02）[2023-03-16]. http://jhsjk.people.cn/article/32120102.

题的了解程度不断加深，知识积累也随之增多，政策的针对性与适宜性增强，体现为诸多政策内容能够及时根据数字文化产业的阶段性问题做出合适的因应改变。

在数字文化产业的发展进程中，产业政策与之相辅相成。自 21 世纪初出台互联网相关管理规定开始，涉及数字文化产业的政策文本就开始逐渐增多。表 4.3 展示了 21 世纪以来国家出台的与数字文化相关的政策文件。这些政策文件的出台为我国数字文化产业的快速发展指明了发展方向和路径方法。

表 4.3　与数字文化相关的政策文件

年份	文件
2011.11	《关于进一步加强公共数字文化建设的指导意见》
2012.07	《文化及相关产业分类》
2017.04	《关于推动数字文化产业创新发展的指导意见》
2020.11	《关于推动数字文化产业高质量发展的意见》
2022.05	《关于推进实施国家文化数字化战略的意见》
2022.08	《"十四五"文化发展规划》
2022.11	《虚拟现实与行业应用融合发展行动计划（2022-2026）》
2023.02	《数字中国建设整体布局规划》

2011 年，文化部和财政部提出，在数字化、信息化、全球化的时代背景下，结合国内外形势和人民群众不断增长的精神文化需求，将信息技术、数字技术、网络技术等现代科学技术和传播手段应用于公共文化服务体系建设，进一步加强公共数字文化建设。2012 年，国家统计局出台相关政策文件，在文化及相关产业分类中新增了包括数字动漫制作、游戏设计制作等在内的数字内容。随后，文化部首次明确了我国数字文化产业的概念和相关发展举措，发出支持数字文化产业高质量发展的政策信号。中共中央办公厅、国务院办公厅明确了 2035 年国家文化数字化的战略目标、重点任务和实施路径。从行业萌芽到厘清产业概念再到提出高质量发展目标，我国数字文化产业政策体系日益完备，政策辐射范围不断扩大。紧接着中央办公厅、国务院办公厅提出了"加快文化产业数字化布局"，并将"加快发展数字出版、数字影视、数字演播、数字艺术、数字印刷、数字创意、数字动漫、数字娱乐、高新视频等新型文化业态，改造提升传统文化业态，促进结构调整和优化升级"作为"健全现代文化产业体系"[1]的重要方面。工业和信息化部、

---

[1] 贺占军，赵鑫虎，李亚楠. "数字""文化"双向赋能激荡强劲发展力[EB/OL]. (2023-08-28)[2023-09-03]. http://www.jjckb.cn/2023-08/28/c_1310738603.htm.

文化和旅游部等五部门提出推动文化展馆、旅游场所、特色街区开发VR数字化体验产品，让优秀文化和旅游资源借助VR技术"活起来"，为引导VR与旅游业深度融合，以数字科技助力旅游产业发展提供了方向指引。中共中央、国务院要求推进数字技术与经济、政治、文化、社会、生态文明建设"五位一体"深度融合。提出"打造自信繁荣的数字文化"，大力发展网络文化，加强优质网络文化产品供给，引导各类平台和广大网民创作生产积极健康、向上向善的网络文化产品。

数字文化产业政策的演进特征和发展趋势表明，多部门、跨领域、广覆盖的政策组合拳的初步形成，政策主体协同性、政策目标指向性、政策内容科学性、政策效力强度的不断增强，为数字文化产业的发展营造了良好政策环境和强大政策动能。当前，在国家文化数字化战略和元宇宙发展趋势下，数字文化产业在迎来新的发展机遇的同时，对产业政策也提出了新的更高要求。面对更加复杂多元的发展环境和新的战略机遇，数字文化产业政策应改变初级阶段跟随或并行于产业实践步伐的特点，形成更具前瞻性、针对性和科学性的政策体系，更加有效地指引和促进数字文化产业的高质量发展。

二、经济环境

当下，全球正在经历着一场更大范围、更深层次的科技革命和产业革命，若从数字化场域视角审视，"数字技术正以新理念、新业态、新模式全面融入人类经济、政治、文化、社会、生态文明建设各领域和全过程，给人类生产生活带来广泛而深刻的影响"[①]。正如习近平总书记所言："加快数字中国建设，就是要适应我国发展新的历史方位，全面贯彻新发展理念，以信息化培育新动能，用新动能推动新发展，以新发展创造新辉煌。"[②]数字中国建设是基于特定历史方位、特定国家使命、特定发展需求，由不同主体绘制成的全方位、交互式、立体化的发展画卷，是数字化转型在国家治理各场域的嵌入、融合和赋能，是数字时代推进中国式现代化的重要引擎，是构筑国家竞争新优势的有力支撑。十四届全国人大一次会议提出，要"大力发展数字经济，提升常态化监管水平，支持平台经济发

---

① 习近平向2021年世界互联网大会乌镇峰会致贺信[EB/OL]. (2021-09-26)[2023-08-19]. http://jhsjk.people.cn/article/32236905.

② 习近平：以信息化培育新动能 用新动能推动新发展 以新发展创造新辉煌[EB/OL]. (2018-04-23)[2023-08-19]. http://jhsjk.people.cn/article/29942244.

展"，而伴随数字经济而来的是技术的升级革新，其中文化数字化是文化事业发展的重要趋势，已上升为国家战略。中共中央办公厅、国务院办公厅印发的《关于推进实施国家文化数字化战略的意见》提出的重点任务之一就是，"发展数字文化消费新场景，大力发展线上线下一体化、在线在场相结合的数字文化新体验"。《"十四五"文化发展规划》提出"全面促进文化消费，加快发展新型文化消费模式"。数字技术逐渐全面融入文化消费行为，赋予文化消费新的形式，也使得文化消费领域发生了巨变，产生了数字文化消费现象。作为一种新型文化消费模式，数字文化消费已经与民众的日常生活紧密相连。

数字经济推动传统文化产业升级。影视业、出版业、演艺业、文旅产业等与数字技术融合度有限的文化行业被称为传统文化产业。传统文化产业受传播技术的限制，各行业之间界限明显。数字技术的应用与推广使传统文化产业各行业间的界限逐渐模糊，围绕优质IP，影视、游戏、动漫等文化行业领域获得授权进行文化产品的生产。数字技术、互联网通信促进了网络文学的快速发展，优质IP、影视、动漫、有声书、游戏等众多文化行业在数字技术的推动下，边界逐渐模糊，形成一条崭新的文化产品产业链。在传播领域，数字技术同样发挥着积极作用。报刊、影视等传统传播方式曾对文化产品的推广起到重要作用，但随着新兴技术的产生，各种网络互动平台、网络推广平台、电脑客户端、智能手机APP等已经逐渐成为当前主要的文化传播渠道。在数字技术的推动下，VR技术让传统文化产业借助互联网实现"延伸"，借助网络扩大文化产品受众群体（黄岚，2020）。

数字经济创新文化产业的商业模式。在数字经济背景下，文化产业链中参与生产、消费等环节的群体角色在不断发生变化，各生产要素也在融合、创新的大趋势下开始发挥更大的价值，通过不同生产要素的共享、集聚、耦合实现资源利用最大化，并创造新的商业模式（姚正海和李思纯，2023）。在当前数字化背景下，文化产业商业模式发展为以互联网平台为基础，借助数字技术实现业态和其他产业的融合，从文化产业及服务的研发生产、文化项目的运营、产品宣传销售时的广告投放，到最终文化产品及服务传递至消费者手中等各个环节，都通过现代信息技术开放共享的特点进行运作。当下商业模式的变化主要体现在两大方面。一方面是产业链更加宽泛化，网络化数字空间打破了传统产业链上游的限制，赋予了市场更多的文化产品；由文化传播企业及相关服务设计企业组成的产业链中游更能够专注客户需求，提高客户满意度；下游的文化传播渠道在数字技术和互联网飞速发展的时代变得更加多元化，受众可以通过多种媒介和海量信息资讯接收到文化产品。另一方面是营销方式更加社群化，营销方式不局限于单一信息在单一渠道进行传播，海量的信息产品可以通过网络平台和多元化的媒体传递给更多的受众，受众可以通过公司与受众互动的方式参与文化产品的设计，受众从被动的接收者转变为主动的传播者和体验者（赵敏鉴，2013）。

数字经济促进文化新业态的产生。新兴数字技术如 5G、AI 等不仅使传统文化产业出现智能化、数字化的趋势，实现了传统文化产业的技术升级，而且催生了新兴文化产业的产生和发展。一方面，5G、AI 等数字技术的应用提升了产业的生产效率和内容的准确性；另一方面，数字技术的应用拓宽了文化产业的销售路径。数字技术的低延迟、高传输等特点为新兴文化产业的发展提供了技术支持。新兴文化产业较之于传统文化产业更依赖于数字技术，5G、AI 等技术的发展增强了新兴文化产业的体验感，"沉浸式体验"将减少传统互联网技术带来的距离感、陌生感，大幅提升新兴文化产业的用户体验（解学芳和陈思函，2021）。数字经济优化了文化产业原有的要素组合，通过数字、网络等新技术为文化产业提供富有创意的新型表达手段和表达方式，扩大了文化产业的规模效应。随着数字技术对文化产业的不断渗透，传统文化产业借助平台衍生出基于数字技术的新增值服务，平台模式催生出新业态。互联网与传统产业的融合不仅为传统产业提供了 VR 的发展平台，更帮助传统产业借助互联网虚拟经济实现"跨界经营"，使传统产业在商业生态圈、制造生态圈及研发生态圈实现规模回报递增并形成循环（赵振，2015）。

数字经济与数字文化相互作用，相互影响。数字经济推动传统文化产业升级，创新文化商业模式，促进文化新业态的产生。与此同时，数字文化的传播也为数字经济带来了新的商机，如数字游戏、数字音乐、数字影视等。此外，数字电视、数字报刊、数字图书馆等数字化媒体让信息传输和知识获取变得更为简单和快捷，使得知识产业得到了发展，从而有利于信息经济的发展。最后，数字文化产业的集聚也拉动了经济增长。生产、运营、监管、市场等多个部门的形成让数字文化的全产业链体系已初步形成，数字文化产业链的完整形成将为经济增长、创新和就业创造条件，展现出其巨大的潜力。

三、社会环境

近年来，随着我国经济实力不断增强、居民收入生活水平和消费能力大幅提升，文化产业与数字技术融合导致文化产业发展模式发生迅速改变，需求引导供给甚至全面取代供给创造需求。创新动力层面，范围经济迅速取代规模经济，也使得模块化生产、精准化生产、定制化生产成为可能。随着社会的发展与人民生活水平的提高，人民群众的精神文化需求日趋多样化和个性化。建设社会主义文化强国是我们党团结带领人民长期奋斗追求的重要目标。一方面，随着数字技术深度融入文化领域，其重塑了传统的文化传播方式，出现了一大批新型文化产品；另一方面，人民生活水平的稳步提高、平均受教育水平的持续上升使得人们对新型文化消费的期望大幅提升，这为文化创作提供了强烈的原动力。近些年，伴随中华优秀传统文化创造性转化、创新性发展而来的"国风热""国潮热"，是引人注目的文化现象。人们的民族自豪感和文化认同感，通过中国文化的传统元素、经典意象被进一步激发，收藏在博物馆里的文物、陈列在广阔大地上的遗产，也在文化消费新模式的引领下，以新的姿态走入公众视野、大众生活（康岩，2021）。

文化数字化消费习惯的形成有望持续释放庞大的数字消费需求，"云上生活"有望成为未来文化消费的重要形式。以互联网、大数据技术、AI、区块链、量子通信和元宇宙等为代表的新兴数字技术对社会经济产生了巨大的影响，以网络消费、智能消费、绿色消费、文化消费等为代表的新型消费形式深刻影响着人民的日常生活，引领新消费的发展方向，发挥着激活发展动能、提升发展品质、促进经济结构优化升级的作用，极大地满足了人民群众的精神文化需求，提升了国内居民的消费意愿。互联网的快速普及应用催生出了个性化、多样化、品质化、线上线下一体化、在线在场相结合等文化消费新特征。大数据技术、AI等技术应用更能精准分析用户画像，实现数字文化消费的智能推送与精准分发，助推线下消费转化为线上消费。2020年以来，线下文化消费受到巨大冲击，在一定程度上加速推动了民众逐渐习惯"宅经济""云经济"的数字文化消费模式。

在线教育大规模的兴起开启教育新常态（马素梅，2020）。起初出于疫情防控需要，许多大中小学校借助网络数字技术，依托一些网络直播平台和在线会议软件纷纷开启了网络在线教学活动。以腾讯会议、飞书、Zoom、抖音等软件为载体的数字技术广泛介入教育当中，线上教学活动开始大规模应用，带来的绝不仅仅是把课堂由"线下"转向"线上"的变化，还带来了教育领域一次革命性的变革。随着发达的网络数字技术越来越广泛地介入教育当中，横亘在中小学和大学之间的"围墙"将逐渐被打破，教育突破时间和地域的限制，将逐步实现资源更有效的均衡分配，知识在不同学段之间实现顺畅的流动。为此，教育领域逐渐有一种共识：在可以预见的未来，以现代数字网络技术为支撑的线上教学与传统的线下课堂教学将会长期共存、深度融合，成为教育的一种新常态。

网络直播带货热潮形成零售新形式（沈宝钢，2020）。随着中国网购与直播的普及以及大众消费需求的增加，一种新型商业模式——"直播带货"应运而生并迅速发展。从直播经济的角度出发，"直播带货"完成了供求交易依托平台更为彻底的"互联网化"，也使得消费壁垒得以进一步消除。更多人群被引入直播间，加入一场场"消费狂欢"。头部带货主播更像是传统经济关系中的"金牌销售"，强化着彼此的信任连接。从直播功能的角度出发，直播电商中的"直播"是互联网传播及时化、场景化、视觉化等技术限制被充分解放后的形态。直播对互联网销售商品展示模式的改造更为隐匿，也不存在使用与理解的门槛，是一种"无声的渗入"。在这一平台之上，传统的购物流程被颠覆，传统的实体销售被浓缩在一个高效率的工具中，观看、交易和社交行为完成了高度的统一。

数字文娱产品的消费需求增长迅速成为消费的新热点和新趋势（乔文华，2021）。随着技术的发展，线上数字文化产业内出现了新形态、新模式。以实时发布、相互关注与共享为特征的社交媒体构建起信息传播的"互动场域"。随着5G时代的全面到来，以数字技术与文化创意为核心的双轮驱动将作为经济增长的新引擎与新生产要素，促进未来文化产业格局的重组与升级。以动漫游戏、网络文学、网络音乐、网络表演、网络视频、数字艺术、创意设计等产业形态为基础打造中华数字文化品牌。在推动数字文化产业高质量发展阶段，优质内容的创作是核心，而数字内容资产化的数字版权保护是助力其持续发展的基础。优质数字文化内容突出围绕中华优秀传统文化创作，对优秀文化遗产进行有序化、规模化、深度化的数字化沉淀和保护，通过最新的数字技术赋能中华优秀传统文化的数字化再创作与数字化展示、传播，推出具有中国特色的数字化创意产品。例如，近年来成功出海的《哪吒之魔童降世》《庆余年》《上阳赋》《鹤唳华亭》《长安十二时辰》等影视作品均以中华优秀传统文化为创作背景并获得海外观众的共情（顾江，2022）。

四、技术环境

数字技术通过重构文化生产与消费环境，提升社会文化产品供给能力。数字技术的出现和应用极大地提升了技术与文化行业的适配性。数字技术在很大程度上突破了阅读（接受）能力障碍、财富能力障碍、时间空间障碍和信息有限障碍，以一种前所未有的便捷方式，携带文化内容融入人们的日常生活，极大扩展了文化对社会的渗透度和影响力。例如，与文化艺术服务业相关联的所谓高雅艺术形态（歌剧、芭蕾、话剧、地方戏剧、经典音乐等）在市场和线下传播的环境中难以自我生存，但通过数字赋能，这些高雅艺术形态的传播效率得到了极大提升。例如，当下国家文旅部门主导建设的"文化云"一体化平台就是数字技术与文化行业对已有艺术资源的融合、分发与传播，在这一过程中，数字技术融入文化部门的具体组织工作，并探索构建与现有文化部门相匹配的管理结构。数字技术提供了迄今为止最强大的摄取、生成、存储和处理各种文化元素的能力，也提供了文化产品生产、分发和传播的技术。实现在移动网络中的共享、分发和消费，其效率、多样性及便利程度实现了巨大飞跃。在数字技术环境中，数字技术全面赋能文化产业创作生产、传播、交易、消费的全链条，形成了众多的平台企业，如"腾讯系""阿里系""百度系""字节系"等。这些平台企业的出现使原本与专业技术不完全相容的文化产品能够便捷地实现跨行业生产、传播和分发，重建了社会文化产业生态圈。

数字技术重新定义了文化传播的时间效能，使文化传播的时效具备了全新意义上的即时性、碎片性和恒定性。首先，得益于 4G、5G 技术的迭代，数字在场成为常态，即时性的文化传播得以实现。实时交互从最初的文字媒介扩展到图片、音频媒介，再扩展到短视频，乃至长视频媒介。弹幕、网络直播、虚拟人、云游戏、互动影视、VR/AR 等交互性高、沉浸感强的新媒介出现并成为当下新的潮流，为传统文化的传播速度和广度提供了巨大的技术引擎。其次，随着手机、平板等个人移动终端的普及，媒介时间的碎片性进一步显现，也成为文化传播的另一个显著表征，即传播内容的碎片化（陈彧，2017）。一方面，碎片化尽管解构了传统的"宏大叙事"，弱化了传统文化的整体性与"原始意义"，但也促使传统文化向"轻量化"转化，以更细小、更灵动的方式融入当代日常生活；另一方面，中国传统文化本身内含了"言简意赅，短语成篇"的文本特征，其"语录体""札记体""解句体""批注体""诗词体""诗话体""词话体"等片段性的呈现方式与当代"碎片式媒体"的相融相洽，使得对于传统文化的当代解读和二次创作成为社交媒体中的流行内容，广泛呼应了当代人对传统文化的想象和认同。最后，文化一旦被数字化存储就会恒定地存留于数字世界，并且恒定地发挥着传播效能。这种恒定性对优秀传统文化的传承和传播具有更为重要的价值和意义。例如，古籍、书法、绘画、文物等材质脆弱、易于湮灭的文化种类可以通过数字化在网络世界中恒定延续。近年来，国家推动建设的全国古籍普查登记基本数据库通过数字技术建立"国家古籍登记制度"和"古籍总台账"。这些古籍数字资产不但为中国传统文化研究及中华文明的传播提供了坚实的文献保障，更是中华民族伟大复兴重要的战略文化资源（周建新，2022）。

数字技术通过建构"超越性体验"，引领文化生产与文化消费的转型升级（傅才武，2022）。数字技术开拓了文化消费体验的新途径。进入21世纪，由数字平台创造的沉浸式体验模式业已开始应用于演艺、文化旅游和博物馆等行业领域，形成新的文化消费业态（钟晟和代晴，2021）。数字技术语境下的沉浸式艺术强化了受众的个体体验。在通信技术与数字技术、VR技术和AI技术的"技术互联"情境中，虚拟情境将人类的想象现实化，本身就形成了另一个维度的"真实"。受众的体验不再受传统艺术场景的空间限制，受众沉浸式体验的主体能动性、介入性更强，他们可以凭借自己的艺术想象和审美倾向，主动参与虚拟艺术场景空间的构建。与传统消费体验不同，沉浸式文化消费是占有或者共享某一文化产品所获得的体验。传统的文化消费驱动的是回忆、怀旧、身份归属等体验，而沉浸式消费驱动的是共情体验，它"通过虚拟身体的存在、合理性和挪用的错觉的综合组合，沉浸式新闻积累了引发'身处真实地方，重温真实故事，与真实身体在一起'的感觉的能力"（陈昌凤和黄家圣，2022：61）。数字技术特别是元宇宙正在改写文化消费的定义，在数字沉浸式体验中，文化产品转变成了用户对借助于数字技术重构的"事实"的临场感知。用户沉浸式体验在呈现时不是突出"事实"这样一种客观存在，而是突出用户对虚拟社区的参与、观感和体验，强调的是用户在与发生的"事实"之间的互动关系中的判断和理解。

数字技术的突破和应用能为文化事业和文化产业的繁荣发展提供技术支撑；文化事业和文化产业的繁荣发展反过来又会对数字技术提出新的要求，进而带动数字技术持续迭代创新。坚持推动数字技术与文化繁荣有机融合，加快文化产业数字化布局，培育新型文化业态和文化消费模式，就能不断激发新型文化业态的创新潜能。科技的力量日新月异，文化的魅力历久弥新。经过历史淘洗沉淀下来的文化遗产既是中华儿女共同的文化记忆，也是我们传承历史文脉的鲜活见证。运用数字技术的力量能以"今"入"古"，让流传千年的古风古意穿屏而出，联通历史与当下，实现社会效益和经济效益相统一。

第五章

数字文化传播中的用户认知与传播效果评价

正如文明史上印刷技术给文化传播带来的巨大革命，AI、大数据、VR 等新兴数字技术发展与文化生产消费相融合，数字文化体验成为主流感知形态，以图片、动画、声音等视觉、听觉、触觉为代表的受众沉浸式感官体验取代了以文本、静态图像等单一表达为特征的传统文化内容（Dey et al., 2020），有效地促进了受众与文化内容的探索互动。基于数字技术的便捷性和普及性发展，数字文化时代的传播者和受众相较于传统媒体时代角色也已变化，作为数字文化生产、消费与传播的主体，传播者和受众已经不再具有清晰的分野，而是增加了更多角色转换的特征，数字文化内容的传播者与受众合二为一。国外一些学者提出，将传播者与受众的概念演变成"信息生产者"与"信息消费者"，形成产消合一的新群体，即产消者。喻国明和曲慧（2021）认为，置身于复杂的传播系统中，拥有个人传播权力的用户是新型受众，需要新的审视视角。传统观念中的受众概念在数字时代成为被赋权、自组织、不断进化和流动的要素。鉴于数字文化传播生态呈现出向多元化、开放性、平民化和非权威主义发展的趋势，在数字文化传播的背景下，需要一个认识受众的全新视角。

第一节 数字文化传播中用户的界定

对于受众，可以用一个更为普适的词汇来进行描述，即"用户"。"用户"一词最早起源于经济学，通常指在商业活动中产品或服务的消费购买者，具有主动性和自主选择权，但不具备商品生产权和提供权。随着信息技术的快速发展，"用户"被引入计算机行业，特指网络服务的应用者。技术的变革影响甚广，同样影响到了传播学科，数字媒体的兴起打破了传统的大众传播时代环境，"受众"一词不再适用于当下的需求，为更好地表述当下传播活动的主题，"用户"被引入传播学。与"受众"不同，"用户"打破了传统传播中"受众"作为信息接收者的被动局面，成为集信息接收与信息发布于一身的角色，具有主动话语权和信息选择权，可以选择接收感兴趣的信息，也可以根据情况发布信息。"用户"相较"受众"，抛弃了其被动的偏向性，更适合数字时代的媒介转变，更能中性、客观、准确地反映数字文化传播与受众的关系，也能更好地适应数字媒介环境。

一、作为数字文化生产者的用户

数字手段的应用使信息传受关系发生改变，为用户参与文化生产提供了支撑，用户不仅具有信息和观点的消费能力，还具有信息和观点的生产能力，即具备了信息和观点的制作、传播、扩散的能力。个体得以掌握媒体，通过个人推荐传播即可建立读者群体，通过与用户直接互动留言交流即可发表自己的观点，通过提高文字及影音创作能力，还能进行由草根向精英的转化。数字媒体的先期使用者由此被视为全民媒体风潮的发动者，通过消费者分享和共同创造推动了数字文化市场绩效的提升。这样一来，身份也就从单一的信息和观点的接受者变为信息和观点的传播者和接受者双重身份，并开始具备生产者的行为特征。

（一）用户成为生产者的动因

用户生产能力的出现是数字技术发展和人类原本具有的表达欲望共同作用的结果。

首先，用户作为信息的生产者是伴随着人类媒体发展史共同发展的，媒体和传播本身就是一种社会行为，人类更是具有一种传播信息的本能，渴望将自己已知的信息或观点向他人传播。人类文明正是基于这种传播才得以继承和发展。5G、大数据、云计算、AI、区块链等数字技术的涌现赋予了信息传播高智能、全链接、零延时的特征，这也使得用户的传播成本几乎趋近于零，用户开始产生一种报道的使命感，渴望自己的信息被他人得知和认同，这也是自媒体的动力。数字媒体借助技术，使得人人皆成生产者。

其次，技术的进步促进平台的发展，为内容生产提供了更为多元的路径。在数字时代，时代是生产、分发、消费于一体的具备融合、升级、创新效应的数字产业生态综合体，对促进新数字经济的发展起着巨大作用。平台构建了生产消费一体格局，将内容生产者与内容消费者集聚于一体，是聚合用户、产生用户黏度、实现用户间关联的有效手段。一方面，平台实现了多元主体的最佳组合。各类各层级数字化产业平台为产业数字化运营提供了基础架构，支撑了多元主体之间跨区域大规模协作的形成，多元主体依据各自优势，通过数字化平台整合分解产品需求信息、共享产品数据、有效调配相关资源，极大地降低了协作成本，兼顾了规模经济和范围经济的发展。另一方面，平台激发了大众文化创意活力。依托"云端"等新基础设施，互联网平台创造了全新的文化生产环境，显著降低了创意活动的知识积累、产业组织和传播的成本，从事文化创意内容生产的门槛大幅降低，大众创意活力得以激发，越来越多的业余创意者通过进驻创作平台，加入内容生产行列，为创意产业的发展扩大了智力资本。

（二）用户的生产行为特征

移动数字技术拓宽了线上线下、线上社区内部及社区间互动边界（Mihelj et al.，2019），传统线下、静态、传播及表达单通道的文化发展逐渐趋向数字化。数字文化的出现相较于传统文化在内容形式、用户参与层面均呈现较大差异（Mamonov & Koufaris，2020）。用户作为数字文化生产者在整个生产过程中呈现出高度的参与性，他们会积极介入到产品或服务的设计、开发和测试中，提供反馈和建议，从而帮助数字文化生产企业不断改进产品或服务。

一方面，数字文化是用户集体生产行为的结果，其文化价值表达及外部形式呈现新特征。文化内容作为数字文化消费对象的核心，可以被理解为由集体创造且通过一定的规则结构与实用知识形成外部语用构造以进行信息共享（Kizgin et al.，2020）。例如在站点设计网站，用户可以上传自己的作品，不同用户的作品为网站的文化内容维度提供了新颖、多元的视角，用户也可以下载其他作品，表达对相应文化信息的关注。文化内容以网站设计图像、颜色、系统交互、信息体系结构为呈现载体，潜在反映并贴合不同文化背景的用户认知风格（Zahedi & Bansal，2011）。

另一方面，数字文化用户生产形式发生变动。互联网生态下受限于地点、时间的传统文化体验被高度全域性、社群性的数字文化替代（Dey et al.，2020），互联网以其数字编码属性为用户营造差异化的空间形态及服务平台（Lombart et al.，2020）。数字虚拟场景的建构突破了传统线性时间和物质空间的制约（Chou，2020），用户改变了以往被动使用与消耗的过程，借助社交媒体平台在网络、数字环境中以混音、混搭、拼接、评论、转发等各类方式占据主动并介入数字文化产品的创造过程（Shen et al.，2019），加速了数字文化内容传播扩散速度。

用户在生产行为方面具有自主性，他们可以自由地选择使用产品或服务的方式和时间，从而满足自己的需求和偏好，同时这也意味着用户在获得信息时需要付出主动代价。数字技术搭建的自由、平等、多元的平台为数字文化多元化传承的发生提供了一个便捷、低价、低技术门槛的前提。正如前文所述，数字文化传播突出了用户更强的互动参与性，用户渴望在数字文化中体现出自主与参与，他们希望产品或服务能够根据自己的需求和偏好进行定制和个性化服务，从而提高产品或服务的价值和用户体验。

（三）用户的生产过程特点

数字文化消费基于数字虚拟社区建设，利用互联网新媒体技术产生互动的文化体验，在文化机构和社区间构建共同创造关联，用户容易化被动接受为主动创造角色（Russo & Watkins，2005）。当文化消费数字化转型向纵深方向发展时，物质消费产品界限趋于模糊，人们更倾向于将其情感及精神认知寄托于数字文化产品生产（罗小艺和王青，2018）。此时，消费者逐步在数字文化生产过程中开始显现出主导作用。

用户的数字文化生产主要以内容为基础，以创意为核心，以技术为支撑。大数据与云计算的应用发展帮助生产者更好地了解用户需求，提高数字文化产品的营销精度（赵鑫全，2019）。对数字文化产品或服务的消费，其实质是对文化内容的感知，内容是数字文化消费决策的基础，创意则是用户进一步抉择的关键。

作为数字内容产业链的终端环节，用户首先依据自身偏好进行内容筛选，以满足自身信息需求、实现产品的使用价值（周志平，2014）。创意则为数字文化产品的内容生产增加价值，形成竞争壁垒。刘果和王梦洁（2017）认为，知识溢出的关键在于创意。若数字文化客体本身缺乏创意，则其功能性、感染力、吸引力降低，数字文化消费扩展将受限（刘平，2014）。因此，用户的数字文化生产是以内容为基础、以创意为核心的。

此外，用户的数字文化生产也是以技术为支撑的。AI、虚拟技术的应用改变了产品形态，文艺观念和实践发生着深刻变革（唐琳和陈学璞，2018）。数字文化产品在延长商品的历史时间价值的同时，数字技术的应用成为文化消费个性化趋势发展的内在驱动力（罗小艺和王青，2018）。

二、作为数字文化消费者的用户

数字技术时代，用户已不再单向、被动地接收信息，而是成为数字媒介及其内容的使用者和消费者。用户接收、处理、加工信息的过程，其实质是信息消费的过程，在文化消费数字化转型背景下，作为消费者的用户改变了以往被动使用与消耗的过程，始终以一种积极的姿态介入数字文化产品创造，对信息和观点进行精神层面的消费，并在消费的过程中处于市场主体地位。

（一）用户的消费行为特征

数字文化消费的对象主要为媒介及其内容，随着新一代数字技术的驱动，新的需求不断涌现，基于信息这种特定的对象，用户的消费行为也呈现出多样性，主要体现在以下方面。

从一次性消费到持续性消费。一方面，当前的数字文化消费正在实现从满足"基本需求"到满足"个性化需求"。另一方面，消费者在网上消费的过程中产生的数据提高了消费者和商家之间的交互频次，增加了消费者的购物黏性，商家利用数字技术分析消费者的喜好、行为特征，对消费者实施精准化营销，促使消费行为变成长期可持续的行为。

从个体消费到社群消费。在数字经济背景下，互联网使网民集结成网状结构的虚拟社会，他们的价值取向、消费习惯，甚至是消费模式会趋同，因此，社群消费应运而生。例如典型的游戏玩家社区、微信社区等，社群里的每一个人都可以是消费者、宣传者，甚至是商家。

从大众化消费到个性化消费。移动互联网、大数据、AI等技术通过将用户的消费行为数据化，进而实现数字化分析，使得商家能够针对不同的用户实施精准化营销，进行定制化生产。定制化生产将用户在产业链中的位置从末端转移到顶端，从被动转换为主动，用户作为消费者对内容产品的生产拥有更多的自主选择权和决策权，用户的个性化需求被激发，用户价值成为影响数字文化产业生态系统建设的核心力量。

从温饱型消费到品质化消费。近年来，我国居民的消费需求不再局限于满足基本生活需要，而是更加注重商品和服务质量，逐渐从追求买得起的商品到追求质量好的品牌商品，更加重视购物行为带来的精神愉悦和舒适感。用户更愿意为高品质的产品和服务买单，个性化、定制化、高端化需求为消费升级构建了稳固的基础。

从免费消费到付费消费。过去受众多通过免费或支付很低的费用而获得媒介上的内容及信息，例如，人们可以免费收听广播，可以支付较少的有线电视费收看电视，可以在廉价报纸上获取新闻讯息，等等。随着代际性消费群体的成长和移动支付技术的突破，用户尤其是年轻一代网民已经习惯为自己所喜欢的产品和服务付费，付费消费成为数字文化产业的主导型盈利模式。例如，付费的网络文学、网络影视、网络音乐、网络戏剧、网络游戏等由泛娱乐转向新文创开发，成为数字文化企业的主导商业模式。

（二）用户的消费场景特点

互联网时代，数字文化消费最为常见的场景就是人们在家中使用智能电视或手机观看在线视频，使用在线音乐服务平台收听音乐，使用电商平台购买数码产品、音乐、电影等数字产品，在网上报名参加远程教育课程、观看在线讲座等。

随着数字技术不断发展和创新，数字文化消费中用户的消费场景更为多样和丰富。新技术不断向数字文化渗透，带来全要素效率升级，打造了沉浸式、体验式、互动式的消费场景化体验，构建了文化产业的新图景。

数字技术凭借其神奇的力量，为全球带来了前所未有的变革。它将虚拟与现实紧密交织，塑造出第三种体验境界——现实增强场景。AR、VR、AI 等数字技术的不断涌现，突破了传统思维的束缚，为文化创意产品和服务赋予了更为丰富的内涵。它们不仅拓宽了体验的范畴，更通过增强现实场景内容的表达力和展示效果，引领人们沉浸于斑斓的虚拟世界。

与此同时，数字技术也为文化产业注入了新活力。伴随着移动互联网、新媒体以及 VR 等交互技术的飞速发展，互动体验式设计逐渐成为文化产业的一大焦点。通过优质的产品体验、创新的视觉传达以及简洁友好的交互方式，它成功吸引了大量用户的关注。以数字展馆为例，其巧妙地融合互动投影、全息投影、智能中控系统等先进技术，将互动体验深度融入展品展示之中。这种全新的展示方式不仅颠覆了观众的体验模式，而且让他们在参与过程中感受到前所未有的深度与乐趣。

数字技术的魅力在于，它实现了虚拟与现实的完美融合，创造出无尽的可能。在这个充满奇幻与惊喜的世界里，用户不仅能沉浸在丰富多彩的虚拟场景之中，还能通过互动体验使每一个瞬间都充满意义与乐趣。

作为数字文化消费者的用户，其对数字文化传播的影响力不容忽视。在数字化时代，信息与媒体充斥着我们的生活，个体对数字文化产品的接受或抵制，实际上就是以消费行为为表现形式的。这也构成了媒体形态不断升级与变革的重要推动力。对于用户来说，更为便捷的信息获取方式和更为丰富的内容选择自然会导致更多的媒体消费行为。回顾传统大众传播时代，人们通过收音机收听广播，通过报纸获取资讯，通过电视收看节目。然而，随着时间的推移，人们渐渐可以通过手机阅读新闻，通过电脑观看节目。媒体竞争愈发激烈，为了吸引和留住用户，媒体不得不进行深层次的变革。正是用户通过消费行为对媒体产生的影响和施加的压力，推动了技术的不断进步，使得数字时代的媒体能够进行更为深度的融合。

三、数字文化传播中的用户特征

所谓"用户"，"用"代表了其主动性，而"户"代表了其独特性、差异性。传统的受众是被动的、可预测的、静止的、顺从的、孤立的个体，而数字技术不断发展的环境下的用户则是主动的、迁移的、缺乏忠诚度甚至是反叛的，抛弃了受众被动的偏向性，还原了数字文化传播受众的本来面目，并具备以下特征。

（一）用户年龄年轻化

数字媒体借助技术，使得人人都成为生产者。基于对互动性的需求，年轻用户群体对新生事物接受能力较强，乐于在消费过程中付出金钱、时间和精力成本，数字媒体恰恰满足了他们对信息搜集（文化获取）、资源共享（文化传播）、自由表达（文化生产）等的需求，因此更受年轻人的喜爱。随着数字媒体技术与服务的不断提升，数字文化传播的用户范围与层次将不断扩大及深化。基于数字媒体的数字文化产品的消费与传播范围也将会随之不断扩大和深化，并最终成为文化传播的主要载体。

（二）用户审美大众化

数字文化呈现以娱乐化的审美方式和快捷性的传播速度迎合了消费时代的市场需求。在数字文化消费过程中，物质与精神界限相对模糊，文学审美逐渐被大众主流消费湮没（丁梅芊，2013），用户通过数字化消费平台拉取推送信息，在连续的碎片化时间内进行消费选择。大数据以及移动互联网在智能定制、场景营销中的应用泛化，"应景"的文化符号（苏锦姬，2020）与形象涌现到消费者面前，一定程度上忽视了消费主体的内在需求，禁锢了消费主体的选择能力与意愿

（王璐璐，2018）。数字文化消费发展进程加快，娱乐化、快餐式、碎片化的数字文化消费占据市场主流，文化消费逐渐由精英审美向大众审美方向转变。

（三）用户脱离了时间与空间的限制

信息时代，互联网生态的高度发展使得以往受限于地点、时间的传统文化消费被高度全域性、群聚性的数字文化消费所替代。互联网以其数字编码属性为受众营造差异化的空间形态及服务平台。数字虚拟场景的打造突破了传统线性时间和物质空间的制约，文化信息通过互联网社交平台实现自由互动与数据相连，"全天候生产""无边界消费"成为可能（王强东，2009）。生产层面，数字手段的应用为文化生产与消费的时间与空间解构提供了技术支撑（Chyi & Lee，2013）。文化产品生产流通及运输成本降低，传播范围、传播速度大幅提升。消费层面，依托于互联网社交工具，人群集聚方式由传统空间集合转化为网络社会组织，文化产品内容评价脱离了时空限制，由线下交流转变为线上沟通（Matrix，2014）。实际应用层面，以 VR、AR、3D/4D 成像技术为依托，兼具生活化与游戏化的沉浸式体验场景构建重塑数字文化消费主体行为（Unsworth，2002）。国内移动数字博物馆、图书馆建设浪潮式推进，消费者可以利用琐碎时间，借助电脑或移动手机端参观数字展览，时间与地点的限制被解除（刘平，2014）。在数字音乐消费领域，数字时代的线上音乐消费脱离了传统唱片、DV 等物质禁锢，音乐消费更加自由无限（Magaudda，2011）。

（四）用户的构成异质性

在文化消费数字化转型浪潮中，受众节点及触点较为分散。用户个人的审美意趣、生活方式、价值观等方面存在差异，用户呈现异质性构成。在数字文化消费过程中，市场的细分使得先前被传统和常规模式忽略的受众权益得到认同，数字和网络模式等技术层面的革新催生市场覆盖范围进一步扩大。垂直传播消费模式将扩大的消费市场格局不断细化并重新聚合，消费者群体也在消费格局重聚语境中进一步细分（王林生，2018；宫承波和田园，2013）。技术层面转型推进了数字文化消费目标市场的重新定位，不同人群的认知能力差异则进一步推动数字文化消费异质性构成特征的形成。杨秀云等（2017）采用实证方法建立结构方程模型，并认为不同年龄群体的数字文化消费意愿存在显著差异。年轻用户群体对新生事物接受能力较强，乐于在消费过程中付出金钱、时间和精力成本。作为与互联网发展结合密切的新兴文化消费业态，网络游戏、短视频、网络文学、网络音乐等数字文化产品消费已渗透到日常生活的方方面面。王璐璐（2018）以国外广受欢迎的 wuxia world 网站为例进行文化消费群体分类探析。数字技术的应用在文化消费转型过程中打破了时间、地域、语言的界限。消费者通过手机形成自己的"小世界"，不断寻找自我差异，聚合形成全新的文化消费群体（王璐璐，2018）。

（五）用户的数字文化消费过程呈现高度协同互动

数字技术引领文化的时空转换，数字文化产品在创作、展现及传播过程中呈现高度协同与沉浸式特征。从创作及展现视角来看，消费者参与产品内容讨论并与生产者互动交流，不断实现并满足自身消费体验。刘平（2014）从网络文学消费视角对生产者与读者互动行为进行了探讨。互联网时代，线上阅读平台的建立突破了传统出版业规则，改变了纸媒消费形式下作者与读者的割裂关系。价值链两端的读者群与作者群借助线上平台直接沟通（Tian & Adorjan，2016）。在公共数字文化消费领域，生产者与消费方的高度协同也同样适用。

从数字文化消费传播视角来看，以数字技术为支撑形成了巨大的社交网络（赵雪等，2012）。潜在消费者通过已有评论重塑数字文化产品认知，并最终作用于消费意愿（刘霞等，2014）。以网络游戏为例，玩家以网游平台提供的邮件、公告和电子社区等为依托进行社会互动，扮演不同的角色，享受差异化的娱乐消费体验（徐向东和何丹丹，2019；何聚厚等，2019）。

第二节　数字文化传播中的用户认知

认知是指人们获得知识或应用知识的过程，或信息加工的过程，这是人的最基本的心理过程。它包括感觉、知觉、记忆、思维、想象和语言等。人脑接受外界输入的信息，经过大脑的加工处理，转换成内在的心理活动，进而支配人的行为，这个过程就是信息加工的过程，也就是认知过程（彭聃龄，2019）。用户认知指的是用户在接受某种信息或者媒体内容时所产生的理解、认知和感知等心理过程，一般包括用户对信息的理解程度、对信息的记忆和关注度、对信息的评价和反应等方面。数字文化传播中的用户认知主要是用户根据自己的意愿和感受，来判断数字文化价值的过程，是影响用户对数字文化内容反应和行为的重要因素，受到个体认知能力、经验、文化背景、态度和价值观等多种因素的影响。本部分主要探讨沉浸式技术及社会外部环境对数字文化传播中用户认知的影响作用，并为在数字文化生产快速增长的背景下把握用户需求提供理论支撑。

一、用户的数字文化需求

用户对数字文化有着多元需求，数字文化消费作为数字化文化产品、服务、资源的体验与消费行为，其发展与数字技术进步、文化内容挖掘、民众需求导向密不可分。2019年，科技部、文化和旅游部等六部门联合发布了《关于促进文化和科技深度融合的指导意见》。该意见明确指出"以满足人民对美好生活向往的精神文化需求为导向，用先进科技手段，助推文化领域供给侧结构性改革和需求侧服务模式创新"。在供给侧结构性改革背景下，数字文化消费的推进已成为继续深化文化市场供给侧结构性改革、社会主义精神文明建设的重要载体与发展手段。

数字媒体的自由便捷、丰富多元、随时随地、互动共享、交流零距离等特点，满足着用户的多元需求。例如，2016年9月20日上线的由字节跳动孵化的音乐创意短视频社交软件"抖音"，即为一个面向全年龄的短视频社区平台，其内容涵盖新闻、健康、娱乐、生活、科技等方面，用户可以通过这款软件选择歌曲，拍摄音乐作品形成自己的原创作品，满足社交、娱乐、购物等需求。

借助马斯洛的需求层次理论，本书将用户对数字文化的需求分为四类：实用便利需求、社交性需求、娱乐需求、认同感需求。

（一）实用便利需求

文化本身是一种复杂的信息，在用户的信息需求系统中，信息获取的实用及便利需求占据主导地位，人类的很多活动只有在信息交换的基础上才能得以进行，而数字时代人们所面对的环境极其复杂，几乎不可能靠自身去获得有关环境的全部信息，数字媒介就成为一个很好的信息提供者，技术本身在对社会进行全面渗透的过程中逐步形成了具有时代特色的数字文化。它既有新的语言表达和新的艺术形式，也有新的生存方式和新的生活态度；既有新的社会风俗的形成，也有新的社会交往及其相应的社会关系模型的出现；既有新的文化空间的拓展，也有新的文化内容的诞生；既有新的信息环境的熏陶，也有新的信息技术的应用；等等（何华征，2016）。

借助数字媒介，人们对社会环境的认识突破了时空上的局限性，大大提升了数字文化信息的获取速度。人们通过手机就可以获得关于周围环境的信息，如天气、物价等，获取新闻资讯、了解行进路线、进行娱乐活动；通过云存储技术，信息可以实现多平台调取；通过 VR 甚至可以沉浸式模拟体验学习技能。用户随时随地获取实用信息的需求得到了充分满足。

（二）社交性需求

数字文化的诞生同时伴随着新的社会风俗的形成、新的社会交往关系的出现。传统媒介时期的社交关系主要围绕着生存信息的获取，发展到网络媒介时代，人们逐渐开始突破物理限制而将圈子延伸到更多的领域，受数字信息技术、AI、VR、智慧语音等影响，现今用户的社交生活具有更强的时代特征：各种社交媒体渗入生活的各个角落，构建起一个与"线下空间"并置的"虚拟交往空间"，一定程度上实现了现实和虚拟之间的无缝衔接，不仅改变了人际关系的内涵、逻辑和意义，也催生出新的社交生态（周文俊，2022）。越来越多的人选择通过数字渠道来满足社交需求，形成了数字化交往，借助智能技术增强"现实"的特质，调动个体视觉、听觉和触觉等感官，人们交往交互的体验感得到了极大丰富与延伸。

在数字文化中，数字技术和社交媒介对人们维持人际关系、创设交往情景、开拓新的交往路径、获得更多交往选择、建立新的社交范式和图景大有助益，数字技术的多样性使人们可以通过相应的数字媒介工具、应用或产品创建属于自己的体验，找寻拥有相似兴趣的人，获得心理认同感和群体归属感，并且不受时空限制，这也就使得人们拥有了更强的表达欲、更便捷的交流方式以及更强烈的社交需求，甚至在一定程度上对数字化交流形成了依赖。

（三）娱乐需求

在区块链、云计算，AI、VR 等数字科技的驱动下，文化行业数字化转型成为新的趋势，数字文化的实践就是数字技术和文化之间的结合，是信息化和文化的深入融合，数字文化不仅改变了人们的生活方式，其作为娱乐形式的一种也改变了人们的娱乐方式。2018 年 11 月，央视报道称"新创意和新技术为特征的新文化产业已经成为娱乐的新方向"，娱乐已经进入了数字化时代，新技术的普及和应用开拓了全新的市场空间，无论是在线音乐、网络直播还是短视频，都在不断涌现，娱乐内容也更加丰富多样，可以通过不同的途径接触到更广泛的用户。

当前生活压力较大，随着新技术的不断更新，用户在浏览与选择信息时常常会根据自己内心的根本动机和欲望进行选择。消费水平及模式的更迭使人们对媒体的需求发生改变，用户更倾向于能带来放松感的娱乐方式，从而弥补自己在忙碌中丢失的乐趣，例如工作的应酬与过度交流使得人们疲于沟通，在这种情况下，简短有趣的短视频正好契合，利用碎片化的时间可以带给用户片刻的放松。此外，VR导航、360度视觉效果等功能可以将旅游场景线上线下结合起来，带给人们更有故事性和情感附加值的全方位文化体验。近年来，演出、游戏等娱乐形式都在引入沉浸式技术，将用户感受升级，带给其身临其境的娱乐体验。

数字技术驱动的数字文化娱乐往往能达到调节用户的情绪的作用，通过充分调动用户的感受，使用户在宣泄、刺激和兴奋中释放心里的压力，从而获得轻松感，达到满足其娱乐需求的目的。

（四）认同感需求

根据马斯洛的需求层次理论，他人的认同是作为人的一种最基本的社交需求，跟饮食、睡眠一样，必须得到满足。数字化时代的数字文化在很大程度上影响了人们的思维方式、生活方式和审美观念，技术的进步为人们在现实生活之外提供了更为丰富的展示平台，使得人们能够更加易于创造、共享和推广和自己相关的信息。数字化媒介创造了一个虚拟现实，有某些特殊心理需要的用户可以从媒介内容中找到生活的结合点，寻找获得感；也可以通过媒介了解信息，从而增加人际交流中的共同语言。这些都刺激着用户获得别人认同的渴望。

在数字化的虚拟空间中，人们会根据自身现有条件和资源进行学习，在现实生活中的经验又会为虚拟空间提供资料，两个世界因此有了互动。人们在这个过程中不断发展，现实生活中难以实现的身份在虚拟世界得以建立，人性和自我意识得以张扬，借助虚拟手段，个人可以在拥有现实身份的同时，也拥有多个虚拟的身份甚至是性格，那些在传统社会中边缘的人群也可以在互联网中获得广泛的社交群体和身份认同，从而改变其社会地位。例如，通过在朋友圈、抖音、小红书等进行自我包装，展示精彩有趣、真善美等一面来刷存在感，成为博主、网红，引起关注和评论，以完成自我心理的满足。

在数字文化背景下，人们有了全新的身份认同渠道，并且新的数字身份可以在现实社交和经济活动中发挥一定作用，成为影响人类社会生活的重要一环。总的来说，数字文化可以满足人的需求，并且刺激出新的需求，这种需求就是人们对于自身多面发展、深度发展的需求，是人们对认可和关注的需求，是对自我认同的需求。

二、用户的数字文化认知影响因素

数字文化作为文化符号与内容的技术包装重塑，数字技术应用、文化价值观表达成为用户关注的核心要素（Dey et al.，2020）。沉浸式技术刺激作为数字技术与交互功能设计的产物，不仅冲击用户的感官体验，还作用于用户的整体认知过程。社会环境对用户的数字文化认知有一定的调节作用，用户的生活环境氛围也会对个人的接受意愿产生重要影响。

（一）数字文化的技术属性对用户价值认知的影响

1. 媒介丰富度

作为沉浸式体验的浅层感官刺激，传播过程的媒介丰富度通过影响内容传播及信息表达，在促进用户内容理解、接受能力层面存在差异。传播媒介的丰富度通过在实时反馈能力、多渠道沟通、语言使用、个人关注四个维度的差异化反应影响用户对内容的选择、对信息传播过程与接纳结果的接纳（Ji et al.，2019；Karahanna et al.，2018）。

媒介丰富度引发的个人关注本质为对用户不同层面需求的满足（Mamonov & Koufaris，2020）。媒介丰富度带来的吸引力可划分为三大维度，即任务吸引力、社交吸引力、物理吸引力（Xu & Zhang，2018）。数字媒介技术通过简化用户任务完成操作步骤，为其提供交互虚拟平台以及美观的视觉感官设计，提高了用户的内容感知力（Kim et al.，2011）。在任务吸引力层面，丰富的技术媒介能够为虚拟社区用户提供更为便捷、直观、灵活的目的实现渠道及价值信息。例如，Baker等（2019）通过对比基于Web的电子商务服装额外购买行为研究发现，相比于基于Web的电子商务购买，虚拟世界中的道具消费增强了远程呈现水平，极大地提升了任务完成度，增强了用户在线购物的感知有用性。在社交吸引力层面，AI、VR等数字技术与文化产品展现的结合通过提供有效的人机、人际沟通渠道重塑其在线社会身份、实时参与文化内容产品生产（Shen et al.，2019）。在物理吸引力层面，典型的虚拟社区多使用书面语言线索和副语言线索（如表情符号）形成的数字图像、视频，如化身、音乐等，个性、新颖、象征性的呈现方式将驱动用户积极接受意愿的产生（Grange et al.，2020）。

结合以上论述，丰富的数字化表现形式更多地满足了用户娱乐、社交等多样化需求，将传统的内容呈现赋予时代风格，更契合当代用户的认知规律。基于

Web 平台的数字产品展示以更贴合用户心理认知的方式对用户心流产生刺激并最终影响用户意愿（Wu & Hsu，2018）。

2. 感知交互性

交互性可被视为沉浸式感官体验的另一层面。用户与虚拟数字文化对象交互主要通过角色扮演建立身份化身。作为展示个人形象与扩展自我的组成部分，用户通过数字文化沉浸式互动体验形成远程呈现感以提升其现实价值获得感，从而进一步鼓励用户深度参与（Liao et al.，2020）。在虚拟环境中，用户与虚拟对象的文化情感价值交互也使消费体验更加多元，增强了用户数字文化认知。

数字文化体验用户间感知交互性增强与数字文化情感承诺感知密切相关。能够提供较强交互性的虚拟文化产品可以促进参与者人际关系发展，在参与者间建立情感依赖并获得社交成就与满足依赖。Kim 等（2011）通过对虚拟游戏平台的调查发现，社会互动作为人类基本交互需求，交互体验将提升用户产品使用感，增强享受水平，提高产品购买意愿。Vlieghe 等（2016）则引入亲和性空间概念以网络文学为例进行社交过程分析。研究认为，消费者在网络文学消费过程中首先依据产品核心内容形成个人观点，通过社交媒体平台分享个人建议及阅读经验，通过点赞行为结识兴趣相同的爱好者创造身份认同并获得认可与鼓励。这一系列社交过程将会对数字文化内容情感价值感知同样产生积极的正面作用。

3. 视觉一致性

视觉一致性被视为沉浸式技术环境刺激中的深层用户认知体验。视觉一致性起源于扩展的相似-吸引力模型（Elbedweihy et al.，2016），即在社交媒体环境中，用户间及用户与线上对象互动的选择与用户信息的"契合"度联系密切。与线下面对面沟通不同，社交媒体线上内容发布多将表达价值观的内涵化身于图片、视频等媒介，用户解码信息发布者共享的视觉元素主题并与自我价值观、审美、兴趣匹配，具备较高相似度的用户双方互相吸引并进一步激发参与兴趣。

着眼于数字文化视角，作为新兴的价值观与实践（Dey et al.，2020），知识、信仰、道德、习俗、规范组成的巨大文化信息库的数字化呈现则使用户通过视觉一致性路径，依据个人主观感知筛选、过滤符合思想价值、情感需求以及认知规律的数字文化内容，带来价值观、审美、情感、享乐等精神层面的功用及效应（丁水平和林杰，2020），引发用户的情感共鸣。有研究发现，设计过程、功能及审美嵌入更多享乐与实用元素的数字文化产品将更有利于满足用户功利及享乐主义期望（Wang & Chang，2014）。沉浸于数字文化体验流状态的用户表现得更为积极，更倾向于投入时间、金钱购买游戏道具、服饰、网络小说会员等数字文化产品，表现出更高的消费满意度及产品忠诚度（Animesh et al.，2011）。正向情感卷入的增强将对用户沉浸体验感官产生积极影响。

（二）外部社会环境规范对用户心理认知的影响

用户购买决策过程将受到个人突出的社会身份影响，用户更多地根据特定的社会环境以及自我表达控制来对自身决策行为进行定制化。本书将通过自我分类理论（Hernandez & Sarge，2020）对这一现象进行阐释。自我分类理论将社会环境视为更具包容性的群体单位，群体身份将驱动并影响群体成员的情绪、评价抒发表达（Liao et al.，2020）。群体内偏爱被视为自我分类的结果，与群体内环境、外表、个性、价值理念表达相似的内容及对象往往更容易引起群体成员的关注（Hernandez & Sarge，2020）。本书基于虚拟产品购买与传统文化产品购买中外部社会群体影响相关文献，将自我分类的定义扩展至在线社交媒体中数字文化内容体验，认为用户在数字文化认知过程中更容易受到群体内文化属性的影响，文化身份的表达推动其使用并购买文化产品。

在差异化的文化背景中，社会、团体文化认同将对用户的接受决策过程产生影响。Baek（2015）结合跨文化交际理论与社会学、审美愉悦的心理机制相结合的理论框架，对源自特定文化的数字内容在不同文化背景用户群体中的消费行为进行了探究。研究表明，民族文化影响并塑造了个人的文化品位，同时也存在文化品位新奇感。埃尔南德斯·特利（Hernandez Terri）以社会认同理论及自我分类理论为基础，以在线社交网站沟通行为为载体，研究表明，产品对象的满意度及消费意愿受到团队伙伴及背景价值观的影响，人们在特定的过程中将个人与团队联系，情感、评价、行为、实践将在特定的团体影响下发生变化（Jin，2018）。

综上，当用户受到外部环境刺激进而对某一特定内容持有积极态度时，用户往往投入更多的时间、精力并产生情感依恋（Lin et al.，2018）。后续的认知过程及其行为也将受到用户个体情感、态度、价值观等内隐规范的约束和维持。本书认为，数字文化沉浸式技术刺激作用于用户媒介丰富度、感知交互性、视觉一致性感知，进一步对用户实际认知及接受意愿产生影响。

第三节　数字文化传播效果评价

传播效果评价是大众传播研究中最受重视、成果最显著的领域（张国良，2009），内容分析、媒介分析、用户分析等研究从某种程度上都是从传播效果的角度出发，回归到改进传播效果的目的上。对于传播效果的评价或者评估，不仅能指导传播实践，为传播策略提供参考依据，更能激励传播过程不断优化。

技术进步，如 VR、AR 等新兴技术在传播领域的应用和"元宇宙"等概念的诞生，推动着文化传播活动尤其是数字文化传统发生巨大变化，在数字文化生产快速增长的背景下，数字文化传播效果评价对进一步了解数字文化、推动数字文化产业发展大有裨益。本节将从数字文化传播效果入手，从传播评估需求出发，探讨数字文化传播的评价意义、评价方式，并通过实证研究方法对数字文化传播效果评估思路进行探索。

一、数字文化传播效果的内涵与评价意义

传播效果通常是指传播者发出的信息，通过特定媒介渠道到达受众后，对受众思想与行为造成的影响，它包括认知、情感、态度和行为四个层面。认知效果是用户对信息的表层反应，表现为对信息的接受和分享；情感效果是用户对信息的深层反应，是对信息内容进行具有感情色彩的分析、判断和取舍；态度效果是用户接受信息后在态度上发生的变化，态度是人们对客观对象在主观上所持有的内在倾向性，它是建立在认识的基础上，由具体的感情刺激所形成的一种习惯性反应，态度一旦形成，就使人们形成持久而稳定的认知反应、情感反应和行为习惯反应，从而影响人们的判断，预示人们的行为，影响整体的效果；行为效果是用户接受信息后在行为上发生的变化。

从第一次世界大战至今，传播效果的研究先后经历了强大效果论、有限效果论、强大效果论三个阶段，效果研究呈现出不同的形态，也形成了对媒介评价的不同界定。传播效果不仅指媒介传播活动对受众心理、态度和行为的影响，而且包括该活动对社会产生的一切直接或者间接影响、显性或者隐性影响的综合（郭庆光，2011）。基于此，数字文化传播效果可以被认为是以互联网、社交媒体、数字电视、数字音乐、数字游戏等数字技术所创造的媒介信息接触为基础，以

数字化媒体平台为中心探求用户认知、态度和行为的变化，以及这些变化所导致的综合影响。

数字传播革命颠覆了传统的传播观念和模式，由于技术不断革新和传媒产业化升级，数字文化传播与不同的利益相关主体产生联系，形成广泛的社会效应，数字文化传播效果研究也兼具了一定的社会意义。

（一）促进数字文化消费的稳定快速增长、挖掘、保护与传播

数字文化产品多以一定的文化内容为依托，以个性化的技术手段进行展现、传播。因此，数字文化消费的稳定快速增长在一定程度上促进了文化内容挖掘、保护与传播。文化内容的数字化存储手段建立了现代与传统知识文化的连接线（刘果和王梦洁，2017）。在虚拟社区中，数字文化产品策展过程为关注者组织文化内容，依据信息反馈评价进行文化内容优化及创新深挖。例如在传统博物馆展览中，或因展品年代久远运输展示不便，或因内涵深刻专业性强，多数展品无法直接与观众见面。基于数字人文理念，使用技术手段对展品全方位展现，为文化遗产知识与数字资源的互动融合可视化提供了示范，为群众亲近历史文化遗产提供了更多可能。各类艺术院团，通过数字技术转化优秀作品，让示范成果走出舞台、深入群众，有力地促进了戏曲的保护、传承与发展（Ji et al., 2019）。再如，文化遗产旅游以现代技术开发呈现传统技艺和民俗风情，吸引年轻一代游客的同时，实现"文化促旅，以游养文"（Shukla & Drennan, 2018）。

（二）催生新业态，成为经济增长的重要驱动力

在数字文化消费过程中，伴随着生产者与消费者、消费者之间信息传播行为的发生，消费者分享和共同创造极大地扩展了消费者剩余，推动了市场绩效的提升。此外，数字文化产品拉动需求本身也为经济增长作出贡献（唐琳和陈学璞，2018）。数字文化消费的增长催生数字文化产业成长壮大（Karahanna et al., 2018）。凭借不断延伸的产业价值链，独特的产品生产形态以及广泛的渗透力、辐射力和影响力，文化新业态形成。基于现代分工，融合创意驱动，依托数字技术、丰富的文化资源，数字文化产业日益从封闭式的小生产格局转向协作配套、分工有序的社会化生产。文化生产力水平、产品附加值不断提升，在涵养全民创造活力、优化本地文化创意人才知识结构、满足本土文化创意消费的同时形成产业集聚效应，增强区域整体经济竞争力与创意活力。

（三）以内容与技术支撑，提升消费体验

为推进数字文化消费供给侧结构性改革、拉动数字文化消费需求增长，提升消费者体验是关键。优质文化内容资源的供给是数字文化消费行为的动力与基石。目前，数字文化企业间互不兼容、系统林立，内容资源平台、区域间自由流动阻隔，重复加工问题严峻。数字文化快餐式消费导致传统规范性要求放松，内容制作缺乏工匠精神（Ji et al., 2019），数字文化深化发展受到制约。因此，应关注数字文化传播效果，加大内容资源深挖力度，着手进行优秀文化价值品质宣传。以数字人文理论为支撑，将中华优秀传统文化植入现代基因内核，推动数字文化消费内涵式发展（黄飞和黄健柏，2014）。此外，数字技术研发推动资源内容挖掘整合。一方面，开展数字文化内容资源目录及数字交换体系建设，注重内容资源组织与技术创新（Grange et al., 2020）；另一方面，开辟多渠道生产方与受众方信息交流渠道，可促进内容需求信息反馈体系的建设。

（四）促进发现产权问题，完善产权保护，培育新兴消费模式

创意是数字文化产品的核心，无形的知识产权是其价值的体现。数字文化内容产品具有数字化、易复制、可传播等特点。随着信息传播技术的飞速发展，盗版现象更加普遍（Mamonov & Koufaris, 2020）。在法治建设层面，目前我国主要依靠现有《中华人民共和国消费者权益保护法》对数字文化消费市场实施监管约束。但与传统市场相异，数字文化消费市场较强的技术性特征为盗版纠纷、责任取证带来困难（Kizgin et al., 2020），数字文化产业链端易因此遭受重创。通过评价数字文化传播效果，可以发现产权问题的重要性，推动加大数字文化产业知识产权保护力度，为数字文化企业原创工作提供信心，为经济发展提供动力（Manovich, 2015）。在产权保护制度下，新兴消费模式也将为数字文化消费增长培育新动能。以P2P发展模式为例，以改图网为代表实现设计人员与消费者交互平台搭建，无缝连接需求，最终实现共赢（Wu & Hsu, 2018）。再如，会员制收费平台的构建以数字化双重传输分发为渠道，在增加数字文化内容消费数量、提高生产者效益的同时，为消费者带来效用满足（Liao et al., 2020）。

二、数字文化的传播效果

传播效果评价方式随着媒介技术与环境的变化而变化，当下的数字文化形态

在不断变化，每天都在涌现新信息、新技术和新事物。如何了解数字文化，如何使个人、组织、社会了解数字文化传播中的周围环境、认识自己及所处的地位，从而确定应变策略，媒介在这方面发挥着重要的作用。因为技术媒介作为信息和用户的桥梁持续不断地传播着各种重要信息，这些信息是经过用户有选择性地筛选的。因此，传播过程中的媒介就像一把棱镜，改变人类的知识结构，改变人类观察世界的方法和思想过程。同时由于传播者自身的资历、知识结构、社会观念结构、意识结构的不同，其对某些事物的筛选和评价存在着差异，对公众的影响也就不同，也就会产生不同的效果。人类正是通过使用、控制传播媒介，才得以使文化传承、共享、发展、延续，从而促进社会发展。

（一）传统文化传播效果的评价方式

在传统文化传播中，文化的形态主要依托传统媒体，传播效果评价主要围绕报纸、电视、广播等媒体展开，集中在质性研究的层面。例如，在《电视节目评估：从量化分析走向质的研究》中，郑欣副教授探讨了满意度与收视率的关系。刘燕南教授在《电视节目评估体系解析——模式、动向与思考》中比较了当时我国电视台的评估体系，在该阶段电视台评估主要包括收视率、满意度、专家评议和成本四个指标（孙璐，2019），通过分析央视评估体系发展的新方向，最终强调了社会效益因素在评估中的重要性。

有一部分学者还构建了更为详细的评估指标体系，例如，赵彦华在《报纸市场评价指标体系研究》中针对报业市场的影响力，设计出七大类共27个指标，并提取出报纸平均每期的发行数量、读者该报实际接触频度、广告经营额、读者人口覆盖率、报纸的品牌知名度、成本利润率、收入增长率七个最核心的指标，组成报纸市场评价指标体系的核心指标（赵彦华，2004）。

随着网络媒体的发展，媒介进入融合阶段，传统文化传播在传统评估指标的基础上，增加了网站点击率、评论量、转发量和搜索量等指标。彭兰（2008）教授较早涉及网络评估指标，提出了将网民的新闻消费方式（包括点击量、网站访问量、网民搜索三个指标）、网民的新闻生产行为（包括网民评论、网民转发、网民收藏、受众调查）、媒体的反应（包括媒体转发量、媒体跟进报道等指标）进行组合，以形成全面的评价体系，最后对新闻传播效果评估做出了辩证的认识。喻国明和李彪（2009）提出了电视剧全效评估指标体系，连接了电视和网络、传统媒体和新媒体，提出了知名度、关注度、收视度、推荐度、满意度和集中度等六个一级指标。

在传统文化传播活动中，整体媒介环境和媒介技术的复杂度较低，所以量化指标也相对较少，效果评估方式主要停留在报纸发行量和市场占有率、广播和电视的收视听率、网络点击率、回帖量等层面上的定量分析。

（二）数字文化传播效果的评价方式

随着技术文明经由机器时代、电气时代和电子时代，发展到当今的信息时代，数字化技术已经渗透到人类生活的各个领域，出现了以数码来表示的数字文化形态。数字文化的诞生是人类文化传播史上的一次革命，从根本上改变了社会文化的形态及其传播方式，数字文化传播效果评价指标体系也更加丰富，以 AI、大数据、云计算为代表的智能技术持续介入数字文化传播活动过程，使得数字文化传播效果评价方式与传统的评价模式出现差别。

传播学奠基人的经典研究成果，奠定了学界在传播效果方面采纳抽样调查、内容分析法、实验法等基本方法的研究思路，使得文化传播活动基本沿用这些传统的评估方法。身处新兴技术影响力不断扩张的数字时代，经典的方法依然具有宝贵的可供借鉴的价值，但更需要与智能传播、数字技术等现实语境适配，也更需要适应媒介融合的大趋势。

数字文化主要以云计算、物联网、沉浸式 VR 等数字新媒体为载体，它既是传播文化的新方式，也是引领文化创新及传播的新平台。数字媒介作为一种社会辐射力很强的文化装置，不仅影响到文化传播的范围、内容以及速度，是文化传播的强大动力，更是进入当代文化的深层结构，使当代文化呈现出数字化、媒介化的特征。数字时代数字文化传播效果评价，需要重视技术变迁带来的信息规模庞杂性、计算传播工具的先进性、数字信息生产的主体多元性等特征，要善于运用大数据、云计算、数据挖掘等前沿方法，探索匹配最新技术秩序的数字文化传播效果评估方式，除了通过用户行为来研究数字文化传播效果外，也应重视技术媒介在传播过程中对效果产生的影响。

三、数字文化传播效果的评价实证探索

AI、VR 等沉浸式技术应用推动了文化发展数字化转型。聚焦于数字文化核心属性，通过探究用户接受意愿成为数字文化发展优化的有效手段，也是数字文化传播效果评价的一种方式。

本部分综合利用沉浸式技术体验作为外部技术环境刺激框架，将用户承诺理论引入并基于自我分类理论，以 326 组问卷调查为数据基础，从理论上进一步解释了沉浸式体验细分下的感官体验与认知体验对用户文化价值感知的影响，同时对外部社会环境对线上数字文化消费的调节作用进行验证。为在数字文化生产快速增长的背景下，了解数字文化传播效果、VR 合成环境中的用户接受意愿，把握市场需求主体态势，实现数字文化生产供给与需求的有效对接匹配提供理论拓展与实践支撑。

（一）模型建立及研究假设

1. 理论背景

1）感知社会存在与网真

沉浸式体验即利用情境、角色、气氛、情节、节奏的设计使用户融入故事本身或虚拟环境而忘记真实世界的情境（Lombart et al., 2020）。广义上，沉浸式体验包含两部分内容——感官体验和认知体验。其中，感官体验包括丰富的视觉、听觉等多重刺激，使用户在虚拟体验中身临其境（Animesh et al., 2011）。认知体验将产品功能与用户价值观、认知、技能等匹配，创造并引发用户的心流体验（Lin et al., 2018）。心流与心理、虚拟对象的价值交互直接相关，是用户对强烈心理参与意愿的情感反映并通常为用户带来积极的满意度、情感承诺等。在虚拟世界研究场景中，研究者认为虚拟场景开发方通过增设临场感如声音、触摸等传播媒介，设置用户交互功能，增强了虚拟实体存在效果，刺激了用户感知（Shen et al., 2019）。沉浸式体验的设计目的不仅在于尽可能地模拟物理环境，更提供了经由调节后的多媒介交互情景。本书重点关注数字文化的沉浸式技术刺激如何作用于数字文化内容本质的文化价值情感认知，因此聚焦于两个关键因素：感官刺激与用户认知体验。

在感官刺激层面，引入媒介丰富度、感知交互性两层因素表征自变量。第一，通过丰富的媒介表现形式推进文化内容数字化呈现转型是数字文化的核心特征之一。理查德·L. 达夫特（Richard L. Daft）和罗伯特·H. 伦格尔（Robert H. Lengel）提出的媒介丰富度理论认为，通过提供与任务匹配的高媒介丰富度，如社交媒体中的视频、VR 技术呈现，将提升媒体潜在的信息负载能力并显著提高用户间及用户与产品的沟通效率（巫霞和马亮，2019）。第二，沉浸式虚拟世界的技术特征可以增强或抑制用户与虚拟对象的互动，从而影响其虚拟体验。用户与虚拟对象的交互程度如通过虚拟化身参与实时修改中介虚拟物体的内容,被称为媒介的社会交互性。数字文化内容通过为用户提供丰富的互动媒介促使用户扎根于虚拟世界环境,此时沉浸式技术环境浅层刺激化身成为用户扩展自我的有效途径。

在用户认知体验层面,聚焦于视觉一致性原理以揭示沉浸式体验的内在机理。类似性吸引假设认为,具有较高相似性的个体易产生吸引力。其中,吸引力可理解为用户对其他个体的形体、外表等物理属性以及态度、兴趣、价值观等内涵属性等的印象及评价,被广泛应用于解释预测个体行为与维持人际关系(Mu et al.,2018)。吸引力来源于潜在的利益。Wu 和 Hsu(2018)认为,积极互动以吸引力为基础,其中潜在吸引力来自社会资源能力。Elbedweihy 等(2016)进一步指出,吸引力取决于品牌满足客户需求的程度,例如,网站设计为用户提供视觉吸引力、便捷的操作步骤等进一步提升用户黏性。作为研究模型的重要组成部分,将沉浸式技术环境刺激的认知体验与技术吸引力理论进一步结合,并用技术吸引力理论对本章节并未完全解释的部分进一步延伸,参考 Argyris 等(2020)提出的视觉一致性内涵,将沉浸式技术刺激——认知体验解释为数字文化体验过程中体验对象的设计、符号等将作用于用户的兴趣、价值观、信仰等认知层面。

2)情感承诺

情感承诺来源于组织行为学的用户承诺概念,与用户满意共同解释受众对新技术的使用行为。承诺被定义为"驱动个体采取某种行为的心理状态",并以用户行为为导向用于保持消费对象忠诚度以创造用户黏性(Osatuyi et al.,2020)。作为满意度的结果,Lin 等(2018)将用户承诺划分为情感承诺及计算承诺,用以解释在线虚拟服务接受意愿。其中,情感承诺指个体对组织的情感依恋及心理认同感。当个体在特定的行为过程中对接触对象表现出较高的满意度即存在良好感知,个体将表现出对接触对象积极的情感状态。出于自我辩护的心理过程,表现出积极情感承诺的个体将投入更多精力、资源维护相关关系。因此,情感承诺常用于解释受众的使用态度及行为并被广泛应用于客户关系维持。作为情感承诺的前因变量,满意度的形成影响因素如感知有用性、感知收益、感知易用性等对用户情感承诺的作用已得到证明(Datta et al.,2018;Ashman et al.,2015)。但已有研究对社会外部环境变量如群体支持、价值观规范等对用户情感满意度的作用尚未进行充分探究,因此,本研究将外部环境变量引入并对其作用路径进行验证。

2. 研究假设

H1:数字文化内容媒介丰富度与情感承诺呈正相关。

H2：感知交互性与数字文化情感承诺呈正相关。

H3：较高视觉一致性易引发较高的受众情感承诺。

H4：用户的自我分类会调节媒介丰富度、感知交互性、视觉一致性对数字文化情感承诺的影响。

H5：用户较强的数字文化情感承诺将对其接受意愿产生积极影响。

研究理论模型如图 5.1 所示。

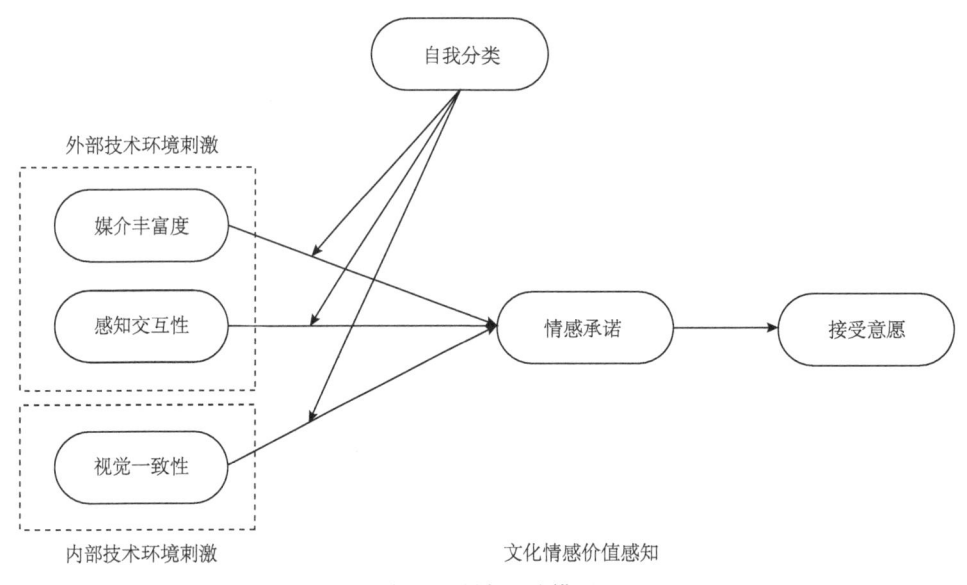

图 5.1　研究理论模型

（二）研究设计

1. 数据收集与样本情况

本研究问卷发放采用分层随机抽样，主要于 2020 年 7～8 月通过在微博、微信等社交媒体平台以及访问量较高的数字文化产品网站上发布邀请进行问卷传播扩散。问卷对受访者的性别、年龄、学历等人口统计特征进行调查，同时对受访者日常使用的多项数字文化产品以及日均使用时长进行测量。此外，为保证问卷数据质量，问卷对数字文化进行了详尽的阐释。共发放 500 份问卷，剔除填写回答时间过短、答案分布均匀等无效问卷，共回收有效问卷 326 份，问卷有效回收率为 65.20%。

被调查者基本信息如表 5.1 所示。

表 5.1 样本统计特征

统计项		人数/人	占比/%	统计项		人数/人	占比/%
性别	男	194	59.51	使用类型	数字文物	126	38.65
	女	132	40.49		网络文学	115	35.28
年龄	小于 30 岁	37	11.35		网络音乐	172	52.76
	30~40 岁	172	52.76		网络视频	215	65.95
	41~50 岁	101	30.98		网络游戏	136	41.72
	50 岁以上	16	4.91		其他	104	31.90
学历	本科以下	188	57.67	平均日使用时间	少于 1 小时	48	14.72
	本科及以上	138	42.33		1~2 小时	130	39.88
地区	东部地区	74	22.70		2~3 小时	83	25.46
	中部地区	228	69.94		3 小时以上	65	19.94
	西部地区	24	7.36				

2. 变量测量

为实现有效的数据收集，本研究从已有文献构建的量表中进行筛选、提炼。其中，媒介丰富度借鉴 Shin 的媒介丰富度量表，依据媒介丰富度理论等相关原理进行改进，分别通过"多种感官体验""多种功能集成""更丰富的表征形式"询问受访者对数字文化接受意愿影响的赞同度（杨秀云等，2017）。感知交互性基于 Animesh 等（2011）依据符号消费理论改编的量表进行修改扩展。视觉一致性主要基于 Shen 等（2019）的研究进行适当扩展以适应本研究的具体背景。自我分类题项将基于 Hernandez 和 Sarge（2020）自我分类理论制作的研究量表进行改编，并在此基础上进行完善。情感承诺则基于 Lin 等（2018）、Kim 等（2011）的研究进行设计。结合人口统计特征调查最终设计为 30 个题项并使用利克特量表进行测量，其中 1=非常不同意，5=非常同意，分数越高则代表受访者对回答选项的认同度越高。

3. 统计分析

本书使用 SPSS24.0 和 AMOS21.0 软件进行数据处理及分析。首先使用 SPSS24.0 对涉及的变量数据进行描述性统计及信度分析，其次使用 AMOS21.0 对研究变量进行验证性因子分析及结构方程模型验证，最后使用 SPSS24.0 进行层级调节回归考察模型中自我分类的调节作用。

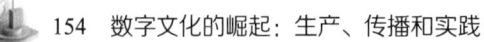

（三）模型验证

1. 问卷的信度和效度检验

首先使用 SPSS24.0 和 AMOS21.0 进行信度及效度检验。结果由表 5.2 可知，各维度设定量表的内部一致性及克龙巴赫 α 系数均大于 0.7，在接受范围内。问卷整体 KMO 值为 0.953，累计解释方差超过 60%，设定量表通过结构效度检验。

表 5.2　各量表的信度及效度计算结果

维度	问卷题目数量	克龙巴赫 α 系数	KMO 值	累计解释方差/%
媒介丰富度	3	0.794	0.666	62.033
感知交互性	3	0.738	0.687	65.583
视觉一致性	3	0.705	0.669	62.970
自我分类	3	0.704	0.657	63.008
情感承诺	4	0.745	0.764	66.729
接受意愿	3	0.708	0.635	66.068

参考已有文献对建立的量表进行验证性因子分析。由表 5.3 可知，六因子模型的拟合指数 χ^2/df 为 2.1，位于合理范围内，GFI、CFI、IFI 值分别为 0.906、0.942、0.942，均大于 0.9；AGFI 值为 0.876，大于 0.8；RMR、RMSEA 分别为 0.034、0.058，分别小于 0.05、0.06。各项指标已符合标准，拟合程度较好。相较于其余 11 个模型，六因子模型拟合值最为符合标准。由此可知，本章节设定的 6 个变量具备良好的区分效度，可继续后续实证研究。

表 5.3　区分效度检验

模型	因子	χ^2/df	AGFI	GFI	CFI	IFI	RMR	RMSEA
1	6 因子：MER；SOC；VIC；SC；ACO；ACI	2.100	0.876	0.906	0.942	0.942	0.034	0.058
2	5 因子：MER+SOC；VIC；SC；ACO；ACI	2.236	0.869	0.900	0.933	0.934	0.035	0.062
3	5 因子：MER+VIC；SOC；SC；ACO；ACI	2.161	0.874	0.903	0.937	0.938	0.034	0.060
4	5 因子：MER；SOC+VIC；SC；ACO；ACI	2.203	0.870	0.900	0.935	0.936	0.035	0.061
5	5 因子：MER；SOC+SC；VIC；ACO；ACI	6.588	0.712	0.776	0.695	0.697	0.235	0.131
6	5 因子：MER；SOC；SC+VIC；ACO；ACI	2.166	0.874	0.903	0.937	0.938	0.034	0.06
7	4 因子：MER+SOC；VIC+SC；ACO；ACI	4.767	0.814	0.854	0.793	0.794	0.199	0.108
8	4 因子：MER+VIC；SOC+SC；ACO；ACI	4.860	0.803	0.845	0.788	0.789	0.201	0.109

续表

模型	因子	χ^2/df	AGFI	GFI	CFI	IFI	RMR	RMSEA
9	4因子：MER+ SC；VIC+SOC；ACO；ACI	4.503	0.817	0.857	0.807	0.809	0.200	0.104
10	3因子：MER+ SC+VIC+SOC；ACO；ACI	2.273	0.869	0.896	0.929	0.930	0.036	0.063
11	2因子：MER+ SC+VIC+ SOC；ACO+ACI	2.279	0.869	0.896	0.929	0.929	0.036	0.063
12	1因子：MER+ SC+VIC+ SOC+ACO+ACI	2.274	0.870	0.896	0.928	0.929	0.036	0.063

注：MER 表示变量"媒介丰富度"，SOC 表示变量"感知交互性"，VIC 表示变量"视觉一致性"，SC 表示变量"情感承诺"，ACO 表示变量"自我分类"，ACI 表示变量"接受意愿"，下同；+表示为两个因子合并。

2. 描述性统计及相关分析

对研究变量的平均数、标准差以及相关系数进行计算，结果如表 5.4 所示。媒介丰富度（3.8579）、感知交互性（3.8753）、视觉一致性（3.8548）三者的平均得分及标准差相近，意味着数字文化沉浸式体验三维因素对文化价值感知的作用倾向性并不明显，总体而言，用户对其三条影响路径持积极正向态度。

在相关性分析层面，情感承诺与媒介丰富度（r=0.731，p<0.01）、感知交互性（r=0.630，p<0.01）、视觉一致性（r=0.735，p<0.01）呈现较强的正相关。情感承诺与接受意愿（r=0.675，p<0.01）呈现显著的正相关关系，初步支持本研究的假设 H1、H2、H3、H5。但为获取更具说服力、更为稳健的结论并对其他假设进行检验，需进行回归分析验证。

表 5.4 变量的描述性统计及相关性分析

维度	平均值	标准差	ACO	SC	SOC	MER	VIC	ACI
ACO	3.9831	0.66571	1	—	—	—	—	—
SC	3.9039	0.72203	0.759**	1	—	—	—	—
SOC	3.8753	0.75251	0.598**	0.630**	1	—	—	—
MER	3.8579	0.73490	0.740**	0.731**	0.658**	1	—	—
VIC	3.8548	0.71472	0.696**	0.735**	0.684**	0.750**	1	—
ACI	3.9581	0.65211	0.701**	0.675**	0.675**	0.714**	0.650**	1

注：***表示 p<0.001，**表示 p<0.01，*表示 p<0.05。

3. 相关假设的结构方程模型检验

本研究使用 AMOS 结构方程模型对数字文化外部沉浸式技术对接受意愿以及数字文化内在情感价值感知的中介作用进行检验。由表 5.5 可知，依据模型检验结果，χ^2/df 为 7.147，不符合小于 3 的标准；GFI、AGFI、TLI、IFI 等值均低于推荐标准值，RMR 大于推荐标准值，因此初始模型拟合结果不合格，需进一步修正。其原因主要为问卷数据收集存在偏差，因此依据由 AMOS 提供的模型修正指数 MI 通过增加残差间的协方差关系进行模型修正，总共进行三次修正。经调整后的拟合指标值如表 5.5 所示，χ^2/df（2.209）、GFI（0.917）、AGFI（0.884）、TLI（0.932）等均位于合理范围内。

为提升样本估计的准确性，采用 1000 次重复抽样以计算模型拟合路径系数。模型估计结果如表 5.6 所示，研究假设 H1（$\beta=0.155$，$p<0.01$）、假设 H2（$\beta=0.275$，$p<0.001$）、假设 H3（$\beta=0.942$，$p<0.001$）均通过检验。文化情感价值感知与数字文化接受意愿存在显著的正相关关系（$\beta=1.029$，$p<0.001$），假设 H5 满足，结构模型路径系数如图 5.2 所示。

表 5.5 修正前后的指标值

验证指标	p	χ^2/df	GFI	AGFI	CFI	TLI	NFI	IFI	RMR
修正前	0	7.147	0.792	0.716	0.711	0.653	0.682	0.714	0.224
修正后	0	2.209	0.917	0.884	0.945	0.932	0.905	0.945	0.034

表 5.6 假设检验结果

拟合路径	Estimate	S.E.	C.R.	p
SC←MER	0.155	0.359	4.320	***
SC←SOC	0.275	0.263	3.044	**
SC←VIC	0.942	0.308	3.062	***
ACI←ACO	1.029	0.105	9.773	***

注：***表示 $p<0.001$，**表示 $p<0.01$。

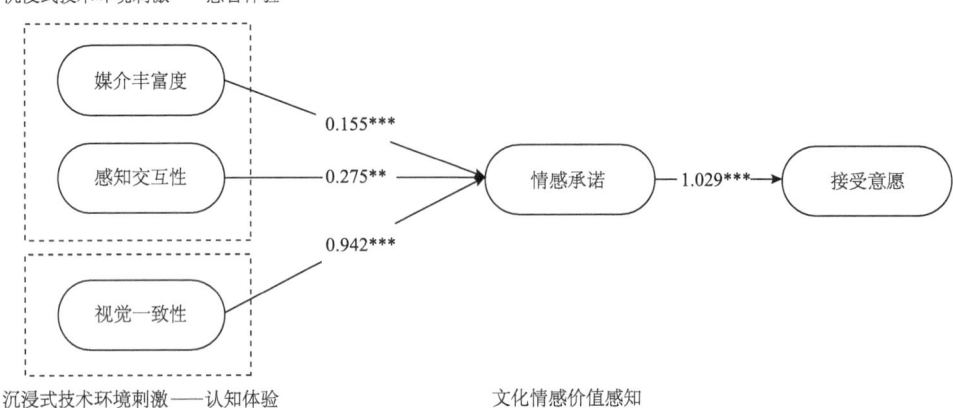

图 5.2 结构模型路径系数

4. 自我分类的调节效应检验

本研究使用 SPSS 对模型进行分层回归分析，检验自我分类在沉浸式技术环境刺激与情感承诺作用路径中的调节作用。分别对调节变量自我分类及其交互项进行标准化处理以避免多重共线性问题。结果如表 5.7 所示。其中，媒介丰富度（β=0.254，p<0.001）、感知交互性（β=0.063，p<0.001）、视觉一致性（β=0.117，p<0.05）对文化情感自我分类具有正向影响，假设 H1、假设 H2、假设 H3 满足。情感承诺与媒介丰富度的交互项（β=−0.130，p<0.001）与情感承诺存在显著的负相关关系，情感承诺与感知交互性的交互项（β=0.084，p<0.05）与情感承诺呈现显著的正相关，而情感承诺与视觉一致性的交互项与情感承诺则无显著相关（β=−0.030，p>0.05），表明视觉一致性对受众情感承诺的影响并不受自我分类的调节。

表 5.7 自我分类的调节作用检验结果

变量类型	ACO 模型 1	模型 2	模型 3
常数项	1.012***	0.799***	1.129***
MER	0.421***	0.289***	0.254***
SOC	0.089**	0.040***	0.063***
VIC	0.260***	0.123**	0.117*
SC	—	0.369***	0.311*
SC*MER	—	—	−0.130***
SC*SOC	—	—	0.084*
SC*VIC	—	—	−0.030
R^2	0.595	0.655	0.668
ΔR^2	0.599***	0.659***	0.675***
F 值	160.084***	154.932***	94.291***

注：***表示 p<0.001，**表示 p<0.01，*表示 p<0.05。

将调节变量自我分类划分为高自我分类感（M+SD）和低自我分类感（M−SD），其中 M 为均值，SD 为标准差，据此绘制出自我分类对媒介丰富度、感知交互性、视觉一致性与情感承诺的调节作用图。如图 5.3 所示，在媒介丰富度高分组中，媒介丰富度对情感承诺存在显著的正向预测作用；在媒介丰富度低分组中，媒介丰富度对情感承诺影响则无显著变化。因此，自我分类对媒介丰富度与情感承诺存在负向调节作用。同理，由图 5.4 可知，自我分类对感知交互性与情感承诺存在正向调节作用，而自我分类对视觉一致性与情感承诺则不存在显著的调节作用（图 5.5）。

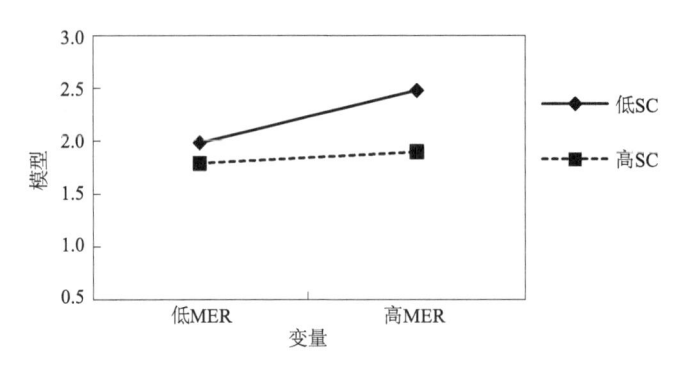

图 5.3　自我分类对媒介丰富度的调节作用

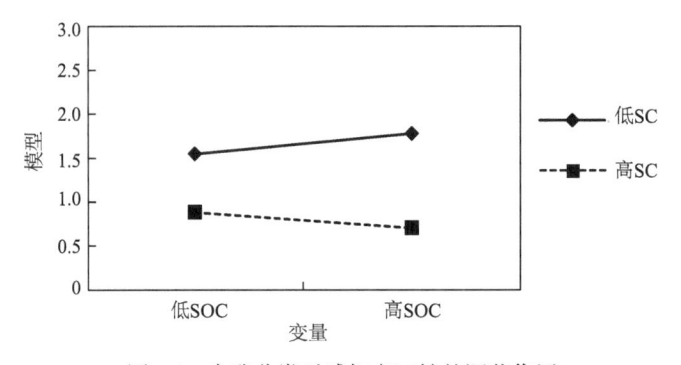

图 5.4　自我分类对感知交互性的调节作用

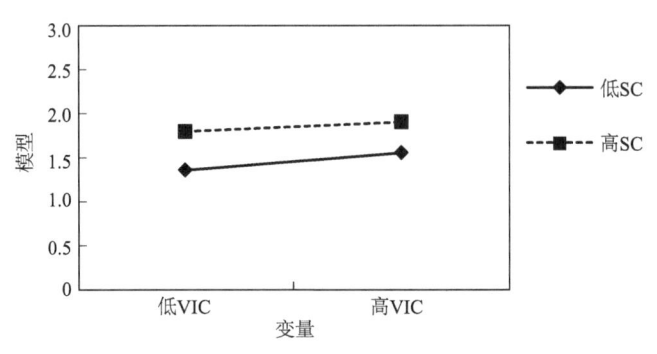

图 5.5　自我分类对视觉一致性的调节作用

（四）结论分析

本部分通过识别沉浸式技术的三大关键因素——媒介丰富度、感知交互性、视觉一致性，探讨了文化内容数字化转型过程中沉浸式技术对用户文化价值感知以及接受意愿的影响，同时辅助自我分类外部社会环境的调节作用。研究表明，沉浸式技术刺激中感官体验即媒介丰富度、感知交互性与受众数字文化情感价值感知存在正相关关系，认知体验即视觉一致性也对受众数字文化情感价值感知产生正向作用。此外，自我分类作为外部环境刺激的调节变量与媒介丰富度交互产生负向作用，而与感知交互性正向作用于受众数字文化情感价值感知，验证并支持了数字环境下文化接受意愿中外部环境规范的调节作用。下面根据实证结果对上述的研究问题进行详细讨论。

1. 浸入式临场呈现特性激励用户专注于数字文化价值本体，形成文化认同感

第一，研究结果表明了技术媒介丰富度对数字文化情感承诺形成影响的重要性。这与 Animesh 等（2011）研究人员的发现一致，即文化内容的线上多样化、沉浸式呈现形式有助于创造更高的数字文化情感认知。数字文化产品最大化发挥 VR、AI 等多种技术优势重塑文化内容呈现，突破了固有的单一化体验感知，为受众带来沉浸、立体的高度临场感预期。多样化数字媒介的应用以及生产端与消费端的非线性链接丰富了用户文化核心内容的认知渠道，文化符号、文化价值观的挖掘呈现也更加深入，用户个性化需求得到满足的同时内容解读的细化提升了用户数字文化体验的感知易用性。本研究的发现既是虚拟网络环境下的产品丰富度影响用户情感承诺的有力验证，也是在其基础上专注于探究数字文化内容消费、细化虚拟产品接受意愿影响因素的拓展延伸（Baker et al., 2019; Wang & Chang, 2014）。

第二，用户对数字文化产品体验的感知交互强度是激发情感承诺的重要影响因素。数字文化产品在生产过程中往往会设计支持参与者自主互动的功能。例如，在虚拟空间中将现实中处于不同空间的用户聚集，通过评论、化身、角色扮演等交互活动在参与者间创造情感支撑、归属感或信任。参与者通过此类交互活动进行群体分类并聚集形成小团体，进而影响其对产品本身社会存在的超有效感知。社会互动作为人类的生理发展需求，用户数字文化产品的感知社交强度将影响其消费意愿的进一步形成。本研究通过证明感知交互性在情感承诺形成过程中的解释能力，证实了其在虚拟网络空间下更广泛的应用场景。在数字文化接受意愿形成过程的初期阶段，技术媒介丰富度、文化价值观判断是刺激感官的初步推动力，但随着用户对数字文化了解的逐步深入，尊重需求与自我实现需求成为用户进一步追求的目标，此时，感知交互性成为用户情感承诺形成的重要影响因素。

第三，本研究检验了视觉一致性对数字文化情感承诺影响的正面作用。产品语义即产品内涵文化语境、象征寓意是文化产品价值的核心表达，对技术创新、设计创新、市场创新三大维度的导向拉动成为产品生产创造的决定性因素。作为意识形态的重要表现形式之一（Vahlo et al.，2017），用户的文化价值观及价值体系指导其对数字文化内容的产品语义进行评判。具体而言，在大规模数字文化内容信息面前，用户往往倾向于关注特定方向、类型的内容，而用户对于产品语义与自身价值观是否贴合的评判影响了产品情感承诺的产生，且与技术媒介丰富度、感知交互性等因素相比在情感承诺形成过程中起主导作用，这进一步支持并拓展了 Lin 等学者的研究结果（Ashman et al.，2015）。此外，实证研究结论表明，相较于数字文化内容的外在呈现形式，公众更倾向于强调、关注体验对象的中心内容，契合用户文化价值观的数字文化内容吸引力即视觉一致性高于其外在多媒体的表现方式。

2. 社会环境规范用户在线交互行为，调节文化认知体验

为探究外部环境变量对数字文化接受过程的调节作用，本章聚焦于外部文化环境影响下的个体身份及社会文化认同，将自我分类理论拓展并作为调节变量引入。研究结果表明：在媒介丰富度层面，较高的媒介丰富度与较强的社会自我分类同时出现则会导致数字文化情感承诺显著降低。这一结论表明，当社会群体规范对个体情感、价值观、认知的约束作用愈发明显时，用户将更偏向于选择与群体价值观同化的内容，选择标准的提升与选择范围的缩减将显著降低媒介丰富度对用户的吸引作用。在感知交互性层面，当数字文化内容同时显示具备较高的感知交互性与较强的自我分类吻合倾向，高自我卷入度将对感知交互性的影响产生放大效应，因而情感承诺进一步强化。

与假设 H4 相反，视觉一致性与自我分类交互项并未对数字文化情感承诺产生显著影响。对此合理的解释可能有以下几点：首先，视觉一致性越强烈，受众对自我分类作用下的文化环境感知影响减弱，情感承诺也随之降低。尽管受众明确自身与数字文化内容间存在文化背景差异，但强烈的视觉一致性认知要求使得自我分类心理不足以对情感承诺产生显著影响。其次，当用户明确感知到基于社会背景环境的自我分类差异存在时，接触新事物的新奇感同步产生，新奇感效能大于自我分类效应时将对其产生抑制作用。最后，基于互联网社交媒体或虚拟空间的数字文化体验将对用户身份产生一定的匿名作用，用户的行为发生及意见表达风险显著降低，因而较低的自我分类效能不足与视觉一致性交互并对情感承诺的形成产生调节作用。同时，这可能表明视觉一致性产生于用户自身的内生心理学动机并受其发展要求影响，当自我分类效能超过一定的阈值区间，视觉一致性与自我分类的交互项对数字文化情感承诺的正向作用才可能生效。

第六章

数字文化的应用前沿——数字文化事业

1998年，时任美国副总统艾伯特·戈尔（Albert Gore Jr.）在其题为"数字地球：认识21世纪我们这颗星球"（The Digital Earth: Understanding Our Planet in the 21st Century）演说中首次提出"数字地球"的概念，涉及对地观测、地球科学、计算机技术、网络通信等多个领域。从本质上来看，这个概念的提出是人类认识地球的一种新的方式，信息系统和数据成为基础符号。随后，"数字国家""数字政府""数字城市""数字社区"等概念相继出现并随着数字技术的不断发展在各国有着不同程度的实践进展。数字文化事业作为一个具有中国特色的概念，是数字中国和数字政府的重要组成部分，也是推进国家文化治理体系和治理能力现代化的重要抓手。简言之，其即指公共文化的数字化，由政府主导，以实现社会效益为主要价值取向，以保障人民数字文化权利、满足人民日益增长的精神文化需求为目的，具有公益性、均等性、共享性等特征。

正如第一章所述，数字文化事业的类型多样，不同视角下的划分依据也不尽相同，对于其应用进展在此并不能——列举。综合考虑其重要性、实践程度、惠及群体广度后，本章选取数字政务与党建、数字文化遗产、数字教育作为三个重点领域，分别从概述及政策支撑、应用场景、受众与传播效果等方面切入研究，并对该领域典型案例加以介绍，以此作为观察我国数字文化事业发展现状的窗口。

第一节 数字政务与党建

党的十八大以来，党中央、国务院从推进国家治理体系和治理能力现代化全局出发，准确把握全球数字化、网络化、智能化发展趋势和特点，围绕实施网络强国战略、大数据战略等作出了一系列重大部署。加强数字政府建设是适应新一轮科技革命和产业变革趋势、驱动数字社会建设、加快数字化发展的必然要求，是创新政府治理理念的重要举措。国家"十四五"规划进一步提出了提升国家治理效能和"加强数字政府建设"的目标要求，作为有效的赋能途径，数字政务与数字党建能够为政府治理体系的现代化注入变革力量。

一、概述及政策支撑

数字政务与数字党建是数字政府建设必须面对的两大重要问题。前者重在回答如何转变政府职能、提升公共服务效能的问题，是数字政府建设的题中之义，为政府数字化转型中的有效履职提供支撑；后者主要围绕数字时代如何提升和加强党的领导能力这一议题展开，是数字政府建设的前提与基本原则。

（一）数字政务

数字政务由"电子政务"（electronic government）发展而来，最早又可称之为"虚拟政府"（virtual government）。其是指政府部门在发布政务信息、提供公共服务、进行市场监管和回应民意等方面使用各类信息技术，从而提高政府透明度、公共服务绩效和响应力的过程（West，2005）。20 世纪 80 年代中期开始，政府逐渐从纸质化办公转向使用计算机、传真等现代化工具办公，以政府门户网站、政府内网、电子邮件等的应用为代表。1983 年，国家计委信息管理办公室成立，1987 年，国家经济信息中心成立，《国务院办公厅关于建设全国行政首脑机关办公决策服务系统的通知》于 1992 年出台，进一步助推政府机关办公自动化的实现。随后，国家相继启动"三金工程""政府上网工程"，敲定了"三网一库"的政府办公自动化网络系统的基本框架，政务系统逐渐走向体系化、专业化的发展道路，政府办公的服务范围、质量和效率均得到了大幅提升。2000 年，党的十五届五中全会明确提出了"以信息化带动工业化"的国家战略路线。2002 年，信息化领导小组提出了《关于我国电子政务建设的指导意见》，着力建设统一的电子政务网络，并将其划分为政府内网和公共服务外网，同时加强"十二金"等重要业务系统建设，包括金财、金农、金盾、金保、金税、金关、金水、金质、金审、金卡、金贸和金企工程。2006 年，中国政府网（www.gov.cn）的正式应用标志着我国"两网一站四库十二金"的电子政务建设工程步入高速发展阶段。

2010年以来，智能手机、4G/5G网络和移动互联网日益普及，移动政务（mobile government）模式兴起。政府部门通过开发政务客户端，或搭载微信、支付宝等移动应用程序，将部分线下实体办公完全转移至线上，以一站式政务服务大厅为代表，政府业务从窗口政务、电子政务转向智慧政务时代。2016年是"互联网+政务服务"的启动年，为了规范"互联网+政务服务"的技术体系，国务院办公厅2017年出台了《"互联网+政务服务"技术体系建设指南》，以解决网上政务服务平台"怎么建"的问题。指南中明确指出政务服务运营管理的内容包括外部服务和内部办理两部分：外部服务强调线上线下的用户服务的对接与互动功能，用户可以通过网上申请或网上预约等不同渠道办理相关业务，政府互联网门户要提供包括但不限于查询、评价、咨询、建议和投诉等多种互动功能；内部办理部分则规定了网上预约、受理、审核、审批等环节管理的基本流程，对应外部服务的功能，还要求集成高拍仪、身份证读卡器、排队叫号系统等大厅各类智能化设备，实现一体化办理。如果说此前的电子政务是"政务服务+互联网"（政府的互联网化），那么数字政府则意味着"互联网+政务服务"（互联网化的政府）（马亮，2021）。此时的政务转型也随着数字技术的快速发展和公民办事需求的变化，有了明确的数字化、智能化、智慧化的要求。自此之后，一系列"互联网+政务服务"政策的接连出台（表6.1），推动政府政务内外都要实现数字化运转，要求利用新兴技术整合信息资源、实现数据共享，构建省市"数治"科学化，现代化体系也成为当下数字政务的主要内容。

表6.1 2016~2022年出台的我国数字政府建设主要政策

时间	发文部门	文件名称
2016年	国务院	《关于加快推进"互联网+政务服务"工作的指导意见》
2017年	国务院办公厅	《"互联网+政务服务"技术体系建设指南》
	中共中央办公厅 国务院办公厅	《关于促进移动互联网健康有序发展的意见》
	国务院办公厅	《政府网站发展指引》
2018年	国务院办公厅	《进一步深化"互联网+政务服务"推进政务服务"一网、一门、一次"改革实施方案》
	国务院	《关于加快推进全国一体化在线政务服务平台建设的指导意见》
	国务院办公厅	《政府网站集约化试点工作方案》
	国务院办公厅	《关于推进政务新媒体健康有序发展的意见》

续表

时间	发文部门	文件名称
2019年	国务院	《关于在线政务服务的若干规定》
	国务院办公厅	《关于建立政务服务"好差评"制度提高政务服务水平的意见》
2020年	国务院办公厅	《关于加快推进政务服务"跨省通办"的指导意见》
2022年	国务院	《关于加快推进政务服务标准化规范化便利化的指导意见》
	国务院	《关于加强数字政府建设的指导意见》

（二）数字党建

世界上多数政党基本均随着大机器技术的发明与应用诞生于近代，其组织方式与活动方式普遍适应工业社会的交往，就这一点而言，我们可以发现政党的先进性与技术不无关系。全球各国政党面临的共同命题就是如何保持生机与活力，快速适应新技术下的社会实践，在与时俱进中推动政党组织形态的根本性创新。中国共产党作为执政党，必须要主动、自觉地利用数字新技术武装全党，促进传统党建经验与现代信息手段的科学承接，始终保持其先进性。

数字党建这一概念于2007年在我国首次出现，《赤峰日报》刊发《红旗飘扬在心中》一文，着重报道红山区哈达街道办事处数字党建的基本情况（张启民和张蜀恒，2007），这一实践意味着我国基层党建进入数字治理1.0时代。从类型上看，基层党建具体包括国企党建、农村党建、机关党建、学校院所党建、社区党建和非公党建。数字党建的起步可以说缘起于一些基层党组织在数字时代的积极摸索，切实将信息技术运用于党员信息分析、组织关系转接、流动党员管理和困难党员慰问等具体工作之中（王少泉，2019）。伴随着基层党建形式的不断创新与丰富，基层党建工作得到了进一步的提升，以大数据、云计算和社会网络在数字治理中的广泛应用为标志，我国的数字党建进入2.0时代。例如2018年，重庆市江北区推出数字党建大数据平台，以党员信息分析智能化、流动党员情况精细化、组织关系转接线上化、困难党员慰问准确化为目标，将数字治理理念落实在基层党组织工作的实践中。2019年1月，中共中央办公厅印发《中共中央关于加强党的政治建设的意见》，明确提出要积极运用互联网、大数据等新兴数字技术，推进"智慧党建"。把数字新技术运用到党的建设的各个方面和各项工作，实现党建信息资源融合共享，是中国共产党适应知识化、信息化、数字化时代潮流的生动体现。

与数字政务的发展历程一样，数字党建也经历了从"党建+互联网"到"互联网+党建"的过渡历程，完成了从单纯的党建方法与手段的更新到党建工作平台、数字党建工作体系的建立。党建工作涉及方向性的领导，涵盖各层级党组织工作的方方面面，重要性不言而喻。其以思想建设、组织建设、政治建设、廉政建设为关键内容，包括党务管理、党员管理、组织管理和活动管理等多个重要环节。从本质来看，数字党建是党的工作在新的形势下，运用新技术产生新思维的一种新型治理；从具体内容来看，需要以精细化、深入化和系统化的党组织建设和管理，在党的各级组织之间、党组织与党员之间、党组织和党员与普通群众之间，以及党组织与党组织所在单位机构之间、党组织与社会之间，通过数字技术的赋能和支撑，实现更好的互动融合，进而使党建工作提质升级（宋建欣和崔立伟，2022）。

当然，目前的党建工作仍然存在一些困难和不可回避的问题。首先，是数据信息的安全问题，这同样也是数字政府建设的共性问题。据国家计算机网络应急技术处理协调中心的报告显示，2022年上半年，我国境内遭篡改的网站有近30 706个，其中被篡改的政府网站有186个。国家信息安全漏洞共享平台收集整理信息系统安全漏洞11 146个，其中，高危漏洞3573个，可被利用来实施远程攻击的漏洞有9160个。数字党建要想更加智慧化，就必须建立在大范围数据信息共享的基础上，这与国际环境下日益严峻的网络安全环境之间有着显著矛盾。被动的现实处境对党建信息安全提出了紧急而迫切的要求，尤其是涉及防病毒、防盗、身份鉴定、网络隔离、加密算法、数据备份与恢复、安全级别管理、访问控制管理、数字签名等方面的内容。其次，在具体的系统开发环节，数字化项目可能存在单纯技术化的倾向。最后，在实际应用中则需要特别警惕数字化形式主义、与党建实际工作脱节等问题。

二、应用场景

近年来，数字政府致力于巩固拓展"放管服"改革成效，在城市综合治理和民生服务等相关应用场景中深度赋能，尤其在新冠疫情期间发挥了重要的作用。就场景本身而言，其因部门工作内容不同而有多种类型，如基层治理、扶贫助农、指尖党建、指尖帮扶、智慧防疫、数字法院、交通监测、跨省通办、政企协同、城市管理、不动产登记与房屋租赁、执法监督及移动警务等。因此，我们可以将其理解为"4+N"的应用模式，"4"指的是数字政务与数字无法脱离的技术中台，"N"指的是不同部门根据自己的业务特点所做出的场景落地。

四个中台主要包括业务中台、应用中台、数据中台和技术中台。

（1）业务中台，定义业务要素和流程。通过摸清政府和党建的业务规律去提炼要素和流程，技术可以随着时间更迭，但要素是较为稳定的，在彼此的更新关联中形成系统的迭代。

（2）应用中台，即有大量可以下沉到中台里的用户身份，按照区域或其他合理方式划分，从而共享应用。

（3）数据中台，把一些杂乱的数据进行加工，形成一个数据工厂来辅助政府进行数据治理，通过加工形成新的数据服务产品，进而赋能上层应用。

（4）技术中台，将类似于大数据、AI、5G等技术的一些基本能力分装到底层，用以支持上层应用的快速调试与轻松使用。

"N"个落地场景虽然无法穷尽，但也可以有一个大体的概括和划分。

一方面是对外的政务服务、信息公开与城市治理。能够利用数据进行分析和研判从而辅助政府决策，例如：精准追踪人员流动轨迹信息，辅助疫情防控；利用城市二维、三维地图可视化城市运行，方便城市管理者发现问题，解决问题。在城市管理和服务方面，还可以形成一整套环境监管、视频监督、安全生产等横向城市管理服务，违章建筑、工地管理、公用事业、园林绿化等纵向的城市管理服务。以大数据为基础打造的"互联网+政务"平台，能够有效实现政务服务一网通办，为民众提供政务服务一张图，提升数字化协同能力，打造以"三融五跨"为代表的协同联动体系建设，增强共建共治共享的基层治理协同支撑能力，促进以核心城市为引领的都市圈、城镇化基础设施的协同升级，让企业和群众办事实现线上一网、线下一门、现场一次。

另一方面是对内工作流程数字化和部门内的业务学习。最具代表性的就是内部公文流转，例如将电子印章运用至政府内部办公系统后，政务公文的传输可实现在线化，不仅免去了人工邮寄公文与线下分发的工作，同时基于电子签名验证与公文加解密功能，也满足了电子公文传输中防篡改与保密性的需求。还有在线学习，例如通过多类型学习场所的建设，实现线上定制/专业课程、线下打卡学习、任务积分考核的系统勾连，完成学习场景的闭环。还有通过建设一体化协同办公平台，改善传统基于部门独立运行的协同办公平台固有的诸多弊端，实现部门之间的数据共享、业务协同与资源利用，提升政府内部行政效能。

随着场景建设和场景落地步入纵深发展阶段，场景的多元化仍将是一个重要趋势，例如：从当前的城市规划建设、市场监管、生态保护、公共卫生的场景拓展到医疗、养老、就业、社区、基层治理等；从城市服务需求出发，提供更丰富和更有价值的场景。不过，多部门的串联，多区域、多主体的协调，仍需要进一步梳理，确立权责，以构建多级、多域、多部门联动的且灵活高效的数字化服务体系，为民众提供更满意、便捷、高效和透明的服务。

三、受众与传播效果

数字化转型是否取得成功，有多重衡量标准和维度，对于与社会公众直接相关的领域和机构而言，用户是否满意其数字化转型后提供的服务，无疑是最重要的标志。无论是数字政务还是数字党建，其核心原则都是以人为本、为人民服务，因而传播效果的衡量也在于群众的满意程度。同时，数字办事效率的提升还有赖于内部系统的沟通协调与顺利运转。

简单来说，数字政府的受众就是政府内网系统（OA等）的办公人员、政府外网业务系统（政府网站、网上办公系统等）的工作人员以及社会群体用户。

前两者集中在政府机构内部，包括内外网工作人员常使用的协同办公系统和专项业务系统等，以办事、办文和办会为核心，如审批、公告、公车调度、考勤、云盘、投票等行政办公业务，即时通讯、日程提醒等效率沟通事项，报销、借/还款等财务类信息处理，以及包括党建督查督办、智慧门禁、智慧食堂、访客系统等在内的其他专项系统。例如，"浙政钉"APP是由钉钉专为浙江省政府工作打造的沟通协同平台，软件支持省、市、县（市、区）、乡镇、村（街道、社区）五级政府人员使用，内部业务集成，支持政务审批、督查督办、掌上办公等功能。

社会群体用户还可进一步划分为企业用户和个人用户，其目的主要聚焦于"办事"，线上服务极大地简化了审批程序和流程，缩短了业务办理的时间，极大地方便了百姓生活。企业用户作为数字政府的重要服务对象，多使用税务类服务平台。据2022年国家统计局济南调查队的走访调查，在参与调研的82家企业中，有80.5%的企业使用过数字政务平台，使用率最高的是缴费纳税业务，占比81.2%；社保办理、证照办理和项目审批等服务的使用率均在五成以上[①]。个人用户则多办理与民生相关的业务，种类多样。例如，2020年，北京市政务服务管理局与支付宝推进"北京通"小程序和支付宝市民中心融合运营，900多项政务服

---

① 济南为何连年获评"中国领军智慧城市"？来看数字服务的"赞"与"盼"[EB/OL]. (2022-03-24)[2023-07-12]. https://baijiahao.baidu.com/s?id=1728132505034065588&wfr=spider&for=pc.

务可直接在支付宝轻松办理。服务涵盖公安、民政、社保等54个领域，包括同名查询、结婚登记预约、出生登记预约、积分落户计算、个人纳税证明、生活缴费、社保信息查询等。支付宝统计数据显示，截至2020年5月底，全国已有400多个县域在支付宝上设立了"数字市民中心"，助力县域新城镇化及新基建。现阶段，数字政务更符合20~50岁人群的使用习惯，老人、小孩以及其他特殊人群如何在线使用政务服务，是接下来要面对的问题。

四、典型案例

（一）数字政务案例：浙江省政务协同平台——"浙政钉"

数字时代，政务业务模式和管理模式发生了极大改变，传统的协同办公越来越难支撑政务运行需要，普遍存在使用体验差、接入不方便、协同效率低、应用生态差和网络安全隐患大等问题。2017年3月，浙江省人民政府办公厅印发了《浙江省人民政府办公厅关于开展政务移动办公系统建设的通知》（浙政办发函〔2017〕20号）。2019年4月，中共浙江省委办公厅印发了《中共浙江省委办公厅关于推广"浙政钉"移动办公应用的通知》，要求全省建成统一的移动办公平台，建设"掌上办公之省"。随后，浙江省委办公厅、浙江省政府办公厅联合阿里，合力打造了数字化协同管理平台——"浙政钉"，通过平台建设，探索强协同、提效能、促公开的政务新模式，以"最多跑一次"为政府数字化转型工作要点，推进治理体系和治理能力现代化。

"浙政钉"的实施经历了两个阶段。第一阶段是试点建设阶段。2017年4月，杭州、衢州等地开始试用钉钉系统，先行在政务移动办公、"全民网格"共管等领域试用试点，发展钉钉即时通信、消息提醒、协同办公等基础服务。试点期间，基于政府数字化转型总体方案"四横三纵"的设计思路深化平台功能建设，组织线上、线下培训，推动全省各级组织及用户上钉。2018年5月，浙江省、市、县政府领导分别建立工作群，开展协同应用，标志着"浙政钉"正式上线运行。至2018年底，"浙政钉"接入省、市、县、乡、村、组六级组织机构，建立各类部门群、业务群2.1万个，接入钉应用381个[①]。第二阶段是推广优化阶段。2019年起致力于不断优化"浙政钉"基础支撑功能，建设千人千面移动工作门户和应

---

① 浙政钉——掌上办公平台[EB/OL].（2020-04-10）[2023-07-12]. https://zld.zjzwfw.gov.cn/art/2020/4/10/art_1229004464_42545498.html.

用管理平台，统一权限和用户管理，进一步提升用户体验。充分发挥"浙政钉"安全可靠、沟通高效、信息必达等特点，分阶段逐步推进"8+13"重点项目、10个防范化解重大风险项目、6个新启动重点项目的应用上钉，助力经济调节、市场监管、公共服务、社会管理、生态环境保护等政府职能数字化转型重点领域应用整合，加快微应用接入，建立钉钉应用集群。打造机关内部"最多跑一次""掌上执法"等一批效果显著的标杆应用。截至2023年7月，"浙政钉"覆盖全省11个地市、90个县（市、区）、1375乡（镇、街道）、28 568村（社区）以及近70 000个小组（网格），接入各级组织节点30余万个，激活用户120余万，80万日活跃用户，日均消息数180余万条，建立工作群20余万个，已上线988个移动应用[①]。

从业务创新内容来看，"浙江钉"既包括对外的政务服务项目改革，也涉及内部工作的协同与办公模式的转型，具体包括以下四点。

一是创新政务沟通方式。基于全省政务通讯录在线，支撑实现通信从层级化向扁平化转变，沟通由点对点向工作群多点对多点转变，权限范围内快速找组织、找人，极大地提升了政务沟通协作效率，全省级的任务下发和反馈由以往的几天级迅速压缩为分钟级，效率提高近百倍。

二是创新政务协同方式。通过业务中台和数据中台的能力，统一各地、各部门之间业务流、数据流、审批流汇聚到"浙政钉"，完成了从省到村、组的六级纵向大联动，实现全省各级党政机关、人民团体、企事业单位、基层组织的业务协同，消除信息孤岛。

三是创新移动办公模式。将现有PC端上的邮件收发、公文阅处、文件签批等应用功能整合接入到"浙政钉"工作平台，实现随时、随地、全天候移动办公、掌上办公，打破了时间、地域限制，极大地提高了办公效率。

四是创新应用建设模式。通过统分结合的集约化建设模式，有效解决政务信息化长期存在的分散并各自为政的烟囱式建设弊端，建设统一的基础支撑平台，有效实现各上层应用的统一接入、统一监管，打通数据流和业务流。

（二）数字党建案例：国家互联网应急中心"1+3+N"

国家互联网应急中心成立于2002年9月，划归中共中央网络安全和信息化委

[①] 浙政钉——掌上办公平台[EB/OL].（2020-04-10）[2023-07-12]. https://zld.zjzwfw.gov.cn/art/2020/4/10/art_1229004464_ 42545498.html.

员会办公室管理，是国家级的网络安全应急机构，至此形成了国家中心、省级分中心、地市级应急保障中心垂直管理的三级组织架构，成为支撑国家和地方网信工作的重要技术力量。经过近两年的逐步探索和实践，国家互联网应急中心数字党建平台日益成熟完善，初步形成了"1个平台、3个终端、N个场景"的"1+3+N"党建信息化建设模式。

1个平台，即国家互联网应急中心数字党建平台，是数字党建的主平台和党建大数据中心。该平台的系统包含党建宣传、党员教育、组织管理、党建服务、数据资源、决策研判、移动党务APP等七大功能，全天候不间断运行。相关系统通过大数据技术，实时采集、汇聚中心各级党组织的党建工作数据资源，如党组织和党员信息、党务台账、党建课程、党建知识、党建政策资讯等，已汇集各类数据信息数十万条。同时搭建可视化指挥平台，利用党务管理、学习教育管理、考核管理等模块，进一步加强对各级党组织和党员干部的教育、管理和考核，为中心党委的党建工作提供实时、有效、精准的数据支撑和信息技术保障，实现本中心党建工作的数字化、标准化、流程化，达到可评价、可推广、可管理的目标。

3个终端，即办公OA终端、手机移动终端、楼宇多媒体终端。国家互联网应急中心数字党建平台通过办公OA终端，实现了党建工作数据接入办公内网，将党建管理与在线办公高效协同，党组织建设、党员教育管理的信息均在内网OA终端上运行，并通过了保密测评，确保各类数据信息安全。同时，通过手机移动终端，实现了网上党校、党建宣传、手机缴费、活动签到等功能，实现各级党组织党员干部全覆盖，并与办公OA终端进行数据同步，构建党组织和党员积分体系。此外，在各办公区楼宇、大厅设置28台多媒体终端，打造"党建屏"，实现宣传教育内容和服务信息的全天候轮播推送，推动形成"党建大课堂"的良好氛围。

N个场景，即通过"数字党建+"，发挥数字党建系统基础性平台的作用，有效赋能党的政治建设、思想建设、组织建设、作风建设、纪律建设等。例如："数字党建+党建空间"，通过建设网上党校、学习书院等多功能党建学习场所，实现线上定制课程、线下签到学习、系统积分考核的学习闭环，将学习教育和党建宣传融入碎片化空间，丰富了党建空间的内容效果；"数字党建+保密"，开设保密教育专题，组织保密在线测试，提升保密管理水平，组织在线保密知识测试数十期，增强了员工的保密意识，更好地提升党管保密成效；"数字党建+干部管理"，通过数字党建系统积累的数十万条党建数据和党员信息，开展党员干部精准画像，为选人用人、考核激励等研判决策提供支撑，更好地做到"知事识人"。

国家互联网应急中心数字党建平台从"建起来"到"用起来""管起来"，实现了党务管理、资讯活动、学习考核、党群互动、干部人事等工作的全面信息化，极大地优化了党建工作流程，规范了党建工作机制，创新了党建工作形式，提高了党建工作效率，也切实减轻了党务干部的工作负担。具体成效包括以下三方面：一是党建宣传的"新阵地"，将党建工作从线下延伸到线上，实现线上线下结合，通过多种形式宣传贯彻习近平新时代中国特色社会主义思想，丰富了党建宣传工作的内容和手段，提升了党建宣传的能力和水平，提升了广大党员干部的政治站位和政治修养，进一步强化了落实"两个维护"的能力和效果。二是学习交流的"新家园"，创造性地将数字党建系统接入到中心内网办公 OA 平台，各级党组织的党员干部在内网即可集中浏览学习各类信息，有效地激发了党员干部的学习热情，变"要我学"为"我要学"，成为大家的"精神家园"。目前数字党建系统每日更新各类数据信息十余期，提供各类音视频教育资源上百种，党员干部日均浏览政策信息、学习党建知识、观看党课视频上万次。三是组织管理的"新抓手"，中心党建垂直管理的手段和效率更加强化，实现对各级党组织和党员干部的精准识别、远程异地管理，为全方位评价党员干部实绩、科学开展选拔任用工作提供决策支撑。

第二节　数字文化遗产

一、概述及政策支撑

文化遗产是历史留给人类的财富，从存在形态上分为物质文化遗产（有形文化遗产）和非物质文化遗产（无形文化遗产）。有形文化遗产即传统意义上的"文化遗产"，根据《保护世界文化和自然遗产公约》可知，其具体包括历史文物、历史建筑、人类文化遗址；无形文化遗产则指被各群体、团体或个人视为其文化遗产的各种实践、表演、表现形式、知识和技能，也包括与其有关的工具、实物、工艺品和文化场所。文化遗产数字化是指利用现代数字技术手段，将文化遗产的核心内容和信息客观地、真实地、全面地记录和保存下来，并且以适当的结构设计使之成为可供检索、学习、传播和利用的数据资源。文化遗产数字化不仅仅是一个技术层面的问题，而是关系到文化遗产整个保护、传承战略的系统问题，包括了从信息采集、记录、存储、传输、检索、发掘、利用、版权保护等一系列过程和原理。相应地，文化遗产数字化的内涵也从以早期的技术手段为主不断扩展，包括了数字化对象、数字化目标体系、数字化方法路径选择、数字资源管理等多个层面内容。

党的十八大以来，党和国家高度重视中华优秀传统文化的传承、文化遗产的保护、博物馆工作的创新。一方面，其记载了人类文明的发展历程，存储了大量人类既往的文化信息，对文化遗产的保护、研究和开发能够从根本上推动我们对自身乃至人类的认识；另一方面，其能够凝聚共同情感，激发并增进不同民族的文化认同感和自豪感，并在这个过程中潜移默化地完成美育，具有十分重要的理论意义。2021 年，中央全面深化改革委员会审议通过《关于让文物活起来、扩大中华文化国际影响力的实施意见》，国务院办公厅印发《"十四五"文物保护和科技创新规划》，提出"十四五"时期是我国从文物资源大国向文物保护利用强国跨越的关键时期。新形势下，全方位提高文物保护利用和文化遗产保护传承的数字化水平，有助于推动中华优秀传统文化创造性转化、创新性发展，有助于中华文化更好地"走出去"。文博数字化促进了文化强国战略的实施，为文物保护与研究提供了支撑，加快了文化遗产价值的传播，顺应了社会发展的新形势。

从保护和传播的技术来看，多集中在元数据、3D 技术、现实技术、AI、区块链、3S 技术等。文化遗产数字化的前提基础是建立数字资产档案，这需要依赖强大的底层元数据支撑，目前我国并没有一套规范化的元数据标准，不同领域的数据标准与规范被实践倒逼着推动；以 AR、VR、MR 等为代表的现实技术则被广泛应用于文化遗产的保护和可视化展示，主要领域包括器物、书画、雕塑和建筑遗址以及口头故事与语言、传统技艺和传统习俗方面的数字化保存；3D 技术能为文化遗产的修缮和恢复提供数据和模型支持，用于真实记录和保存文化的发掘信息，而为提高其在实践中的扫描精准度，研究者又将它与点云、高清影像数据、多源数据、逆向工程、四目系统、LiDAR 遥感技术、Remake、PMVS 算法等技术整合；基于区块链不可篡改、永久存储、可以追溯的特性，其在文化遗产管理中发挥着重要作用，如实时记录并完整保护所有的交易记录、追踪文物的流转情况，有效解决文物保管、权属、鉴定、防盗以及防损等问题。此外，还有 AI 技术、大数据、数字孪生技术、多源探测技术等，被当作文化遗产数字化保护的进阶技术和智慧化转变方向的有力支撑。

我国文化遗产数字化保护与传承工作主要由政府引导和推动，因此，在具体实践中也主要由以博物馆、展览馆、档案馆、文化馆等为代表的文化事业单位承担具体的工作。从具体的展现形态来看，该工作主要包括数据库、数字博物馆/

图书馆以及以游戏、动漫、影视、IP周边为代表的衍生形态。考虑到本部分着重于数字文化事业的研究，故仅在这里讨论前两类。首先是数据库，与前述元数据和3D扫描等技术息息相关，是数字文化遗产的主要形态，尤其是非物质文化遗产传承与保护的重要基础。例如，国家有关部门自2008年起便开始采用数字化技术对藏族史诗《格萨尔王》进行了大规模的整体保护与分类整理，为一批著名说唱艺人和传承人录制超过5000小时的影像资料，利用高速扫描和文字识别技术，把一些文本资料转化成图像和Word文档，翻译成多种语言，建立《格萨尔王》影音数据库，从而最大限度地体现了《格萨尔王》的原始性、原真性、文献性、整体性、资源性，实现了《格萨尔王》的永久保存、资源共享和开发利用（周亚和许鑫，2017）。其次，数据库也并不是独立存在的，它与博物馆、图书馆等重要的文化遗产保存、传播与分享的形态共同形成了完整的保存和传播链。例如，2022年上线的"敦煌遗书数据库"（dhyssjk.dha.ac.cn）包括敦煌文献的基本信息、数字图像、全文录文和相关研究文献目录四个部分，数据库同时提供汉、藏文文献的全文检索和图文对照浏览，成为敦煌研究院建设全球敦煌学研究高地的重要举措；江西省非物质文化遗产数字博物馆收录了江西省12个地市，涵盖民间文学、传统音乐、传统舞蹈、传统戏剧、传统体育、游艺与杂技、传统美术、传统医药与民俗等的非遗项目。

近年来，我国文物保护与考古虽然取得了一定的成效，博物馆展示和传播能力展现了新的形象，文物治理体系和治理能力也得到不同程度的提升，文物国际交流与合作迈上新台阶，但在推动数字化发展过程中，还存在一些需求和痛点，例如：文博单位自身发展不平衡，中小型文博单位数字化发展力不从心；兼具文博知识与数字化技术的专业人才欠缺，成为制约文博数字化长远发展的重要因素；数字化标准不统一，对数据生产力的发掘仍然处于初级阶段；产业融合创新不足，文物当代价值与公众生活的连接仍需加强；等等。目前的文博行业正在从数字化走向深度数字化，在努力解决行业数字化转型痛点的同时，积极探索构建文博行业"全生命链条"的数字化路径。

二、应用场景

文化遗产数字化后主要的应用场景可大致划分为线上和线下两大类型。
所谓线下，指的是受众在有一定物理空间的场所学习、游览、娱乐、考察等，这里面就涉及数字陈列与展览。传统的陈列展示手段一般为图文展板、文物与展品陈列、沙盘模型、模拟置景等。多媒体技术、网络技术与 VR 技术等的导入使文博场馆的展陈形式获得了新的发展，如视频影像、三维动画等新媒体技术以及影像合成拼接技术、机械互动技术、声控感应、电磁感应、触摸压力感应等现代科学技术等，开创了半景画场景、情景式复原场景、沉浸式场景、全息文化打卡体验等。例如：2014 年，法国卢浮宫博物馆与导演罗伯特·威尔逊（Robert Wilson）合作，通过数字手段重新演绎博物馆中馆藏《马拉之死》《里维埃小姐像》等作品；"数字敦煌展——丝绸之路上的敦煌"展览陈列了来自敦煌研究院的近 50 件（套）文物数字化研究成果，包括莫高窟第 285 窟、第 3 窟两座原大复制的洞窟，莫高窟第 158 窟卧佛、麦积山石窟第 133 窟弟子像等比例三维重建艺术复原彩塑，高保真数字化壁画复制品 25 幅等。

　　线上场景具体又可划分为两类：一是基于 PC 端的网络平台，二是基于移动端的手机 APP 或者内置小程序。在内容上，线上场景包括以科研、学习为主要目的的各类数据库、资源库，以消费收藏为代表的数字藏品浏览和购买，以游览路线规划引导为主的数字导览等。例如，由敦煌研究院和腾讯以数字孪生技术为手段，以 1∶1 的比例在线上联合打造的全真数字藏经洞，让已流失海外或进入博物馆的文献在洞窟中"重现"，并通过互动体验的方式和大众一同分享藏经洞出土文物背后的"鲜活历史"，开展虚拟人实时直播、讲解等具体实践，为弘扬敦煌文化探索、创新演绎方式。还有文博机构与技术公司合作开发的用于自身场馆、景区内的 AR 实景导航，打通场馆内的所有信息推荐与导航，以大场景 AR 地图应用为切入点，通过摄像头提供一个包含导航、信息、搜索、推荐、讲解、娱乐等功能的创新应用。在这个场景体验中，游客可以感受到虚与实结合的新体验——真实的场馆环境、虚拟的文物动态化，以及全程实景引导、全新的 AI 讲解、全息信息标牌等。

三、受众与传播效果

　　文化遗产数字化本质上可以说是一个信息管理工作，沿着信息传导的线性流程可以分为信息的发掘、信息的存储、信息的处理以及信息的再开发，前三个环节都是专业范畴的工作，而信息的再开发则是为了建立起与公众的联系。事实上，要想让文化遗产真正释放价值，就必须要让这些信息同老百姓的生活产生关联，要能把它们翻译成大众能够理解、感兴趣的信息，体现以人为本的核心要旨。如此一来，了解受众就显得尤为重要。根据不同的目的，数字文化遗产的受众群里可划分为五大类。

一是以研究、学习为目的的科教人员及学生群体。教育一直以来都是文化行业服务的核心功能，数字文化遗产突破了时空限制，不仅能为普通人提供优质的学习资源，同样也能为专业研究教育的专家学者、各级各类学生等提供一个新的教育研究途径。反过来，该群体的学术成果也可以为数字文化遗产的深度发展指出新的道路。另外，在广大学生群体的认知和情感塑造中，数字文化遗产发挥着重要作用，也是文化强国战略可持续的重要基石。

二是以休闲娱乐为目的的游客及旅游行业从业人员。历史文化资源所具备的地域性、独特征、观赏性，以及数字技术赋予的沉浸体验性、互动性、视觉性、娱乐性等都极大地引发了游客的好奇，具有广阔的市场需求。数字化的文博往往以丰富多样的形式存在，既是游客信息检索的渠道，同时又成为一种新的线上宣传推介方式。对于旅游行业从业人员而言，网络时代对其专业素养有了更高的要求，数字博物馆、展览馆、档案馆及相关数据库的资源将会为其提供大量有效的、专业的信息，不仅能够助推地域文化特色的宣传，同时还能辅助特色旅游线路规划及产品研发。

三是以购买珍藏为目的的文化遗产产品的消费群体。经济助推能有效提升文化传播效率，将大众的围观行为转化为大众的参与行为，通过文化消费的方式实现某种意义上的文化传承。数字文化遗产的发展能够将相关信息推送到受众眼前，通过先进的技术手段更好地展示文物信息、还原真实样貌。对于消费者本身而言，这些官方专业信息能够辅助其了解文物价值，初步鉴别优劣、区分诉讹。例如，博物馆数字藏品（NFT）的火爆既有收藏观赏的价值，又逐渐成为当代流行的"财富密码"。

四是以宣传考核为目的的各类行政机构相关人员。随着文化强国战略的稳步推行，各级各类政府机构对当地文化发展的关注逐年增强，相关发展规划、扶持政策、管理规定、行业技术标准逐步出台。数字文化遗产的发展涉及众多部门和行业，在工作环节中也包括建设筹备、建设运作、建设维护、后期管理等，这也成为相关工作人员的工作考核内容之一。

五是以信息交流为目的的文博从业人员。数字文化遗产项目浩大繁杂，相关从业人员类型多、数量大且层次不一，尤其在一些非物质文化遗产的传承上甚至濒临失传。在传统时代，行业内、行业间的交流因为受到时间、地点，以及其他因素的限制而使得多年不畅，数字化的建设则极大程度上解决了这一问题。文博从业人员可以找到自身业内的专业性学识，也可以了解其他数字文博项目的发展走向、技术应用以及服务形式，以他人之长补己之短。

四、典型案例

（一）数字文化遗产：数字敦煌

20 世纪 90 年代，敦煌研究院开始研究利用数字技术保护敦煌文化，时任敦煌研究院院长的樊锦诗首次提出了"数字敦煌"的概念，即以现代数字化技术永久保存敦煌石窟艺术，留存敦煌壁画，同步实现保护与传承。敦煌研究院先利用计算机技术和数字图像技术，为敦煌壁画、泥塑和洞窟分别建立了数字档案，为洞窟保护和后续数字化开发利用奠定了基础。2014 年，敦煌莫高窟数字展示中心项目建成并投入使用，配套了石窟实景漫游厅、球幕电影演播厅，既能使前来敦煌参观的游客通过光电影像技术了解敦煌文化，又能够有效地降低人流量过大对敦煌石窟的损害。2016 年 5 月，"数字敦煌"资源库上线，首次向全球免费共享 30 个敦煌石窟的高清图像和全景漫游，其中包括敦煌石窟及相关文物的图像、视频、三维等多种数据和文献资料，截至 2022 年访问用户遍布全球 78 个国家，累计访问量超过 1680 万余次[①]。经过多年发展，敦煌莫高窟攻克各项难题，已经形成了一套标准规范的流程，掌握多项数字化核心技术，产生了丰富的数字化成果。从具体形势来看，主要有以下几种。

（1）文物数字化与数字展示。截至 2022 年 8 月，敦煌研究院已对 278 个洞窟完成数字化摄影采集，对 164 个洞窟进行了图像处理[②]，这是其能够进行数字展示与游览的基础前提。数字化技术和 VR 技术共同构成了敦煌石窟艺术数字展示的核心手段，例如《梦幻佛宫》采用了球幕的形式，球幕直径 18m，面积约 500m^2，多方位地展示了石窟内的场景，还将其与 VR 技术相结合，使体验者可以随时查询石窟资料，与其建立起互动性，具有身临其境之感。与此同时，敦煌石窟文物保护研究陈列中心创造出数字交互游览的形式，使来此参观的人们可以体验数字化壁画虚拟游览的魅力。数字化壁画虚拟游览运用多媒体技术，将拍摄的多幅敦煌壁画图片制成视频，使游客可以回放、反复观看。此外，还有彩塑三维重建、底片扫描等数字化举措。

（2）云游敦煌小程序。2020 年，敦煌研究院、人民日报新媒体、腾讯联合推

---

① 李超. 数字敦煌 联通古今 永续传承[EB/OL]. (2023-05-17)[2023-07-12]. http://lzrb.lzbs.com.cn/content/202305/17/content_211338.html.

② ［十年百变］数字敦煌：指端"云游"千年中国史[EB/OL]. (2022-11-24)[2023-07-12]. https://www.chinanews.com.cn/m/gn/shipin/2022/11-23/news944017.shtml.

出的首个敦煌石窟艺术欣赏体验小程序"云游敦煌"上线，10天内访问量便突破了500万。为了让用户在短时间内就能直观地感受到敦煌文化的魅力，该小程序不仅在提取了敦煌特色元素的基础上可以生成带有用户个人昵称的个性化日历，而且还以"关键词"的形式帮助用户快速进入角色。同时应用大量新媒体语言，如"敦煌大师赛开赛了，比一比你和古人谁更智慧"等不仅让用户耳目一新，也有效溶解了历史厚重的门槛、拉近了用户与传统文化之间的距离。在小程序中，观众可以通过360°的全景式情景近距离地观察敦煌洞窟内的景象，随时调整与所观之物的距离，在借助虚拟数字技术还原搭建的场景中沉浸式的体验。为了更好地保护和传承敦煌文脉，小程序不仅开设了敦煌研学的线上线下课程，借助腾讯的线上公益渠道进行募集捐款以支持敦煌的文物修复工程，线上的知识互动答题也让人们在游戏化的体验中感受来自敦煌的魅力。而且在敦煌动画的配音过程中，用户不仅可以自己参与其中，产生个性化的用户体验，而且还能够邀请朋友一起参与其中。文化在交互中传承。

（3）开放素材库。2022年12月8日，由敦煌研究院与腾讯公司联合打造的全球首个基于区块链的数字文化遗产开放共享平台"数字敦煌·开放素材库"正式上线。通过这个开放素材库，海内外用户可自行下载来自莫高窟等石窟遗址及敦煌藏经洞文献的6500余份高清数字化资源档案，用于学术研究、个人观赏或艺术创意，总共包括自选素材、壁画专题、藏经洞文献、共创作品、壁画元素、艺术摄影六大类别。素材库同时开放了内容共创模块，鼓励支持创作者共创作品并与版权方分享创作收益。"数字敦煌·开放素材库"以开放、共创、共享的模式，实现了文物数字资源的有效利用和可持续发展，这是文博领域又一次新的探索与实践。其解决了文博行业的多个痛点，例如：彻底改变了传统文博数字资源复杂的线下授权流程，在可靠安全的支付体系支持下，每个人都可以随时随地方便、快捷地下载高清文物数字资源；所有素材都有着雄厚的敦煌学研究的支撑，每一份都准确说明其文化背景及蕴含的精神内核，避免了运用文物素材时的"不会用""误用""滥用"。作为推动文博数字资源可持续发展的重要一环，素材库不仅提供了授权的渠道，也开放了共创的模块，实现了真正的共建共享。

目前，还有大量的洞窟与壁画需要修复，修复后还需要进行数字化处理、录入计算机系统，这是一个漫长的过程。未来，敦煌研究院与腾讯等科技公司还将携手继续探索计算机图形技术、虚拟人技术、数字孪生、AI等领先技术在文博领域的深度应用。

（二）数字博物馆案例：数字故宫

作为"四个故宫"建设体系的重要组成部分，"数字故宫"的建设始于 20 世纪 90 年代后期，通过数字技术把故宫"搬进"线上程序，既遵循了文物保护的初衷，也达到了丰富参观体验的效果。经过 20 余年的摸索与建设，故宫博物院作为国家的"文化客厅"起到了示范带头作用并取得了一定的成果。

1. 文物藏品数字化

1998 年，"数字故宫"成立了资料信息中心（现为"数字与信息部"），以"多进数据库、少进文物库"为目标，通过引入数码摄影替代银盐胶片，将实体文物不断转化为数字资源。1999 年起，故宫博物院以建设文物管理信息系统为契机，前后花费近 10 年时间，终于完成了 95% 以上院藏文物的账务核对工作，将文物总账的上百万条信息及两万多个文物数字影像率先录入系统（王旭东，2021），给文物正式建立了"数字户口"，完成了故宫文物藏品数字化管理的第一步。此后，影像资源管理、图纸资源管理、视音频资源加工管理等业务系统相继建立。2019 年以来，故宫以空前的力度全面推动故宫文物基础信息采集工作，分类别制定了清晰易行的技术标准和作业规范，实现故宫文物藏品所有大类和全部 251 个文物小类基础影像拍摄标准全覆盖。积极引入社会力量协助采集拍摄，保障每年有 6 万~8 万件文物数字影像信息得以采集入库，并结合基础影像采集开展了文物藏品细编目工作，进一步提升文物管理、研究的能力。目前，故宫已经完成了 60 多万件文物的数字影像采集，还有 100 多万件文物的数字影像采集尚待完成，将按照每年 75 000 件的速度来推进[①]。

2. 数字展示与主题数字展览

2000 年，故宫博物院与日本凸版印刷株式会社共同开展"文化资产数字化应用合作研究"，重点研究三维可视化技术在文物保护和展览展示中的应用。2001 年 7 月，故宫博物院官方网站 www.dpm.org.cn 正式发布上线，深藏禁宫的文物藏品首次通过互联网以数字形态与观众见面。网站设置紫禁城游览、藏品精粹、故宫藏书、网上博物苑等 14 个栏目，为文博爱好者、研究者提供了 600 多万字的故宫文物藏品信息、4000 余张文物影像信息、2 万多页学术期刊等资料（王旭东，

---

① 二十大时光｜王旭东：将故宫打造成文明交流互鉴的中华文化"会客厅"[EB/OL]. (2022-10-21)[2023-07-12]. https://baijiahao.baidu.com/s?id=1747284291300933422&wfr=spider&for=pc.

2021）。2003 年成立了"故宫文化资产数字化应用研究所"，借助数字化技术强化博物馆保护、研究和展示的基本功能。此后，通过两次重大改版不断梳理完善网站结构，专门增设青少年版网站，并根据国外观众阅读使用习惯推出全新英文版网站，为社会公众提供更为便捷的数字资源服务。2015 年，端门数字馆开馆，先后推出"故宫是座博物馆"和"发现·养心殿"两个主题数字展览，在集成故宫多年积累的数字资源、数字项目的基础上加入了 VR、AI 等新技术手段，实现各类文物数字资源与最新技术手段的碰撞与融合，进一步拓展了数字展示服务的边界和空间。此后，故宫博物院通过三维数据、VR 作品和交互展项，以线下数字展览展示形式让故宫文物"活起来"、故宫建筑"走出去"，为公众提供更为生动、立体的博物馆文化服务，如"纹"以载道沉浸式数字体验展、《紫禁城·天子的宫殿》系列 VR 作品以及"数字文物库""故宫名画记"等数字服务矩阵。

3. 数字文物库

2019 年 7 月，故宫博物院开发完成"数字文物库"项目并首次在官网发布，一次性公布了 5 万件文物藏品的高清图片，将数据库的"管理"功能向着为公众提供文物基本信息和高清影像的检索、浏览"服务"方向转化，不仅为公众观摩、研究故宫博物院藏品提供服务，同时还成为社会研究、提取传统文化素材和开发文创产品的数据库。2020 年，全新版本的"故宫博物院藏品总目"更新上线，186 万余件/套院藏文物目录实现了实时检索，满足了社会公众对故宫博物院基本藏品信息的查询使用需求，进一步完善和充分发挥博物馆的社会服务功能。

4. 云游故宫

为降低各种突发因素对实体旅游展览的持续影响，故宫博物院于 2020 年 2 月 4 日在手机端率先推出"云游故宫"，集成了"数字故宫"多年来积累的数字资源和交互项目，开辟"云游故宫"专题，让观众足不出户"逛故宫""看展览""赏文物""听讲座"，随时随地欣赏和利用故宫的丰富文化资源，上线不到半年时间总访问量达 1300 万人次，并获得当年国家文物局"中华文物全媒体传播精品项目推介"。

5. "数字故宫"小程序

2020 年，故宫博物院发布了"数字故宫"小程序，进一步整合了故宫在线数字服务。2021 年底，升级后的 2.0 版本上线，整合了"智慧开放"理念。新版小程序优化和添加了在线购票、预约观展、院内购物等实用版块，进一步完善一站式参观体验；新增更加精准的开放区域线路导航、参观舒适度指数等重要开放服务功能，支持用户实时查看故宫各主要开放区域的参观舒适程度，并内置7条有趣的"定制游览路线"；进行了无障碍功能升级以适应更广泛人群的需求，让视障人群、老年人既能在指尖云游故宫，也能通过小程序享受更多线下游览便利。

第三节 数字教育

一、概述及政策支撑

随着世界各国教育对数字技能的需求愈加旺盛，教育数字化正在加速推进。由于历史、国情等原因，世界各国教育内容与数字技术的融合进程和其间遇到的问题不尽相同，数字教育表现出差异性。教育部发布的2021年教育事业统计数据显示，全国共有各级各类学校52.93万所，在校生2.91亿人，专任教师1844.37万人[①]，拥有全世界最庞大的教育群体是我国的一个基本现状。经过多年持续努力，中国教育信息化也实现跨越式发展，校园网络接入率达到100%，拥有多媒体教室的中小学校占比达99.5%[②]，大规模应用取得了重大突破，为中国教育发展注入强大动力。目前，我国数字技术与教育经历了起步、应用、融合、创新四个阶段，完成了教育信息化1.0和2.0的建设，正处于融合与创新并存的时期。

数字教育狭义上是指数字化教育教学流程重组，通过运用大数据、AI等核心数字技术，开发智能学伴、AI助教等个性实用的新应用模块，提供更优质、更便捷、更高效的教育服务；广义上则指教育支撑系统重塑，通过改革创新办学模式、教学方式、管理体制、保障机制等方面，革新教育理念、再造教育流程、重构教育内容、重组教育结构、创新教育模式，构建以学生发展为中心，连接、开放、共享、个性化、智能化的教育新格局。

2021年底，中央网络安全和信息化委员会印发《"十四五"国家信息化规划》，在十项重大任务的第八项"构建普惠便捷的数字民生保障体系"中，首次明确提出"开展终身数字教育"，并从基础设施、数字资源、教学变革等方面提出了具体要求，为"十四五"教育信息化发展指明了方向。2022年，教育部启动

---

① 2021年全国教育事业发展统计公报[EB/OL]. (2022-09-15)[2023-07-12]. https://www.gov.cn/xinwen/2022-09/15/content_5710039.htm.

② 中小学校园网络接入率已达百分之百 多媒体教室占比达99.5%[EB/OL]. (2022-10-21)[2023-07-12]. https://m.gmw.cn/baijia/2023-02/15/1303284412.html.

国家教育数字化战略行动，提出联结为先、内容为本、合作为要，即 Connection、Content、Cooperation 的"3C"理念，按照"应用为王、服务至上、简洁高效、安全运行"的原则，把诸多典型应用、资源内容等"珍珠"串成"项链"，集成上线国家智慧教育公共服务平台。截至2023年，平台覆盖了166个国家和地区，国际用户注册超过1300万，拥有7.6万名高等院校名师名家、2.7万门优质慕课课程、1800门国家一流课程[①]。同年，联合国教育变革峰会提出，数字化学习内容、能力和互联网连接是促进教育变革的"三大密钥"，而标准化是实现数字资源共享、数字能力评估、学习环境智联的重要保障。一是技术标准体系，具有明显的基础性、通用性和先导性特征，包括平台架构、访问入口、信息安全、数据交换、知识图谱、产权管理等。二是质量标准体系，能够直接衡量数字化应用的价值、效率、效益等，包括数字教材、在线课程、学习交互、学习评估、项目评价、质量管理等。三是服务标准体系，包括学习环境、学习支持、技术服务、内容确权、知识付费、培训认证等方面。

二、应用场景

数字教育应用场景根据用户使用目的不同，可以有比较细致的划分，下文具体列举一些在教学实践和学生学习过程中常使用到的场景，包括但不仅限于此。

一是自主学习。在教师远程指导下，学生根据教师安排，独立进行课程学习，并完成教师布置的作业等任务。

二是教师备课。教师在课堂授课前使用平台备课工具，结合平台资源进行自主备课，同时还可引导学生进行课前预习。教师登录平台查找对应课时的备课资源，使用"备课工具"撰写教学计划、制作ppt等，进而通过资源"分享"功能将学习课程和学习任务单分享至师生群或个别学生，最后将备课成果同步到大屏幕进行课堂授课。

三是双师课堂。教师通过大屏，利用平台中的数据储备播放国家优质课程，并结合线下教学活动开展课堂教学。

四是作业活动。教师在授课后通过平台发布作业活动，学生完成作业活动并提交后，教师可批阅并统计提交内容，学生也可根据批阅进行改错。

---

① 怀进鹏. 教育变革与教育未来——在世界数字教育大会上的主旨演讲[EB/OL]. (2023-02-13)[2023-07-12]. http://www.moe.gov.cn/jyb_xwfb/moe_176/202302/t20230213_1044377.html.

五是答疑辅导。学生在课后的学习过程中可以将自己的疑问通过提问、群聊等功能发到师生群中，教师可以通过群聊或虚拟课堂进行答疑，学生之间也可以互助答疑。

六是课后服务。学校管理员利用平台专项管理功能中的课后服务工具发布课后服务课程，供学生在师生群中选课。

七是教师研修。区域或学校可利用教研群组建教研共同体，利用平台工具和平台资源开展集体备课、学科教研、培训交流、专家指导、名师引领、课题研究等教研活动。

八是家校交流。依托家校群，家长之间、家长和教师之间就学生教育情况进行交流；教师也可组织家长会，共同助力学生健康成长。

九是区域管理。平台提供省、市、县区多层级管理，方便各级教育部门组织各类活动、各种项目。

十是智慧教室。智慧教室是在传统的教室里融入计算机技术、网络技术、多媒体技术和自动控制技术的一种新型教室，老师可以通过线上抢答、头脑风暴、答疑等功能开展分组教学、主题讨论、项目实践，全面增强师生互动，学生课后也可通过关键词检索，快速精准回顾课堂中关键知识点等内容，反复学习。

十一是智能搜题和批改。利用自然语言处理中的OCR转写技术实现文字与手写识别。

十二是智慧课堂。通过虚拟教室来实现对话方式实时反馈，还可根据学生以往学习数据来制定个性化对话辅导，通过对学生课堂状态进行自动检测，包括学生人数、坐姿、行为、面部表情等，可实现抬头率、看手机率、专注度、离席率等指标的智能统计。

三、受众与传播效果

总体来看，数字教育的受众可以分为学生、教师和教育管理者。

一是学生群体。依托现有的教育服务平台进行线上课程学习与专业知识辅导。例如，国家智慧教育公共服务平台上线专业教学资源库1173个，在线精品课6700余门，视频公开课2200余门，覆盖专业近600个，215个示范性虚拟仿真实训基地培育项目分布全国，助力培养技术技能人才，服务学生的全面发展和经济社会高质量发展[①]。在新冠疫情期间，众多在线教育平台支撑了中国近2亿中小学

[①] 数字化赋能职业教育[EB/OL]. (2023-02-27)[2023-07-12]. https://m.gmw.cn/baijia/2023-02-27/36394466.html.

生线上学习，确保"停课不停学"，保证了日常教学活动的正常开展。此外，针对各职业技术学校和高校毕业生的就业创业需求，相应平台还可及时整合岗位资源信息，完成精准推送。例如，国家大学生就业服务平台的上线有效加强了供需沟通交流对接，加快了就业岗位资源共享，特别是为贫困家庭、零就业家庭以及身体残疾的毕业生精准匹配岗位信息，截至2023年，累计共享就业岗位1370万个，调查显示近1/3的应届毕业生通过该平台实现有效就业。

二是教师群体。除了日常教学准备、课堂授课与课后辅导、作业批改的辅助外，数字教育针对教师群体的功用主要体现在教师研修上。海量的学习资源、精心设计的教学模板、形式丰富的教研活动都有助于切实提升广大教师的教学水平和数字信息技术的运用能力。各地区与学校也积极响应，依托国家智慧教育平台建立起"省、市、县、校"四级研修管理员体系，将国家研修与地方研修相融通。2023年初的寒假，共有1372万余名教师参与国家智慧教育平台的教师培训，约占全国各级各类专任教师数的74.4%，累计浏览量6.94亿次。第三方机构的监测评估显示，各级各类教师对研修的满意度得分达90.6，90.5%的参训教师认为此次研修收获能够直接运用于自身的教学实践[①]。未来还将通过课程资源体系的分层分类来满足教师差异化、动态性的专业发展需求。

三是教育管理者群体。依托校园内已安装并投入使用的智能物联网管理系统，利用现代信息技术，实现校园基础设施和日常管理应用的统一运行，从绿色校园、平安校园、健康校园等角度提供设备控制和服务支持，将基于计算机网络的信息服务融入学校的各个应用和服务领域，实现互联互通、协同；为师生提供全面的智能感知环境和综合信息服务平台，提供基于角色的个性化定制服务；通过智能感知环境和综合信息服务平台，为学校与外界的相互沟通和相互感知提供接口，为师生校园生活创造更好的生态。

四、典型案例

（一）"爱课程"平台

"爱课程"网是教育部、财政部"十二五"期间启动实施的"高等学校本科教学质量与教学改革工程"支持建设的一个高等教育课程资源共享平台，通过利

---

① 丁雅涵. 智慧教育平台助力教师线上研修[EB/OL]. (2023-03-27)[2023-07-12]. http://www.moe.gov.cn/jyb_xwfb/s5147/202303/t20230327_1052876.html.

用现代信息技术和网络技术,向高校师生和社会大众提供优质教育资源共享和个性化教学资源服务,具有资源浏览、搜索、重组、评价、课程包的导入导出、发布、互动参与和"教""学"兼备等功能。在慕课发展十年中,平台成为推动高等教育教学改革的强大载体和渠道。其中,爱课程(中国大学 MOOC)始终走在平台建设发展的前列,积累了一万三千余门慕课,探索了平台推动高校在线教学的模式和经验。

2003 年,教育部启动了"国家精品课程"项目,促进现代信息技术在教学中的应用,铸造了第一批一流示范性课程。2012 年,教育部启动了"精品视频公开课"项目,关注提高文化素质的普及课程,塑造了一批教学名嘴,充分展示各高校讲课的风采。2013 年,教育部启动了"国家精品资源共享课"建设,关注推动之前的国家精品课程转型升级、提升功能从而提供更好的教学体验。2014 年,中国大学 MOOC 上线,是"爱课程"在优质课程建设和共享基础之上,结合高校教学改革新需求和国外在线课程新形势,不断完善系统设计和平台功能,推进开放课程建设的又一项标志性成果。2015 年,"中国大学 MOOC"APP 上线,凭借高质量的课程内容和完美的用户体验得到了大量用户的关注和肯定。在首批国家精品在线开放课程认定工作中,"爱课程"有 322 门课程入选首批国家精品在线开放课程,占认定总数的 65.7%[1],已成为我国综合实力第一、惠及高校师生和社会学习者的优质课程资源共享和学习平台。

从资源建设来看,着力构建在线开放课程体系。一方面,"爱课程"注重与我国高水平大学开展协同合作,按学科、专业分类分层次进行课程建设。研发创业类、教学能力提升类系列慕课课程,与教学指导委员会合作开展课程群建设,成效显著。至 2017 年年底,中国大学 MOOC 已发布北京大学、浙江大学、武汉大学等 120 余所高校的在线开放课程 1822 门,覆盖全部学科门类,成为国内最大的在线开放课程平台[2]。另一方面,"爱课程"充分发挥资源优势,初步建成以中心站为核心,以省级资源平台为依托,以校园应用系统为基石的国家、省、校三级教学应用服务体系,推动在线开放课程在教学中的广泛应用。与江苏、福建、河南、黑龙江等省合作建立省级在线课程中心,建设省级精品在线开放课程。学

---

[1] 现场直击|第三届"中国大学在线开放课程论坛"在京举行[EB/OL]. (2018-01-16)[2023-07-12]. https://www.sohu.com/a/217128568_323819.

[2] 宋永刚. 以创新精神构建在线开放课程服务体系——"爱课程"的探索与实践[EB/OL]. (2018-01-16)[2023-07-12]. http://nic.upc.edu.cn/2018/0409/c7404a144238/pagem.htm?eqid=b35384e10005c9f5000000066442a5ad.

校云已入驻院校和机构 230 余所，开设 SPOC 课程 3600 余门[①]。

从融合发展来看，注重教学模式创新。随着开放课程建设的不断深入和新的教育教学形式的出现，"爱课程"充分发挥自身优势，深入剖析"互联网+"时代高等教育教与学的需求，探索慕课应用新模式。研发智慧教学工具"慕课堂"，提供 MOOC+"慕课堂"、MOOC+SPOC、MOOC+SPOC+直播工具等多场景的组合教学方案，支持教师根据实际场景灵活开展线上、线下教学，有效服务高校的校内翻转式、混合式教学，不断提升课堂效率，优化在线教学质量。教师能够引导学生开展研讨式学习、实践性学习、小组式学习，形成在线课程+课上习题、在线课程+技能实操、在线课程+案例研讨、在线课程+小组项目等多种基于在线课程的新型教学模式，有效促进教育模式从"知识传授"向"能力培养"转变、课堂教学从"教的范式"向"学的范式"转变，激发出更多的活力和更高的效率。

从权利保障来看，致力推动教育公平。自上线以来，"爱课程"面向社会全面开放，并多方集聚优质课程资源，提供优质学习服务，满足社会公众终身学习的需求。"爱课程"配合教育行政部门参与"慕课西部行计划"等活动，持续推进优质课程进入山区，为西藏、甘肃等边远地区高校免费提供云服务，并为高校教师和技术人员开展课程建设、课程应用以及大数据分析应用等培训。这不仅解决了当地师资不足的问题，还扩大了优质教育资源受益面。2016 年，教育部公布第一批"国家级精品资源共享课"名单，共 2686 门课程[②]，并陆续将其在"爱课程"平台免费开放，有专人上网管理，并提供丰富、安全、稳定的课程学习服务。作为一项惠民工程，"爱课程"提供了一种全新的知识传播模式和学习方式，用"互联网+"方式推进教育普惠化，使更多人接受优质高等教育，促进教育公平成为可能。

（二）国家数字图书馆

2005 年，《国家数字图书馆工程初步设计方案》通过国家发展和改革委员会审批，国家数字图书馆工程正式进入实施阶段。数字化建设紧紧围绕"技术""资源""服务"三个重要因素，以技术为支撑，以资源为基础，以服务为目的，经

[①] 现场直击|第三届"中国大学在线开放课程论坛"在京举行[EB/OL]. (2018-01-16)[2023-07-12]. https://www.sohu.com/a/217128568_323819.

[②] 教育部办公厅关于公布第一批"国家级精品资源共享课"名单的通知[EB/OL]. (2016-06-28)[2023-07-12]. http://www.moe.gov.cn/srcsite/A08/s5664/s7209/s6872/201607/t20160715_271959.html?from=singlemessage&isappinstalled=0.

过 20 余年已经成为一个超大型的图书馆数据中心、现代信息技术与图书馆业务高度融合的技术支撑中心、全国图书馆互联互通的网络中心、覆盖全民的公共文化服务中心。

首先，是技术平台建设。国家数字图书馆围绕数字图书馆运行支撑与服务，搭建了统一用户系统、唯一标识符系统、资源灾备保存系统、文献数字化系统、版权管理系统、文津搜索系统、数字资源发布与服务系统等一系列技术平台，形成了国家数字图书馆的数字资源采集加工系统体系、编目整合系统体系、发布与服务系统体系以及存储与保存体系。例如，文津搜索系统整合了国家图书馆和地方图书馆的众多数字资源，汇聚了 60 多个资源库、近 2 亿条文献信息[①]。其采用分布式架构和互联网搜索引擎，能够实现不同格式、不同类型的海量数字资源的统一检索、统一揭示，具备每分钟十万次大开发检索请求时亚秒级的响应能力。

其次，是内容资源的整合与关联。国家数字图书馆利用多种渠道，从多个层面开展数字资源建设，主要通过征集、呈缴、购买、自建、联建等途径，开展文献数字化加工和特色专题库建设。在加大馆藏古籍善本和民国文献等特色资源数字化、构建中华古籍资源库和民国文献资源库的同时，采用新思路建设国图公开课等视频资源和在线展览、图书鉴赏等数字资源，让古籍里的文字活起来。通过文献资源整合实现纸质文献、数字文献的统一、深度揭示，同时对部分数字资源制作关联数据，利用关联数据注册与揭示，平台提供知识发现和知识关联服务。随着信息载体的发展变化，国家图书馆馆藏规模不断扩大，类型日益丰富。国家图书馆不仅收藏了丰富的缩微制品、音像制品，还建成了中国最大的数字文献资源库和服务基地，数字资源总量超过 1000TB，并以每年 100TB 速度增长。实施"中国记忆"项目，围绕中国现当代重大事件、重要人物等专题采集口述、影像、音频等文献史料。

最后，是服务形式的创新。在国家图书馆数字化发展的初期，先后建设了自助办证、智能架位导航、"掌上国图"图书馆移动服务、"印象数图"数字图书馆体验区、文津搜索等一系列服务项目。其中，自助办证机获得多项国家专利；"掌上国图"图书馆移动服务通过应用程序、手机网站、短/彩信等多种形式，从资源与服务两个方面实现了图书馆传统业务在移动互联网时代的延伸和基于多网多终端的服务创新，构建了移动数字图书馆服务体系。近年来，国家数字图书馆

---

① 文津搜索提供数字阅读新体验[EB/OL]. (2012-11-07)[2023-09-21]. https://www.mct.gov.cn/whzx/zsdw/zggjtsg/201211/t20121107_825764.htm.

逐渐将慕课、云技术、人脸识别等技术引入数字图书服务中，陆续推出国图公开课、智能化应用、读者云门户等一系列创新服务模式，提升国家数字图书馆的用户体验和服务效能。国图公开课借助慕课理念，依托国家图书馆宏富馆藏，利用"互联网+"技术手段，覆盖手机、台式电脑、平板电脑等全终端，已经成为互联网上较有影响力的国家级公共开放课程平台。国家数字图书馆的智能化应用将人脸识别、手机读者卡等技术引入国家图书馆，实现扫码入馆、扫码登录、人脸入馆、人脸借还等功能，读者可以只凭一部手机使用国家图书馆的借还书和阅览服务。此外，国家数字图书馆还尝试将 VR、AR 技术引入服务中，推出"VR 诵经典""AR 伴你读"等服务，用沉浸式方式使读者感受古典文化的魅力。

第七章

数字文化的应用前沿——数字文化产业

  2017年出台的《文化部关于推动数字文化产业创新发展的指导意见》指出："数字文化产业以文化创意内容为核心，依托数字技术进行创作、生产、传播和服务，呈现技术更迭快、生产数字化、传播网络化、消费个性化等特点，有利于培育新供给、促进新消费。"[①]数字文化产业的发展受益于包括互联网、VR、AI在内的数字技术的不断发展；数字化带来了更广阔的市场和更便捷的消费方式，使得文化产品和服务可以更加快速、准确地传播和消费。数字文化产业也为文化创意人才提供了更多的创作机会和平台，使得文化产业成为一个极富多元创新性的行业。数字文化产业对于促进文化多样性、文化交流和文化创新具有重要作用，也为国家和地区的经济发展和就业开辟了新路径、注入了新活力。

  与上一章论述数字文化事业类似，本章内容将着眼于数字游戏、数字影视、数字文旅、数字会展四个重点领域，分别从概述、应用场景、受众与传播效果、管理机制等方面切入研究，并辅之该领域典型案例加以介绍，以此作为观察我国数字文化产业发展现状的窗口。

第一节 数 字 游 戏

一、概述

  游戏作为一种古老的人类行为，形式多种，发展迅速且对文化、商业、教育、

---

① 文化部关于推动数字文化产业创新发展的指导意见[EB/OL]. (2017-04-11)[2023-07-15]. https://www.gov.cn/gongbao/content/2017/content_5230291.htm?eqid=bf907b00000a34e500000004645dc8fb.

艺术影响巨大，经常与文化息息相关。在一些语言（如德语）中，游戏的含义更为宽泛，不仅包含玩耍、戏谑等含义，还包括文艺表演、体育竞赛等活动（何威和牛雪莹，2022）。数字游戏即数字化游戏，相比其他术语（"电子游戏""计算机游戏""视频游戏"等），数字游戏的定义更具优势（如延展性、本质性），指的是依托于计算机软硬件技术和设备开展的数字化的游戏活动，包含电子游戏、网络游戏、手机游戏、主机游戏、视频游戏等多种类型和表述的游戏概念。这一概念于2003年由数字游戏研究协会正式提出，随着新媒体时代的来临，数字游戏得到了迅速的发展，极大地受到了广大用户的青睐。与传统游戏相比，依托于互联网或电子信息设备的数字游戏具有全新的特点和优势，主要体现在多元性、跨媒介性、交互性、兼容性等，并具有在新媒体时代集合图像、声音、文字甚至触觉等媒介传播形式的特点。

从古至今，各种类型的游戏一直都是世界各地文明和文化的有机载体。数字游戏更是借助于数字媒介的力量获得了更大的传播范围；通过精心设计的叙事方式和互动逻辑，将其中蕴含的文化符号、意识形态春风化雨般地传递给受众（何威和牛雪莹，2022）。数字游戏已然成为国际传播中彰显文化软实力不可忽视的一个部分。

在文化借由游戏传播的论断提出之前，游戏中的文化输出就早已存在。近年来，随着互联网与电子设备处理器的高速发展，玩家对游戏的要求也在逐步提升，"更加逼真""更加科学"的需求日益凸显，正是玩家对现实世界之外构建一个与现实世界相似的虚拟世界的渴望。以玩家为主体的新的虚拟世界的诞生，必将伴随着现实世界中文化的输入以及虚拟世界中文化向现实世界的输出，前者可以让已有文化潜移默化地被玩家群体所接受，而基于前者影响下的玩家所创造的虚拟世界文化，玩家必将创建出与现实输入文化相关联的文化成果，使传统文化不只在现实世界中传承，也在虚拟世界中发扬并被不同文化圈层的玩家所熟知。在某些情况下，一些优秀的文化成果可以作为现实中相应文化的补充。

DFC Intelligence 于2023年5月发布了全球游戏消费者市场概览，全球目前有37亿游戏消费者，这意味着游戏受众正在迅速接近世界人口的一半。国内的游戏市场受益于国内电信设施的全面铺开，2021年，我国游戏市场销售收入2965.13亿元，较2020年增长了178.26亿元[①]。

[①] 罗茂林.《2021年中国游戏产业报告》正式发布 2021年中国游戏市场实际销售收入2965.13亿元[EB/OL].(2021-12-16)[2023-07-12]. https://baijiahao.baidu.com/s?id=1719282269595159985&wfr=spider&for=pc.

二、应用场景

（一）联通数字和现实的 XR 游戏

VR 是由美国 VPL 公司创建人杰伦·拉尼尔（Jaron Lanier）在 20 世纪 80 年代初提出的，具体内涵是：综合利用计算机图形系统和各种现实及控制等接口设备，在计算机上生成的、可交互的三维环境中提供沉浸感觉的技术。通俗来说，VR 就是利用 GPU 技术绘制出一个虚拟的时空，让用户能全方位沉浸其中的技术，其内部场景均在虚拟世界中构建，只有人的操作与反应取自现实世界。AR 则是增强现实的英文缩写，是将虚拟技术附加至现实世界的手段，通过完成现实和虚拟两套画面叠加进入人眼这一功能，使用户产生在现实中创建可擦除或可反复改写物体的错觉，以达到适时引导或在现实中创造不存在的景观或物品的效果。VR 与 AR 统称为 XR，两者相伴相生，由 XR 技术生产出的数字游戏能够带给用户较为真实的体验感。

目前，成熟的 VR 产品就是跟踪头部运动的 VR 头套。它的好处是将用户的视觉系统和运动感知系统联系起来，用户不仅可以通过双目立体视觉去认识环境，而且可以通过头部的运动去观察环境，感觉就像是置身于虚拟世界中一样逼真。这种体验还有一个别名，叫作沉浸式体验。

和传统鼠标键盘平面交叉方式不同，VR 头套通过内置陀螺仪和线速度传感器，可以提供 6 个自由度的 3D 运动侦测，这就非常适合三维空间的运动感应。除了 VR 头套，类似的设备还有数据手套和数据衣，这些穿戴设备目前已经可以完成动作信息采集以及面部表情采集并传入游戏中的玩家控制器。玩家可以借由真实世界中的身体动作，控制游戏中人物的肢体动作。此外，VR 设备具备的游戏手柄可以扩展玩家的手部功能，完成现实中无法完成的操作（如调出主菜单等）。硬件设备技术的不断提升为 VR 游戏提供了更多的交互方式；画面清晰度、PPD（头戴式显示器角帧率，指视野内平均 1°角内填充的像素数）值变高，为 VR 游戏画面质量奠定了基础；延迟度变低、舒适感增高等提升了玩家的游戏时长和游戏体验，为更多精巧布局的、高互动性的高时长类型 VR 游戏提供了保证。

AR 产品则大多集成进 APP 中成为某些游戏的一大卖点或玩法，使用时需开启定位以及摄像头。因为依托于现实世界，这一类的应用通常需要对周围环境进行扫描，并将提示或游戏内容生成在特定位置，该特性既保证了用户安全，让其不至于全神贯注地沉浸于游戏中而走入现实世界里的危险场景，也让用户获得了一定的沉浸式体验，丰富了用户的生活。这一点通常依靠大数据 AI 中的轻量级图像识别神经网络实现。

（二）元宇宙游戏

以 2021 年 10 月 28 日 Facebook 正式改名 Meta 为触点，元宇宙的概念迅速走红，助推其成为社会高度关注的创新方向，2021 年也被誉为"元宇宙元年"。胡泳和刘纯懿（2022）在讨论"元宇宙"是否为更高级的网络游戏时指出，二者并不是一脉相承的，其为既区别又有联系的关系。但不能否认的是，在当今时代，玩家渴望具有更高自由度、更拟真环境的数字游戏，而游戏厂商也在努力满足这些玩家的需求。

一部分"元宇宙游戏"依然将游戏模式设定为单机，但并非像线性游戏那样具备主角"非赢不可"的单一的故事线，而是像交互式电影游戏一样具备多个结局。玩家在游戏过程之中也不需要实时紧绷神经害怕一次"行差踏错"就结束自己的游戏体验。无论玩家通过策略，还是通过武力，都能够获得相对完整的游戏体验，这种游戏模式无疑加大了开发者的工作量，但同时这种高自由度成了游戏的噱头和卖点，吸引了大批玩家。这类游戏的任务系统也像生活中真实存在的选择那样可以选择做或者不做，可能会影响结局，但几乎不会影响整体的游戏内容体验时长。

另一部分"元宇宙游戏"则将社交与游戏相结合形成 MMORPG 游戏，移植了现实世界中社交这一属性，玩家可以在大地图中自顾自地做自己的事情，也可以三两玩家组成队伍完成较难的任务，也可以什么都不做单纯地在玩家多的地方聊天或欣赏人文景观，这种游戏模式使得玩家在游戏中快速形成群体并在交流中碰撞出思维火花，满足玩家的社会性需求。这一类 MMORPG 游戏乍一看可能与传统 MMORPG 游戏并无差别，但是它借助数字技术和显示技术，加速了元宇宙的"现实化"，元宇宙的概念也早已渗入了网络游戏方面，并且延伸出了以沙盒玩法、非同质化通证、区块链、用户生成内容、去中心化为主要亮点的元宇宙游戏。

（三）交互式电影游戏

1967 年，人类的第一部交互式电影《自动电影》（*Kinoautomat*）在捷克斯洛伐克上映。这是一部富有创造力的电影，观众可以通过手中的按钮来投票选择后面要播放的剧情。虽然交互式电影的概念在实践中因为各方面的原因，于 20 世纪末逐渐没落，但是电子游戏很好地继承了交互选择剧情这一理念。

交互式电影游戏属于电影与游戏的结合体，玩家在观看的同时，需要不断指挥主角。不同行动与选择将决定接下来的电影剧情走向。早期的游戏受制于机能，在画面和音乐等素材问题上会存在明显的现实割裂感、过于粗糙的画面和像素风的点阵图的问题，很难让人们把它们和沉浸其中的电影联系起来。

1992年，为了给玩家带来更真实的体验，游戏开发者开始尝试用真人影像代替虚拟游戏画面，《午夜陷阱》（*Night Trap*）成为人类历史上第一款真人影像画面的游戏。这一创新直到今日依然有应用，并成为交互式电影游戏中特色鲜明的一个分支。国内也有较为知名的交互式电影游戏《隐形守护者》等，深受国内玩家的喜爱。

虽然交互式电影游戏没有元宇宙游戏那样可以让玩家较多地参与到游戏人物的操作中，但其简单且易上手地通过选择题决定剧情走向的游戏模式扩大了受众群体，大大降低了这一类游戏的入门门槛。此外，用真人表演的方式将会有效拉动演员的粉丝群体，将粉丝经济融入数字游戏产业，产生跨界扩圈的效果。

三、受众与传播效果

数字游戏作为最新、最集现代科技大成的媒介，其表达能力和承载能力可以说是强于此前的所有媒介。在《情感化设计》（*Designing for Emotion*）一书中，唐纳德·诺曼（Donald Norman）从人类的情感出发，将设计分为本能的、行为的和反思的三种水平（诺曼，2005）。

一是基于五感的融合感官体验。游戏鲜明的视觉风格、音乐声效、XR游戏特有的触感和操纵感，都形成了受众对游戏的初步认识。这些组合信息质量的高低直接影响受众对游戏的第一印象，从而影响到受众的留存。"体验"无时无刻不在发生，它是人们所经历的事、物及环境在生理、心理上的综合感受和情感升华（翁律纲，2009）。极具体验感和交互性的游戏往往也最贴合人们的学习和接受习惯，比起传统游戏的指令化，XR游戏的操纵体验更类似于生活中的真实动作，更低的学习成本、更本能化的操作方式都让体验感更为流畅。

二是基于行为的交互式体验。当说到电子游戏的根本性的革新时，首先被讨论的往往是电子游戏的交互性。电子游戏的交互性确实为受众带来了传统媒介无法实现的表达效果与情感体验。由于游戏以互动规则为核心，在塑造体验上，比起传统媒介，游戏确实有独特的优势。从最基础的地方来说，受众不再是看别人的故事，而是在体验自己的故事；更重要的是，受众的体验基于他们的行动。传统的书与影片就算内容再生动，终究是在由"其他人"灌输知识，读者如果不去实践，就没有切身的体验。交互游戏是为了满足自身的特定需求，这些需求来源于受众的社会地位和个人心理。受众由于现实生活环境产生了一定的情感需求和尊重需求，达到沉浸体验。与传统游戏中情节设计、场景转换、视角切换带来的沉浸感受不一样，交互感强的游戏可以让受众在游戏过程中达到情感沉浸，使受众与游戏中人物角色的性格特征和内心世界建立起了桥梁。

三是基于反思的自我实现。游戏带给受众现实中可能永远无法获得的替代性的虚拟体验，由于现实身份和社会环境的限制，大多数受众既没有机会体验真实战场的激情，也没有机会触碰真实的武器装备或亲临现场体验炸弹爆炸的惊心动魄，而在网络游戏中受众可以获得替代性的虚拟体验。马斯洛的需求层次理论指出，人们在满足低级需求之后会追求更高层次的自我实现（Maslow, 1943）。自我实现既有对战胜利后的欢愉，也有精神上的满足，在竞技过程中，受众的思维能力、反应能力、沟通能力、意志力都得到了同步提高。依托更沉浸的"体验"以及更真实的"交互"，受众与游戏角色共同经历成长，形成情感共鸣，与角色建立强连接；在特定的情节节点和时间节点，受众受到刺激完成情感转移，最终达到自我身份的转变，成为游戏中的角色化身，将个人现实生活中的经验、认知、行为习惯等代入游戏之中。受众可以操控游戏角色的行为，同游戏角色一同成长，完成自我价值的实现，这是当下数字技术革新后新时代的数字游戏与传统游戏体验的本质区别，这种受众自我身份认同心理构建的过程实现了受众的沉浸式体验。

四、典型案例

（一）《宝可梦 GO》

《宝可梦 GO》是任天堂、The Pokémon Company、Niantic Labs 联合制作开发的现实增强宠物养成对战类 RPG 手游。

宝可梦隐藏在游戏地图中的白雾里，白雾在距离玩家 200 米的范围时将转换为可见，玩家使用手机对准宝可梦并向上拖动丢出宝可梦球将宝可梦捕获。宝可梦会分布在许多有趣的地方，如艺术馆、历史古迹、纪念碑等。宝可梦主要是根据自身属性分布在世界各地，比如水栖类宝可梦水箭龟会在大海旁边或者沙滩上，喷火龙可能会在靠近赤道的地区出现，特定的宝可梦会在独特的地点生活。但是，稀有宝可梦只会在世界上少数地点出现。这一特点完美地将虚拟世界与现实世界相融合，令游戏趣味性大增，同时在捕捉特定地点产生的稀有宝可梦时，玩家与玩家将在稀有宝可梦的产地相见，通过游戏形式促进了线下社交。

开发者保证宝可梦不会出现在那些人们无法到达的地方，如火山内部或北极等。同样，一些危险之处（如十字路交叉口）也不会有宝可梦出没，因此这些宝可梦的栖息之地将是玩家可以方便到达的任何地方，包括稀有宝可梦也同样如此。这一保证大大降低了这一AR游戏的危险性以及适用年龄。

进入游戏后，玩家在捕捉宝可梦时可以选择是否开启AR模式（需要调用相机功能）进行实景捕捉，或是使用默认游戏背景。捕捉宝可梦主要通过：点击宝可梦球→扔出去→捕捉宝可梦。在捕捉时，宝可梦的头上会显示一个圆圈，总共有红色、橙色、绿色三种颜色，这显示出宝可梦的捕捉难度，绿色难度最低，红色则最高。捕捉时，角色不能对野生的宝可梦进行攻击，而宝可梦会出现闪躲来躲避玩家对其的捕捉，玩家对其投喂红草莓可以降低宝可梦的捕捉难度。当投掷出去的宝可梦球命中位置离宝可梦的中心越近，或者在丢出宝可梦球之前用拖曳操作像是画圆一般让球旋转丢出"曲球"的话，角色获得的经验值会有所加成。

（二）《塞尔达传说：旷野之息》

《塞尔达传说：旷野之息》的游戏性与开创性已无须多言，它凭借着构建极致的环境互动与人物互动，斩获了TGA2017年度最佳游戏等奖项。在众多游戏厂商面临着"开放世界该怎么做"这一问题时，它无疑用出色的表现为同行指明了方向。

一方面，其大世界自由探索属性有别于一般游戏的依托故事线解锁区域或剧情的模式，使得玩家在游戏世界中更放松和沉浸，不会因为任务与等级的逼迫而丧失游戏本身的"娱乐"属性，成为"工作"一类的令人疲惫的事务。同时，游戏的买断制和单机属性杜绝了玩家之间的无形攀比与内卷，也助力了其游戏氛围的营造。在这样的游戏氛围下，玩家可以自由地发现任务，接取任务，有选择性地接收世界观、故事线等信息，通过玩家的自驱力和好奇心达到推动剧情的目的。在这一过程中，玩家自愿地成为传播者，极大地削减了玩家对于认知不符信息的抗拒心理，使之接受游戏的世界观和价值观。另一方面，严密而精彩的主线任务剧情也有效地避免了玩家像无头苍蝇一样在地图中乱窜，成为继大世界自由探索之外的另一宣传噱头。玩家可以适时地"认真"推动剧情、接收游戏的信息传达，也可以偶尔"溜号"游览大世界的风景、接收美学传达，现实中的无聊可以用游戏中的主线填补，虚拟世界的风景又可以有效排解生活中的压力。

在玩家与非玩家之间的传播，即老用户拉取新用户方面，以上两个方面起到了双管齐下的作用。现实中一部分人会被故事吸引，这些人普遍偏理性，另一批会被景色吸引的人则偏感性，对这两类游戏外人群的吸引可以丰富玩家群体，创造更多有关游戏的新话题。

（三）《夜班》

《夜班》是一款全动态影像的犯罪悬疑游戏。游戏讲述了一个数学专业的大学生——马特，莫名其妙被卷入一场拍卖所的盗窃中，并试图证明自己的清白。游戏影片由托比亚斯·韦伯（Tobias Weber）执导，剧本由 2009 年电影《大侦探福尔摩斯》（Sherlock Holmes）的作者迈克尔·罗伯特·约翰逊（Michael Robert Johnson）创作。出演的大多是电影电视剧演员，有着多年的从影经验。

游戏和电影的区别在于游戏在故事上给了玩家更多的选择，算得上"开创之举"。无论是多选一的决定，还是带有倾向的对话轮，玩家深知自己的决定会给剧情带来不同的走向。但是，过去游戏里的选项往往并不能直接给玩家反馈，玩家不清楚自己的选择会决定什么样的剧情，有时候选择也无足轻重，仅仅是让非玩家角色（non-player character，NPC）对自己的好感有所不同而已。

在《夜班》中，结局多达七种，这比起类似的游戏——《暴雨》的十几个结局不算多，在一些认真做分支结局的游戏中也不算太出彩。但《夜班》做出多结局的难度在于，同一场景要拍很多段不同的戏，一段合格的片段会拍好几次，不同游戏之间有不同的情绪转换，这对于演员的功底要求十分苛刻。在过去的游戏中，即使画面做得再精致，我们依然能够认识到角色非现实存在，玩家内心情感很难全身心投入其中。但如果是真人拍摄呢？想想看，由于自己的选择导致一名真人死亡，即使是一部戏，内心之中依然不愿看到这种情况发生。很明显，《夜班》的真实画面拍摄可操控电影的娱乐性，这两点是此作在众多叙事游戏中的表现最突出的部分。

（四）《原神》

作为近两年爆火的游戏，《原神》无疑是国产数字游戏的扛鼎之作，其在出海后也赢得了良好的口碑并收获了丰厚利润，成为我国文化出口的一大利器。

其地图场景"璃月"将中国建筑风格融入其中，具有恢宏气势的建筑风格和古风典雅的雕梁画栋借由中国游戏生产者的双手带入了数字游戏，使得中国文化在虚拟世界也占据了一席之地。地图场景"蒙德"整体的建筑风格偏向欧洲中世纪，其内部的"骑士团"和盗贼势力都让人对欧洲文化提起了兴趣。地图场景"须弥"则以中东的沙漠、南亚的雨林为地图构建蓝本，用波斯-印度文化作为原型，带给了玩家极具热带风格的虚拟世界体验。

在具有各种文化风格的地域中展现的是紧贴各种文化特征的虚构故事与文化习俗，比如热带风格的城市"须弥"会有盛大的舞会，西方中世纪风格的城市"蒙德"被骑士团打理得井井有条，中式风格的"璃月"充斥着仙人的传说以及云雾缭绕的仙山。这些故事并非史料中记载的历史故事，但也是依托于现实中文化的合理构建，在虚拟世界中也展现出了这些文化底蕴的蓬勃生机。

不同于《塞尔达传说：旷野之息》，《原神》的故事更兼具"文化"属性，让玩家认同自身所属的文化氛围的同时，也对其他文化进行涉猎，起到了无形的宣传效果。只有唤醒了玩家的自身文化认同，才能在玩家不排斥的情况下进行其他文化的宣传，这也是《原神》在海外的成功之处。

五、管理机制

当下 AI 时代，网络游戏的发展已全面进入智能化，因此，对于其监管也必然应该走以技术为核心、以法律与德性为两翼的智能化监管之路。网络游戏行业属于互联网信息服务业的子行业之一，受到相关政府部门监督管理及行业协会自律监管。行业行政主管单位包括工业和信息化部、国家新闻出版署、文化和旅游部、国家版权局等部门，以上相关部门在各自职责范围内依法对涉及特定领域或内容的互联网信息服务实施监督管理。数字游戏行业的自律监管机构包括中国互联网协会、中国音像与数字出版协会游戏出版工作委员会和中国软件行业协会游戏软件分会。游戏公司在国内从事网络游戏开发活动无须办理任何审批程序，若从事网络游戏运营业务，需要履行如下审批程序：取得通信管理部门颁发的《电信与信息服务业务经营许可证》、文化管理部门颁发的《网络文化经营许可证》、新闻出版管理部门颁发的《互联网出版许可证》（在取得《互联网出版许可证》之前，可以委托有出版资质的出版社出版网络游戏）。

针对数字游戏的管理机制主要体现在以下四个维度：一是加强未成年人保护，执行最严格的未成年人保护政策。2021 年 8 月，国家新闻出版署下发了《关于进一步严格管理切实防止未成年人沉迷网络游戏的通知》，进一步要求严格限制向未成年人提供网络游戏服务的时间，所有网络游戏企业仅可在周五、周六、周日和法定节假日每日 20 时至 21 时向未成年人提供 1 小时服务，其他时间均不得以任何形式向未成年人提供网络游戏服务等。此后，中宣部、国家新闻出版署有关负责人约谈腾讯、网易等重点网络游戏企业并强调严格落实执行未成年人网络游戏时间限制，不得向未成年人提供网游账号租售交易等。

二是着眼游戏玩法和内容，加强氪金、成瘾性、内容等方面管控。2009年11月，文化部下发《关于改进和加强网络游戏内容管理工作的通知》，要求网络游戏经营单位通过树立正确的文化价值取向、改进游戏规则、调整产品结构、专设机构人员负责产品内容自身自查、健全企业负责人培训考核制度，建立自我约束机制，要求管理单位完善网络游戏内容的监管制度，进一步强化网络游戏社会监督与行业自律。2021年，中宣部、国家新闻出版署有关负责人约谈游戏企业，强调强化"氪金"管控，降低游戏成瘾性。游戏内容监管则主要强调增强精品意识，抵制不良题材，严厉打击"换皮"手游行为。

三是在游戏审批环节，游戏版号在2018年、2021年先后两次处于暂缓发放状态，游戏审批趋严。2021年3月，国家新闻出版署下发《游戏审查评分细则》，试行游戏评分制，每款申请版号的游戏完成终审后，从"观念导向""原创设计""制作品质""文化内涵""开发程度"5个方面由参与审核的专家对游戏作品进行评分，评分结果将直接影响最终的版号发放。此次《游戏审查评分细则》更加重视审查客体——游戏作品本身，关注游戏文化内核及价值导向，重视游戏内容原创、开发及设计质量，可以说在很大程度上弥补了原有审查机制的短板，能够有效遏制一些制作水平差、开发程度低且毫无创意的山寨游戏推向市场，提升市场中精品游戏所占的比重。

四是在游戏推广环节，严格管理游戏宣传推广。2021年，中宣部、国家新闻出版署约谈重点网络游戏企业，强调严格管理游戏宣传推广，规范限制明星代言游戏广告。此外，工业和信息化部、市场监管管理部门也对广告违规投放进行查处，同时抖音等平台也在加强对于广告素材方面的管理，避免出现"货不对板"等现象。2023年5月，《互联网广告管理办法》正式施行，在技术保障方面将突出重点，继续加强未成年人网络游戏广告监测工作，及时发现问题线索，第一时间进行核查处置，并引导督促企业落实平台主体责任，完善内部审核制度规范，积极开展网络游戏管理宣传引导。

第二节　数　字　影　视

一、概述

数字时代的来临取代了工业时代的胶片工业。1880年创立的柯达公司在2012

年1月19日申请破产保护，一个拥有132年光辉历史的影像公司宣布破产的原因却是因为自己对时代发展的误判。柯达公司在1975年研制出世界上第一台数码相机，而这台数码相机的问世并没有得到足够的重视，搁置一边，同时公司的产业结构也未及时调整，迅速地将自己抛弃在时代的边缘，最终走向破产。同时期，对于整个影像行业来说，数字影像由于成本低廉、易于复制等优势，迅速地取代了传统的影像制作方式，数字影像开始蓬勃发展。从此，传统电影的生产模式与传统院线的电影消费模式已经越来越淡出人们的视线。

今天的数字化生产模式与互联网平台模式将影视从神坛拉入生活中，无论是生产模式还是生产机构都越来越多元化，大众的参与度也越来越高，我们正在经历并享受这场媒介赋权之后的盛会。与传统媒体时代不同，在数字媒体时代，我们的影视传播载体发生了巨大的变化，数字电视、移动端等新兴载体成为数字内容的新载体。VR、4K、8K、交互式等新技术的运用让影视作品更具视觉张力，影视的边界和定义也在不断地改变。数字化技术的进步、人文艺术的不断探索，让艺术与技术具备更多的合作空间，不但能够更好地创作影视作品，也能诠释新的时代命题。数字影视在拍摄、存储、发行、传播等过程中也越来越趋于多元化发展，制作成本降低、制作手段多元、时间周期缩短等为影视从业者提供了诸多便利。纵观当前时代发展，我国的文化建设必须发挥文化在培育弘扬主流价值、提升国民素质、推动社会发展中的重要作用，党的二十大报告明确为我们指明了方向："全面建设社会主义现代化国家，必须坚持中国特色社会主义文化发展道路，增强文化自信，围绕举旗帜、聚民心、育新人、兴文化、展形象建设社会主义文化强国，发展面向现代化、面向世界、面向未来的，民族的科学的大众的社会主义文化，激发全民族文化创新创造活力，增强实现中华民族伟大复兴的精神力量。"[1]同时，党的二十大报告也指出，实施国家文化数字化战略，努力建设具有世界影响力的社会主义文化强国。

电影的数字化技术能使多种计算机软件共同使用，从场景、角色的设定到视听的综合呈现都有很大的发挥空间，因此也为影视的数字化奠定了技术基础。影视的数字化之后最大的优势之一就是可以完成胶片电影不能完成的视觉效果，例如，中国传统文化中的山水意境就可以借用数字化技术生成山水意境，虚实相生，与实拍合成，产生出胶片电影不能完成的视觉效果。这种合成的实效在今天的电

---

[1] 习近平. 高举中国特色社会主义伟大旗帜 为全面建设社会主义现代化国家而团结奋斗——在中国共产党第二十次全国代表大会上的报告[EB/OL]. (2022-10-25)[2023-07-12]. http://jhsjk.people.cn/article/32551583.

影市场中广泛存在，并得到大众的认可与好评，从某种角度来说，电影的生产方式已经发生了巨大的变化。伴随着数字技术的不断深入，中国国产影视作品的创作水平得到大幅度提升。

数字影视技术不断深入，影视行业与 AI、5G 等行业密不可分，将对未来影视创作产生重要的影响。AI 技术对影视制作模式、剪辑方法、生成与输出等环节均产生显著的影响。5G 技术使物联网的发展增速，万物互联成为现实，因此为数字影视提供了强大的技术储备和智力支撑，也降低了影视各环节的联网成本。数字影视艺术作为另外一个对标环节，在这场时代的裂变中应当提高时代要求，在数字时代的浪潮中，将技术、艺术、文化巧妙融合，发展出一条适合自己的道路。影视作品展现了国家意志，承载了民族情感，不断提升国家文化软实力。我们也期待能够创作出越来越多超越国界、超越文化、超越语言，能够打破界限、推翻壁垒的精品力作。数字影视的长足发展与时代并行，不断满足大众的精神文化需求，并且通过互联网平台、新媒体平台传递主流价值观。在此过程中，需摒弃传统的影视传播理念，塑造新的影视平台，不断探索大众需求，推进影视作品高质量发展。

二、应用场景

在全媒体日益深化的格局中，文化与科技融合发展，将科技成果渗透到文创、生产、传播和消费各环节，裂变出文化产业的新产品和新服务。在展现时代精神、人民奋斗、民族文化的时代维度上，涌现出大批的精品力作，形成了投资、创作、消费、传播的良好格局，将影视与大众高效地连接在一起，这些新兴的媒体格局共同助力影视生态的良性发展。但是，长时间的媒介关系中也有诸多问题，这无疑对数字时代的影视提出了更高的要求。

电影、电视等数字内容与互联网的融合也呈现出精细化、深耕化的特征。在不改变视听叙事手法的同时，数字技术创造性地提升了数字电影的视觉张力。例如，媒体机构、媒体工作者、影视爱好者将优秀的影视资源做成短小精悍的"短视频"，投放在互联网平台，以更为个人化的视角成为传统影视作品的补充。2021年春节期间，结合了 3D 和 AR 等新技术所呈现的古典舞——《唐宫夜宴》爆红网络，运用新技术、新手段"活化"历史人物，演绎出新的艺术魅力与人文情怀，播放量总计超过 20 亿，形成巨大的文化 IP，构筑了新的文化消费模式。2022 年的春晚舞蹈节目《只此青绿》被写入国务院新闻办公室发布的《新时代的中国青年》白皮书，创新式地运用舞蹈讲述故事，将古典与当代完美诠释。2023年，国产电影《满江红》以喜剧+悬疑的形式亮相，上映仅21天，总票房超42亿元大关。

文化与科技的融合不但催生了新的文化业态，还延伸了文化产业链，未来发展前景一片大好。无论是传统文化的创新转化，还是当代文化的多元演绎，均是数字文化发展过程中的双向互补。数字文化产业中的影视应该是最贴合大众口味、大众参与度最高的精神文化形式，而且影视的外延也在不断地拓展，如微电影、短视频、互动影视等。在互联网平台中，观众可以快速、高效地接受影视作品中的信息，在很短的时间内获得影视作品所要传递的价值，并在技术赋能的数字文化传播态势中，实现社会效益、经济效益双丰收，推动中国影视的发展。

（一）微电影

微电影诞生并兴盛于网络平台，是指能够通过互联网平台传播的短小影片，时间在几分钟到60分钟不等，方便在移动和休闲状态下观看，制作周期短，投资数量小。内容形式多元，微电影是大众喜闻乐见的一种影视形式，也是媒体机构、网络平台以及影视创作者共同的表达方式，拥有大量优秀作品，而且社会影响力不断扩大。微电影以更加灵活的方式在互联网平台中形成了开放有序的发展规模，拥有自己独特的传播模式。

影视技术的不断进步、影视设备的成本不断降低，让更多的人可以使用微电影进行影视创作，这无疑也是驱动微电影发展的动力之一。《2021年微电影行业现状与前景趋势分析报告》显示，2019年我国微电影市场规模已达850亿元，2020年行业市场规模将会达到900亿元[1]。媒体行业的兴起与资本的介入为微电影的发展提供了天然的优势。但是，众多微电影在其发展道路中也有很大的问题，创作主体的水平良莠不齐、网络环境监管不够等问题使得微电影的发展受到了一定的制约。将微电影发展中的大众创作、大众传播、大众批评有机地融为一体、共同发展，能够促进微电影探索更多有文化价值的主题，同时带来很好的专业推广（徐莹，2022）。在这个碎片化的信息时代，微电影以短小精悍的"体量"，与时代同频的价值内涵，不仅满足了消费者时间上的碎片化需求，也满足了传播矩阵中的碎片化需求，微电影可以更加灵活地满足消费者的需求。

---

[1] 2021年微电影行业现状与前景趋势分析报告[EB/OL]. (2021-10-29)[2023-07-12]. https://max.book118.com/html/2021/1029/8112124110004026.shtm.

（二）短视频

短视频区别于微电影，是近些年在网络上形成的一种新的视频形式，也是媒介赋权之后最为直观的表现形式。短视频即短片视频，是一种互联网内容传播方式，一般是在互联网新媒体上传播的时长在5分钟以内的视频。随着移动终端的普及和网络的提速，短平快的大流量传播内容逐渐获得各大平台、粉丝和资本的青睐。短视频基于移动互联网平台（微博、微信以及各类客户端），成为短视频传播的主要阵地。需要强调的是，网红经济的出现在不同程度上加速了短视频行业的迭代，一批优质的 UGC 者，抖音、快手等互联网平台入驻短视频行业。2023年3月29日，被誉为中国网络视听行业风向标的《中国网络视听发展研究报告（2023）》在成都发布。报告中显示，中国短视频用户规模达10.12亿，向各类网民群体渗透[①]。

在互联网平台中，短视频以其天然的优势，让大众参与到其中，不断地激发着大众的创作热情，各种各样的创意层出不穷。那些热衷展现生活场景的、展示特技才艺的，以及各种各样的能工巧匠都成了短视频、流量的宠儿。无论是何种类型的短视频，均可看到大众的参与热情和表现欲望，正如彭兰所说"生活化"是民间短视频的底色，"生活化"也是短视频走向公共性传播的早期策略，当然，随着时间的推移，"生活化"这一特色或许会淡化，但无论未来如何发展，以人为本都将是短视频的核心基因（彭兰，2019）。就目前短视频的发展来看，类型也越来越多元化，例如：短纪录片，一条、二更是其典型代表，其内容形式多以纪录片的形式呈现；网红 IP 型，papi 酱、艾克里里等网红形象，在互联网中有较高的识别度，拥有庞大的用户基数和用户黏性；草根恶搞型，以快手为代表的，大量的草根短视频创作者涌入其中，多以恶搞为主；情景短剧型，以套路专家、陈翔六点半等团队制作为主，此类视频多以创意搞笑为主，在短视频领域有非常广泛的传播；技能分享型，此类短视频多以技能分享、经验分享为主，也有较为广泛的网民基础；街头采访型，其也是目前短视频领域中的热门表现形式，操作性强，容易上手，深受年轻人的喜爱；创意剪辑型，运用创意剪辑技巧，制作风格各异的短视频，并融合解说、评论等，形成个人化形式更强的类型。随着互联网经济的不断深入，短视频的形态也会不断创新。

---

① 黄志凌.《2023 中国网络视听发展研究报告》发布[EB/OL]. (2023-03-31)[2023-07-12]. http://ex.chinadaily.com.cn/exchange/partners/82/rss/channel/cn/columns/j3u3t6/stories/WS642636cca3102ada8b2361f4.html.

（三）互动电影

路易斯·卢米埃尔（Louis Lumière）和奥古斯塔·卢米埃尔（Auguste Lumière）在 19 世纪末发明了电影，是胶片形式的。经过几代人的发展，其内容或者情节发展还是有局限的，故事走向也相对固定，观众只能被动地接受，而互动电影却截然不同。当我们进入数字电影时代，电影可以被刻录成光碟，而光碟又是一种可写入的媒介，因此互动电影顺势而生。

互动电影，又可称为交互电影，其英文名称为 interactive movie，意指观众参与电影的策划或制作，或在剧情转折中赋予观众决策权的交互式电影（孙立军和刘跃军，2011）。它是指电子游戏和影视作品二者之间的渗透和交流，具体指电影或电视剧的视听语言中融入电子游戏的特征，或是电子游戏的结构文本中融入影视作品的叙事方法来促成其自身创新性的实践发展的产物（罗钰，2022）。互动电影中的场景、角色更加真实，相比于游戏的视觉场景增添更加强烈的沉浸感。在互动电影的体验过程中，一方面受众的参与度很高，根据导演设定的剧情走向，会有多种选择，受众的参与性会使电影的剧情更饱满，也会满足受众更加多元的心理需求；另一方面受众利用媒介终端，将自己的价值判断、生活经验融入交互体验中，每一个环节的选项也为受众提供了更加精准的电影价值传播，形成更为个性的认知体验。

从互动电影的体验来看，总是有一些刻板的印象，比如缺少交互性操作、缺乏人文体验等。从理论上说，互动电影与网络互动游戏的性质是一致的，但是这个概念没有被正视。追溯互动电影的历史，甚至可以在 20 世纪的英国"电影射击画廊"中找到雏形，制作者事先把录制好的图像逐帧放映，玩家持枪站在荧幕前，在正确的时间节点，进行射击，完成任务就会触发暂停机制，通过这样的形势判断是否命中对象。这样一种媒介体验形式，用今天的视角来看，既偏离了电影的叙事，又与游戏本身并不密切，但不可否认的是，这种形式的探索对于互动电影的思考与发展是具备启蒙意义的。

无论是电影制作者的媒介探索，还是游戏开发者的媒介探索，作为互动电影这样一种新的媒介体验形式，应当是电影与游戏双赢的发展之路。

三、受众与传播效果

电影在数字媒体这个板块中，是一个既老又新的媒介，19 世纪末期卢米埃尔兄弟的《火车进展》(The Arrival of A Train)的放映标志着电影的肇始，经过一百多年的发展演变已经成为大众文化中重要的组成部分。时至今日，在全新的传播环境中，受众在观看时的时空环境、心理变化、受众群体发生了明显的变化。

过去，在受众时空环境方面，大众对电影的消费受到时间和空间的双重限制，当有时间选择权的时候，地点受限；当有地点选择权的时候，时间又是受限的，因此，对于电影的消费是不自由的。但是随着数字技术的不断普及，这些问题都已然不是问题。在大屏幕与小屏幕互为补充、互联网平台与院线资源双重保证下，大众在电影消费环节中自由度越来越高。在数字媒体与文化的持续融合洪流中，形成了全新的文化传播与消费模式，各种各样的文化消费与传播平台广泛出现。例如，腾讯、爱奇艺、哔哩哔哩、抖音、快手等平台，基于互联网平台建立了 PC 端和移动端，以快捷高效的访问路径，加强与受众的交互体验，形成了数字文化产业的新业态、新模式。

大众对影视作品的需求属于精神文化范畴中的需求。根据受众心理变化，马斯洛将人的需求划分为五个层次，即生理需求、安全需求、社交需求、尊重需求和自我实现，前三个属于低层次的需求，后两个属于高层次的需求。当人们物质生活的需求得到满足的时候，对精神方面就会产生新的需求，人们的需求层次也在不断升级。影视作品属于精神文化中的一部分，在近十年的发展过程中、在互联网的影响下，已经改变了人们对影视文化的心理需求，从过去的被动选择到如今的主动选择。同时，影视作品也在影视内容、质量、交互感、临场感等方面不断满足着大众的心理需求。

依照皮埃尔·布尔迪厄(Pierre Bourdieu)关于文化资本的论述，不同阶级群体之间的文化消费品位存在差异，并借此彰显其荣耀、尊严和社会地位的论断正在被数字媒体传播验证着。作为数字媒体的受众与传播者，受众的角色不仅仅是接受信息，每个个体或者团体都有可能是传播者，数字媒体以其共享互动、随时随地、快捷自由等优势，形成了文化形式多样的内容，服务着受众多元的文化需求。影视类数字传媒内容的生产模式也正在由 UGC 向机构化过渡，形成了专业影视文化生产与用户生产融合的路线、传播模式中的"去中心化"和传播"多层次化"的传播特征。满足受众的文化需求是数字媒体的价值体现，在这个日新月异的时代，数字媒体行业根据受众的文化需求，提供符合受众"口味"的产品与服务，并做出及时的调整，也是数字媒体时代重要的角色定位。

四、典型案例

（一）数字影视案例：《新中国密码：15665，611612》

新华社为庆祝新中国成立 70 周年而专门制作的微电影《新中国密码：15665，611612》是近些年微电影的典型代表，全片 13 分 14 秒，以精良的画面、感人的故事讲述出音乐作品《没有共产党就没有新中国》的诞生。作为中国人，大家从小就能歌唱这首歌，饱满昂扬、催人奋进，这部作品表达出每一个中国人对祖国的深情厚爱。影片讲述 1943 年，年仅 19 岁的青年曹火星在战火纷飞的时代背景下写下了这首歌曲，在 70 余年的飞速发展中，时代旋律经久不衰，鼓舞着一代代青年勇往直前。

该影片邀请曹红雯重新演奏《没有共产党就没有新中国》这首歌，旋律贯穿影片始末，并将五线谱设计成三维画面，融合历史文献与现实报道，交叉剪辑，不断引导着观众的视听阅读。这些看似简单的镜头语言，却与每一个小故事一一对位。影片以新颖的艺术手法，呈现出史诗般的艺术风格，获得了第三十届中国新闻奖融合创新特别奖。

站在媒介融合的时代节点上，该片还有一处特别值得赞誉的点。制作团队将"新中国密码"与"15665，611612"的关系巧妙地转化在媒介传播之中。"15665，611612"这串数字刚好 11 位，与手机号码的位数一致，团队与运营商共同合作，将此号码作为"连线"纽带，制作出一系列与作品对话的彩铃，观众热情高涨，各种问候、短信、电话纷至沓来。这形成了一次与观众很好的互动，共同致敬新中国密码：15665，611612。

（二）数字影视案例：《见证初心和使命的"十一书"》

2019 年 11 月 21 日，由中央党史和文献研究院、中央"不忘初心、牢记使命"主题教育领导小组办公室、国家广播电视总局联合制作的微纪录片《见证初心和使命的"十一书"》正式上线推出。该系列纪录片选取了 11 位共产党人的感人素材，其中包括贺页朵的"宣誓书"、傅烈的"绝命书"、寻淮洲的"请战书"、王尔琢的"托孤书"、卢德铭的"行军书"、张朝燮的"两地书"、陈毅安的"无字书"、夏明翰的"就义书"、赵一曼的"示儿书"、左权的"决心书"、陈然的"明智书"。每期节目都选取一位革命先烈的真实书信，采用了大量的第一手材料，再通过文艺工作者的深情讲述，真实生动地向观众再现了英烈人物的奋斗精神和无畏气概，展示了共产党人用生命和鲜血铸就的信念与忠诚、永远坚守的初心和使命。该片一经发布，便引发了热烈反响，获得了广泛好评。

历史是最好的教科书，重温历史，无数革命先烈用血肉铸就钢铁"长城"，激励吾辈不忘初心、勇担使命、赓续红色文脉。在微电影创作质量参差不齐与传播环境失序的背景下，微纪录片《见证初心和使命的"十一书"》无疑为微电影的传播与发展正名，彰显出时代价值对于微电影创作与传播的正面引导与积极推动作用。

（三）数字影视案例：李子柒短视频

2015 年，李子柒开始拍摄美食短视频，2016 年 11 月，凭借短视频《兰州牛肉面》获得广泛关注。2018 年，李子柒的原创短视频在海外运营后相继获得了 YouTube 平台白银和烁金创作者奖牌。2021 年 2 月 2 日，吉尼斯世界纪录发文宣布，李子柒以 1410 万的 YouTube 订阅量刷新了由其创下的"YouTube 中文频道最多订阅量"的吉尼斯世界纪录。

李子柒短视频作品主要以优美的四川小山村的生活场景为拍摄场景，展示出浓郁的中国乡土风情。所拍短视频的内容主要涉及中国传统美食、风俗节气、传统手工艺、非物质文化遗产、传统服饰和传统音乐等方面，《人民日报》评论李子柒的短视频：没有热爱就成不了李子柒，没有热爱也看不懂李子柒。她的视频内容独具风格，让人耳目一新，满足了外国网友对中国的想象，堪称网络传播时代的中国"田园诗"。同时，李子柒的视频含有被外国网友广泛认同的情感需求和价值理念，满足了大众释放压力的心理需求。

（四）数字影视案例：丁真短视频

丁真作为继李子柒之后又一位现象级短视频"网红"，以其纯真朴素的笑容意外走红网络，成为"新晋顶流"。2020 年 11 月 11 日，短视频平台抖音上出现了一条点赞超过 270 万次的视频，该视频拍摄的是一位皮肤黝黑、眼神清澈的藏族小伙子身穿民族服饰，对着镜头微微一笑的视频，在这条不到 10 秒的视频里的就是藏族小伙儿丁真。接着在 11 月 12 日，视频经过社交媒体平台微博上一位拥有 310 万粉丝的"大 V"转发后，丁真在微博上又收割了一波流量。11 月 25 日，丁真为家乡拍摄的宣传短片《丁真的世界》正式上线。格聂雪山下的"白马少年"，走红后选择了把流量赋予家乡，让家乡被世人熟知，丁真已成为理塘县的旅游大使，为当地旅游贡献力量，因生活在康巴地区，丁真又被称为"康巴汉子"。

丁真的走红离不开社交媒体背后的技术支持，丁真的生活具有不可复制的特殊性，他原生态的皮肤、清澈的眼睛具有令人向往的淳朴质感，他生活在远离都市的格聂雪山脚下，这些独特性使他的视频在海量内容中脱颖而出，收获大量用户的点赞、评论与转发，又在算法推荐机制下被平台优先推送，从而成为短视频领域中的典型案例。

（五）数字影视案例：互动电影《深海》

第 32 届中国电影金鸡奖举办期间，百视通宣布与 REALL 青年短片创作季合作，共同推进中国电影的发展。作为合作的开端，《深海》是具有先锋性的首部互动电影，让观众体验大屏定制的观影新模式，作为新的电影形态和新的行业突破口，观众在观影的体验中，一同参与破获一起离奇的犯罪事件。为了让观众有更好的观影体验，百视通为电影《深海》提供强大的技术支撑和内容编排能力，将大屏体验发挥至极限。

故事主要讲述在一场车祸之后，主人公王博被卷入一场绑架阴谋中，绑匪提出的交换条件，致使绑匪、王博、王博女友三个人陷入故事的漩涡，一触即发。其主旨就是救赎与自我救赎的故事。随着多种选择而产生的故事发展走向，真相与"真相"不断浮现。该作品共计 44 个分支选项，26 个不同结局，将选择权留给观众，让观众在不同选项中决定其故事发展。

五、管理机制

影视作品是对国家社会意识形态、经济、文化、政治等方面的集中反映，影视作品所产生的最为直接的影响就是对人的影响。除了影视作品的分级管理制度，对影视作品的管理办法还需紧跟时代，深化引导影视产业链健康发展。尤其是新媒体平台的内容审查管理制度，大多是"机器视角"下的审查监管，如敏感词的设定、画面筛查等，这样的视角往往也会产生偏颇之感，全面提高影视行业的管理机制应当是当下之要责。

从目前的影视创作来看，创作者大都被高频次热点话题所局限，由此导致的影视创作模式会为资本诱惑、算法驱使、思维固化所困顿、所席卷，影响影视创作生态健康发展。

从观看体验来看，雷同性作品较多，创意欠缺，给观众带来了审美疲劳。尤其是短视频创作中的"话题式"短视频，因为某个短视频的爆火，各色人等均在模仿此视频，很容易造成"无聊"、审美疲劳感，形成了一种典型的为了流量而流量的视频创作模式，对影视行业造成了负面的影响。

2021年4月25日，中宣部版权管理局局长于慈珂在国务院新闻办公室举行"贯彻落实'十四五'规划纲要　加快建设知识产权强国"发布会中强调：一是继续加大对短视频领域侵权行为的打击力度，坚决整治短视频平台以及自媒体、公众账号生产运营者未经授权复制、表演、传播他人影视、音乐等作品的侵权行为。二是推动短视频平台以及自媒体、公众账号运营企业全面履行主体责任，切实加强版权制度建设，完善版权投诉处理机制，有效履行违法犯罪线索报告和配合调查义务。三是鼓励支持电影著作权集体管理组织加强自身建设，依法开展电影作品著作权集体管理，发挥好维护权利人合法权利、便利使用人合法使用的纽带作用[1]。

全媒体时代中的电影、微电影、短视频等影视样态在不同程度上均有相关问题存在，面对这样的现状，我们应当统筹安排、立体监管，顺应媒介发展潮流，及时、准确地调整管理机制，提供多元评价机制，切不可唯点击量、唯流量是从。此外，还应在新的蜕变和改革中抓住群众关心的问题，聚焦影视行业生态发展，形成优化创作机制—规范企业经营行为—健全影视评价体系—激发市场主体功能—加强行业执法向度的影视行业链，让影视艺术回归于艺术的评判标准中去，积极构建具有时代内涵、社会价值的影视生态。

全媒体时代给影视创作带来了很多机遇，也为影视行业的管理机制带来了很大的挑战，传统的电影审查制度已经不能满足如今的影视创作与管理，完善全媒体时代的影视创作制度迫在眉睫，建立健全影视行业管理机制才能在新媒体环境下为广大的影视创作者提供应有的保障，为影视生态带来新的春天。

第三节　数 字 文 旅

文化与旅游的融合发展和协同创新是目前行业公认的必然发展趋势，也是促进文旅产业提质升级的必然道路。2018年，国家层面重新组建文化和旅游部，实现了行政管理意义上的文旅融合，从顶层设计说明了文旅融合已经成为文化产业

---

[1] 中宣部版权局：加大对短视频领域侵权行为打击力度[EB/OL]. (2021-04-25)[2023-09-23]. https://baijiahao.baidu.com/s?id=1697982274982550826&wfr=spider&for=pc.

与旅游业发展的现实方向，以数字化为代表的科技力量的深度渗透为文旅产业的高质量融合发展提供了全新的动能（董晓英，2023）。

2020~2021年，中央和部委出台多份相关文件——《关于构建更加完善的要素市场化配置体制机制的意见》《关于深化"互联网+旅游"推动旅游业高质量发展的意见》《"十四五"文化和旅游发展规划》等，此类文件均为数字文旅行业的融合发展提供了顶层设计方面的支持和引导。数字技术在文旅行业的广泛应用，衍生出了"云旅游""数字博物馆""数字文藏"等全新的文旅形式和体验方式，将现实场景和虚拟历史结合了起来，为文旅行业注入了新的活力；也在服务和管理方面带来了诸多的变化，给管理机制带来了新的变革。

数字文旅产业包含两个层面。一个层面是文旅的数字化，这是用数字技术和数据对现实世界的改造，也是将现实世界向虚拟世界的映射。这一层面可以节约人力成本，避免游览过程中影响游客情绪的因素，有利于景区标准化建设。另一个层面是数字化的文旅，这是用数字技术和数据在虚拟世界中创造出的新文旅，也能够把虚拟世界所创造的"文化"和"景物"反射回现实世界。这一层面极大地提升了景区的宣传力度，且有助于更多创造主体加入"新文化创造"的过程。以上两个层面既有相对的独立性，各自有各自的玩法和规则；又不是割裂的，而是相互连接、相互交融在一起的。

一、概述

2021年，文化和旅游部发布的《"十四五"文化和旅游发展规划》中更是明确指出"实施文化产业数字化战略""积极发展智慧旅游"。对于文旅产业来说，数字经济为其高质量发展提供了更多的可能性，在数字时代，应不断探索文旅行业新业态、发展新思路。

在2020年3月的国务院联防联控机制"促进消费回补和潜力释放"新闻发布会上，中国旅游研究院副院长李仲广曾表示，数字文旅是当代科技特别是互联网等数字技术促进文化和旅游融合的所有现象总和[①]。数字文旅是以网络为载体，数字技术和信息通信技术与文旅产业的深度融合而形成的新产业形态。数字文旅的特征包括：①更广泛地分享。用数字技术将大量文物、艺术作品、文旅资源数字

---

① 数字文旅火了，"数字"如何为文旅赋能[EB/OL]. (2020-08-28)[2023-09-23]. https://www.sohu.com/a/415309119_162522.

化，借助网络平台，游客可以更加便捷地搜索、了解、观看相关文物和资源，一些珍贵的文物可以借助这种形式为更广大的民众所了解和认知。②更高效的交互。借由更加高速的信息传输和网络平台，让文旅产品交易、供求信息对接、内容分享更加快速高效。借助云计算等技术，有利于供给方更了解需求方，双方的交易效率更高。③更有质感的体验。AI、VR等技术的应用能让游客在购买前、旅游中都可以获得更有品质的体验，如云旅游、沉浸式演艺、沉浸式游乐项目等。④更便捷的信息。通过微信、微博等多种信息渠道，游客可以获取关于目的地的全方位信息，旅游出行更加便捷。

二、应用场景

（一）数字景区

数字景区是运用物联网、大数据、云计算、AI等现代信息技术，建立高效统一的管理、服务和营销等信息系统，最终实现旅游要素数字化、运营管理智慧化、旅游服务个性化，从而提升游客的体验度和满意度。

游客可以通过开发的微信公众号，在出行前，通过"虚拟游"对整个景区进行大体的浏览和了解，然后进行订票、预约车位，了解目前景区的交通状况、人数的现状，然后是预订酒店、餐饮、购物等方面的服务，从而实现"吃、住、行、游、购、娱"的一站式服务。建设景区的监测设施和大数据平台，让景区在安全防范、卫生防疫、节能减排、低碳环保等领域提高管理效率，实现服务智慧化、管理智慧化、营销智慧化。

从宏观层面，还可以建设集旅游公众服务、综合管理、宣传推广等为一体的数字文旅综合服务平台（如"一键游广西"、江苏智慧文旅平台、上海数字文旅中心等），利用平台技术创新服务内容和形式、优化公众体验，实现省、市、县的文旅单位的数据资源共享、媒体资源联动、文旅市场共管，为公众提供一体化智能信息服务（江晓翠，2023）。

（二）数字体验

随着数字技术深入发展以及公众的精神文化需求提升，各地不断增加文旅数字化资源上线，数字体验主要分为线上的虚拟旅游和线下的沉浸式体验。

虚拟旅游，即建立在现实旅游景观的基础上，利用VR技术，通过模拟或超现实场景，构建一个虚拟的三维立体旅游环境，用户可以根据喜好选择自己一人独享整个景区，也可以与同在云景区中游览的游客相互交流。在 VR 场景的基础上，可以对景区进行二次数字化开发，在已有自然景观或人文景观上使用较为省力的方法构建新的景观，使得虚拟世界与现实世界大方向趋同而细节方面有所差异，与线下空间形成互补。对于时间不充裕的用户来说，足不出户，就能在三维立体的虚拟环境中遍览遥在万里之外的风光美景，形象逼真，细致生动。已经游览过线下实体景观或者正处于景区中的用户也能够进入虚拟景区故地重游，发现线上与线下差异里存在的新乐趣或提前规划第二天的行程路线。

线下的沉浸式体验的实现方法更为多样：一是将声、光、电手段与景区已有文物结合，对文物进行活化展示。例如，在乐山大佛景区，体验"夜游三江"项目的游客可以看到，在光影动态演绎中，1300 多年前海通禅师开凿大佛的景象"活"了起来。二是运用 AI、全息成像、AR、VR 等技术建造数字体验馆。例如，"山西文旅数字体验馆"作为山西省文旅数字新名片之一，深受游客青睐。该馆以"华夏古文明 山西好风光"为主题，运用数字手段再现山西五千年文明。三是"直播云旅游"成为新的增长点，例如：长隆旅游度假区推出了"神奇的长隆动物在这里"系列直播；丹寨万达小镇 2022 年"五一"上线的"丹寨八景慢直播"，在一周内收获超 400 万人观看；黄山景区内的宾馆和索道运营公司的直播。

（三）文旅数藏

数字藏品是使用区块链技术，对应特定的作品、艺术品生成的唯一数字凭证，在保护其数字版权的基础上，实现真实可信的数字化发行、购买、收藏和使用。不同于线下藏品，数字藏品更能抵抗时光侵蚀或保管不当造成的损坏，也不用担心褪色、掉漆、风化等问题，只要数据存在，数字藏品就可以永久"保鲜"。

随着智慧旅游的不断发展，景区建设日趋数字化。目前，已经有不少国内知名景区瞄准了数字藏品的市场潜力，开始试水。此前受新冠疫情的影响，许多游客无法亲临现场游玩，数字藏品的发售刚好能够弥补游客的遗憾。同时，很多博物馆也推出了其线上文创产品并与知名的视频或游戏 IP 进行联动，达到"跨界"吸引受众的目的。

文旅企业通过原创 IP 元素，结合 AR 打造虚实结合场景，为玩家提供全方位的多元化体验，并且更具科技感和沉浸感，实现了实体空间和虚拟空间消费情境联动。如音乐节、展览展会、艺术节等都可以通过元宇宙的形式呈现，而其中的门票、数字潮玩、盲盒等，则可以运用数字藏品的方式呈现。

三、受众与传播效果

数字文旅不仅打破了旅游景区传统的游览观光模式，融合真人 NPC、实景环境，以及 AR、MR 等数字化技术，将景区升级为大型数实融合体验空间，帮助游客了解旅游地的地理与历史文化，增强了游客关于文化遗产类旅行的记忆，让游客在体验中感受历史与文化的魅力，享受数字技术的新奇，不再是讲解员被动的讲述，从而推动"门票经济"的传统旅游模式向"体验经济"和"沉浸式经济"的文旅新场景转变，优化了传播效果，给游客带来了全流程决策的优质体验。

一是旅游决策阶段，大数据的算法推送可以让数字化旅游产品根据游客的行为特征、规律去发现游客的偏好，从而为其提供个性化、定制化、智能化的旅游产品实时更新。游客可以通过互联网、APP、微信、小程序等多种信息渠道获取关于目的地更详细多元的旅游信息，合理安排出行时间和选择出行路线，并了解景区的实时动态，合理决策，让旅游出行更加便利、便捷。

二是在旅游体验阶段，基于 AI、Wi-Fi 定位、卫星定位、5G 技术，将整个景区内部的资源进行全面系统的收集，形成数据中台，实现旅游资源更有效与合理的配置，优化游客的体验。基于互动式多点触控、VR、AR、互动装置等设备，可以高强度还原历史，让游客的视听感官体验深度化，增强互动感，打造沉浸式演艺、沉浸式娱乐项目，进一步增加景区内容的丰富性、娱乐性。

三是在旅游分享阶段，游客个体成为信息发布的主体，社交网络的数字化产生了网络意见领袖（网红、代言、流量主播等），以及 UGC 生成的评论和游记、攻略等，不仅可以实现游客的自我感知价值，还可以获得其他潜在游客的认同，成为帮助其行为决策的重要信息来源。

四、典型案例

（一）互联网小镇打造标杆数字景区

在"旅游+科技"这一趋势的推动下，市场上各种智慧景区的解决方案层出不穷。不过有业内人士指出，目前众多的智慧景区解决方案着力点大都放在景区数字化基建本身，而忽略了游客的全域全周期旅游体验。

2017 年，乌镇景区已完成了 Wi-Fi 全覆盖工程，共有 Wi-Fi-AP 位 3600 个，覆盖了景区各酒店、客房、餐饮、会议室、老街等公共休闲区，实现了景区无线信号全覆盖。同时,景区内拥有 100 余间设施齐全的会议室,景区旗下 2000 余间客房,可容纳 4000 余人入住,各项基础设施完备[①]。

"一张地图游乌镇"就是基于智慧景区 2.0 的理念,乌镇景区与高德地图合作,在高德地图上打造的首个人文智慧景区产品,旨在进一步提升乌镇景区游客游玩体验度。计划出游前,游客可在高德地图搜索"乌镇",一键直达乌镇景区门户,在这里不仅能看到景区动态信息,还能在线购门票、订酒店,查询官方推荐玩法、交通路线等信息。另外,高德地图与央视网合作推出的景区直播服务还可以让用户在出行前就看到乌镇多个景点的实时直播,辅助出行决策。在这样的数字景区建设下,游客可以提前知道景区风光和拥挤程度,有效避开人群,更加高效地游览整个景区,同时也让一部分游客"知难而退",在不降低游客的好感这一情况下减轻景区的客流压力。

(二)虚拟旅游

虚拟旅游曾经被认为是新冠疫情下的权宜之计。然而随着虚拟旅游的产品推出,越来越多的体验者发现,虚拟旅游带来了全新的旅游体验,成为推动文旅产业加速转型、线上线下深度融合的新机遇。

依靠直播、5G+VR、航拍体验等技术,"数字技术+旅游业"的各类探索不仅让更多人形成了线上虚拟旅游的习惯,也令虚拟旅游的形式不断丰富。旅游游戏化、全景 VR、直播"种草"看世界等虚拟旅游的玩法不断升级,正在为行业和游客双双打开文旅新世界。

《云游长城》是业界首次通过虚拟游戏技术,实现最大规模文化遗产毫米级高精度、沉浸交互式的数字还原,让用户能以 3A 游戏级别体验数字长城。该项目通过 Photogrammetry 技术扫描、UE5 引擎的 Nanite 和 Lumen 技术支持、自研 PCG 生成工具,超 10 亿面片数字模型,模拟实时冬天光照,并"种植"了 20 万棵树,实现了对长城一砖一木的毫米级还原;与此同时,云游戏传输流控算法的引入保证了用户在不同网络下的体验质量。

进入游戏小程序,用户可以看到"喜峰口西潘家口段"长城的 1 公里选段被"复刻"进了手机。在这里,用户既是游客,也是工匠——他们不仅能够跟随航拍影像,体会长城的雄伟;通过手机操作在长城上"走动",点击按钮变换光影,

---

① 高德上线"一张地图游乌镇"与乌镇共同推动智慧景区 2.0 落地[EB/OL]. (2018-11-01)[2023-07-12]. https://baijiahao.baidu.com/s?id=1615913701180924221&wfr=spider&for=pc.

360度从清晨到傍晚感受长城的一草一木、一砖一石；还能亲自修缮长城，参与长城的保护和传承长城文化。

不仅可以观赏长城风景，用户根据导览指引进入修缮长城界面后，还可以在工具箱中选择工具，对长城开展考古、砌筑、勾缝、砖墙刷补、支护等修缮工作。当用户"手里"的瓦刀、锤子等工具撞击砖瓦时，手机会发出"锵锵锵"的音效，同时画面中缺损的砖墙也会随之重回完好无缺。除此之外，语音导览还会介绍长城的建造和修缮知识，让互动更添丰富性和沉浸感。

《2022新旅游消费趋势报告》显示，"直播云旅游"已经被超过一半的Z世代年轻人所接受，11%的人表示"经常看"[①]。曾经在疫情中被迫转型自救的导游，如今不少都摇身一变成了网红主播。比起旅游博主，专业导游具备更多的旅游知识，也更擅长讲故事。他们凭借干货满满和风趣幽默的直播内容，吸引了大批拥趸。

（三）曲江文旅布局数藏赛道

从文旅企业发布的半年报来看，文旅经济"弱景气"度依然持续。2022年8月18日，曲江文旅发布2022年半年报，财报显示，公司上半年实现营业收入4.49亿元，同比下降28.87%，净亏损为0.85亿元，正好诠释了当下文旅行业的现状。

新冠疫情为文旅行业增加一系列不确定性的同时，也倒逼旅游业调整供需结构进行自救。陕西本土文旅企业纷纷布局数字藏品，试图为自身画出新的增长曲线。曲江文旅作为西安文旅产业发展的重要力量，自2021年底开始，联动旗下的大唐芙蓉园、大唐不夜城、西安城墙、大明宫国家遗址公园等多家景区，陆续发行了超过20款数字藏品。其中，"苍龙左骖""白虎右騑""中国年·迎财神""春龙翘首·鸿运当头"四款数字藏品围观量达5万余次，媒体曝光度达3万余次。发售的"龙抬头"系列在2～5秒内销售完毕。

此外，西安电影制片厂与iBox链盒合作推出了四款大话西游系列数字藏品；陕西旅游集团有限公司打造的陕旅全景手绘贺岁数字藏品"心随陕旅·一路奇迹"，不断借助数字藏品对景区IP进行价值重塑。文旅产业IP作为极具收藏价值与传播属性的文化展现，与数字藏品的属性高度契合，可以说，数字藏品打破了文旅行业的地域限制，成为文创产品新的价值载体。

[①] "云端"游带来行业融合发展新机遇[EB/OL]．(2022-06-14)[2023-07-12]．https://travel.cnr.cn/jjpd/xjj/20220614/t20220614_525864448.shtml．

对于文旅企业来说，数字藏品的布局可以达到"线上获客、线下消费"的目的，提高游客对于文旅项目的认知和参与感，激发人们线下出游的意愿。例如，大明宫国家遗址公园推出"购买集齐数字藏品获取终身免费游玩景区"的玩法，使得数字藏品不但存在收藏意义，也具备虚拟会员卡的功能，进一步为线下产业"引流"。

此外，数字藏品通过限量售卖线上产品，既可以进行文旅 IP 的重塑，也可以成为文旅企业的新增长曲线，扭转文旅企业线下受阻的现状。长远来看，数字藏品线上发行、销售的成本并不高，但其文化价值和宣发效果却出人意料，或将成为文旅企业破局的希望。

五、管理机制

文化和旅游部发布的《"十四五"文化和旅游市场发展规划》指出，纵深推进"放管服"改革，大力促进市场公平竞争，加强市场执法监管；推进"互联网+监管"；建设文化和旅游市场经济运行监测体系和风险监测预警体系，加强市场分析预判和风险跟踪预警；健全文化和旅游市场信用体系，完善"双随机、一公开"监管制度。

随着旅游市场迅速恢复，零负团费、价格歧视、景区相关线路产品价格不一等乱象越来越普遍，景区、文旅部门开始建设全方位的行业智慧监管平台，从而有效治理餐饮价格虚高、价格歧视、景区拥挤隐患、突发事件、强制购物等乱象。文旅部门可以通过实时监测各主流搜索引擎和门户网站的旅游热搜总量及正负面热点数量、新闻来源以及热点走势，整合有关区域内的旅游投诉量、投诉主体、投诉内容、结案情况等信息，对网络热门事件进行实时追踪，加强对区域旅游市场的监督管理，有力推动旅游行业的良性发展。

文旅部门可以借助大数据平台的事件上报处理、资源管理与调度、内容管理与信息发布等应急指挥调度功能，实现对重大突发事件数据的收集、分析，掌握事件的实时情况，并调动各类应急资源进行事件的处理，制定事件处理方案。对发生突发事件的旅游景区，文旅部门通过大数据平台掌握事发现场的实时情况，并联动景区引导救援人员及时处理。通过应急指挥调度，有效提高文旅部门、景区开展监管调度、应急处置、应急救援等工作的效率，减少突发事件对游客人身财产安全造成的危害。

第四节 数字会展

一、概述

伴随着社会经济的不断发展，会展的呈现形式和规模也在不断壮大，尤其是互联网技术的异军突起，传统的会展形式已经不能满足当代展陈及观看的需求，数字会展应运而生。数字会展是一种以互联网技术为支撑的新型会展生态和展览方式，其本质是以互联网为基础，集云计算、大数据、移动互联网、社交社群、会展产业链中的各个实体为一体，构建一个数字信息集成化的展示空间，从而形成全方位、立体化的新型展览和服务模式。数字会展对经济、文化、旅游产业的影响日益显著，成为不少城市的支柱产业和城市名片。当然，数字会展也存在着诸多的挑战，在数字化时代我们的信息呈现碎片化、分众化，数字会展同样面对这样的问题，数字会展很难有效地把信息传递给参与者，在这个过程中需要调度各种设备，技术的樊篱也更加深入，运营难度不断飙升。

商务部于 2021 年 6 月印发的《"十四五"商务发展规划》中提出，发挥好中国国际进口博览会等重要展会平台作用，完善会展业发展协调机制，提升区域性展会平台，打造高水平、专业性、市场化品牌展。发展线上线下融合的展会模式，不断深化会展行业体系标准化建设。商务部于 2021 年 11 月发布的《"十四五"对外贸易高质量发展规划》中提出，充分发挥中国国际进口博览会国际采购、投资促进、人文交流、开放合作四大平台功能，实现越办越好。数字会展的发展离不开数字技术与数字艺术的影响，技术与艺术的融合式发展成为当今会展形式的主要表达形式，"科技感""艺术感"将是未来会展中的重要表达形式。数字会展主要包含数据信息采集与生成、信息处理与分析、信息应用等环节。伴随着数字会展行业的不断探索，运用数字技术、新平台，不断赋能会展场馆、会展渠道，提高对数字会展的认知，积极拓展"云会展"提升会展体验感。

纵观会展行业，国家在政务领域大力推进博物馆、展览馆的建设，为国家的文化建设、思想宣传、政策实施提供了良好的展现形式，形成了独具特色的发展模式。尤其是新冠疫情以来，各级政府纷纷出台相关文件，旨在鼓励会展行业利用技术创新推动会展服务、会展管理、会展业态，加速培育会展新功能。数字会展是指会展产业链上下游企业运用数字化软硬件技术重塑组织架构、工作方式、业务流程。因此，数字会展不仅是新工具、新技术，也应是新业态、新模式。在商业领域，为企业产品、企业形象带来了新的技术、新的体验，并且通过数字化、交互式的手段为商品呈现、公司介绍提供了新颖的展示形式。学术领域针对会展行业的探索主要集中在高校、研究所等机构，并为数字会展提供科技与艺术方面的前沿探索，它们结合先进的数字技术和数字美学为学科建设、概念设计、展陈研究提供了丰富的研究成果。数字会展中交互技术、沉浸式体验、全息投影以及声、光、电的配合使用，能够为观众提供实时互动，让观众获得更加"刺激"的感官体验，同时也让产品给观众留下更为深刻的印象。

数字会展的核心是数字化，以数字技术为产业驱动力，通过数字技术与实体经济深度融合，不断提高会展行业的数字化、智能化等模式。如今，数字会展已经渗透在会展的各个领域，无论是横向的服务品类，还是纵向的研究探索，数字会展的形式无处不在，在未来一定会有长足的发展，加之数字化的不断推进，越来越多的数字会展样态会呈现给我们。

二、应用场景

（一）虚拟博物馆

习近平总书记曾指出："让收藏在博物馆里的文物、陈列在广阔大地上的遗产、书写在古籍里的文字都活起来。"[1]文化遗产作为不可再生的珍贵资源，实现对文化遗产的数字化保护是重要的方法路径。虚拟博物馆则成了这一路径中的重要媒介形式。英文语境中"虚拟博物馆"（virtual museum）的概念有多种表达，如数字博物馆（digital museum）、线上博物馆（on-line museum）、电子博物馆（electronic museum）、超媒体博物馆（hypermedia museum）、网页博物馆（web museum）等（孙丹妮，2020）。虚拟博物馆的产生与数字技术的发展密不可分，尤其 VR 技术的不断发展，为虚拟博物馆的开发与传播带来了新的机遇。传统的博物馆有很多珍奇的文物资源与艺术资源，往往被束之高阁，且大多数资源脆弱且不易保存，为研究者、观众带来了诸多不便。将这些资源数字化之后，既保护了这些文物资源，又为虚拟博物馆的建立储备了大量的数字资源。同时，这为传播和研究提供了更加多元的路径，打破了文物、艺术资源研究的时空壁垒。虚拟

---

[1] 习近平主持中央政治局第二十三次集体学习并讲话[EB/OL]. (2020-09-29)[2023-07-12]. https://www.gov.cn/xinwen/2020-09/29/content_5548155.htm?ivk_sa=1023197a.

博物馆以更加开放的姿态在跨年代、跨地域、跨类型文化传承之路中碰撞出更多的火花。文化遗产的数字化过程中会产生大量的数据信息，同时又会生成以文化遗产为中心的数字人文资源，将二者统筹"活化"，实现新的人文研究范式。

从虚拟博物馆的呈现形式来看，虚拟博物馆大致分为以下三类：基于移动端应用的博物馆 APP；基于 AR 技术、VR 的博物馆移动设备，扫描信息并通过手机屏幕获取内容；基于 Web 端的博物馆在线交互平台，大众通过二维码识别并进入全景虚拟的网页浏览博物馆的空间与展品内容。与博物馆网站单调的静态网页不同，虚拟博物馆借助 Unity3D、Java3D 等技术，可以让观众获得类似实地参观的感受。随着这几年 VR 技术的发展，借助 VR 眼镜，观众还可以获得"身临其境"的体验。

（二）多媒体会展

传统的会展大多是以实物的形式呈现产品，大量地使用到展台、展板、实物模型等，其表现力与视觉体验是相对单一的，并不能完全满足现代会展行业的需求。另外，高频次的会展也使大量的实物资源不断浪费。因此，多媒体、新技术的运用将成为今天会展行业发展的主要趋势。

会展行业区别于其他行业，大多数会展周期性短、信息庞杂、节奏快，快速、高效、精准地呈现产品"卖点"是必须考虑的，多媒体技术的使用在会展中为观众在视觉、听觉等多感官体验中带来了全新的媒介体验，也丰富了产品的传播模式。另外，随着互联网技术的不断进步，观众的观看方式也被逐渐改变和刷新着，交互式、沉浸式等新型媒介体验成为观众的主要口味，观众在这些新技术的关照下，对产品营销或者"展场"均有了新的认识。会展行业的不断发展与时代的发展密不可分。新技术的运用不仅使行业本身得到了长足的发展，丰富了会展的形式与外延，也为观众提供了新体验与新认知。

多媒体技术在会展行业的不断深入，增强了大众对会展的认知，有效地将信息传递给大众，多媒体的运用也为信息理解提供了新的时代注脚。通过立体式、多维度感官刺激，多媒体技术不断提高大众的注意力、产品的吸引力、信息的解读力。多媒体会展主要利用计算机对图文、音画等信息的综合处理能力，建立起人机互动的模式，主要模式包括虚拟场景互动体验、立体环幕、互动投影、全息影像等。作为一个新兴领域，技术与人文的可持续开发、各环节协调发展，共同促进文化、艺术、产业向着更加健康的方向探索。多媒体会展本身也是技术与艺术相结合的产物，可以更好地设计信息、转化信息，让大众身临其境分享信息。

多媒体会展从展示内容到呈现形式的各个环节都是随着时代不断变化的，但其终极目的是为人服务。

三、受众与传播效果

数字会展需要满足参展商和受众等方面的需求。数字会展的受众主体应当是会展产业链的上下游，上游应当是会展活动的参展方、主办方、合作方等，作为会展行业的下游应当是参会者、消费者、观众、工作人员等。在数字化、虚拟化的会展中，观众以身临其境的形式参与观看，运用交互式、游戏化等手段，参与信息传播。在数字会展过程中，信息呈现出高频次、大密度的信息特征。因此，对受众的多元满足是非常有必要的。

（一）上游群体的受众

数字会展行业运用数字技术，赋能更多的行业与企业，提供更好的数字化服务，让会展产业链上游的行业、企业在数字会展过程中得到更好的表现、展示。作为上游群体的受众，应努力构建数字化链接，促进上游群体的数字化转型。上游群体可获得更直接、更高效的价值回馈、信息传递，促使上游群体提升行业形象、产品输出等多方能力。

（二）下游群体的受众

坚持"以人为本"。从传播学角度来看，会展过程也是信息传播的过程。会展过程中所展示的信息能够满足观众的多元诉求，在此基础上，数字会展可以为观众提供更为便捷的会展体验。由于数字会展的切入，无论从会展服务、会展呈现，还是从会展信息流通等方面都得到了很大的提升。观众也可以自由地选取感兴趣的板块自由切换，避免了线性的体验模式，节省了观看的时间成本。例如，我们在传统的博物馆观看体验中，大多是按照博物馆的建筑规划路线或者文物的展陈路线或者解说员的讲解路线去观看，观看的自主性会缺失很多，数字会展则解决了这一痛点，大幅提升了观看的自主性。在数字媒体技术与文化传播深度交融后，多样化的传播场景突破了原来这种精英视角的传播结构，呈现一种超越单向甚至双向的、契合用户生活惯性的以人为本式的立体化传播。因此，归根结底博物馆这类社会性服务场景在文化传播过程中应当以人为本，关注人的需求。这里的"人"是一个个有着具体需求的个体，而非传者本体视角下的整体（缪宇雯，2021）。

（三）传播效果

数字技术已成为现代会展中不可或缺的一部分，开发者运用新技术、新方法，均在努力构建信息的可持续传播。新的形式、新的媒介不断提高信息传播的效果与质量，作为参与过程中的"人"，不断优化信息交互性、参与性应当是数字会展行业的时代命题。或者从另外一个方面来说，所有的信息都为人服务，切不可筑起高墙，孤芳自赏。

数字会展领域为了更好地服务受众、服务行业，不断降低"技术"门槛，在提升便捷度等技术环节做出了积极的努力，只有这样才能让数字文化创意产业得到更好的传播与发展。数字会展作为新的展陈形式，主办方、开发者在提升服务质量上显得动力不足、形式单一、内容乏味，往往容易呈现为云展示、直播带货等简单形态，没有展示好衔接、沟通的业务能力。积极拓展服务内容、提高服务效率、提高服务质量应当是未来数字会展发展中的基本路线。深信不断努力之后，未来会展中一定会出现一批数字会展的龙头企业、品牌项目，助推会展行业高质量发展。

四、典型案例

（一）数字会展案例：秦始皇帝陵博物院官网全新官网平台

秦兵马俑遗址作为中国乃至世界最重要的文化遗址之一，秦始皇帝陵博物院始终致力于传承发扬中华文明瑰宝。秦始皇帝陵博物院全新官网上线，创新数字遗址体验。这一全新官网展示平台以虚拟视觉和互联网技术为基础，呈现多维信息聚合，呈现出全新的虚拟交互体验。

网站内容涵盖秦始皇兵马俑博物馆、秦始皇陵考古遗址公园、精美文物和考古发现等，并以专业而翔实的展览信息和藏品信息，给我们讲述文物背后的故事，是了解秦文化的又一重要工具。秦始皇帝陵博物院全新官网整体视觉以简洁明快的页面布局为主要特征，秦文化特征的动态元素点缀其中，突出秦文化以及遗址风貌的历史价值，同时还把帝王冕旒、车同轨、青铜器等典型文物元素营造其中。观众仿佛置身秦代盛世，形成与历史碰撞的奇妙体验。从网站技术方面来看，新官网也实现了质的突破。VR 技术结合百亿高清图像展示、高品质视频素材、三维漫游空间等形式让观众穿越其间，近距离、自由式地欣赏更多馆藏珍贵文物细节，了解历史背景和文化价值。秦始皇帝陵博物院推出的全新官网展示平台为观众奉上探索秦代相关历史文化的全新体验。

（二）数字会展案例："走向盛唐——山西北朝壁画中的融合之路"

山西博物院策划的"走向盛唐——山西北朝壁画中的融合之路"数字展依托庞大的馆藏资源，于 2023 年 1 月 21 日正式上线，该展览以数字化展示的方式，实现从二维到三维的转化，让壁画真正"动起来"。设计团队对壁画进行 1∶1 复原，通过数字化内容再现北朝生活场景。项目内容分为：开篇，讲述北朝的历史背景；考古发现，展现北朝时期重要墓葬考古发现；时代写真，通过长卷的方式再现北朝社会生活场景；丹青妙笔，以北朝画师为原型，讲述墓葬壁画在绘制时的绘画技法；精神世界，通过动画形式生动再现北朝人丰富的精神世界；尾篇，讲述北朝在南北中外交流过程中的融合发展。这一北朝数字展全面揭示古丝绸之路所彰显的民族融合的历史价值与文明交流互鉴的时代价值，深入解读北朝壁画所蕴含的文化内涵，充分发挥博物馆的文化传播功能。北朝墓葬壁画是山西博物院极具特色的馆藏文物，上承汉晋，下启隋唐。该展览是全媒体时代山西文化的再一次彰显，同时也是传统文化与科技融合的一次重要尝试。展览基于数字化成果，打破传统的时空界限，采用"文化＋科技"创新模式，以山西北朝墓葬壁画为切入点，通过数字插画、原貌复原、视频动画、交互式等多种形式，吸引广大观众。

（三）数字会展案例：《洛神水赋》

河南卫视凭借一曲水下舞蹈作品《洛神水赋》震惊全网。《洛神水赋》以四六骈文为铺排创意，由舞蹈演员演绎，在水下身着色彩浓郁的国风彩衣，在水中翩翩起舞。舞蹈演员身穿古风绸裙，在水下或拂袖起舞，演绎出"髣髴兮若轻云之蔽月，飘摇兮若流风之回雪"的东方神韵，时而拨裙回转，时而娉婷婀娜，甚是美哉。《洛神水赋》一经卫视播放，引起各方赞誉，向全世界宣传这支独具东方魅力的舞蹈。五千年的悠久历史、五千年的人文积淀，都是文艺创新的灵感源泉。中华文化的博大精深以及中华传统文化与科技相结合的魅力，让世界进一步了解我国传统文化。河南卫视作品的出圈正是充分印证了我们传统文化的"软实力"。持续深耕传统文化是文化走向世界的重要途径，也是提升国家软实力的有效手段。为此，打造一批优秀的"新传统文化"，我们需要不断探索新的方式和方法，深入推进文化传播。水下摄影与灯光巧妙配合所营造出来的场景美轮美奂。《洛神水赋》灯光指导举例说：作品为呈现朝霞之美，先用黑布把池体周围遮挡住，再用单一光源尽可能接近水池，形成"朝阳"的效果。为了达到预期的视觉效果，对拍摄的池体也进行了严密的设计，形成了两个主拍窗、三个辅拍窗，摄影师可以从四面的透明拍摄窗取景，也可以通过升降平台调整拍摄高度和角度。水池边还有一台承重为 3000 公斤的臂吊，是用来配合剧组拍摄需求的大型道具，可营造出各式各样的画面效果。最终呈现在观众面前的五彩洛神，在水中婆娑起舞，轻盈如燕，连衣袂的飘动都显得如此美丽。据说舞蹈演员 50 秒才换一次气，还要保持水中的舞姿优美流畅，这种"创意+科技"才呈现出了如此惊艳的效果。

《洛神水赋》之美，原因有二：一是舞蹈编排之美、形式之美，特别是水中舞蹈，这是对舞蹈演员整体素质的考验与挑战。《洛神水赋》正是把握住了这一点，才创下第一个以"网综+网剧"模式创作的晚会、第一个将水下舞蹈表演搬上荧屏等多个"第一次"。而且凭借这种创新意识，一次又一次地成功证明并不是年轻人不喜欢文化节目，相较于同质化严重的综艺节目，他们更倾向于精心打造的文化盛宴（张阳，2021）。二是舞蹈内涵丰富。之所以呈现出舞蹈内涵丰富的结果，究其根本，在于全媒体传播的集中呈现。这种技术效能、传播特征和文化特质的深刻融合形成了全媒体传播的新探索（付玉辉，2021）。加上各种高科技特效，尤其是以数字技术与互联网技术为核心的艺术与科技项目，让传统文化呈现出现代科技之美。

（四）数字会展案例：长江灯光秀之黄鹤楼篇"汉风国潮·礼赞祖国"

2021 年，国庆"汉风国潮·礼赞祖国"时尚大秀活动在黄鹤楼前举行。千古名楼变身流光溢彩的时装 T 台，为现场观众呈现了一场时尚与传统并重的多维视听盛宴。长江灯光秀之黄鹤楼篇"汉风国潮·礼赞祖国"是由华中科技大学光影交互服务技术文化和旅游部重点实验室、麦塔威科技公司联合打造的长江灯光秀，让江城灯光璀璨。团队以文旅夜游光影交互技术、核心装备研发、设计服务协同创新和实现产业化转移作为战略核心，为夜间旅游及数字创意产业的发展提供相关技术支撑，引导文旅夜游中光影交互关键技术与服务的产业化创新模式。五分钟的大秀展现出湖北武汉楚风汉韵的文化底蕴，向世界传达中国道路自信与文化自信。项目分为"汉风楚韵""时尚国潮""礼赞祖国""我和我的祖国"四个篇章，以楚剧、汉剧、京剧、汉绣等传统剧目和非遗文化技艺为演出载体，画面包括瀑布、金龙、藤蔓、花、仙鹤、凤凰等元素，秀出汉味文化、秀出传统技艺，用汉风国潮创新传承中国文化，礼赞祖国华诞，展现湖北武汉楚风汉韵的文化底蕴及汉风国潮独有的民族文化，向世界传达中国文化自信。武汉继"汉风国潮·礼赞祖国"之后又推出了诸多大型灯光项目。武汉长江灯光秀便是其中重要的灯光博览会，江水为卷、追光逐影，以长江、汉江两岸沿线约25公里的近千座建筑、桥体为屏，展现出武汉独特"水文化""桥文化""光影文化"。

五、管理机制

随着时代的不断发展，会展行业以及会展形式趋于多样化，相关领域也变得更加精细化，行业门类繁杂，外延与边界不断深化，给管理机制方面也带来了很大的挑战。

从数字会展行业的本质来看，它是一种信息的传播，在这个过程中无论是文博系统还是商业会展系统都存在一定的"博人眼球"，尤其是在产品过剩的今天，面对日趋激烈的竞争，无论是信息传播，还是数字文化产品本身，我们均需准确、高效地传递信息，切不可做信息传播失实的行为。文博系统面对的是文化本身，切不可考证不确凿以及杜撰，此种方法会贻害子孙，伤害文化的传承与发展。商业性质的会展面对的是每一个客户，关系到每一个客户的切身利益。基于此，建立健全会展管理机制就显得尤为重要。数字会展的核心是数字化，数字化会展过程中的数据稳定、数据安全也应高度关注，防患于未然。

首先，伴随着国民经济的快速发展，数字会展经济成为国民经济的重要组成部分，促进数字会展经济的高质量发展，全面提升数字会展服务理念势在必行。尤其是市场化背景下，数字会展企业及平台充分发挥市场经济的灵活性，统筹资源、利用资源、节约资源，构建完整的数字会展市场化运作体系。

其次，为了全方位提升数字会展品质，增强对设计水平、文化内涵、时尚元素的综合呈现能力，加速创新发展，拓宽发展路径，让"信息"更好地呈现出来，应着力打造数字会展行业新品牌、新标杆。

再次，国际竞争日趋激烈，需统筹资源，做好顶层设计，打造出一批适合时代发展、融合文化特色的优势品牌，全面提升会展理念，同时也方便与国际会展市场接轨，更好地参与国际竞争。

最后，提高数字会展的研发水平。面对市场不断细化、类目众多的会展行业，个性化定制、高端化服务是行业的内在需求，数字化、智能化建设将是未来会展的发展方向。各行各业都在全面实现数字化，在国家政策的引导下、健康市场环境的推动下，全面推动数字会展行业转型升级。会展行业也存在一定的风险，会展活动大多是人流量大、资金密度大的行业，为国际、国内相关活动营造和谐、公平的会展环境也是极为重要的。须在交通、消防、安全、卫生等环节联动，保障会展活动顺利开展。会展行业多在密闭场馆进行，信息交流密集，做好媒体报道相关工作，建立起良性的媒体监管机制，保障信息及时、准确、高效地传播，才能减少大众的焦虑与恐慌，营造出良性的媒体传播生态。

第八章

国际传播中的数字文化实践

党的十八大以来，为扩大我国在国际舆论场上的影响力，加强国际传播能力和对外话语体系建设成为我国深化改革的重要举措之一。习近平总书记在致中国新闻社建社 70 周年的贺信中写道，"创新国际传播话语体系，加快融合发展，提高国际传播能力"[①]，并在 2021 年 5 月 31 日主持中共中央政治局第三十次集体学习时发表重要讲话，明确指出提高精准国际传播能力的重要性，即"要采用贴近不同区域、不同国家、不同群体受众的精准传播方式，推进中国故事和中国声音的全球化表达、区域化表达、分众化表达"[②]。在数字经济全球化和文化全球化的时代，以 AI、大数据、物联网为代表的数字技术成为讲述中国故事、弘扬民族精神、传播中国文化的重要支撑，我国数字文化业和文化贸易业的不断发展催生出越来越丰富、生动的数字文化产品，为我国数字文化出海奠定了强有力的基础。数字文化国际传播实践深刻影响我国在国际舆论场上的地位，也关系到我国新媒介语境下文化强国的建构。

本章重点从数字文化国际传播主体、传播内容、传播形态等方面梳理数字文化国际传播实践过程中呈现的新特征，面向前面章节分析的我国数字文化发展与应用现状，结合当前我国国际传播政策、方针、目标和理论，找出当前我国数字文化国际传播实践存在的问题，并给出解决对策与实践路径，以期为我国数字文化更深一步走向国际舞台、达到更好的传播效果提供一定参考。

[①] 习近平致信祝贺中国新闻社建社 70 周年[EB/OL]. (2022-09-23)[2023-07-25]. https://www.gov.cn/xinwen/2022-09/23/content_5711374.htm.

[②] 习近平在中共中央政治局第三十次集体学习时强调 加强和改进国际传播工作 展示真实立体全面的中国[EB/OL]. (2021-06-01)[2023-07-25]. http://www.moe.gov.cn/jyb_xwfb/s6052/moe_838/202106/t20210602_534949.html.

第一节　数字文化视野下的国际传播特征

数字文化国际传播实践涵盖两个重要的概念，即数字文化与国际传播。数字文化的概念在前面章节已深入介绍，AI 等新兴数字技术的更新变革加速着全球数字文化的生产与发展；与传统意义上国际传播概念界定的"以民族、国家为主体而进行的跨文化信息交流与沟通"（程曼丽，2000：18）不同，当前的国际传播正在发生巨大变化，数字时代的国际传播已经演变成为传播主体多元、价值诉求多样、实践体系多维的日常行为模式（常江和张毓强，2022）。整体上看，数字文化国际传播在实践过程中呈现出明显的多学科交叉与多维度发展态势。本节将概述其国际传播现状，从传播主体、传播内容维度探讨数字文化视野下的国际传播实践。

一、传播主体

传播主体关系到"谁来讲故事"的问题。在数字技术不断发展、人类被卷入全球化浪潮的当下，官方主流媒体积极争取国际话语权，社交媒体平台强势崛起，用户个人及自媒体搭船出海，海外华人华侨、国际伙伴积极推广，以及跨国企业、非政府组织等各传播主体为向世界展示真实、立体、全面的中国形象，纷纷加入数字文化国际传播实践的进程中，都为我国国际传播创新、增强文化软实力与综合国力、推动构建人类命运共同体做出卓越贡献。

（一）官方主流媒体自发出海

官方主流媒体在数字文化国际传播实践中积极主动举起导向旗帜，引领发展方向。中国的对外传播已实现多媒体覆盖，例如中国国际电视台（China Global Television Network，CGTN）、中国新华新闻电视网（China Xinhua News Network Corporation，CNC）、中国国际广播电台（China Radio International，CRI）、新华网、人民网、中国网、《中国日报》（*China Daily*）、《环球时报》（*Global Times*）等都实现了全球播出与发行，CGTN 已有英、西、法、阿、俄五大语种播出。官方主流媒体在策略上努力实现多语言、多媒体，追求中国文化议题的全球化表达。例如由天津海河传媒中心创作的第三十二届中国新闻奖国际传播获奖作品《当〈诗经〉遇上交响乐》，以热爱中国文化的美国作曲家尼科洛·安森的个人故事为案例，报道叙事生动，真情实感打动人心，以小见大，体现中国文化、中国音乐的开放性和包容性，是"音乐无疆界"的生动注脚，达到了更具生命力和感染力的国际传播效果。该报道在加拿大华语广播网 FM105.9《全景中国》栏目中播出，受到了当地听众的欢迎。

除官方媒体的宣传报道外，政府组织和公共机构凭借资源和技术优势成为数字文化海外传播的主力军，特别是各文博机构借助数字技术，为海外观众"零距离"感知中华文化搭建了平台。例如，中共陕西省委宣传部、秦始皇帝陵博物院的《中华优秀传统文化创新走进美国中小学课堂——"秦兵马俑数字教育"国际传播案例》充分利用秦始皇帝陵文物数字资源，通过数字教育进入美国中小学课堂，提高海外青少年对中华优秀传统文化的理解与兴趣，有效提升中华文化的影响力和感召力。

（二）互联网头部企业造船出海

以腾讯、阿里、字节跳动为代表的互联网头部企业积累大量资金、技术和产品，通过开展国际并购建设自有平台，主动造船出海，为我国数字文化国际传播蓄能。《中国数字文化出海年度研究报告（2022年）》显示，抖音海外版（TikTok）2022年全球月活用户数超10亿，位列全球社交媒体第五位（如图8.1）。以 TikTok 为例，其运营团队凭借全球化视野，在进入海外市场后一直坚持"技术出海，本土化运营"战略。在本土化运营上，TikTok 招募了大量国际人才，组成所在国团

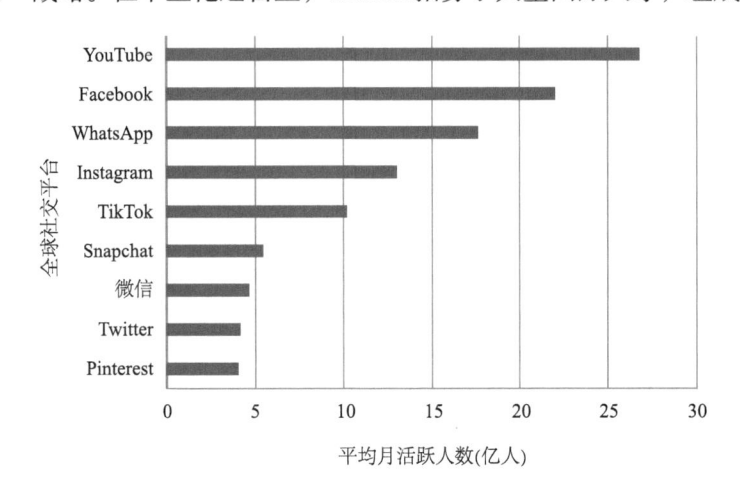

图 8.1　2022 年全球社交平台平均月活跃人数排名

队，通过一套成熟的算法机制和体系，精准推送用户喜欢的内容，在不断扩大用户群体的同时建立和强化用户黏性。如今越来越多的青年群体不仅使用 Tiktok 进行娱乐社交，也开始使用 TikTok 获取新闻。牛津大学路透社研究所发布的对 46 个国家 93 432 人开展的年度调查发现，18～24 岁人群中有 40%使用 TikTok，其中 15%使用该平台获取新闻（杨博，2022）。互联网头部企业的平台产品成功出海表明，中国开始具备产品内容输出的实力。

（三）自媒体用户借船出海

社交媒体融合了信息网络传播和人际传播的优势，海外社交媒体作为全球用户分享生活、获取信息、交流经验的交互平台，在参与国际传播、卷入国际话语交流方面的效能不断增强。国内自媒体和个人用户在海外媒体平台开设账号传播中国声音，以多元化、个性化、创新化的叙事方式，跨平台、矩阵化的传播模式，最大程度地展现中国的游戏、网络文学、传统文化。"数字"名人作为信息时代因为某件事或者某个行为而被网民关注或因长期持续输出专业知识而走红的人，其发布信息对受众的情感或行为产生了巨大影响。李子柒是我国本土自媒体账号或"数字"名人海外出圈的典型案例，2023 年 5 月吉尼斯世界纪录发文宣布，李子柒以 1410 万的 YouTube 订阅量刷新了由其创下的"YouTube 中文频道最多订阅量"的吉尼斯世界纪录。作为中国美食短视频创作者，其团队与海外网民"相通"，了解工业文明中的人对美好乡村的渴望和想象，李子柒的视频满足了海外民众对东方田园美好生活的想象（常江和张毓强，2022）。关于 YouTube 平台中"数字"名人短视频跨文化传播的案例将在第二小节详细展开分析介绍。

（四）海外用户主动推广

在海外社交媒体上，华人华侨向世界展示、推广和宣传中国文化，成为中国数字文化国际传播的重要力量。华人华侨本身就是传播中华文化的一张名片，他们在海外的所作所为往往会被当地民众认为是中国形象和中华文化的代表。华人华侨从事对外传播具有近身性、日常性和在地化的优势，通过发挥他们对沟通双方的语言、文化和思维特点充分了解的优势，可以深入社区进行广泛的言传身教。这个群体中的不少人由于身处当地社会的少数族群中，对中华民族有较强的身份认同需求，也对他们所处国家扭曲中国形象与事实的行为更加敏感。华人华侨在海外街头表演武术、太极、古筝等中国文化艺术，制作成短视频在社交媒体平台传播，让文化之美在世界舞台上绽放光彩。峨眉武术非遗传承人凌云将武术的一招一式带到海外，并计划在传统武术的基础上增加未来感、科技感的创新，让更多年轻人以及下一代都能对武术有兴趣。[①]

此外，随着中国综合国力的增强，文化影响力逐渐加大，越来越多的海外本土民众开始关注、喜爱中国文化，并主动加入中国文化传播的行列，以丰富的内容创作展现中国风土人情、大美风光、社会变迁，从海外受众的视角讲述跨越民族符号的中国文化视听故事，架起中外文化沟通的桥梁。海外网红郭杰瑞是出生在美国纽约的犹太人，他的Vlog作品以"我是郭杰瑞"为IP，主要通过亲身体验经历记录中国社会的变迁、文化、科技、风景，力图展现多元、鲜活、真实的中国形象，向世界传达更深入人心的中国声音。

二、传播内容

党的二十大报告提出"实施国家文化数字化战略"，这一战略的提出和实施是文化领域在我国整体推进数字化建设的时代大背景下的必然选择。数据显示，我国数字文化产业融资规模达到2344.64亿元，同比增长54.59%，在文化产业中占比62%[②]，可见数字文化产业已经成为我国文化产业中增长势头最为迅猛的产业门类之一。以六大业态为代表的数字文化产品和服务成为中华文化"走出去"的一支重要力量，在市场拓展、内容做精、主体做强、"Z世代"聚焦等四大方面取得了新进展，展现了新气象，并取得了海外各界的关注与认可。

（一）网络游戏海外市场实现弯道超车

随着国产游戏品质不断提升，越来越多的游戏厂商扬帆起航，奔向潜力更大、空间更广的海外市场，积极布局、精准定位，深耕本土化运营，逐步实现"弯道超车"。以《原神》为例，该游戏是上海米哈游网络科技股份有限公司制作发行的一款开放世界冒险游戏，于2020年9月28日开启全球同步公测，已在175个国家和地区同步上线，截至2023年2月已登顶68个国家和地区的畅销榜。《2022

---

① 峨眉武术传承人凌云：在流量时代做峨眉女侠[EB/OL]. (2023-04-12)[2024-03-01]. https://new.qq.com/rain/a/20230412A07VSQ00.

② 中国服务贸易协会专家委员会.《中国数字文化出海年度研究报告（2022年）》发布[EB/OL]. (2023-02-23)[2023-07-12]. https://mp.weixin.qq.com/s?__biz=MzA5MjE2MTIyNQ==&mid=2653230626&idx=2&sn=b069bd3eb6a1c182d9fa4d77637f0398&chksm=8ba0e384bcd76a92a762b2dd7af73bae3c06c5742dbe0f2a5b586e4e54d6a4978048a3a961b6&scene=27.

年中国游戏产业报告》显示，美、日、韩依然是我国游戏企业主要目标市场。在自研移动游戏海外市场收入分布中，美、日、韩分别占比32.31%、17.12%和6.97%[1]。其他地区占比也在逐年提升，表明我国出海企业对新兴市场的拓展力度仍在持续加大。中国网络游戏出海成功的原因主要有二。

第一，内容质量不断提升是其能够迅速在海外传播与流行的根本。越来越多的中国网络游戏深度挖掘中华优秀传统文化内涵，潜心打造内容精品。由于存在文化异质性，中国的游戏在题材、玩法、叙事内容等维度足够吸引部分海外玩家，借助完善和逐步精进的游戏开发技术，更多中国元素得以生动呈现和表达，给海外玩家带来新鲜的娱乐体验。有研究显示，过去十年间中国自主研发、获得版号且至今仍然较为活跃的1407款游戏中，其中超过四成传播了中华传统文化；头部热门手游中有八成传播了中华传统文化。

第二，着重手机游戏开发，抓住移动端机遇。根据专业从事游戏市场研究及数据分析的调查机构NEWZOO的《2021年全球游戏市场报告》，2021年，全球30亿玩家中的28亿用户为移动玩家，PC及主机玩家数分别为14亿及9亿[2]。与美日韩等国家仍重点关注主机和PC游戏不同，中国游戏企业看到移动端游戏的发展潜力，并在海外移动游戏市场做到垂直细分，实现"弯道超车"。

（二）网络文学国际影响力进一步增强

网络文学已有20余年的发展历程，近年来，网络文学创作力量与读者规模持续壮大，作品数量和产值规模实现显著增长。中国网络文学注重文创理念，发力全球市场，在传播中国故事、展现中国形象、促进国际文化交流方面作出了巨大努力，初步形成了生态出海格局，在中华文化"走出去"的大背景下，国际影响力也日益扩大。网络文学国际传播主要呈现以下特征。

首先，出海文学作品题材日渐丰富多元。网络文学作品凭借其独特的生命力与创造力，在从中国走向世界的过程中呈现出越发深刻的影响力。截至2022年底，中国网文出海译作总量超过50万部，线上译作新增3000余部，多部译作累计阅读量破亿，如《天道图书馆》阅读量超过1.54亿。译作形成15个大类100多个小类，都市、奇幻、电竞、科幻等题材的作品频出爆款，特别是中华传统文化类

---

[1] 张洋洋. 2022年中国游戏出海营收173.46亿元 美日韩收入占比最高[EB/OL]. (2023-02-13)[2023-07-12]. https://baijiahao.baidu.com/s?id=1757683126426624537&wfr=spider&for=pc.

[2] 全球游戏市场规模1803亿美元，云游戏市场翻倍[EB/OL]. (2021-12-23)[2023-07-12]. https://baijiahao.baidu.com/s?id=1719940007632187598&wfr=spider&for=pc.

文学作品，例如非遗、国风题材的作品以"讲好中国故事"为策略，逐渐吸引了广大海外读者，带领海外读者深入了解越来越多的中国元素，成为新时代传播中国文化和中国声音的生力军[①]。

其次，多版权形态输出，影响力加深。除了直接出海和翻译出海，网络文学改编出海成为其海外传播新模式（王飚和毛文思，2022）。网络文学改编的影视剧、有声剧、动漫、游戏等突破了传统文字的单一性，文学作品内容通过系列改编，得以更加生动、立体地呈现给海外读者，例如，阅文旗下的《赘婿》上线 YouTube 等海外主流视频网站平台，且已宣布向韩国流媒体平台授出真人剧翻拍权。一方面，直观生动的改编形式有助于消解海外读者对中国文化的理解困难问题；另一方面，依托原有网络文学 IP 的热度进行多版权形态的改编输出，可增强观众黏性，进一步提升网络文学的渗透力。

最后，海外原创作家队伍逐渐壮大。据统计，自 2018 年上线原创功能以来，海外原创作家数增速迅猛，年复合增长率达 81.6%，截至 2022 年底，起点国际共培育海外原创作家 32.7 万名，其中美国、菲律宾、印度、英国、加拿大名列前茅。与国内网络作家"年轻化"趋势相呼应，海外原创作家中年轻人也已成为中坚力量。其中，"95 后"作家占比 29.5%，"00 后"作家占比 37.5%，"Z 世代"占比超 2/3[②]。

（三）影视作品讲述中国文化故事

电影、电视剧、动画、纪录片等影视作品作为受众最广泛接触的娱乐形态之一，借助便利易得的媒介载体，以通俗易懂的美学形式展现当前流行文化，不仅能给受众带来视听、情感维度的娱乐体验，更能潜移默化地传递意识形态、政治理念、文化内涵以及价值观念，例如，欧美影视剧传递出的"个人英雄主义"与"强调自我价值"的理念逐渐被其他国家和地区的受众熟悉（叶骏强，2017）。正因如此，我国更应注重本土影视作品的内容深耕与文化出海，一方面增强民族文化自信，坚定与时代文明相契合的文化价值观；另一方面将我国文化故事传播出去，提高中国文化软实力，更好地展现当今中国形象与精神风貌。

近年来，中国影视剧凭借多元的类型、高品质的制作和贴合时代精神的表达

[①] 中国社会科学院文学研究所《2022 中国网络文学发展研究报告》课题组. 2022 中国网络文学发展研究报告[EB/OL]. (2023-04-11)[2023-07-12]. https://www.cssn.cn/wx/wx_xlzx/202304/t20230411_5619321.shtml.

[②] 中国社会科学院文学研究所《2022 中国网络文学发展研究报告》课题组. 2022 中国网络文学发展研究报告[EB/OL]. (2023-04-11)[2023-07-12]. https://www.cssn.cn/wx/wx_xlzx/202304/t20230411_5619321.shtml.

在走向国际方面呈现出全新的趋势。国家广播电视总局自2019年起实施的大型国际传播活动"视听中国"，截止2022年3月已在海外建立58个电视中国剧场，推动《超越》《功勋》等近百部优秀节目在100多个国家和地区的电视和网络媒体播出。2022年4月，本土悬疑剧《开端》在网飞（Netflix）上线，上线国家包括新加坡、越南、马来西亚、文莱等。

除上述网络游戏、网络文学和影视剧作品的成功出海之外，数字文旅、数字艺术与传统文化等借助新兴技术也在国际传播实践中大放光彩。党的十八大以来，中国始终秉持互信互利、互惠共赢的理念，大力推动国际发展合作事业，特别是在"一带一路"倡议等国家战略的机遇之下，各类数字文化在传播中国文化、塑造中国形象方面发挥着愈发重要的作用，逐步实现产品、平台、模式、内容等多元化的出海路径。

（四）数字教育推动文化走向国际

随着中国在国际社会的话语权不断提升，中国文化的影响力不断增强，近年来世界范围内掀起了"汉语热"并持续升温，世界各国学习中文的人数也在不断增长。国际中文教育在促进国际社会对中国古今文化的了解、增进文化认同、共同打造人类命运共同体等方面发挥了重要作用。在智能技术发展的当下，打造智能化、数字化教育资源是推动国际中文教育高质量发展、促进我国文化走向国际的重要举措。

孔子学院在创新国际中文教育海外传播路径建设、开拓"国际中文教育+"等方面积极发力，助力国际中文教育场景化发展。例如，"长城汉语"是孔子学院总部规划、组织、研发、运营的项目，该项目一直致力于将智能技术与语言教学有机融合，以精致的教学资源为坚实基础，以移动互联网与AI技术为辅助支撑，构建新型网络多媒体教学课程，探索契合时代发展的汉语教学新模式。孔子学院总部推出了一站式解决教学与教务管理的"长城汉语智慧云平台"，上线"汉雅国际"学生端APP，融分级阅读、识字、记词、语典、课程于一体，满足学生任何时间、任何地点、任何方式的个性化学习需求。孔子学院工作处历时六个月打造的《带你游"魔都"》系列汉语学习视频课程，从衣食住行等各方面的实用性对话入手，借助可视化的场景，使远程中文教学更加鲜活和立体。《"魔都"——漫步上海》系列文化视频课程融合上海地域特色，从美食、美景、人文等角度展现古老与摩登融为一体的上海风貌。此外，孔子学院工作处还携手上海外国语大学艺术团向海外孔子学院提供了中国民舞和民乐系列视频，向孔子学院学生展示中国传统舞蹈和乐器的魅力,并通过对舞蹈动作和中国乐器的讲解,进一步提高学生了解中国文化的兴趣。

国际中文教育是中国文化走出去的重要载体,在数字化教育、线上教育发展的时代,需要跨学科融合创新、加大数字化建设力度、打造"在线化、个性化"国际中文教育模式,以提升中国教育课程的海外传播力。

(五)数字文旅给海外受众全新沉浸体验

数字文旅是以使用数字化的知识和信息作为关键生产要素、以现代信息网络作为重要载体、以信息通信技术的有效使用作为效率提升手段、以质量提升和结构优化作为重要推动力的一系列文化旅游经济活动(罗培等,2021)。以数字带动实体、以虚拟带动现实、以线上带动线下、虚实融合发展,是数字文旅的突出特点。近年来,随着我国用技术讲故事的能力不断加强,数字文旅的国际传播实践成效显著,主要体现在数字文博以及智慧旅游几个方面。

数字技术赋能文物与博物馆,让海外观众足不出户便可共同鉴赏世界文明。在 2021 "中国希腊文化和旅游年"开幕式上,数字兵马俑线上展览"平行时空:在希腊遇见兵马俑"正式在希腊国家考古博物馆主页和秦始皇帝陵博物院主页同步上线,该项目包括"全景之旅""真彩之美""科技之光"线上展厅,其中"纤毫重现 200 亿像素兵马俑全景"带领观众云游 1 号坑,让海内外观众超近距离观看兵马俑。200 亿像素兵马俑全景采用了矩阵全景技术,收录了兵马俑 1 号坑的高精度全景图资料,可以将兵马俑 1 号坑内的所有遗迹进行"毫米级"重现,观众通过电脑或手机观看,可以像用放大镜一样观看兵马俑的每个细节,享受到超越现场参观的视觉体验。

在智慧旅游领域,我国各地一方面积极尝试"互联网+旅游"的新模式,探索跨境智慧旅游、跨境贸易等业务;另一方面从用户角度出发,挖掘海外游客的真实需求,致力于提供高效、精准、个性化的智慧旅游解决方案。例如,腾云公司借助云南区位优势,按照推进中国面向南亚、东南亚(以下简称"两亚")数字经济先行示范区建设,以及构建"两亚"辐射中心数据枢纽的重要部署,立足数字文旅赛道,基于过去数年来在文旅数字化领域的业务能力积累,打造"游泰东北"小程序,致力于打造辐射"两亚"的数字文旅中心;中国铁道科学研究院集团有限公司研发了"中老铁路游"小程序,进一步提升中老铁路客运信息化水平。

（六）数字藏品向世界展示中国文化符号

2021年，数字藏品市场迅速爆发并形成较为完整的产业链，数字藏品借助区块链的非同质化通证交易方式，在保护特定的作品、艺术品数字版权的基础上，实现真实可信的数字化发行、购买、收藏和使用（刘玉柱等，2022），极大地改变了传统数字内容作品版权保护与交易模式。2022年，北京、上海、成都、重庆、武汉等地均将"元宇宙"写入政府工作报告，数字藏品作为元宇宙领域最先在国内萌芽并有所发展的领域，将成为国家在元宇宙赛道中的重要发力点。

数字藏品在文化领域中可以发挥重要作用，特别是对海外收藏者而言，数字藏品背后的文化价值和收藏价值可以让海外收藏者群体通过数字技术了解到中国的本土文化，有利于增强民族认同感。2022年，国内领先的数字藏品生态平台 iBox 链盒登陆纽约时代广场的纳斯达克大屏，展示了系列中国经典 IP 数字藏品形象和符号，如中国非物质文化遗产、先锋雕塑、中国航天等，让中国文化以数字化的方式进行海外传播。

然而，当前数字藏品市场尚未完全成熟并存在一定的安全风险，随着市场秩序、知识产权、金融安全保障、行业规范等政策法规的不断出台和完善，数字藏品将有更大的发展空间，特别是带有中国元素与中国特色的高质量数字藏品走出国门、走向海外，让海外收藏者看到其背后的文化价值。

第二节　我国数字文化传播中的海外受众情感实证研究

作为社交媒体平台信息传播的重要载体，短视频凭借视听元素丰富、叙事性强、表达技巧更为多样等特征，在触发受众情感共鸣层面具有独特优势，因而成为国家对外展示形象与进行数字文化传播的有效途径。"数字"名人作为伴随社交媒体信息技术发展、依托网络平台聚集个人影响力的一类群体，相较于传统名人，草根身份与分享信息的亲和性等特征使得其发布的日常生活等相关信息传播速度快，影响力大，更容易拉近与受众之间的情感距离（Djafarova & Rushworth，2017），因此为推动国际文化交流带来巨大的贡献。例如，在全球视频网络平台 YouTube 上，李子柒因其原创视频吸引了广泛的公众关注，分享的中国美食、服饰等相关视频内容对展示中国文化、引发中国本土受众和非本土受众情感共鸣产生了重要影响（程思琪和喻国明，2022）。因此，本节研究从情感视角切入，探究在国际传播中"数字"名人发布的文化相关视频对受众情感的影响。

一、研究背景

在跨文化视频传播背景下，因不同文化背景下的受众价值观、宗教信仰等存在巨大差异，内容生产者层面来自不同国家的视频内容表达方式不同，因而不同文化背景的观众对同一视频可能产生不同的文化反应。呈现强烈文化价值观冲突的视频更容易引发不同文化背景的观众目标情感的差异（Alghowinem et al., 2019）。本节研究基于跨文化传播语境，聚焦于中国文化的国际传播，以中国"数字"名人发布的文化推介视频为例，从视频本身的特征着手，挖掘中国"数字"名人发布的文化相关视频如何影响本土受众与非本土受众的情感差异，并计算本土受众与非本土受众间的情感反应差异，以及该因素与本土受众、非本土受众间情感差异的影响路径。借助短视频社交媒体渠道，减少因文化背景导致的文化折扣，为有效推动中国文化的国际化传播提供参考。

二、理论基础与假设

在国际交流背景下，短视频的传播可视为产品的营销过程，即"数字"名人发布的视频通过设计精美的封面、有趣的标题等，吸引受众期待从该视频中获取新奇的内容体验进而付诸实际行动，即投入时间、精力进行视频具体内容的观看并触发受众不同的情感反应。因此，基于短视频的文化国际传播过程中的受众观看意愿与情感诱发过程和上瘾模型总结的受众使用习惯的形成相契合。接下来从上瘾模型出发对影响因素进行详细分析。

（一）理论基础——上瘾模型

在《上瘾：让用户养成使用习惯的四大产品逻辑》（*Hooked: How to Build Habit-Forming Product*）一书中，尼尔·埃亚勒（Nir Eyal）和瑞安·胡佛（Ryan Hoover）提出了上瘾模型，对互联网产品设计逻辑、如何培养受众的使用习惯进行总结（Eyal & Hoover, 2014）。本研究以 YouTube 为例，基于上瘾模型中吸引受众参与的触发、行动、酬赏、投入四阶段为基础，总结出影响受众情感的 9 类因素，并构建了"数字"名人发布视频在文化的国际传播过程中造成受众情感差异的影响因素理论模型。

1. 触发受众的因素

触发，即吸引受众的注意，包括外部触发和内部触发。外部触发导致受众采取行动，将信息渗透到生活的外部环境。内部触发将受众与其思想和情感联结。一般而言，标题和封面表达了视频的核心内容，成为受众的首要关注点（贾娟，2020）。视频创作者也多通过图片人物、风景等内容的排布，疑问、陈述、感叹等标题句式的设置吸引受众，并使其快速了解视频内容，把握视频整体情感，并进一步决定是否观看。因此，选择标题句式、标题文字符号和视频封面作为外部触发因素。与 Twitter 等基于文本的文化传播方式不同，YouTube 平台中文化相关视频具有先天音画同频的优势（Verma et al., 2016）。作为富有感染力的主要手段，可通过设置不同类型的背景音乐影响受众的心情以及视频内容的认知与效能评价。如宁静、温柔的背景音乐有助于帮助受众理解视频传递的恬静、悠远的价值观（陈强等，2019），因此选择背景音乐作为内部触发因素。

2. 促进受众行动的因素

行动，即当受众希望获得奖励时采取的行动。某种行为的发生需兼具触发显而易见、动机合乎常理、行为易于实施三个条件。制作类别决定短视频的呈现方式与最终呈现效果。直播和改编作为两种主要的视频制作方式，直播类视频是对"数字"名人行为或日常生活的直观反映，更具亲和性、真实性与可信性，而视频的可信性影响受众的现实感和同理心，决定了受众的进一步行动。在文化的国际传播情境下，字幕作为视频内容的重要补充，对辅助不同国家的受众理解视频内容、增强信息提示与情感渲染具有重要作用（陈强等，2020）。此外，跨文化传播语境下，"数字"名人发布视频的受众文化背景与文化价值多元，视频呈现的文化偏向成为影响多元受众视频观看的重要决定因素（余佳和张玉容，2021）。因此，在行动阶段，本研究将影响因素进一步细分为视频的类别、字幕使用与文化偏向。

3. 视频酬赏

酬赏包括社交酬赏、猎物酬赏和自我酬赏。社交酬赏指受众与他人互动过程中获得的人际奖励，猎物酬赏指受众基于视频内容获取的知识或信息，自我酬赏则为受众的成就感。本研究从"数字"名人发布的视频特征层面出发考察影响因素，因此以猎物酬赏为核心。内容主题作为视频的核心部分，内容的丰富度、复杂度、展现风格决定了受众能否从中获取有用信息以及获取有用信息的程度（王海燕，2020），可获取酬赏的多少进一步决定了受众行动与投入意愿（Gao et al., 2021）。因此，在酬赏阶段，本研究引入内容主题这一要素，考量触发受众情感差异的影响因素。

4. 吸引受众投入的因素

投入，即受众获得奖励后，将更多的时间和注意力投入到产品中。互联网的普惠性降低了受众视频观看的投入成本，受众仅需投入时间成本观看视频（王程伟和马亮，2019）。因此，在投入阶段，本研究将影响因素细化为时间投入。

（二）假设与模型

基于上瘾模型四个阶段细分的九类因素，本研究进一步提出了影响本土与非本土受众情感差异的研究假设。

1. 触发对受众情感差异的影响

视频标题为YouTube平台受众浏览视频时可获取的首要信息，受众可通过阅读标题决定视频内容的进一步观看意愿。其中，标题表述框架中不同的句法结构与修辞结构将伴随受众不同的情感体验（Pan & Kosicki, 1993）。内容创作者可通过设置如疑问句、感叹句等不同的句型融合事件背景、人物与故事情节重新组织故事叙述方式，或穿插核心视频内容与场景设置表现戏剧张力，以提升视频存在感并增加角色识别度，进而营造悬念并提升受众兴趣或调动受众好奇心理（Nee & Santana, 2021）。此外，在视频标题中，标点符号成为内容创作者情感的承载。人们依靠包括标点符号在内的四种策略来表达快乐与悲伤，如感叹号（！）用于句末表达强调或吃惊，问号（？）表示疑问，共情效应将诱发不同的受众情绪产生（Hancock et al., 2007）。

语言期望理论认为，给定社会文化环境下的受众将对语言行为设置标准化的期望，当违反期望，语言的说服力降低（Burgoon & Miller, 2018）。跨文化语境下，不同文化背景的受众将根据自身的社会规范设定语言使用期望，如有研究分析Airbnb平台不同语言风格的房屋标题设置受众接受度。研究发现，针对不同国家语言风格设置标题，可通过满足受众期望提升财务绩效（Koh et al., 2021）。

将语言期望理论延伸至跨文化传播情境，YouTube 平台中视频标题使用中-英或英-中语言对比，通过满足受众的社会规范期望提升标题内容说服力，进一步发挥标题内容本身的情感激励作用。

视频封面将对观众的视频第一印象产生引导作用。一般而言，从视频中截取的视频图片接近于真实情境下受众的视觉印象，对真实情境再现的图片被认为具有较高的真实性与可靠性，而辅助计算机技术合成的图像与自然形态存在一定差距（Chen et al., 2014）。情绪等感官体验建立在视觉真实基础之上，自然主义形态较高的视频封面图片将伴随更高的受众真实感知与观看意愿（Subramanian & Santo，2021）。

BRECVEMA 框架认为，音乐将激发听众不同的情感体验，而该激发机制将经由以下核心过程（Day & Thompson，2019）。脑干首先对音乐响度、音色、音调等发生本能反应，并不断调动过往经验进行节奏引导与习得联想，随后将产生情绪镜像，并伴随视觉意象与个人情景记忆、审美判断以及认知评价。该机制因音乐结构的不同存在差异。例如，静谧与轻松活泼的音乐在响度、音调等层面不同，因而将调动脑干不同的本能反应。过往经验调取与习得联想也将与音乐特征契合，引发不同的情感体验（Zentner et al., 2008）。同时，受价值观、宗教信仰、生活习惯等因素的影响，不同文化背景下的受众对同一内容的认知存在差异。因此，本研究提出如下假设。

H1a：不同标题句型引发的中外受众情感存在差异。

H1b：使用不同标题文字符号的视频引发的中外受众情感存在差异。

H1c：使用不同封面的视频引发的中外受众情感存在差异。

H1d：使用不同背景音乐的视频引发的中外受众情感存在差异。

2. 行动对受众情感差异的影响

动机与能力是促成受众行动因素的核心组成部分，将动机进一步细化为视频类别，能力细化为字幕使用与文化偏向。其中，不同类别视频受众的感知亲和度层面存在差异（Chen & Wu, 2015）。例如，动画类视频通常借助色彩、拟人化等设计手段修饰文本，将内容阐释风格从正式转变为对话-个性化表达以引导受众注意力偏向，进而诱发受众积极的情感状态（Brom et al., 2018）。视频传递内容的真实性、时效性也将进一步影响受众感知。有研究者探讨了以不同风格呈现的多媒体材料如何影响学习者的情绪表现（Chen & Wang, 2011）。结果表明，基于真人视频的多媒体材料引发了最积极的情绪。

字幕是视频音画的重要补充，将作为辅助工具对受众进行信息提示。在跨文化传播情境下，配音语言的差异干扰了受众目标情感的激发，而通过字幕的使用，可有效降低文化差异的干扰（Ismail et al., 2021）。在跨文化视频传播背景下，不同受众的价值观、宗教信仰等存在巨大差异，内容生产者层面来自不同国家的视频内容表达方式不同，因而不同文化背景的受众对同一视频可能产生不同的文化反应。呈现强烈文化价值观冲突的视频更容易引发不同文化背景观众目标情感的差异（Alghowinem et al., 2019）。Ge 等（2019）调查了其他国家和地区与中国视频在中国受众情感激发中的有效性，其结论表明，文化价值匹配的视频更容易激发受众的目标情感。因此，本研究提出如下假设。

H2a：不同视频类型引发的中外受众情感存在差异。

H2b：使用不同字幕的视频引发的中外受众情感存在差异。

H2c：不同文化偏向的视频引发的中外受众情感存在差异。

3. 酬赏对受众情感差异的影响

受受众个人偏好的影响，不同内容主题引发的受众情感存在差异。不同主题下的受众情感反应差异研究多聚焦于政府发布的信息对受众的情感反应影响领域。例如，受媒体内容对受众差异化需求满足程度的影响，有关政府积极应对疫情的视频和疫情预防指导的相关视频而获得受众更多的喜欢（陈强等，2020）。或不同主题的政治议程视频如信息传递型、号召型引发的受众情感反应存在差异。在体育赛事视频中，由于视频内容的变化，受众的情绪短时间内发生了多次变动（Wang et al., 2020）。此外，少部分受众情感反应差异研究聚焦于跨文化传播领域。例如，受文化适应等因素的影响，马来西亚华裔和本土受众对马来文化遗产呈现相似的情感表现（Yusoff, 2019）。不同类型的文化遗产引发的受众情感反应不同，与服装和游戏等其他非食物物品相比，食物对受众情感的影响更大。因此，本研究认为，在跨文化传播情境下，受文化差异等因素的影响，"数字"名人发布的不同主题内容的视频如饮食文化、服饰、手工艺品等引发的不同国家受众的情感反应可能存在差异。因此，本研究提出如下假设。

H3：不同内容主题的视频引发的中外受众情感存在差异。

4. 投入对受众情感差异的影响

YouTube 为不同时长的视频提供了展示平台。尽管时长较长的视频有助于提升视频的内容承载力、完善故事叙述，但长度超过受众兴趣值的视频将降低观看体验。视频时长过长易引发受众厌倦心理，不利于目标情感的激发（王程伟和马亮，2019）。相反，过短的视频在内容丰富度层面存在劣势，不足以唤醒受众情感（陈强等，2019）。有研究表明，广告视频时长与受众分享存在倒 U 形关系，时长在 1.2~1.7 分钟以内的广告视频更容易激发目标受众情感（Tellis et al.，2019）。在同样具备完善故事要素的视频中，时长适中的视频单位时间内故事情节安排紧凑，能够不断地吸引受众保持注意力，提升同理心，进而增强对视频的积极情绪（Quesenberry & Coolsen, 2019）。但同时因文化背景差异等因素的存在，不同时长的视频引发的不同受众的情感反应可能存在差异。因此，本研究提出如下假设。

H4：不同时长的视频引发的中外受众情感存在差异。

三、研究方法

（一）收集与处理

通过从 YouTube 平台上收集"数字"名人发布的短视频及受众评论数据来解决本研究提出的研究问题。YouTube 是基于视频传播的社交媒体平台，是我国进行对外传播的主要海外平台之一，本研究将位居 YouTube 频道订阅人数前 100 名排行榜的前 8 位中国"数字"名人 YouTube 账号作为研究对象，如表 8.1 所示。从"数字"名人入驻 YouTube 平台起，截至 2021 年 8 月 25 日，8 位"数字"名人累计发布视频 2044 条。通过爬虫软件 Octoparse 收集每个账号观看量排名前 40 位的短视频及相关评论信息，最终收集了 320 条短视频信息及 530 477 条受众评论信息。

表 8.1　YouTube 频道订阅人数前 100 名排行榜前 8 位中国"数字"名人

排名	中国"数字"名人	粉丝数/万	视频发布量/条	评论获取量/条
1	李子柒	1600	206	211 116
2	办公室小野	1000	212	141 041
3	滇西小哥	771	209	152 320
4	山药视频	162	414	45 544
5	阿木爷爷	143	291	41 191
6	龙梅梅	122	200	37 755
7	杨家成	101	304	56 421
8	Kevin in Shanghai	40.4	208	56 205

由于语言文本分析的限制，本研究仅保留中英文评论信息，并使用斯坦福自然语言处理工具对原始数据进行预处理以做进一步分析，预处理后的评论数据包含 481 090 条。

(二) 变量测量

1. 因变量测量

通过计算情感距离来衡量"数字"名人短视频跨文化传播所引发的中外受众情感共鸣水平。首先，使用百度 AipNLP 对短视频 v（取 video 首字母定义"短视频"）中文评论进行情感分析，百度 AipNLP 是当前先进的中文文本分析技术之一，可以将文本内容转换为对应的情感概率。其次，使用 VADER 对短视频 v 的英文评论进行情感分析，VADER 是专门为社交媒体英文文本进行情感分析的工具。最后，将中国受众的评论情感得分与外国受众的评论情感得分做差并取绝对值，计算短视频 v 的中外受众的情感距离。

2. 自变量测量

（1）触发。标题句型包括陈述句、感叹句、疑问句（Gao et al., 2021），在本研究中加入了疑问感叹句，标题文字符号包括中文、英文和中英对照。视频封面图可分为视频选择与自主搭配两种形式。通过观看视频中是否出现一致场景来判断图片是否出自视频本身，或创作者自主创作的图片（陈强等，2020）。背景音乐情感类型包括无背景音乐、活泼轻快、昂扬向上、庄严肃穆、温柔感性、古风婉转、悲伤凝重、古风欢快及其他。

（2）行动。视频类型方面，视频分为实拍视频、改编视频及其他（王程伟和马亮，2019）。内容主题方面，通过观看 8 位中国"数字"名人自入驻 YouTube 平台以来发布的短视频内容以及 YouTube 平台"数字"名人简介，确定短视频内容主题，包括中华传统美食与乡土生活、中西方语言文化、创意美食、传统工艺、中西方现代都市生活、传统武术及其他。字幕使用包括未添加字幕和添加字幕。文化偏向包括本土文化、西方文化、中西方文化对比以及无文化偏向（余佳和张玉容，2021）。

（3）酬赏。即内容主题相关信息。

（4）投入。视频时长分为 10 分钟以内、10～30 分钟、30～60 分钟。

使用内容分析法对自变量进行编码和统计，具体编码方式如表 8.3 所示。

四、结果与分析

（一）变量测量结果

1. 因变量测量结果

表 8.2 为受众情感三个维度的描述统计分析结果，包括中国受众情感得分、外国受众情感得分以及中外受众情感距离的描述统计分析结果。中国受众情感得分的最大值为 0.8239，最小值为 –0.4950，均值为 0.3429；外国受众情感得分的最大值为 0.8945，最小值为 –0.1199，均值为 0.4660；中外受众情感距离的最大值为 0.9012，最小值为 0.0004，均值为 0.2040。

表 8.2　受众情感三个维度的描述统计分析

情感得分	最大值	最小值	平均值
中国受众	0.8239	–0.4950	0.3429
外国受众	0.8945	–0.1199	0.4660
中外受众情感距离	0.9012	0.0004	0.2040

2. 自变量测量结果

在互不干扰的情况下，由两名编码员对 20% 的短视频进行预编码。本研究编码的 Kappa 系数均大于 0.8 的临界值，表明编码员的分类结果具有高度一致性。对于编码不一致的问题，经过讨论最终确定分类，编码与归类情况如表 8.3 所示。

表 8.3　自变量分类编码及样本描述性统计结果（N=320）

自变量	自变量分类	编码	个案数/条	百分比/%
标题句型	陈述句	1	209	65.3
	感叹句	2	40	12.5
	疑问句	3	59	18.4
	疑问感叹句	4	12	3.8
标题文字符号	中文	1	198	61.9
	英文	2	37	11.6
	中英对照	3	85	26.6
视频封面图	视频选择型	1	189	59.1
	自主搭配型	2	131	40.9

续表

自变量	自变量分类	编码	个案数/条	百分比/%
背景音乐情感类型	无背景音乐	0	46	14.4
	活泼轻快	1	74	23.1
	昂扬向上	2	6	1.9
	庄严肃穆	3	4	1.2
	温柔感性	4	68	21.3
	古风婉转	5	47	14.7
	悲伤凝重	6	4	1.2
	古风欢快	7	35	10.9
	其他	8	36	11.3
视频类型	实拍视频	1	245	76.6
	改编视频	2	74	23.1
	其他	3	1	0.3
内容主题	中华传统美食与乡土生活	1	140	43.8
	中西方语言文化	2	42	13.0
	创意美食	3	46	14.4
	传统工艺	4	45	14.1
	中西方现代都市生活	5	34	10.6
	传统武术	6	13	4.1
	其他	7	0	0
字幕使用	未添加字幕	0	187	58.4
	添加字幕	1	133	41.6
文化偏向	本土文化	1	225	70.3
	西方文化	2	25	7.8
	中西方文化对比	3	33	10.3
	无文化偏向	4	37	11.6
视频时长	10分钟以内	1	232	72.5
	10~30分钟	2	86	26.9
	30~60分钟	3	2	0.6

由表 8.3 的描述性统计结果可见,"数字"名人跨文化传播短视频标题多为中文(61.9%)的陈述句(65.3%)。视频封面图方面,59.1%从视频内容中选择,40.9%为"数字"名人自主创作图片。背景音乐情感类型以活泼轻快、温柔感性、古风婉转为主,分别占比 23.1%、21.3%、14.7%。视频类型以实拍视频为主,占比 76.6%。内容主题以中华传统美食与乡土生活、创意美食、传统工艺为主,分别占比 43.8%、14.4%、14.1%。字幕使用方面,58.4%在视频中未添加字幕。文化偏向方面,以传播本土文化为主,占比 70.3%。72.5%的短视频样本时长在 10 分钟以内。

(二)回归分析

采取 SPSS 回归分析验证假设,在使用 SPSS 软件分析前,需设置相应数量的虚拟变量,并对自变量的共线性和模型拟合度进行检验。结果表明:所有自变量的方差膨胀因子(VIF)值均小于临界值 10,说明各个自变量之间不存在线性重合问题,可以全部进入回归模型。模型一、二、三分别以受众情感的三个维度(中国受众情感得分、外国受众情感得分、中外受众情感距离)为因变量,回归结果如表 8.4 所示。

表 8.4 "数字"名人视频跨文化传播中外受众情感影响因素回归分析结果(N=320)

变量	中国受众情感得分 β	VIF	外国受众情感得分 β	VIF	中外受众情感距离 β	VIF
标题句型(以陈述句为参照)						
感叹句	0.144**	1.355	0.123*	1.355	−0.096	1.355
疑问句	−0.026	1.698	0.024	1.698	0.101	1.698
疑问感叹句	−0.073	1.298	−0.024	1.298	0.043	1.298
标题文字符号(以中文为参照)						
英文	0.133	3.468	0.190*	3.468	0.078	3.468
中英对照	0.170**	1.503	0.179***	1.503	−0.067	1.503
视频封面图(以视频选择型为参照)						
自主搭配型	−0.061	5.985	−0.350***	5.985	−0.116	5.985
背景音乐情感类型(以无背景音乐为参照)						
活泼轻快	0.177	4.612	0.109	4.612	−0.275*	4.612
昂扬向上	−0.061	1.404	0.039	1.404	0.084	1.404
庄严肃穆	−0.004	1.387	0.080	1.387	0.054	1.387
温柔感性	0.022	5.275	0.295**	5.275	−0.319*	5.275
古风婉转	0.084	4.387	0.217*	4.387	−0.320*	4.387

续表

变量	中国受众情感得分 β	VIF	外国受众情感得分 β	VIF	中外受众情感距离 β	VIF
悲伤凝重	−0.029	1.237	0.033	1.237	0.013	1.237
古风欢快	0.281**	3.451	0.016	3.451	−0.324**	3.451
其他	0.223*	4.811	0.040	4.811	0.147	4.811
视频类型（以实拍视频为参照）						
改编视频	−0.140*	3.925	−0.056	3.925	−0.003	3.925
其他	−0.017	1.561	−0.012	1.561	−0.001	1.561
内容主题（以中华传统美食与乡土生活为参照）						
中西方语言文化	0.077	2.222	−0.064	2.222	0.039	2.222
创意美食	−0.237*	4.083	−0.031	4.083	0.162	4.083
传统工艺	0.231***	1.438	0.157**	1.438	−0.010*	1.438
中西方现代都市生活	0.003	2.131	0.100+	2.131	0.136	2.131
传统武术	0.026	1.295	0.031	1.295	0.013	1.295
其他	−0.004	1.372	0.115	1.372	0.069	1.372
字幕使用（以未添加字幕为参照）						
添加字幕	−0.142*	2.002	−0.168**	2.002	0.049*	2.002
文化偏向（以本土文化为参照）						
西方文化	−0.036*	1.811	0.011	1.811	0.083	1.811
中西方文化对比	0.000	2.566	0.023	2.566	0.106	2.566
无文化偏向	0.086	4.273	−0.125	4.273	0.134	4.273
视频时长（以10分钟以内为参照）						
10~30分钟	0.077	1.357	0.082+	1.357	−0.011	1.357
30~60分钟	0.099	1.214	0.072	1.214	−0.026	1.214
	调整后 R^2 = 0.396		调整后 R^2 = 0.544		调整后 R^2 = 0.13	

注：+表示 $p<0.1$，*表示 $p<0.05$，**表示 $p<0.01$，***表示 $p<0.001$。

回归分析结果表明，与陈述句标题相比，感叹句（$\beta=0.144$，$p<0.01$）标题对中国受众的情感得分具有显著正向影响。与中文标题相比，中英对照（$\beta=0.170$，$p<0.01$）标题对中国受众的情感得分具有正向影响。就背景音乐情感类型而言，古风欢快（$\beta=0.281$，$p<0.01$）、其他（$\beta=0.223$，$p<0.05$）类型的背景音乐显著

积极影响中国受众的情感得分。与实拍视频相比，改编视频（$\beta=-0.140$，$p<0.05$）对中国受众的情感得分具有负向影响。与中华传统美食与乡土生活内容主题相比，创意美食（$\beta=-0.237$，$p<0.05$）会对中国受众的情感得分产生负面影响，而传统工艺（$\beta=0.231$，$p<0.001$）对于中国受众情感得分的提升具有显著的促进作用。若"数字"名人传播偏向于西方文化将会对中国受众的情感得分产生显著的负面影响（$\beta=-0.036$，$p<0.05$）。视频时长对于中国受众的情感得分无显著影响。

以外国受众情感得分为因变量的回归分析结果表明，感叹句（$\beta=0.123$，$p<0.05$）将显著提升外国受众的情感得分。与中文标题相比，英文（$\beta=0.190$，$p<0.05$）、中英对照（$\beta=0.179$，$p<0.001$）标题将正向影响外国受众的情感得分。温柔感性（$\beta=0.295$，$p<0.01$）、古风婉转（$\beta=0.217$，$p<0.05$）类型的背景音乐将显著提升外国受众的情感得分。视频类型对外国受众的情感得分无显著影响。与中华传统美食与乡土生活相比，传统工艺（$\beta=0.157$，$p<0.01$）视频将显著提升外国受众的情感得分。视频添加字幕（$\beta=-0.168$，$p<0.01$）反而会显著降低外国受众的情感得分。文化偏向、视频时长对于国外受众的情感得分无显著影响。

以中外受众情感距离为因变量的回归分析结果表明，标题句型、标题文字符号对中外受众情感距离并无显著影响。与无背景音乐相比，活泼轻快（$\beta=-0.275$，$p<0.05$）、温柔感性（$\beta=-0.319$，$p<0.05$）、古风婉转（$\beta=-0.320$，$p<0.05$）、古风欢快（$\beta=-0.324$，$p<0.01$）的背景音乐显著影响中外受众情感距离。视频类型对中外受众情感距离没有显著影响。与中华传统美食与乡土生活相比，传统工艺（$\beta=-0.010$，$p<0.05$）将显著降低中外受众情感距离，即缩小中外受众的情感差异。不同的文化偏向及不同的视频时长对中外受众情感距离影响不显著。

五、结论

（一）视频不同的内在因素对本土与非本土受众的情感差异的影响机制不同

视频内容主题作为受众对视频的重点关注对象，对本土和非本土受众的情感的影响最大，背景音乐情感类型的影响次之，最后为视频的标题使用的语言和句型。视频时长、视频类型对本土和非本土受众的情感反应无影响。同时，在影响本土与非本土受众情感差异的因素中，背景音乐情感类型影响最大，视频内容主题的影响次之，而视频时长等因素的影响无显著差异。这进一步表明，在跨国文化传播情境下，视频内容主题仍然是视频的核心，视频的不同主题将引发受众不同的情感，而背景音乐作为情感引发的调节剂，不同文化背景的受众对不同风格的背景音乐认知或偏好不同。

对于影响本土与非本土受众的因素分析表明，第一，带有感叹句标题的视频可以获得较高的情感得分。感叹句可以表达视频创作者的主观态度，具有形式突出、重点突出、态度鲜明等特点，以吸引受众的注意力，激发受众的兴趣，促进受众与视频创作者之间的情感共鸣。

第二，不同视频标题使用语言引发的本土观众和非本土观众的情感得分存在显著差异。文化折扣理论认为，当一种信息脱离编码文化，进入另一种文化进行解码时，文化结构差异造成了信息价值损失现象。为弥合传播者和接受者之间的文化差异，视频创作者必须主动完成信息的二次编码，实现不同国家视频创作者与受众之间的信息转换和文化对接（Hoskins & Mirus，1988）。因此，使用汉英对照标题的视频对本土与非本土受众的情感得分具有显著的正向影响。具体而言，视频标题的文字符号多为中文和英文，有助于本土与非本土受众从视频标题中准确理解视频内容。

第三，背景音乐情感类型在本土与非本土受众情感得分和共鸣水平的影响中占比最大。其中，柔和的背景音乐对非本土受众的情感得分影响最为显著，而活泼轻快、昂扬向上的背景音乐对本土受众的情感得分以及本土与非本土受众的情感共鸣水平影响最为显著。作为视觉话语信息的一部分，背景音乐经常以伴奏的形式出现，以帮助受众更好地理解视频内容（Liao et al.，2015），音乐片段与视频片段的匹配有助于吸引受众积极参与画面解读，激发受众的视听情感共鸣（Shin & Lee，2017），因而被视为提升视频吸引力的关键因素之一（Kuo et al.，2013）。柔和、古色古香的背景音乐可增添叙事意义，吸引受众的注意力，有效地引发受众的情感共鸣。

第四，字幕的添加显著降低了本土与非本土受众的情感得分和共鸣水平。语言符号由特定文化的思维、价值关系决定，是有组织的、约定俗成的符号系统。由于文化的不可通约性，语言符号容易模糊叙事意义。非语言符号是除言语刺激外人类和环境产生的所有刺激，能在一定程度上促进跨文化交际。因此，样本中排名前3位的"数字"名人在跨文化交流中使用雨打香蕉的声音、烧木头的声音等非语言符号，让受众产生一定的熟悉感，增强受众的情感共鸣。

第五，不同内容主题的视频对本土与非本土受众的情感得分和共鸣水平存在显著影响。这一结果与已有研究的结果一致，如抖音平台不同主题的短视频具有不同的传播和互动效果（高晓晶等，2021）。来自中国省级卫生部门抖音账号的数据显示，与医务人员相关的话题受众关注度最高（Zhu et al., 2020）。本研究特别发现，传统工艺视频对本土与非本土受众的情感得分和共鸣水平存在显著影响。例如，阿木爷爷的视频中经常出现用榫头做的鲁班凳、木拱桥、小猪佩奇等。

（二）不同阶段的视频设计对受众情感产生不同的影响

分析结果进一步表明，在触发、行动、酬赏、投入四个阶段，不同因素对受众情感产生不同的推动作用。在触发阶段，视频封面图对受众的情感无显著影响。这进一步说明，文化产品的推介不仅仅关注物质层面外观造型，更重要的是非物质的行为逻辑。视频标题多种语言的表述设置提升了产品的易用性，方便不同国家的受众了解视频的核心内容，而视频标题的不同句型设置、视频的背景音乐通过内部触发，即调动受众对舒适、悠扬生活的向往与记忆关联，来提醒受众采取进一步行动以满足其情感需要。

在受众产生视频观看意愿后，需要设计帮助受众产生行动的机制。本研究的结果表明，字幕使用将对本土与非本土受众的情感距离产生显著的正面影响。这一结论与已有研究的结论不同，上瘾模型认为，在行动阶段，产品的设计中能力维度要求产品操作简洁以降低产品的使用门槛，而视频设计过程中字幕的增加反而因跨文化传播过程中文化差异的存在使得诱发文化理解偏差的因素增多，因而不利于受众目标情感的产生。

在酬赏阶段，需要不断地给予受众奖励以刺激受众参与。实证研究表明，以传统工艺为主题的视频与受众的情感显著关联。这表明，以传统手工艺品为代表的传统文化可使得受众从中获取更多的酬赏，并刺激受众从视频中体会古代人民的智慧并与之产生共鸣。

在投入阶段，受众在使用产品的过程中需投入时间与精力，增强受众和产品的黏合度。本研究的结论表明，视频时长与受众情感及情感距离无显著关联，这一结果可能与本研究的案例选取相关。本研究获取的视频时长多在 30 分钟以内，在受众可接受的时长范围内。此外，文化推介类视频作为视频的特殊类型，具有认知、教育、审美、娱乐等多重功能，因此，相较于成本，用户更注重其使用价值与获得的心理满足感，因而视频时长的影响较小。

短视频社交媒体的迅速发展为不同国家受众间的文化交流提供了有效渠道。本研究以 YouTube 平台中国"数字"名人发布的文化宣传相关短视频为例，基于上瘾模型，引入情感距离，构建了视频不同属性对本土与非本土受众情感距离的影响因素模型。研究结果表明，视频标题句型、文字符号显著影响本土与非本土受众的情感得分。背景音乐情感类型对本土与非本土受众的情感得分和情感共鸣水平的影响最为显著，传统工艺类视频显著影响中外受众情感得分及其情感共鸣水平。研究结果为推动国家文化交流过程中不同国家受众的情感认同提供了理论与实践支撑。

第三节　我国国际传播中的数字文化实践挑战

我国自古以来就十分重视文化的海外传播，从古代开辟丝绸之路到现代改革开放，再到如今"一带一路"倡议，中国在文化的国际传播实践方面进行了许多尝试与探索。在数字化、智能化、场景化的当下，我国也在不断加强数字文化对外传播的能力。然而，目前我国的数字文化国际传播实践还处于刚刚起步的阶段，在实践过程中会面临一些现实挑战，因此本节针对以上章节分析的我国数字文化发展与应用现状，结合当前我国数字文化国际传播实践现状，探寻当前面临的挑战，致力于让中国的数字文化故事可以讲得好、传得广、影响久。

一、文化壁垒影响数字文化传播效果

一种文化区别于其他文化的差异总和构成了文化壁垒，文化壁垒主要体现在语言、思维方式、风俗习惯、宗教信仰等多个方面。数字文化在海外的传播实践的核心依然是文化的传播，与国内数字文化传播的受众群体不同，海外受众群体特别是外国受众与中国受众存在高低文化语境的巨大鸿沟，在思维方式、世界观、价值观等方面差异较大，存在较突出的文化壁垒，加上长期以来一些媒体和用户对中国形象的"污名化"渲染，导致外国受众对中国数字文化的认知程度仍处于较低阶段。海外文化壁垒对中国数字文化的对外传播实践产生的负面影响主要体现在以下方面。

首先，外国受众的价值观与中国本土受众存在一定差异，因此外国受众对中国的数字文化产品可能存在抵触心理甚至有意排斥。价值观是人在一定思维感官基础上作出的认知、理解、判断与选择，不同文化语境中的主流价值观有所差异。霍夫斯泰德文化维度理论总结出六个衡量文化价值观的维度以表现不同国家的文化差异，即权力距离、不确定性的规避、个人主义与集体主义、男性气质与女性

气质、长期取向与短期取向以及自身放纵与约束（李文娟，2009）。典型的案例如由于长期以来的历史传统与思维习惯，中国受众更加崇尚集体主义，认为集体利益高于个人利益，而西方国家更推崇个人英雄主义，这就可能导致文化折扣的产生。

其次，海外受众对中国数字文化产品和服务理解困难。一方面，中华文化历经千年以上的历史演变，文化种类多元且十分繁杂，从符号图腾到哲学思想，再到汉字文学、艺术、饮食、风俗等，在长期的历史发展中形成了多元一体的中华文化格局，每一类别都蕴含丰厚的渊源与文化底蕴，这对于海外受众而言知识量十分庞大；另一方面，中国"走出去"的数字文化产品往往以中国历史为背景，由于海外受众不了解历史渊源，大多数受众也并未到中国实际体验游览过，经常难以理解数字文化产品如影视作品中的人物状态与情节推进。

最后，由于历史及政治制度的原因，海外媒体对中国等社会主义国家的报道常常建立较为负面的框架（熊心仪，2019），先入为主地影响海外受众的事实与价值判断。由于文化壁垒的存在，加上对中国国情的不了解，海外受众很容易相信媒体的污名化报道，也会对中国形象产生误解，这对中国数字文化的传播造成了较大阻力。

二、算法歧视导致西方垄断传播话语权

传播力决定影响力，话语权决定主动权。随着新科技的发展，AI 技术赋能国际传播并改变着国际话语权的走向，西方国家和地区着手深度布局 AI 媒体环境下话语权的争夺战。AI 以算法为运行基础，改变传统的以传者为中心的国际传播话语范式（王江波，2022）。中国数字文化的海外传播实践不再仅仅由传播主体所控制，智能算法也成为中国数字文化的海外传播实践过程中的隐形操作者，其中算法歧视导致的海外国家和地区的话语权垄断影响了我国话语权分配，进一步对数字文化国际传播实践产生负面影响。具体来看，算法歧视目前作用在海外社交媒体平台智能推送场景和 ChatGPT 话语与内容生产的过程中。

以 Twitter、Instagram、Facebook、YouTube 等为代表的海外社交媒体平台具有去权威、去中心化、去传统的特点，官方媒体、海内外用户个体都可以在平台中呈现自我、表达观点、发表意见，然而随着算法推荐技术不断优化更新，隐藏在黑箱中的风险逐渐显露。西方国家以算法技术霸权介入到国际传播话语场中，

掌握算法和数据的头部平台机构通过曝光率、内容、语种等方面系统化地操纵，使得关于中国文化或正面形象的内容可能被有意排列在后面，而带有偏见和西方意识形态的内容可能被算法排序在前，这样的算法歧视现象将持续放大数据偏差，给我国数字文化在海外社交媒体平台的传播带来负面后果。

随着 ChatGPT 在全球数字平台越来越广泛地应用，它由原来的 AI 自然语言处理应用转变为具有基础设施性质的话语和内容平台（王沛楠和邓诗晴，2023）。由于 ChatGPT 并不具备认知和判断能力，其本质上还是基于不断的算法学习和数据集训练，从而形成结果判断的自然语言处理模型，训练的数据集不免存在一定价值观、伦理判断和意识形态的偏见，且数据集中关于中国数字文化的数据信息对于工具使用者而言是完全不透明的，因此 ChatGPT 在回答中国文化相关议题和呈现中国形象的过程中，会存在由于训练数据导致的刻板印象和算法歧视现象。一旦类似的平台和工具被带有"西方中心"观念的数据训练，将会对中国数字文化的海外传播、受众认知理解以及中国形象的建构造成严重的威胁。

三、复合人才稀缺阻碍文化对外传播

在融媒体时代背景下，技术理念、创新理念与新宣传理念都直接或间接影响着世界传播格局与舆论格局，符合时代发展理念的专业复合型人才的需求日益增加，在文化资源开发、技术以及对外宣传方面的人才较为稀缺，这对中国数字文化的海外传播实践产生了一定阻碍。

在文化资源开发方面，中国作为存在五千余年的文明古国，在其发展进程中积累了大量宝贵的文化财富，但由于丰富的文化资源未被充分开发利用，因此我国还未实现从文化大国向文化强国的过渡转变。此外，现有数字文化产品的呈现缺乏创新，内容同质化程度较高。当前对于文化产品的呈现和传播更多停留在强调形式与视听体验上，给海外受众带来的内在文化认知和体验比较少，缺乏对深层次文化内涵的挖掘与文化氛围的营造。对于我国各地区的部分特色文化，在国际传播中未体现差异和区别，导致传出去的内容同质化现象严重，也不利于海外受众群体充分理解中国文化和相关资源。

在技术方面，游戏、动漫等数字文化产业领域的专业人才十分缺乏，例如，研发和运营一款网络游戏的人才涉及游戏策划、技术开发、设计合成、美术、网络维护、营销、售后服务、在线管理等方方面面，成熟团队成为稀缺资源的同时，海外受众用户却持续快速增加，这种失调制约了国际传播。在数字文旅领域，由于专业的技术人才稀缺，旅游产品、工艺品、艺术作品表演等转化为数字文化产品的能力有限，缺乏具有竞争力及市场影响力的融合精品产品，进一步影响了其国际传播进程。

在对外宣传方面，当前中国既懂数字文化，又了解传播策略以及具备海外语言能力的复合型人才较少，人才结构相对单一的问题凸显。数字文化相关专业一般主要研究互联网、新媒体和数字技术及其在当代社会、文化、商业、政治、艺术和日常生活中的作用，当前悉尼大学、伦敦国王学院等高校开设了数字文化（digital culture）与数字文化与社会（digital culture & society）等相关专业，国内高校主要开设的是数字文化产业、数字人文相关专业，暂未形成较为完善的数字文化对外传播学科体系。要求复合型人才具备海外语言能力的目的并非开展国外语言文学的相关研究，而是掌握对象国语言的特点与规律，进一步掌握其思维方式，从而才能以其可接受、易接受的方式精准传播数字文化。

第四节　我国国际传播中的数字文化实践路径

习近平总书记强调，要更好地推动中华文化走出去，以文载道、以文传声、以文化人，向世界阐释推介更多具有中国特色、体现中国精神、蕴藏中国智慧的优秀文化。数字文化对外传播能力的提升需要实现差异化内容生产、创新话语方式以及新技术赋能呈现方式，本节结合国际传播理论和当前我国数字文化国际传播的痛点问题，从差异化内容生产、话语方式以及传播形态三个角度总结出我国数字文化如何传播出去以及如何有效传播。

一、差异化内容生产体现文化特色

我国数字文化产业虽然已有多种类型且实现了出海的第一步，但给海外受众带来的记忆性、震撼性数字文化产品较少，创新意识有待进一步加强。具体而言，其一，我国数字文化产品类型出海进度和效果存在较大差异；其二，文化创意、高科技元素在融合中的应用较少，形式相对单一，主要体现在依托 VR、AR 等技术的数字文化产品在海外的发展与推广程度不够充分。在西方国家和地区的受众观念中，中国文化通常与日本、韩国文化共同作为"东亚文化"被认知和理解，然而中国文化有其历史性和独特性，海外受众对中国文化背后的实质性内容了解甚少，目前中国出海的数字文化产品也欠缺对其深层意蕴的阐释推介。因此未来在数字文化海外传播的内容层面，可注重文化差异化和特色化生产，在具体的数字文化领域可有不同维度的尝试和探索，本小节以影视作品和网络文学作品、数字藏品领域的内容特色化为例。

影视作品和网络文学作品具有直接呈现中国故事、情感、风俗、价值观的独特性，帮助海外受众形成独特的中国印象，因此出海的中国影视作品和网络文学作品中，可以突出构建中国人物的形象、中国场景的形象以及中国故事的形象，在形式上可创新呈现策略，在影视作品中将国家宏大叙事与个体微观叙事相结合，在网络文学作品描写的人物、场景、情节中融入中国风格和中国元素，并改变面向中国本土受众群体的叙事方式，以海外受众的理解逻辑和思维进行叙事。

在元宇宙风口之下，文化、媒介、技术的三重勾连赋予了数字藏品对外传播的极大优势（祝新乐和解学芳，2023）。作为一种新兴的文化形态，数字藏品以中国特色文化符号体系为根基，可向世界传递中国精神、中国价值、中国故事、中国风貌。当前部分粗制滥造的数字藏品只是简单照搬复制中国经典 IP 或元素，这将导致精神传承价值以及海外传播价值的缺失，因此数字藏品发挥其海外收藏价值的途径便是走差异化、特色化发展的道路，例如，可推出以某一中国元素主题为主线的系列藏品，只有打造映射现实、促进线上线下联动的高质量数字藏品，密切联系实际、突出藏品特色化，才能开辟出一条通向海外的顺畅道路。

二、创新话语方式探索海外受众共鸣点

全球化是一种后现代的表现，象征着经济和文化的高度融合（陈洁和王广振，2021），数字文化走出去需要放置在全球化话语体系之中。在移动化、智能化、场景化的趋势中构建对外传播话语体系是我国当前数字文化国际传播实践工作重点，党的十八大以来，习近平总书记多次阐明"构建人类命运共同体"的中国理念，该理念在 2017 年被联合国决议纳入，充分证明了基于中国智慧和中国思想的国际交往新范式在全球范围内的重要意义，"以合作共赢为核心"等价值立场以

及"开放、包容、普惠、平衡、共赢"的新型国际关系构建思想也得到国际社会的广泛支持。

"人类命运共同体"的理念转化为具体的国际传播实践，即"采用贴近不同区域、不同国家、不同群体受众的精准传播方式，推进中国故事和中国声音的全球化表达、区域化表达、分众化表达，增强国际传播的亲和力和实效性"[①]，通过分类构建话语体系，塑造合作共赢的国际传播新格局。同理，在数字文化国际传播实践过程中，采用兼顾受众利益与国家利益和引发共情的系统话语策略是讲好中国故事、赢得国际受众的根本方法。数字文化在国际传播想要取得良好效果，重在与海外受众群体达成文化偏向的共鸣与情感的共鸣，具体而言可以从受众群体针对性和叙事角度多元性两个维度展开。

受众群体针对性。中国文化的海外传播存在跨文化的问题，信息接收方与信息传输方之间的文化差异可能造成"文化折扣"，即因文化背景差异，存在国际市场中的文化产品不被其他地区受众认同或理解而导致其价值降低的现象。不同国家和地区的受众群体与我国本土受众群体在语言、价值观、信仰、历史、自然环境和行为模式等各个方面存在文化差异，导致海外受众群体在理解中国文化背后的内涵时存在不同的困难或偏差，例如，中国的饮食文化历史悠久，做法众多，食材丰富，但某些国家或民族会由于宗教信仰等原因对部分食材忌口。基于此问题，我国在数字文化国际传播实践过程中，可以采取针对性较强的话语策略，即数字文化的全球化、区域化、分众化表达，可以依据不同国家和地区的历史、价值取向、审美、宗教信仰分别制定传播方案和规划，既满足海外受众群体的理解需求，也让中国文化被进一步接受。

叙事角度多元性。由于海外受众群体的思维方式和话语体系与我国本土受众群体存在较大差异，因此要注重了解和掌握海外受众群体的接受习惯以及高低语境国家和地区的文化理解差异。从美国、英国等国家文化的对外传播经验中可以得出，美国对外文化传播主要依靠大型跨国文化集团，英国则是借助英国广播公司（British Broadcasting Corporation，BBC）等权威主流媒体进行海外扩张与文化输出（刘胜枝，2021）。因此，在中国数字文化国际传播实践过程中，可以将宏观叙事与个人视角的微观叙事相结合，鼓励主流媒体、头部公司、用户个体多主体参与，以平等、对话的方式进行数字文化的传播。

[①] 习近平在中共中央政治局第三十次集体学习时强调加强和改进国际传播工作 展示真实立体全面的中国[EB/OL]. (2021-06-02)[2023-07-12]. http://jhsjk.people.cn/article/32120102.

三、智能技术丰富海外传播形态

中国数字文化走出去既需要推力，也需要拉力。推力主要来源于讲故事的主体要清楚中国有哪些数字文化，即要回答"中国数字文化故事有什么可以讲"的问题；拉力则主要来源于海外受众对中国数字文化的兴趣点在哪里，即要回答"中国数字文化故事要讲哪些"的问题。这两个问题可以通过大数据技术找到答案。掌握哪些智能技术，技术如何赋能数字文化以多元化的方式呈现给海外受众也是技术所要回答的"中国数字文化故事可以怎么讲"的问题。

首先，对于"中国数字文化故事有什么可以讲"的问题，一方面可以通过新兴技术建立中国文化数据库，将中国的历史文化、饮食文化、茶文化、旅游文化、电影文化、文学与语言文化、红色文化、非物质文化遗产等众多文化类型分门别类，并归纳各类型文化数字化呈现的可能性方式，整理成不断更新的众包平台，供数字文化创作者汲取灵感和素材。另一方面可以借鉴其他国家数字文化的出海策略，例如，日本将"物哀""幽玄""侘寂"等独具民族特色的元素自然融入日本动漫和日本文学作品中，依托不同文化语境下受众喜闻乐见的文化载体，讲述本国家或本民族特色的文化故事。

其次，对于"中国数字文化故事要讲哪些"的问题，第一，可以借助大数据技术，一方面抓取多平台渠道的海量用户发布的内容信息，构建主题聚类模型，分析出不同国家和地区的海外受众关注中国的哪些文化议题，并挖掘其偏好的呈现方式与类型；另一方面，精准识别用户特征，构建用户画像，根据用户行为记录（如点赞、收藏、关注、评论）推测潜在受众群体，并按照年龄、性别、地区等差异进行潜在受众细分，并根据群体特征找到适宜投放和传播的数字文化内容。第二，可以拓宽交流渠道，只有在不断的沟通与对话中，才能获取真实的信息，无论是来华留学人员还是旅游人员，都可以成为获取海外受众偏好的信息来源。因此，相关部门可以积极鼓励和组织开展文化交流座谈会和沙龙活动，与不同国家和地区的来华人员进行深入对话沟通。

最后，对于"中国数字文化故事可以怎么讲"的问题，可以依据智能监测与自然语言处理技术，构建较为完善的网络追踪与反馈系统（张秉福和齐梦雪，2022），追踪用户态度情感信息，分析海外受众的反馈内容，这样既可以保障数字文化海外传播的可持续性，又能发现受众偏好的数字文化呈现形式。此外，新兴技术具备强大的展演能力，文化与科技的深度融合是我国数字文化走出去的契机。一方面，各传播主体可借助 VR、AR、区块链等技术手段，推进数字文旅、沉浸式演艺、数字游戏、网络文学等线上线下融合发展的文化产业新业态，优化受众体验，加深海外受众对于中国文化的认知与理解。另一方面，可尝试自建平台造船出海，例如在网络文学、有声剧领域拓展海外平台，鼓励海外受众直接评价反馈，对于海外受众而言，可以有直接的渠道与创作者沟通和发表自己的阅读体验，并建立基于"趣缘"的虚拟社区，对于创作者而言，也可以第一时间了解海外受众群体的态度，以更恰当的方式讲好故事。

参考文献

常江, 张毓强. 2022. 从边界重构到理念重建：数字文化视野下的国际传播[J]. 对外传播,（1）：54-58.
陈昌凤, 黄家圣. 2022. "新闻"的再定义：元宇宙技术在媒体中的应用[J]. 新闻界, 346(1)：55-63.
陈庚, 林嘉文. 2022. 我国数字文化产业政策的演进脉络、阶段特征与发展趋势[J]. 深圳大学学报（人文社会科学版）, 39(6)：40-51.
陈洁, 王广振. 2021. 全球化时代的数字文化出海与新"民族寓言"[J]. 科学决策,（4）：113-129.
陈开举. 2012. 话语权的文化学研究[M]. 广州：中山大学出版社.
陈龙, 经羽伦. 2023. 作为亚文化资本的NFT数字藏品及其交往实践意义[J]. 湖南师范大学社会科学学报, 52(2)：106-113.
陈强, 高幸兴, 陈爽, 等. 2019. 政务短视频公众参与的影响因素研究——以"共青团中央"政务抖音号为例[J]. 电子政务, 202(10)：13-22.
陈强, 张杨一, 马晓悦, 等. 2020. 政务B站号信息传播效果影响因素与实证研究[J]. 图书情报工作, 64(22)：126-134.
陈天辰, 张瑾怡. 2023. 数字游戏视域下文化信息的表达、环境与传递[J]. 新媒体研究, 9(6)：18-23.
陈为, 沈则潜, 陶煜波. 2013. 数据可视化[M]. 北京：电子工业出版社.
陈彧. 2017. 碎片化与重构：微传播语境中的中国传统文化[J]. 当代传播,（4）：65-68.
陈云龙, 孔娜. 2023. 我国教育数字化转型的基础、挑战与建议[J]. 中国教育学刊,（4）：25-31.
成汝霞, 黄安民. 2021. 时光博物馆游客旅游动机的影响因素与生成路径[J]. 资源开发与市场, 37(7)：877-882.
程曼丽. 2000. 信息全球化时代的国际传播[J]. 国际新闻界, 22(4)：17-21.
程思琪, 喻国明. 2022. 享乐感与幸福感：跨文化传播中的"直通车"模式构建——基于李子柒短视频评论的分析[J]. 新闻大学,（5）：36-49, 119.
戴维·S. 埃文斯, 理查德·施马兰奇. 2018. 连接：多边平台经济学[M]. 张昕, 黄勇, 张艳华译. 北京：中信出版社.
戴艳清, 戴柏清. 2019. 中国公共数字文化服务平台用户体验评价：以国家数字文化网为例[J].

图书情报知识, (5): 80-89.

戴艳清, 孙一鹤. 2022. 公共数字文化服务获得感: 内涵、评价体系与提升策略[J]. 图书馆学研究, (3): 2-10.

邓小南. 2021. 数字人文与中国历史研究[EB/OL].（2021-05-24）[2024-02-20]. https://m.thepaper.cn/baijiahao_12833644/.

丁梅芊. 2013. 数字艺术消费下的文化逻辑[J]. 辽宁大学学报（哲学社会科学版）, 41(6): 144-147.

丁水平, 林杰. 2020. 社会化媒体环境下消费者持续信息共享意愿影响因素实证研究——基于信息搜寻和信息分享的同步视角[J]. 情报科学, 38(4): 131-139.

董晓英. 2023. 数字经济下陕西省文旅融合发展模式与路径研究[J]. 经济研究导刊, (4): 51-53.

董缘, 魏少华. 2020. 国产电竞赛事中的中国传统文化传播——以国产古风电竞《剑网3》竞技大师赛为例[J]. 上海体育学院学报, 44(7): 85-94.

段菲菲, 翟姗姗, 池毛毛, 等. 2017. 手机游戏用户粘性影响机制研究: 整合 Flow 理论和 TAM 理论[J]. 图书情报工作, 61(3): 21-28.

多米尼克·斯特里纳蒂. 2001. 通俗文化理论导论[M]. 阎嘉译. 北京: 商务印书馆.

范昊, 张玉晨, 吴川徽. 2021. 网络健康社区中健康信息传播网络及主题特征研究[J]. 情报科学, 39(1): 4-12, 34.

范晓虹. 1999. 网络信息文化: 花开谁家[J]. 情报探索, (2): 41-43.

范周, 孙巍. 2023. 国家文化数字化战略的发展脉络与路径探索[J]. 华中师范大学学报（人文社会科学版）, 62(1): 70-77.

范周. 2019. 数字经济下的文化创意革命[M]. 北京: 商务印书馆.

冯鹏志. 1999. 伸延的世界——网络化及其限制[M]. 北京: 北京出版社.

冯瑞芬. 2022. 数字技术在影视广告后期制作中的运用[J]. 数字技术与应用, 40(6): 32-34.

冯献, 李瑾, 崔凯, 等. 2022. 基于信息生态视角的乡村居民公共数字文化服务采纳意愿影响因素分析[J]. 图书馆建设, (4): 139-146.

付小颖, 王志立. 2020. 视觉重构: 数字化传媒时代红色文化传播的困境与突破[J]. 新闻爱好者, (7): 75-77.

付玉辉. 2021. 智慧全媒体传播探索的自觉、自省和自信——从河南卫视《洛神水赋》传播看智慧全媒体传播特征[J]. 国际品牌观察, (22): 61-63.

傅才武. 2022. 数字技术作为文化高质量发展的方法论: 一种技术内置路径变迁理论[J]. 人民论坛, (23): 22-31.

高书生. 2021. 文化数字化: 从工程项目到国家战略[EB/OL].（2021-08-08）[2023-07-12]. https://baijiahao.baidu.com/s?id=1707535694848672132&wfr=spider&for=pc.

高书生. 2024. 实施国家文化数字化战略: 站位与定位[J]. 数字出版研究, 3(1): 1-7.

高晓晶, 喻梦倩, 杨家燕, 等. 2021. 图书馆短视频传播及互动效果影响因素模型及实证分析——基于"上瘾模型"的探索[J]. 图书情报工作, 65(10): 13-22.

高云, 黄理稳. 2007. 关于网络文化探讨[J]. 职业圈, (12): 118-119.

葛文双, 郑和芳, 刘天龙, 等. 2020. 面向数据的云计算研究及应用综述[J]. 电子技术应用, 46(8): 46-53.

宫承波, 田园. 2013. 基于互联网"关联"属性的网络文化建设路径探析[J]. 国际新闻界, 35(12):

32-42.

顾江. 2022. 文化强国视域下数字文化产业发展战略创新[J]. 上海交通大学学报(哲学社会科学版),30(4):12-22.

郭庆光. 2011. 传播学教程[M]. 2版. 北京:中国人民大学出版社.

郭全中. 2019. 5G时代传媒业的可能蓝图[J]. 现代传播(中国传媒大学学报),(7):1-6.

郭若涵,徐拥军. 2022. 数字文化遗产协同治理:逻辑框架、案例审视与实现路径[J]. 图书情报工作,66(18):11-22.

郭雯,董孟亚. 2021. 用户嵌入程度对企业创新绩效影响机制研究——以数字内容产业为例[J]. 科技管理研究,41(19):10-18.

韩春平. 2009. 敦煌学数字化研究综述[J]. 敦煌学辑刊,(4):168-183.

韩筠. 2020. 在线课程推动高等教育教学创新[J]. 教育研究,41(8):22-26.

何华征. 2016. 论信息、新媒体与文化的关系[J]. 河南科技大学学报(社会科学版),34(5):27-32.

何金晶. 2023. 数字赋能下的文化遗产保护战略——以西班牙国家图书馆为例[J]. 数字图书馆论坛,19(2):48-56.

何聚厚,黄秀莉,韩广新,等. 2019. VR教育游戏学习动机影响因素实证研究[J]. 电化教育研究,40(8):70-77.

何威,牛雪莹. 2022. 数字游戏开展中华传统文化国际传播的趋势、方式与特点[J]. 对外传播,(9):21-25.

胡惠林,单世联. 2006. 文化产业学概论[M]. 太原:书海出版社.

胡泳,刘纯懿. 2022. "元宇宙社会":话语之外的内在潜能与变革影响[J]. 南京社会科学,(1):106-116.

华钰文,王锰,陈雅. 2022. 信任因素对老年用户使用公共数字文化服务的影响——以"国家公共文化云"为例[J]. 图书馆论坛,42(7):122-131.

怀进鹏. 2023. 数字变革与教育未来——在世界数字教育大会上的主旨演讲[EB/OL].(2023-02-13)[2023-03-28]. http://www.moe.gov.cn/jyb_xwfb/moe_176/202302/t20230213_1044377.html.

黄炳蔚. 2019. 体外化的人内传播——物联网与可穿戴设备带来的新的可能性[J]. 传播力研究,3(14):22-24.

黄飞,黄健柏. 2014. 基于畅体验的网络消费偏好影响因素研究[J]. 管理学报,11(5):733-739.

黄凤志. 2003. 知识霸权与美国的世界新秩序[J]. 当代亚太,(8):10-14.

黄河. 2011. 手机媒体商业模式研究[M]. 北京:中国传媒大学出版社.

黄洁,刘伟丽,梁薇,等. 2023. 新时代背景下我国现代会展业数字化转型路径及对策[J]. 商业经济研究,(1):179-182.

黄岚. 2020. 5G时代数字文化产业的技术创新与跨界发展[J]. 出版广角,(17):40-42.

黄如花. 2020. 我国政府数据开放共享标准体系构建[J]. 图书与情报,(3):17-19.

黄英. 2019. 突发事件中信息扩散模型的扩散规模与扩散速率研究[J]. 统计与决策,35(10):27-31.

黄永林,宋俊华,张士闪,等. 2023. 文化数字化的多维观察与前瞻(笔谈)[J]. 华中师范大学学报(人文社会科学版),62(1):52-69.

黄永林,余召臣. 2022. 技术视角下非物质文化遗产的发展向度与创新表达[J]. 宁夏社会科学(3):198-206.

黄永林. 2020. 数字经济时代文化消费新特征[N]. 北京日报, 2020-06-13.
黄永林. 2022. 数字经济时代文化消费的特征与升级[J]. 人民论坛, (9)：116-121.
济南为何连年获评"中国领军智慧城市"？来看数字服务的"赞"与"盼"[EB/OL]. (2022-03-24)
　　[2023-03-27]. https://baijiahao.baidu.com/s?id=1728132505034065588&wfr=spider&for=pc.
贾娟. 2020. 短视频古籍推广调查及发展策略[J]. 图书馆论坛, 40(8)：131-137.
贾岳. 2008. 数字时代的受众需求与媒体定位[J]. 中国报业, (5)：52-54, 42.
贾云鹏, 张若宸. 2023.《阿凡达：水之道》的技术之道[J]. 电影艺术, (1)：135-139.
江小涓. 2021. 数字时代的技术与文化[J]. 中国社会科学, (8)：4-34, 204.
江小涓. 2022. 数字时代的文化创新与全球传播——提升中华文化全球影响力研究[M]. 北京：北京联合出版社.
江晓翠. 2023. 数字文旅产业高质量发展对策研究——基于整体性治理视角[J]. 西部旅游, (3)：80-83.
江晓军. 2023. 数字技术赋能相对贫困治理逻辑与路径[J]. 兰州大学学报(社会科学版), 51(1)：68-75.
教育部. 2022. 2021 年全国教育事业发展统计公报[EB/OL]. (2022-09-15)[2023-07-12]. https://www.gov.cn/xinwen/2022-09/15/content_5710039.htm.
教育部办公厅. 2016. 教育部办公厅关于公布第一批"国家级精品资源共享课"名单的通知[EB/OL]. (2018-01-16)[2023-07-12]. http://www.moe.gov.cn/srcsite/A08/s5664/s7209/s6872/201607/t20160715_271959.html?from=singlemessage&isappinstalled=0.
金青梅, 刘琴. 2022. 复合语境下数字赋能红色文化传播的逻辑与路径[J]. 东南传播, (11)：49-51.
金元浦. 2020. 全球竞争下 5G 技术与中国文化创意产业的融合新变[J]. 山东大学学报(哲学社会科学版), (5)：74-85.
康东, 王忠, 王昱陈曲. 2023. MR 混合现实技术在数字媒体专业中的应用[J]. 数字技术与应用, 41(3)：36-38.
康岩. 2021. 以数字技术促进新型文化业态发展[N]. 人民日报, 2021-12-27(5).
匡文波. 1999. 论网络文化[J]. 图书馆, (2)：16-17.
雷蒙·威廉斯. 2018. 文化与社会: 1780—1950[M]. 高晓玲译. 北京：商务印书馆.
李华君, 王凯悦. 2022. 智能物联时代传媒产业的业态创新、关系重构与发展路径[J]. 新闻爱好者, (4)：10-14.
李慧楠, 王晓光. 2020. 数字人文的研究现状——"2019 数字人文年会"综述[J]. 情报资料工作, 41(4)：49-59.
李萌, 王育济. 2023. 中华优秀传统文化传播的数字机制与趋势[J]. 人民论坛, (2)：104-106.
李文娟. 2009. 霍夫斯泰德文化维度与跨文化研究[J]. 社会科学, (12)：126-129, 185.
李懿. 2022. 云计算技术在广电领域的应用研究[J]. 中国高新科技, (9)：86-87.
李勇, 陈晓婷, 毛太田, 等. 2022. 新媒体跨文化传播效果影响因素与框架分析——以 YouTube "李子柒"视频为例[J]. 图书馆论坛, 42(7)：132-142.
梁晨晨, 李仁杰. 2020. 综合 LDA 与特征维度的丽江古城意象感知分析[J]. 地理科学进展, 39(4)：614-626.
刘果, 王梦洁. 2017. 数字内容产业发展：基于经济、产业、用户的视角[J]. 求索, (7)：91-95.

刘欢, 刘卫华, 胡庭玉, 等. 2023. 大型综合性博物馆数字孪生多元化数据构建与应用[J]. 数字技术与应用, 41(4): 37-39.
刘平. 2014. 创意性文化消费路径研究[J]. 社会科学, (8): 51-58.
刘少杰. 2022. 网络交往的时空转变与风险应对[J]. 社会科学战线, (4): 227-233.
刘胜枝. 2021. 做好网络空间的对外文化传播[J]. 人民论坛, (31): 36-39.
刘霞, 董晓松, 姜旭平. 2014. 数字内容产品消费扩散与模仿的空间模式——基于空间面板模型的计量研究[J]. 中国管理科学, 22(1): 139-148.
刘向. 1992. 说苑全译[M]. 王锳, 王天海译注. 贵州: 贵州人民出版社.
刘小青. 2020. 聚焦文化与科技的融合[EB/OL]. (2020-11-03)[2023-07-12]. http://www.cass.cn/zhuanti/2021gjwlaqxcz/xljd/202110/t20211009_5365874.shtml.
刘银娣. 2011. 我国数字内容产业价值链建设初探[J]. 编辑之友, (10): 67-70.
刘玉珠, 柳士法. 2002. 文化市场学: 中国当代文化市场的理论与实践[M]. 上海: 上海文艺出版社.
刘玉柱, 李广宇. 2022. 数字藏品版权保护问题研究[J]. 出版广角, (11): 47-51.
娄岩, 杨嘉林, 黄鲁成, 等. 2020. 基于网络问答社区的老年科技公众关注热点及情感分析——以"知乎"为例[J]. 情报杂志, 39(3): 115-122.
罗钢, 刘象愚. 2000. 文化研究读本[M]. 北京: 中国社会科学出版社.
罗培, 卫东, 徐鹏. 2021. 数字文旅发展思考[J]. 数据, (Z1): 54-59.
罗小艺, 王青. 2018. 从文化科技融合到数字文化中国: 路径和机理[J]. 出版广角, (10): 6-9.
罗钰. 2022. 技术赋权下互动电影的特质与趋势研究[J]. 现代电影技术, (7): 53-59.
马克思, 恩格斯. 2009. 德意志意识形态[M]//中共中央马克思恩格斯列宁斯大林著作编译局. 马克思恩格斯文集: 第1卷. 北京: 人民出版社: 509-591.
马亮. 2021. 数字政府建设: 文献述评与研究展望[J]. 党政研究, (3): 99-111.
马斯洛. 2003. 马斯洛人本哲学[M]. 成明编译. 北京: 九州出版社.
马素梅. 2020. 新冠肺炎疫情背景下数字技术对社会生活的变革研究[J]. 信息系统工程, (11): 133-134, 137.
马晓悦, 孙铭菲, 陈强. 2021. 沉浸式技术体验如何影响数字文化接受意愿——基于自我分类调节作用的实证研究[J]. 西安交通大学学报(社会科学版), 41(5): 144-154.
明珠. 2019. 新媒体社交中用户的娱乐需求探究[J]. 视听, (6): 130-131.
缪宇雯. 2021. 数字时代敦煌研究院的文化传播研究——基于场景理论[J]. 新媒体研究, 7(18): 101-103.
牛新权, 丁宁, 等. 2019. 数字文化传播[M]. 北京: 知识产权出版社.
欧阳友权. 2007. 网络文化的意识形态批判[J]. 中国图书评论, (6): 70-73.
彭聃龄. 2019. 普通心理学[M]. 5版. 北京: 北京师范大学出版社.
彭兰. 2008. 网络新闻传播效果评估的作用及方法[J]. 中国编辑, (6): 47-48, 49-51.
彭兰. 2019. 短视频: 视频生产力的"转基因"与再培育[J]. 新闻界, (1): 34-43.
齐骥, 陈思. 2022. 数字化文化消费新场景的背景、特征、功能与发展方向[J]. 福建论坛(人文社会科学版), (12): 35-43.
乔文华. 2021. 新冠肺炎疫情对数字娱乐产业的影响及对策[J]. 文化产业, (6): 157-158.
秦开凤, 张陈一轩. 2022. 新发展格局下数字文化消费的内涵、潜力与发展路径[J]. 东岳论丛,

43(12): 17-26.

全球游戏市场规模 1803 亿美元，云游戏市场翻倍[EB/OL]．（2021-12-23）[2023-07-12]. https://baijiahao.baidu.com/s?id=1719940007632187598&wfr=spider&for=pc.

任平. 2000a. 新全球化时代与21世纪马克思主义哲学的走向——再论走向交往实践的唯物主义[J]. 哲学研究,（12）: 14-21.

任平. 2000b. 哲学研究：如何走向全球网络化时代[J]. 江海学刊,（4）: 72-75.

任天浩,朱多刚. 2020. 作为生产机制的平台：对数字内容生产的多案例研究[J]. 出版发行研究,（2）: 26-33.

沈宝钢. 2020. 直播带货商业模式探析及其规范化发展[J]. 理论月刊,（10）: 59-66.

沈鲁,乔羽. 2023. 智能传播时代的社交媒介景观：特质、趋向及反思[J]. 中国编辑,（4）: 92-96.

沈雨婕,王媛,许鑫,等. 2020. 华亭初见记：文化记忆视角下的上海旅游形象感知[J]. 图书馆论坛, 40(10): 59-65.

师晓娟,孔少华. 2022. "元宇宙"发展逻辑及其对数字文化消费的影响研究[J]. 首都师范大学学报（社会科学版）,（5）: 66-73.

施艳萍,李阳. 2019. 人文社科专题数据库关联数据模型的构建与应用研究[J]. 现代情报, 39(12): 19-27.

石庆功,郑燃,唐义. 2021. 公共数字文化资源整合的标准体系：内容框架及构建路径[J]. 图书馆论坛, 41(8): 20-25.

宋建欣,崔立伟. 2022. 大数据时代基层党建数字化体系构建研究[J]. 情报科学, 40(11): 26-32.

宋晓明,贾丽莎,刘文红. 2020. 河北省文化产业创新发展与升级研究[M]. 秦皇岛：燕山大学出版社.

宋永刚. 2018. 以创新精神构建在线开放课程服务体系——"爱课程"的探索与实践[J]. 中国大学教学,（1）: 12-16.

苏锦姬. 2020. 文化消费视域下的城市社区图书馆品牌建构——以深圳市罗湖区"悠·图书馆"为例[J]. 图书馆论坛, 40(6): 110-116.

孙丹妮. 2020. 欧美虚拟博物馆理论与馆建述略[J]. 美术,（6）: 20-26.

孙立军,刘跃军. 2011. 数字互动时代的第三代电影研究与开发[J]. 北京电影学院学报,（4）: 45-50.

孙璐. 2019. 移动社会化背景下传播效果评估的创新研究[D]. 武汉：武汉大学.

谭必勇,陈艳. 2018. 文化遗产的社交媒体保护与开发策略研究——基于"长尾效应"的讨论[J]. 情报科学, 36(3): 20-25.

唐琳,陈学璞. 2018. 文化自信下广西网络消费文化产业体系构建研究[J]. 广西社会科学,（6）: 70-73.

唐琳. 2021. 5G时代文化产业数字化转型的历史逻辑、理论逻辑与实践进路——5G时代广西文化产业转型研究系列论文之三[J]. 南宁师范大学学报（哲学社会科学版）,（5）: 58-67.

唐纳德·诺曼. 2005. 情感化设计[M]. 付秋芳,程进三译. 北京：电子工业出版社.

唐义,肖希明,周力虹. 2016. 我国公共数字文化资源整合模式构建研究[J]. 图书馆杂志, 35(7): 12-25.

唐志龙. 2012. 文化的三重意蕴及创新视阈[J]. 马克思主义研究,（9）: 100-107,160.

陶成煦,沈超,完颜邓邓. 2021. 供需适配性理论视域下公共数字文化服务满意度研究[J]. 图书情报工作, 65(17): 57-68.

陶飞,刘蔚然,刘检华,等. 2018. 数字孪生及其应用探索[J]. 计算机集成制造系统, 24(1): 1-18.

滕凤宏, 刘韦伟, 李伟佳. 2020. "全媒体+场景"视域下地铁文化传播模式及策略——基于马莱茨克模式的分析[J]. 中国编辑, (7): 19-23.

田学军, 熊毅. 2017. 文化分类、文化发展和文化推广的互动研究[J]. 华北水利水电大学学报(社会科学版), 33(5): 73-78.

童清艳, 刘璐. 2019. 网络与数字传播: 增强中华文化全球影响力的有效途径[J]. 现代传播(中国传媒大学学报), 41(6): 11-16.

王飚, 毛文思. 2022. 中国网络文学海外传播现状探析[J]. 传媒, (15): 19-22.

王程伟, 马亮. 2019. 政务短视频如何爆发影响力: 基于政务抖音号的内容分析[J]. 电子政务, (7): 31-40.

王海燕. 2020. 图书馆短视频发展现状、问题与对策分析——以抖音平台为例[J]. 图书馆工作与研究, (5): 76-80.

王建亚, 牛晓蓉, 万莉. 2020. 基于元分析的在线学习用户使用行为研究[J]. 现代情报, 40(1): 58-68.

王江波. 2022. 智能驱动下的国际传播话语权: 机遇、挑战与应对[J]. 渭南师范学院学报, 37(4): 80-87.

王林生. 2018. 互联网文化消费的模式创新及发展趋势[J]. 深圳大学学报(人文社会科学版), 35(6): 55-63.

王璐璐. 2018. 全球文化消费视角下中国网络文学海外传播研究——以 Wuxiaworld 为例[J]. 出版发行研究, (1): 74-78.

王锰, 钱婧, 杨志刚, 等. 2021. 感知价值对乡村公共数字文化服务满意度和忠诚度的差异化影响研究[J]. 图书馆学研究, (21): 18-31.

王沛楠, 邓诗晴. 2023. 内容、算法与知识权力: 国际传播视角下 ChatGPT 的风险与应对[J]. 对外传播, (4): 37-40.

王琪. 2020. 不列颠博物院三种虚拟博物馆形态及对我国博物馆的影响[J]. 博物院, (4): 99-103.

王强东. 2009. 网络文化产业与网络消费研究[J]. 广东商学院学报, 24(4): 39-42.

王韶菡, 李尽沙. 2023. 体验原真与保护原真: 文化数字化背景下的文化遗产可持续传承与综合利用[J]. 艺术设计研究, (1): 5-11.

王少泉. 2019. 数字党建: 理论渊源与现实推进[J]. 湖北行政学院学报, (6): 71-76.

王涛, 郑建明. 2016. 数字文化事业概念演变、服务形态及功能特征[J]. 新世纪图书馆, (6): 5-8.

王晓光, 侯西龙, 程航航, 等. 2020. 煌壁画叙词表构建与关联数据发布[J]. 中国图书馆学报, 46(4): 69-84.

王旭东. 2021. 数字故宫的过去、现在与未来[J]. 科学教育与博物馆, 7(6): 524-531.

王一川. 2001. 大众文化的含义[N]. 文艺报, 2001-10-12.

王怡, 梁循, 付虹蛟, 等. 2017. 社会网络中信息的扩散机理及其定量建模[J]. 中国管理科学, 25(12): 147-157.

王育济, 李萌. 2023. 数字赋能中华优秀传统文化"两创"的产消机制研究[J]. 山东大学学报(哲学社会科学版), (3): 41-50.

韦森. 2020. 文化与制序[M]. 修订增补版. 上海: 上海三联书店.

魏大威, 谢强. 2019. 国家数字图书馆的建设与展望[J]. 国家图书馆学刊, 28(5): 7-12.

魏鹏举, 柴爱新, 戴俊骋, 等. 2022. 区块链技术激活数字文化遗产研究[J]. 印刷文化(中英文),

(1): 115-148.

魏莹, 李锋. 2018. 基于主路径分析的关键节点识别与谣言扩散抑制研究[J]. 情报科学, 36(6): 13-19.

翁律纲. 2009. 由交互行为引导的用户体验研究[D]. 无锡: 江南大学.

巫霞, 马亮. 2019. 政务短视频的传播力及其影响因素: 基于政务抖音号的实证研究[J]. 电子政务, (7): 22-30.

吴满意, 景星维. 2015. 网络人际互动对人类交往实践样态的崭新形塑[J]. 重庆邮电大学学报(社会科学版), (2): 76-82.

习近平. 2017. 决胜全面建成小康社会 夺取新时代中国特色社会主义伟大胜利[N]. 人民日报, 2017-10-28(1).

习近平. 2021. 加强和改进国际传播工作 展示真实立体全面的中国[N]. 人民日报, 2021-06-02(1).

习近平. 2021. 习近平向2021年世界互联网大会乌镇峰会致贺信[EB/OL]. (2021-09-26)[2023-08-19]. http://jhsjk.people.cn/article/32236905.

习近平. 2022. 高举中国特色社会主义伟大旗帜 为全面建设社会主义现代化国家而团结奋斗——在中国共产党第二十次全国代表大会上的报告[EB/OL]. (2022-10-25) [2023-08-19]. http://www.qstheory.cn/yaowen/2022-10/25/c_1129079926.htm.

肖希明, 刘巧园. 2015. 国外公共数字文化资源整合研究进展[J]. 中国图书馆学报, 41(5): 63-75.

携程: "五一"联合三亚等目的地商家开播超百场 云旅游升温[EB/OL]. (2022-04-29) [2023-07-12]. https://baijiahao.baidu.com/s?id=1731424603586213685&wfr=spider&for=pc.

解学芳, 陈思函. 2021. "5G+AI"技术群赋能数字文化产业: 行业升维与高质量跃迁[J]. 出版广角, (3): 21-25.

解学芳, 何鸿飞. 2022. "智能+"时代发达国家构建现代文化产业体系的经验——兼及国际比较视野中对中国路径的思考[J]. 华中师范大学学报(人文社会科学版), 61(4): 62-74.

解学芳, 雷文宣. 2023. "智能+"时代中国式数字文旅产业高质量发展图景与模式研究[J]. 苏州大学学报(哲学社会科学版), 44(2): 171-179.

熊心仪. 2019. 跨文化传播视域下中国国际传播的挑战与策略初探——以中国声音在德国的传播为例[J]. 科技传播, 11(15): 66-67.

徐瀚祺. 2021. 流观审美: 关于沉浸式艺术体验的一种解读[J]. 当代电视, (12): 66-69.

徐雷, 王晓光. 2017. 叙事型图像语义标注模型研究[J]. 中国图书馆学报, 43(5): 70-83.

徐圣龙. 2022. 智媒时代文化传播中的特质挖掘与符号建构——一个方法论的描述[J]. 编辑之友, (2): 56-63.

徐向东, 何丹丹. 2019. 图书馆移动服务使用意愿影响因素实证研究——基于信息安全感知和移动性等变量的技术接受模型[J]. 图书馆, (2): 79-85.

徐莹. 2022. 微电影发展再思考: 价值引导与内涵提升[J]. 西南民族大学学报(人文社会科学版), 43(9): 151-157.

许鑫, 张悦悦. 2014. 非遗数字资源的元数据规范与应用研究[J]. 图书情报工作, 58(21): 13-20, 34.

薛可, 李柔. 2020. 非物质文化遗产数字信息对受众城市认同的影响——基于新浪微博的实证研究[J]. 现代传播(中国传媒大学学报), 42(11): 19-26.

闫世刚. 2011. 数字内容产业国际发展模式比较及借鉴[J]. 技术经济与管理研究, (1): 104-107.

闫烁, 祁述裕. 2023. 文化产业研究现状、特点和趋势——《文化创意产业》(2018—2021)选载论文分析[J]. 山东大学学报(哲学社会科学版), (3): 61-72.

杨博. 2022. TikTok成为美国热门新闻传播平台[J]. 青年记者, (13): 99-100.

杨秀云, 蒋园园, 马思睿. 2017. 网络文化产品消费意愿的影响因素研究[J]. 西安交通大学学报(社会科学版), 37(5): 94-103.

杨懿. 2020. 符号学视域下中华传统文化的国际传播:基于贵州茶的观察[J]. 现代传播(中国传媒大学学报), 42(11): 60-63.

杨永恒. 2023. 文化数字化与数字文化化——对数字文化发展再审视[J]. 人民论坛·学术前沿, (1): 82-90.

姚正海, 李思纯. 2023. 数字技术驱动下文化产业商业模式创新研究[J]. 中国传媒科技, (1): 83-87.

叶骏强. 2017. 跨文化传播条件下中美影视剧差异化研究——中美文化的差异[J]. 中国报业, (12): 36-37.

伊丽媛. 2020. 融媒体时代音乐文化传播:特征、困境与策略[J]. 现代传播(中国传媒大学学报), 42(12): 25-28.

尹俣潇, 梅强, 徐占东. 2019. 创业网络关系嵌入与新创企业成长——创业学习的中介作用[J]. 科技管理研究, 39(5): 199-206.

英颖, 孟群. 2022. 中国网红在YouTube的跨文化传播[J]. 青年记者, (4): 56-57.

余佳, 张玉容. 2021. 中国网红在YouTube中的短视频跨文化传播分析——基于十个中国网红的短视频内容分析[J]. 东南传播, (5): 77-80.

喻国明, 李彪. 2009. 收视率全效指标评估体系研究——以电视剧为例[J]. 现代传播-中国传媒大学学报, 31(4): 36-38, 55.

喻国明, 曲慧. 2021. 网络新媒体视域下的"用户"再定义(下)[J]. 媒体融合新观察, (3): 9-13.

喻国明. 2015. 融合转型的新趋势:"高维"媒介中的"平台型媒体"——对互联网逻辑下未来传播主流模式的分析与思考[EB/OL]. (2015-02-04)[2023-06-18]. http://www.aisixiang.com/data/83523.html.

臧志彭, 胡译文. 2021. 基于区块链的数字文化产业价值链创新建构[J]. 出版广角, (3): 26-30.

张宝元, 王锟. 2017. 文化的本质及其分类[J]. 中学政治教学参考, 666(24): 1-4.

张秉福, 齐梦雪. 2022. 我国对外文化传播能力提升论略[J]. 新疆社会科学, (1): 121-129, 148.

张春华, 温卢. 2018. 网络游戏消费行为及其影响因素的实证研究——基于高校学生性别、学历的差异化分析[J]. 江苏社会科学, (6): 50-58.

张岱年, 方克立. 2004. 中国文化概论[M]. 2版. 北京:北京师范大学出版社.

张国良. 2009. 传播学原理[M]. 2版. 上海:复旦大学出版社.

张立波. 2021. 区块链赋能数字文化产业的价值理路与治理模式[J]. 学术论坛, 44(4): 113-121.

张宁, Nunes M B, 李俊炀, 等. 2021. 面向中华古籍阅读推广与文化传播的VR系统模型构建与实现[J]. 图书情报工作, 65(13): 12-24.

张佩豪, 周雨辰. 2022. 符号交互涵化传播的路径探索——基于跨文化传播视域的研究[J]. 青年记者, (24): 75-77.

张启民, 张蜀恒. 2007. 红旗飘扬在心中[N]. 赤峰日报. 2007-06-08(005).

张伟, 吴晶琦. 2022. 数字文化产业新业态及发展趋势[J]. 深圳大学学报(人文社会科学版),

39(1): 60-68.

张阳. 2021. 从"5W"模式看《洛神水赋》文化节目的创新策略[J]. 视听, (11): 44-45.

赵敏鉴. 2013. 数字科技时代文化产业商业模式的发展路径探析[J]. 学术交流, (11): 115-118.

赵鑫全. 2019. 互联网时代文化消费如何升级[J]. 人民论坛, (23): 132-133.

赵雪, 周庆山, 赵需要. 2012. 数字内容产业发展中的融合与新生[J]. 情报理论与实践, 35(7): 19-23.

赵彦华. 2004. 报纸市场评价指标体系研究[J]. 国际新闻界, (1): 16-21.

赵宴群, 杨嵘均. 2020. 网络图像时代的文化传播：李子柒视频走红的文化传播理论分析[J]. 学海, (5): 199-206.

赵镛浩. 2012. 平台战争——移动互联时代企业的终极PK[M]. 吴苏梦译. 北京：北京大学出版社.

赵振. 2015. "互联网+"跨界经营：创造性破坏视角[J]. 中国工业经济, (10): 146-160.

郑建明, 王锰. 2015. 数字文化治理的内涵、特征与功能[J]. 图书馆论坛, 35(10): 15-19.

郑科, 黄敏. 2019.《国家宝藏》中文化传播的符号学解读[J]. 传媒, (8): 69-72.

郑淞尹, 王萍, 丁恒, 等. 2022. 基于方面级情感分析的博物馆数字化服务用户体验研究[J]. 情报科学, 40(4): 171-178.

郑志忱. 2021. 探析如何在数字媒体艺术设计中有效运用VR技术[J]. 传媒论坛, 4(7): 99-100.

中共中央党史和文献研究院. 2021. 习近平关于网络强国论述摘编[M]. 北京：中央文献出版社.

钟晟, 代晴. 2021. 文旅融合背景下旅游演艺沉浸体验的演化趋势[J]. 文化软实力研究, 6(5): 64-74.

周葆华. 2023. 或然率资料库：作为知识新媒介的生成智能ChatGPT[J]. 现代出版, (2): 21-32.

周成龙, 邢云文. 2007. 试析人类交往实践的新形态：网络交往实践[J]. 太原师范学院学报（社会科学版）, (4): 21-24.

周建新. 2022. 中华优秀传统文化数字化：逻辑进路与实践创新[J]. 理论月刊, (10): 82-88.

周敏, 赵晨雨. 2022. 叙事构建与技术共生：中华数字文化出海新逻辑[J]. 现代传播（中国传媒大学学报）, 44(12): 48-55.

周庆山, 罗戎. 2014. 我国数字文化产业发展趋势、挑战与规制策略[J]. 图书情报工作, 58(10): 6-10, 18.

周文俊. 2022. 数字化交往：数字媒介时代社会交往的路径重构与思考[J]. 城市观察, 79(3): 147-158, 164.

周翔, 程晓璇. 2016. 网络视频模因跨文化适应性的实证探析[J]. 现代传播（中国传媒大学学报）, 38(9): 44-50.

周晓英, 张秀梅. 2015. 数字内容价值创造中政府的角色和作用[J]. 情报科学, 33(10): 3-10.

周亚, 许鑫. 2017. 非物质文化遗产数字化研究述评[J]. 图书情报工作, 61(2): 6-15.

周志平. 2014. 链式发展：数字内容产业发展的新思路[J]. 青年记者, (23): 96-97.

祝新乐, 解学芳. 2023. 跨文化传播视域下的数字藏品出海研究[J]. 出版发行研究, (1): 57-66.

邹广文. 2023. 以文化自信自强铸就中国文化新辉煌[J]. 求索, (2): 16-26.

Aharoni T. 2019. When high and pop culture (re)mix: An inquiry into the memetic transformations of artwork[J]. New Media & Society, 21(10): 2283-2304.

Airoldi M. 2021. The techno-social reproduction of taste boundaries on digital platforms: The case of music on YouTube[J]. Poetics, 89: 101563.

Alghowinem S, Goecke R, Wagner M, et al. 2019. Evaluating and validating emotion elicitation using English and Arabic movie clips on a Saudi sample[J]. Sensors, 19(10): 2218.

Animesh A, Pinsonneault A, Yang S-B, et al. 2011. An odyssey into virtual worlds: Exploring the impacts of technological and spatial environments on intention to purchase virtual products[J]. MIS Quarterly, 35(3): 789-810.

Argyris Y A, Wang Z H, Kim Y, et al. 2020. The effects of visual congruence on increasing consumers' brand engagement: An empirical investigation of influencer marketing on instagram using deep-learning algorithms for automatic image classification[J]. Computers in Human Behavior, 112: 106443.

Ashman R, Solomon M R, Wolny J. 2015. An old model for a new age: Consumer decision making in participatory digital culture[J]. Journal of Customer Behaviour, 14(2): 127-146.

Baabdullah A M. 2020. Factors influencing adoption of mobile social network games (M-SNGs): The role of awareness[J]. Information Systems Frontiers, 22(2): 411-427.

Baek Y M. 2015. Relationship between cultural distance and cross-cultural music video consumption on YouTube[J]. Social Science Computer Review, 33(6): 730-748.

Baldwin C Y, Woodard C J. 2009. The architecture of platforms: A unified view[M]//A. Gawer (Ed.), Platforms Markets and Innovation (pp. 19-44). Cheltenham and Northampton: Edward Elgar Publishing.

Brom C, Stárková T, D'Mello S K. 2018. How effective is emotional design? A meta-analysis on facial anthropomorphisms and pleasant colors during multimedia learning[J]. Educational Research Review, 25: 100-119.

Burgoon M, Miller G R. 2018. An expectancy interpretation of language and persuasion[M]//H. Giles, R. N. Clair (Eds.), Recent Advances in Language, Communication, and Social Psychology (pp. 199-229). London: Routledge.

R. N. Carlton. 2014. Digital culture and art therapy[J]. The Arts in Psychotherapy, 41(1): 41-45.

Chatterjee S. 2021. Dark side of online social games (OSG) using Facebook platform: Effect of age, gender, and identity as moderators[J]. Information Technology & People, 34(7): 1800-1818.

Chen C M, Wang H P. 2011. Using emotion recognition technology to assess the effects of different multimedia materials on learning emotion and performance[J]. Library & Information Science Research, 33(3): 244-255.

Chen C M, Wu C H. 2015. Effects of different video lecture types on sustained attention, emotion, cognitive load, and learning performance[J]. Computers & Education, 80: 108-121.

Chen Y, Gao X, Chen Y R, et al. 2014. Interpretation of the representational meaning of movie posters from the perspective of multimodal discourse analysis[J]. International Conference on Education, Language, Art and Intercultural Communication (ICELAIC-14). Atlantis Press pp. 346-350. Available at: https://doi.org/10.2991/icelaic-14.2014.87.

Chou S W. 2020. Understanding relational virtual community members' satisfaction from a social learning perspective[J]. Journal of Knowledge Management, 24(6): 1425-1443.

Chyi H I, Lee A M. 2013. Online news consumption: A structural model linking preference, use, and paying intent[J]. Digital Journalism, 1(2): 194-211.

Çöteli S. 2019. The impact of new media on the forms of culture: digital identity and digital culture[J]. Online Journal of Communication and Media Technologies, 9(2): e201911. Available at: https://doi.org/10.29333/ojcmt/5765.

Datta H, Knox G, Bronnenberg B J. 2018. Changing their tune: How consumers' adoption of online streaming affects music consumption and discovery[J]. Marketing Science, 37(1): 5-21.

Day R A, Thompson W F. 2019. Measuring the onset of experiences of emotion and imagery in response to music[J]. Psychomusicology: Music, Mind, and Brain, 29(2-3): 75-89.

Deuze M. 2006. Participation, remediation, bricolage: Considering principal components of a digital culture[J]. The Information Society, 22(2): 63-75.

Dey B L, Yen D, Samuel L. 2020. Digital consumer culture and digital acculturation[J]. International Journal of Information Management, 51: 102057.

Djafarova E, Rushworth C. 2017. Exploring the credibility of online celebrities' Instagram profiles in influencing the purchase decisions of young female users[J]. Computers in Human Behavior, 68: 1-7.

Dyer J H, Nobeoka K. 2000. Creating and managing a high-performance knowledge-sharing network: The Toyota case[J]. Strategic Management Journal, 21(3): 345-367.

Dyer J H, Singh H. 1998. The relational view: Cooperative strategy and sources of interorganizational competitive advantage[J]. The Academy of Management Review, 23(4): 660-679.

Elbedweihy A M, Jayawardhena C, Elsharnouby M H, et al. 2016. Customer relationship building: The role of brand attractiveness and consumer-brand identification[J]. Journal of Business Research, 69(8): 2901-2910.

Evans D S. 2003. The antitrust economics of multi-sided platform markets[J]. Yale Journal on Regulation, 20(2): 325-382.

Eyal N, Hoover R. 2014. Hooked: How to Build Habit-Forming Products[M]. London: Penguin Book Ltd.

Ferracci S, Giuliani F, Brancucci A, et al. 2022. Shall I show my emotions? The effects of facial expressions in the Ultimatum Game[J]. Behavioral Sciences, 12(1): 8.

Gal N, Shifman L, Kampf Z. 2016. "It Gets Better": Internet memes and the construction of collective identity[J]. New Media & Society, 18(8): 1698-1714.

Gao P, Jiang H, Xie Y, et al. 2021. The triggering mechanism of short video customer inspiration-qualitative analysis based on the repertory grid technique[J]. Frontiers in Psychology, 12: 791567.

García-López G F, Martínez-Cardama S. 2020. Strategies for preserving memes as artefacts of digital culture[J]. Journal of Librarianship and Information Science, 52(3): 895-904.

Ge Y, Zhao G Z, Zhang Y L, et al. 2019. A standardised database of Chinese emotional film clips[J]. Cognition and Emotion, 33(5): 976-990.

Ghazali E, Mutum D S, Woon M Y. 2019. Exploring player behavior and motivations to continue playing Pokémon Go[J]. Information Technology & People, 32(3): 646-667.

Ghazawneh A, Henfridsson O. 2015. A paradigmatic analysis of digital application marketplaces[J]. Journal of Information Technology, 30(3): 198-208.

Giannini T, Bowen J P. 2022. Museums and digital culture: From reality to digitality in the age of

COVID-19[J]. Heritage, 5(1): 192-214.

Grange C, Benbasat I, Burton-Jones A. 2020. A network-based conceptualization of social commerce and social commerce value[J]. Computers in Human Behavior, 108: 105855.

Guy J S. 2019. Digital technology, digital culture and the metric/nonmetric distinction[J]. Technological Forecasting and Social Change, 145: 55-61.

Han Y, Lappas T, Sabnis G. 2020. The importance of interactions between content characteristics and creator characteristics for studying virality in social media[J]. Information Systems Research, 31(2): 576-588.

Hancock J T, Landrigan C, Silver C. 2007. Expressing emotion in text-based communication[C]// Proceedings of the SIGCHI Conference on Human Factors in Computing Systems (CHI '07). Association for Computing Machinery, New York, USA, 929-932. https://doi.org/10.1145/1240624.1240764.

Hernandez T, Sarge M A. 2020.Plenty of (similar) fish in the sea: the role of social identity and self-categorization in niche online dating[J]. Computers in Human Behavior, 110: 106384.

Hernández-Mogollón J M, Duarte P A, Folgado-Fernández J A. 2018. The contribution of cultural events to the formation of the cognitive and affective images of a tourist destination[J]. Journal of Destination Marketing & Management, 8: 170-178.

Hoskins C, Mirus R. 1988. Reasons for the US dominance of the international trade in television programmes[J]. Media Culture & Society, 10(4): 499-515.

Huang H-C, Nguyen H V, Cheng T C E, et al. 2019. A randomized controlled trial on the role of enthusiasm about exergames: Players' perceptions of exercise[J]. Games for Health Journal, 8(3): 220-226.

Ismail S N M S, Ab Aziz N A, Ibrahim S Z, et al. 2021. Selecting video stimuli for emotion elicitation via online survey[J]. Human-centric Computing and Information Sciences, 11: 1-18.

Ji Y G, Chen Z F, Tao W T, et al. 2019. Functional and emotional traits of corporate social media message strategies: Behavioral insights from S&P 500 Facebook data[J]. Public Relations Review, 45(1): 88-103.

Jin S V. 2018. "Celebrity 2. 0 and beyond!" Effects of Facebook profile sources on social networking advertising[J]. Computers in Human Behavior, 79: 154-168.

Kang K, Lu J X, Guo L Y, et al. 2020. How to improve customer engagement: A comparison of playing games on personal computers and on mobile phones[J]. Journal of Theoretical and Applied Electronic Commerce Research, 15(2): 76-92.

Karahanna E, Xu S X, Xu Y, et al. 2018. The needs-affordances-features perspective for the use of social media[J]. MIS Quarterly, 42(3): 737-756.

Katz Y, Shifman L. 2017. Making sense? The structure and meanings of digital memetic nonsense[J]. Information Communication & Society, 20(6): 825-842.

Kim D, Ko Y J. 2019. The impact of virtual reality (VR) technology on sport spectators' flow experience and satisfaction[J]. Computers in Human Behavior, 93: 346-356.

Kim H W, Gupta S, Koh J. 2011. Investigating the intention to purchase digital items in social networking communities: A customer value perspective[J]. Information & Management, 48(6):

228-234.

Kizgin H, Dey B L, Dwivedi Y K, et al. 2020. The impact of social media on consumer acculturation: Current challenges, opportunities, and an agenda for research and practice[J]. International Journal of Information Management, 51: 102026.

Koh Y, Kim J, Vaughan Y. 2021. How you name your Airbnb's title matters: Comparison of seven countries[J]. Journal of Travel & Tourism Marketing, 38(1): 93-106.

Kosa M, Uysal A. 2021. The role of need satisfaction in explaining intentions to purchase and play in Pokémon Go and the moderating role of prior experience[J]. Psychology of Popular Media, 10(2): 187-200.

Kuo F F, Shan M K, Lee S Y. 2013. Background music recommendation for video based on multimodal latent semantic analysis[C]//2013 IEEE International Conference on Multimedia and Expo (ICME). San Jose, CA, USA: pp. 1-6.

Lang K, Shang R, Vragov R. 2015. Consumer co-creation of digital culture products: Business threat or new opportunity?[J]. Journal of the Association for Information Systems, 16(9): 766-798.

Lee C H, Chiang H S, Hsiao K L. 2018. What drives stickiness in location-based AR games? An examination of flow and satisfaction[J]. Telematics and Informatics, 35(7): 1958-1970.

Lee J, Kim J, Choi J Y. 2019. The adoption of virtual reality devices: The technology acceptance model integrating enjoyment, social interaction, and strength of the social ties[J]. Telematics and Informatics, 39: 37-48.

Leguina A, Mihelj S, Downey J. 2021. Public libraries as reserves of cultural and digital capital: Addressing inequality through digitalization[J]. Library & Information Science Research, 43(3): 101103.

Levin I, Mamlok D. 2021. Culture and society in the digital age[J]. Information, 12(2):68.

Liang H. 2018. Broadcast versus viral spreading: The structure of diffusion cascades and selective sharing on social media[J]. Journal of Communication, 68(3): 525-546.

Liao G Y, Pham T T L, Cheng T C E, et al. 2020. Impacts of real-world need satisfaction on online gamer loyalty: Perspective of self-affirmation theory[J]. Computers in Human Behavior, 103: 91-100.

Liao Z C, Yu Y Z, Gong B C, et al. 2015. Audeosynth: Music-driven video montage[J]. ACM Transactions on Graphics, 34(4): 1-10.

Lin H C, Hou K E. 2021. Player attachment to mobile social network games: An information processing view[J]. IEEE Access, 9: 13031-13038.

Lin Z Z, Zhou Z Y, Fang Y L, et al. 2018. Understanding affective commitment in social virtual worlds: The role of cultural tightness[J]. Information & Management, 55(8): 984-1004.

Liu Y J, Qi J, Ding Y S. 2018. An endocrine-immune system inspired controllable information diffusion model in social networks[J]. Neurocomputing, 301: 25-35.

Lombart C, Millan E, Normand J M, et al. 2020. Effects of physical, non-immersive virtual, and immersive virtual store environments on consumers' perceptions and purchase behavior[J]. Computers in Human Behavior, 110: 106374.

Magaudda P. 2011. When materiality 'bites back': Digital music consumption practices in the age of

dematerialization[J]. Journal of Consumer Culture, 11(1): 15-36.
Mamonov S, Koufaris M. 2020. Fulfillment of higher-order psychological needs through technology: The case of smart thermostats[J]. International Journal of Information Management, 52: 102091.
Manovich L. 2015. The science of culture? Social computing, digital humanities, and cultural analytics[EB/OL]. http://manovich.net/index.php/projects/cultural-analytics-social-computing.
Maslow A H. 1943. A theory of human motivation[J]. Psychological Review, 50(4): 370-396.
Matrix S. 2014. The netflix effect: Teens, binge watching, and on-demand digital media trends[J]. Jeunesse: Young People, Texts, Cultures, 6(1): 119-138.
Meng J B, Peng W, Tan P N, et al. 2018. Diffusion size and structural virality: The effects of message and network features on spreading health information on twitter[J]. Computers in Human Behavior, 89: 111-120.
Meng L, Liu Y, Li K W, et al. 2022. Research on a user-centered evaluation model for audience experience and display narrative of digital museums[J]. Electronics, 11(9): 1445.
Mihelj S, Leguina A, Downey J. 2019. Culture is digital: Cultural participation, diversity and the digital divide[J]. New Media & Society, 21(7): 1465-1485.
Mozafari N, Hamzeh A, Hashemi S. 2017. Modelling information diffusion based on non-dominated friends in social networks[J]. Journal of Information Science, 43(6): 801-815.
Mu J F, Thomas E, Qi J Y, et al. 2018. Online group influence and digital product consumption[J]. Journal of the Academy of Marketing Science, 46(5): 921-947.
Navarrete T. 2019. Digital heritage tourism: Innovations in museums[J]. World Leisure Journal, 61(3): 200-214.
Nee R C, Santana A D. 2021. Podcasting the pandemic: Exploring storytelling formats and shifting journalistic norms in news podcasts related to the coronavirus[J]. Journalism Practice, 16: 1559-1577.
Newzoo. 2021. Newzoo Global Games Market Report 2021[EB/OL].(2021-07-01)[2023-05-06]. https://newzoo.com/resources/trend-reports/newzoo-global-games-market-report-2021-free-version.
Nissenbaum A, Shifman L. 2017. Internet memes as contested cultural capital: The case of 4chan's /b/ board[J]. New Media & Society, 19(4): 483-501.
Nissenbaum A, Shifman L. 2018. Meme templates as expressive repertoires in a globalizing world: A cross-linguistic study[J]. Journal of Computer-Mediated Communication, 23(5): 294-310.
OECD. 2023. The impact of digitalisation on trade[EB/OL]. [2023-07-12]. https://www.oecd.org/trade/topics/digital-trade/#:~:text=The%20impact%20of%20digitalisation%20on%20trade%20The%20digital,a%20greater%20number%20of%20businesses%20and%20consumers%20globally.
Osatuyi B, Qin H, Osatuyi T, et al. 2020. When it comes to satisfaction... It depends: An empirical examination of social commerce users[J]. Computers in Human Behavior, 111: 106413.
Pan Z D, Kosicki G. 1993. Framing analysis: An approach to news discourse[J]. Political Communication, 10(1): 55-75.
Qi J S, Liang X, Wang Y, et al. 2018. Discrete time information diffusion in online social networks: Micro and macro perspectives[J]. Scientific Reports, 8: 11872.
Quesenberry K A, Coolsen M K. 2019. Drama goes viral: Effects of story development on shares and

views of online advertising videos[J]. Journal of Interactive Marketing, 48: 1-16.

Russo A, Watkins J. 2005. Digital cultural communication: Enabling new media and co-creation in Asia[J]. International Journal of Education and Development using ICT, 1(4): 4-17.

Seiffert-Brockmann J, Diehl T, Dobusch L. 2018. Memes as games: The evolution of a digital discourse online[J]. New Media & Society, 20(8): 2862-2879.

Selen E, Sunam A, Akın A İ, et al. 2023. The impacts of processes of digitalization on the reception of contemporary art in Turkey during Covid-19[J]. Cultural Trends, 32(1): 70-87.

Sepehr S, Head M. 2018. Understanding the role of competition in video gameplay satisfaction[J]. Information & Management, 55(4): 407-421.

Shen X L, Li Y J, Sun Y Q, et al. 2019. Understanding the role of technology attractiveness in promoting social commerce engagement: Moderating effect of personal interest[J]. Information & Management, 56(2): 294-305.

Shi Y, Lei M L, Yang H, et al. 2019. Diffusion network embedding[J]. Pattern Recognition, 88: 518-531.

Shifman L. 2012. An anatomy of a YouTube meme[J]. New Media & Society, 14(2): 187-203.

Shifman L. 2013. Memes in a digital world: Reconciling with a conceptual troublemaker[J]. Journal of Computer-Mediated Communication, 18(3): 362-377.

Shifman L. 2016. Cross-cultural comparisons of user-generated content: An analytical framework[J]. International Journal of Communication, 10: 5644-5663.

Shin K H, Lee I K. 2017. Music synchronization with video using emotion similarity[C]//2017 IEEE International Conference on Big Data and Smart Computing (BigComp), IEEE, Jeju, Korea (South): 47-50.

Shukla P, Drennan J. 2018. Interactive effects of individual- and group-level variables on virtual purchase behavior in online communities[J]. Information & Management, 55(5): 598-607.

Song Y Y, Kwon K H, Xu J L, et al. 2021. Curbing profanity online: A network-based diffusion analysis of profane speech on Chinese social media[J]. New Media & Society, 23(5): 982-1003.

Subramanian R, Santo J B. 2021. Reducing mental illness stigma: What types of images are most effective?[J]. Journal of Visual Communication in Medicine, 44(2): 52-61.

Sun S J, Zhai Y J, Shen B, et al. 2020. Newspaper coverage of artificial intelligence: A perspective of emerging technologies[J]. Telematics and Informatics, 53: 101433.

Tellis G J, MacInnis D J, Tirunillai S, et al. 2019. What drives virality (sharing) of online digital content? The critical role of information, emotion, and brand prominence[J]. Journal of Marketing, 83(4): 1-20.

Throsby D. 2001. Economics and Culture[M]. London: Cambridge University Press.

Tian X L, Adorjan M. 2016. Fandom and coercive empowerment: The commissioned production of Chinese online literature[J]. Media, Culture & Society, 38(6): 881-900.

Tiwana A, Konsynski B, Bush A A. 2010. Research commentary—platform evolution: Coevolution of platform architecture, governance, and environmental dynamics[J]. Information Systems Research, 21(4): 675-687.

Tsai T H, Chang Y S, Chang H T, et al. 2021. Running on a social exercise platform: Applying self-determination theory to increase motivation to participate in a sporting event[J]. Computers in Human Behavior, 114: 106523.

United States International Trade Commission. 2013. Digital Trade in the U. S. and Global Economies, Part 1[EB/OL]. (2013-07)[2023-07-12]. https://www.usitc.gov/publications/industry_econ_analysis_332/2013/digital_trade_us_and_global_economies_part_1.htm.

Unsworth J. 2002. What is humanities computing, and what is not?[J]. Paderborn: mentis. https://hdl.handle.net/2142/191.

Vahlo J, Kaakinen J K, Holm S K, et al. 2017. Digital game dynamics preferences and player types[J]. Journal of Computer-Mediated Communication, 22(2): 88-103.

Verma J P, Agrawal S, Patel B, et al. 2016. Big data analytics: Challenges and applications fortext, audio, video, and social media data[J]. International Journal on Soft Computing, Artificial Intelligence and Applications (IJSCAI), 5(1): 41-51.

Vitiuk I, Polishchuk O, Kovtun N, et al. 2020. Memes as the phenomenon of modern digital culture[J]. WISDOM, 15(2): 45-55.

Vlieghe J, Muls J, Rutten K. 2016. Everybody reads: Reader engagement with literature in social media environments[J]. Poetics, 54: 25-37.

Wang J Y, Hu M F. 2020. The discursive power of memes in digital culture: Ideology, semiotics, and intertextuality[J]. New Media & Society, 22(8): 1508-1510.

Wang R, Li B. 2010. Analysis and thinking on the application of surveillance video in TV news[J]. Journal of China Radio and Television, 2: 50-51.

Wang S K, Chen Y H, Ming H J, et al. 2020. Improved danmaku emotion analysis and its application based on BI-LSTM model[J]. IEEE Access, 8: 114123-114134.

Wang W T, Chang W H. 2014. A study of virtual product consumption from the expectancy disconfirmation and symbolic consumption perspectives[J]. Information Systems Frontiers, 16(5): 887-908.

Wang Z S, Liu H Y, Liu W, et al. 2020. Understanding the power of opinion leaders' influence on the diffusion process of popular mobile games: Travel Frog on Sina Weibo[J]. Computers in Human Behavior, 109: 106354.

Wareham J, Fox P B, Cano Giner J L. 2014. Technology ecosystem governance[J]. Organization Science, 25(4): 1195-1215.

Weingartner S. 2021. Digital omnivores? How digital media reinforce social inequalities in cultural consumption[J]. New Media & Society, 23(11): 3370-3390.

West D M. 2005. Digital Government: Technology and Public Sector Performance [M]. Princeton: Princeton University Press.

White Baker E, Hubona G S, Srite M. 2019. Does "being there" matter? The impact of web-based and virtual world's shopping experiences on consumer purchase attitudes[J]. Information & Management, 56(7): 103153.

Whittaker L, Mulcahy R, Russell-Bennett R. 2021. 'Go with the flow' for gamification and sustainability marketing[J]. International Journal of Information Management, 61: 102305.

Wiggins B E, Bowers G B. 2015. Memes as genre: A structurational analysis of the memescape[J].

New Media & Society, 17(11): 1886-1906.

Wu S L, Hsu C P. 2018. Role of authenticity in massively multiplayer online role playing games (MMORPGs): Determinants of virtual item purchase intention[J]. Journal of Business Research, 92: 242-249.

Xu W A, Zhang C C. 2018. Sentiment, richness, authority, and relevance model of information sharing during social crises—The case of # MH370 tweets[J]. Computers in Human Behavior, 89: 199-206.

Xu W W, Park J Y, Park H W. 2017. Longitudinal dynamics of the cultural diffusion of Kpop on YouTube[J]. Quality & Quantity, 51(4): 1859-1875.

Yang B, Liu Y, Liang Y, et al. 2019. Exploiting user experience from online customer reviews for product design[J]. International Journal of Information Management, 46: 173-186.

Yoo E, Gu B, Rabinovich E. 2019. Diffusion on social media platforms: A point process model for interaction among similar content[J]. Journal of Management Information Systems, 36(4): 1105-1141.

Yusoff N. 2019. Cultural heritage, emotion, acculturation, ethnic minority, valence[J]. Journal of Ethnic and Cultural Studies, 6(3): 53-63.

Zahedi F, Bansal G. 2011. Cultural signifiers of web site images[J]. Journal of Management Information Systems, 28(1): 147-200.

Zahra S A, George G. 2002. Absorptive capacity: A review, reconceptualization, and extension[J]. Academy of Management Review, 27(2): 185-203.

Zentner M, Grandjean D, Scherer K R. 2008. Emotions evoked by the sound of music: Characterization, classification, and measurement[J]. Emotion, 8(4): 494-521.

Zhao Y H, Yang N, Lin T, et al. 2020. Deep collaborative embedding for information cascade prediction[J]. Knowledge-Based Systems, 193: 105502.

Zhu C Y, Xu X L, Zhang W, et al. 2019. How health communication via Tik Tok makes a difference: A content analysis of Tik Tok accounts run by Chinese provincial health committees[J]. International Journal of Environmental Research and Public Health, 17(1): 192.

Zhu K L, Chen Z C, Zhang L, et al. 2018. Geo-cascading and community-cascading in social networks: Comparative analysis and its implications to edge caching[J]. Information Sciences, 436-437: 1-12.

Zittrain J L. 2006. The generative internet[J]. Harvard Law Review, 119: 1975-2040.

附 录

扫描下方二维码，阅读附录内容

附录一　习近平总书记在文化传承发展座谈会上的重要讲话（新闻稿）

附录二　《数字中国建设整体布局规划》

附录三　文化和旅游部　自然资源部　住房和城乡建设部
　　　　关于开展国家文化产业和旅游产业融合发展示范区建设工作的通知

附录四　《关于推进对外文化贸易高质量发展的意见》

附录五　《关于推进实施国家文化数字化战略的意见》